THE RAPE OF THE MIND
세뇌의 심리학

The Rape of the Mind
by Joost A. M. Meerloo
Korean translation copyright © 2023 by ECO-LIVRES Publishing Co.

세뇌의 심리학

초판 1쇄 인쇄일 2023년 3월 24일   초판 1쇄 발행일 2023년 3월 30일

지은이 요스트 A. M. 메이를로 | 옮긴이 신기원
펴낸이 박재환 | 편집 유은재 | 관리 조영란
펴낸곳 에코리브르 | 주소 서울시 마포구 동교로15길 34 3층(04003) | 전화 702-2530 | 팩스 702-2532
이메일 ecolivres@hanmail.net | 블로그 http://blog.naver.com/ecolivres
출판등록 2001년 5월 7일 제201-10-2147호
종이 세종페이퍼 | 인쇄·제본 상지사 P&B

ISBN 978-89-6263-249-1 03180

세뇌의 심리학

요스트 A. M. 메이를로 지음 | 신기원 옮김

에코리브르

차례

머리말

이 책에서는 자유로운 인간의 마음이 자동으로 반응하는 기계로 변하는 이상한 현상을 보여주고자 한다. 이러한 변화는 현재 우리 사회에 존재하는 어두운 문화적 흐름, 정치 이념을 위한 의도적 실험으로 인해 일어날 수 있다.

정신에 대한 강간과 비밀스럽게 행하는 정신적 강요는 인류의 가장 오래된 범죄에 속한다. 그 시작은 아마 선사시대, 인간이 처음으로 다른 사람의 공감과 이해를 이용해 권력을 행사할 수 있음을 발견한 때로 거슬러 올라갈 것이다. '강간(rape)'이라는 단어는 라틴어 rapere에서 비롯되었는데, 이 말에는 '빼앗다'는 뜻도 있지만 '광란하다'는 단어와도 관련이 있다. 또 제압·도취·침투·찬탈·약탈·절도의 의미도 있다.

현대의 표현인 '세뇌(brainwashing)', '사고 통제(thought control)', '정신적 살해(menticide)'는 인간의 통합성을 파괴하는 실제 수단의 의미를 보다 정확하게 전달한다. 어떤 개념에 알맞은 이름을 붙이면, 이해가 더 쉬워진다. 그리고 이러한 이해를 통해 체계적 교정의 기회가 생긴다.

이 책에서 독자는 자유로운 문화적 상호작용을 위협하는 당면한 위험과 관련한 논의를 접하게 될 것이다. 여기서는 정신에 대한 침입의 중대한 문화적 의미를 강조한다. 강요의 기술만 중요한 것이 아니고, 우리의 느낌과 생각에 대한 보이지 않는 침투가 더욱더 중요하다. 영혼 파괴의 위험성은 핵전쟁으로 인한 완전한 물리적 파괴의 위협에 견줄 수 있다. 이 두 가지는 분명히 떼려야 뗄 수 없이 연관되어 있다.

나는 어떤 문제의 핵심을 이해하려면 다각도에서 보아야만 한다는 믿음에 기초해 이 주제에 접근했다. 닐스 보어(Niels Bohr)의 상보성 원리(principle of complementarity)에 따르면, 단순한 물리 현상도 다양한 관점에서 볼 수 있다. 서로 다르고, 대비되는 것처럼 보이는 여러 개념이 물리 현상을 설명하는 데 필요하다. 예를 들어 전자의 운동을 설명하려면 입자와 파동의 개념이 둘 다 필요하다. 더 복잡한 심리적·사회적 상호작용도 마찬가지다. 우리는 세뇌를 단순히 파블로프의 관점에서만 볼 수 없다. 이 책에서는 임상심리학의 관점, 프로이트의 개념을 통해서도 이 문제를 다루고자 한다. 또한 정신적 강요는 인간의 모든 상호작용에서 일어날 수 있다는 입장에서 세뇌를 바라보려 한다.

모든 소통은 인형 맞추기 게임과 거의 비슷하다. 공을 많이 던질수록 모든 인형을 맞출 수 있는 가능성이 커진다. 마찬가지로 우리가 문제에 다양하게 접근할수록 그 문제의 핵심을 찾아낼 가능성도 커진다. 문제를 이렇게 자세하게 다루려면 동어 반복을 피할 수 없을 것이다.

이 책에서 우리는 계획적인 정신적 강요에 대한 구체적 예시에서 현대 세계에서 인간을 로봇처럼 자동화하는 영향력에 대한 보다 보편적인 질문으로 넘어갈 것이다. 마지막 부분은 우리 정신의 자유를 지키는 방법을 배우기 위한 첫걸음으로서 내면의 버팀목(backbone) 문제를 다룰 것이다.

위대한 네덜란드 작가 중 한 명인 물타툴리(Multatuli)는 친구에게 쓴 편지에서, 편지가 너무 긴 것에 대해 스스로를 탓했다. 그는 편지를 짧게 쓸 시간이 없었다. 이 역설을 통해 그는 표현하고 소통하고자 하는 모든 시도에서 나타나는 문제 일부를 보여주었다. 생각을 소통할 수 있도록 간명하게 표현하는 데는 오랜 시간이 걸린다. 하지만 모두가 짧고 간단한 설명을 선호하는 것은 아니다. 특히 현대 심리학은 학술적 표현으로 가득하다. 여기에는 읽는 사람들에게 강한 인상을 남기려는 의도가 숨어 있다. 전문용어를 피해 자기 생각을 간단하게 설명하려고 하는 사람은 대중에 영합하고 비과학적이라는 소리를 듣는 위험을 감수해야 한다. 그렇지만 나는 내가 심리학 용어에 지나치게 젖어 있고, 이를 완전히 벗어날 수 없다고 생각한다. 심리학의 명확성에 대한 진짜 시험은, 생각을 설명하고 일반인들이 이를 받아들이고 이해할 수 있는지 확인할 때 이루어진다. 나의 목표는 대중을 위한 글을 쓰는 것, 인기에 연연하지 않으면서 우리 시대의 혼돈에 어느 정도의 질서를 부여하는 것이었다.

하늘 아래 새로운 말은 없다. 작가의 임무는 당대의 지식, 정서의 흐름을 빨아들여 통합하고 자기 방식으로 변형하여, 자신의 경험에 비추어 풍부하게 보여주는 것이다. 내가 생각을 빌려올 수 있었던 모두에게, 특히 이 논쟁적 주제에 대한 나의 생각을 적을 수 있도록 영감을 준 사람들에게 진심으로 감사한다.

1956년 1월
J. A. M. M.

1부
인간을 굴복시키는 기술

1부에서는 사람을 저항 없이 순응하게 하는 다양한 기술을 소개한다. 정치와 관련한 실제 사례에 더해, 실험실 연구 결과와 세뇌를 위해 사용하는 약물도 살펴볼 것이다. 마지막 장에서는 정신적 복종의 미묘한 심리적 기제를 다룬다.

01

당신도 자백할 것이다

우리의 세계에서 놀라운 일이 벌어지고 있다. 오늘날 사람들은 실제 저지른 범죄에 대해서만 처벌을 받는 것이 아니다. 심판자들이 만들어낸 범죄를 자백하라고 강요당할 수 있다. 심판자들은 그 자백을 정치적 목적으로 이용할 것이다. 이들을 사악하다고 비난하는 것만으로는 충분치 않다. 우리는 왜 죄를 거짓으로 인정하게 되는지 이해해야 하며, 인간 정신의 약점과 취약성을 다시 한번 살펴보아야 한다.

강요당한 자백

한국전쟁 때 미국 해군 부대 소속이었던 프랭크 슈와블(Frank H. Schwable) 대령은 중국 공산군에 포로로 잡혔다. 심한 심리적 압박과 신체적 학대가 몇 달 동안 이어진 끝에, 그는 미국이 적에 대한 세균전을 펼쳤다는 '자백' 기록에 서명했다. 여기에는 관련자들의 이름, 임무, 전략 회의에 대한 내용이 들어가 있었다. 이는 전체주의자들에게는 엄청나게 가치 있는 선전 도구였다. 그들은 전 세계에 다음과 같은 뉴스를 전했다. "미국이 국제법을 어기고, 평화를 사랑하는 중국 인민들을 상대로 질병을 퍼뜨리는 박테리아를 실은 폭탄을 터뜨렸다."

슈와블 대령은 귀국한 뒤 그가 했던 자백을 부인하고, 긴 수감 생활을 묘사한 진술서를 선서와 함께 제출했다. 나중에 그는 군사법원 심리에 출석해 스스로를 변호했다. "제 마음속에서 우리 해군 제1전투비행 부대(First Marine Air Wing)가 세균전을 할 것이라고는 믿지 않았습니다. 하지만 회의, 비행기, 작전을 어떻게 수행했는지 같은 나머지 것들은 저에게는 사실이었습니다."

대령은 계속했다. "말은 제가 했지만, 생각은 그 사람들의 것이었습니다. 사람이 어떻게 거짓말인 것을 알면서도 앉아서 그 말이 사실인 것처럼 느끼게 하는 글을 쓸 수 있는지, 이것이 제가 설명하기 가장 어려운 부분입니다."

이는 미국 의사이자 정부 관료인 찰스 메이요(Charles W. Mayo) 박사가 UN에서 세뇌에 대해 공식적으로 밝힌 바와 같다. "……자행한 고문은 …… 야만적인 신체적 부상을 남기지만, 형틀을 이용하고 엄지손가락을 죄던 중세의 고문과는 다릅니다. 더 교묘하고 길며, 끔찍한 결과를 의도합니다. 피해자의 지성을 해체하고, 가치관을 어지럽히며, 그가 '내가 그랬소!'라고 외치는 것을 넘어 자신의 통합성을 완전히 잃어버리고, 더 자세한 소설을 쓰는 데 자발적으로 동의하는 것처럼 보일 때까지 그렇게 하는 것입니다."

슈와블 사례는 자신을 방어할 수 없는 포로에게 큰 거짓말을 하도록 조작한 예 중 하나일 뿐이다. 우리가 자유로운 인간으로 살아남기 위해서는, 이러한 정치적 목적의 정신적 강요 문제와 이것이 초래하는 결과를 직면해야 한다.

인간의 마음이 독재 권력의 쉬운 먹잇감이 될 수 있다는 것을 심리학자들이 처음 감지한 지 20년이 넘었다. 1933년 독일 국회의사당이 불타 무너졌다. 나치는 네덜란드인 마리뉴스 판 데르 뤼버(Marinus Van der Lubbe)를 체포해 기소했다. 네덜란드 정신과 의사들은 그의 정신이 불안정하다는 것을 알고 있었다. 그는 네덜란드 정신병원의 환자인 적도 있었다. 그리고 그가 법원에 나타났을 때 세계는 그의 나약함과 정신적 불균형을 볼 수 있었다. 재판 소식을 들을 수 있었던 모든 곳에서 사람들은 의문을 품었다. "저 바보 같은 어린 친구가 영웅적인 혁명가, 이상을 위해 삶을 기꺼이 희생하려는 사람이 될 수 있을까?"

재판에서 판 데르 뤼버는 회피했고 멍했으며 무관심했다. 하지만 네덜란드 정신과 의사들은 그가 제정신이고, 불안정한 성격으로 기분이 빨리 빨리 변하고 유랑하는 것을 즐기며, 세상을 바꾸는 데 대한 환상이 많은 사람이라고 했다.

재판이 시작된 지 42일째 되었을 때, 판 데르 뤼버의 행동은 극적으로 변했다. 그의 무관심은 사라졌다. 그가 이전 재판에서 일어난 일을 모두 의식하고 있었음이 분명해졌다. 그는 재판 절차가 느리다고 비판했고, 투옥이나 사형 같은 처벌을 요구했고, '내면의 목소리'를 언급했으며, 자기 기분을 통제할 수 있다고 주장했다. 그러다가 다시 무관심해졌다. 이제 우리는 이러한 행동 변화가 자백 증후군(confession syndrome)의 증상이라는 것을 알고 있다. 1933년에는 정신과 의사들이 이런 유형의 행동에 대해 알지 못했다. 불행히도 현재 이는 매우 흔해졌고, 극단적인 정신적 강요 사례에서 자주 볼 수 있다.

나중에 판 데르 뤼버는 유죄를 선고받고 사형당했다. 재판이 끝나고 세계는 그가 희생양에 불과했음을 깨닫기 시작했다. 의사당을 불태운 것은 나치였고, 자신들이 독일을 장악하기 위해 범죄와 재판을 조작한 것이었다. 하지만 시간이 흐른 뒤 우리는 판 데르 뤼버가 극악하고 영리한, 의학 지식과 심리적 기술의 악용에 희생당했음을 알았다. 그는 심문과 대부분의 재판 과정에서 '예', '아니요'로만 답할 수 있는 쓸모 있고 수동적인 기계가 되었던 것이다. 비록 몇 번 되지 않았지만, 그가 강요받은 역할에서 뛰쳐나오려던 순간이 있었다. 당시에도 그를 복종시키려고 약물을 투입했다는 풍문이 있었다. 확신할 수 없었을 뿐이다.*

1936~1938년 세계는 정치에서, 체계적인 정신적 강요의 실제 위험이 매우 크다는 것을 더 의식하게 되었다. 이 시기에 모스크바 숙청 재판(Moscow purge trial)이 있었다. 삶을 혁명에 바친 볼셰비키들이 갑자기 잔인한 배신자로 돌변했다고 믿기란 거의 불가능했다. 혐의를 받은 사람들이 차례로 하나씩 가슴을 치며 죄를 자백했을 때, 일반적인 반응은 비공산권 세계에 선전하기 위한 속임수 연극일 뿐이라는 것이었다. 훨씬 큰 비극이 벌어졌다는 사실이 드러난 것은 그다음이었다. 재판에 나온 이들은 한때는 사람이었다. 하지만 이제는 체계적인 조작으로 꼭두각시가 되었다. 굳건했던 혁명 지지자들이 스스로를 비난하는 순한 희생양이 된 모

---

* 본회퍼와 주트(Bonhoeffer & Zutt)가 판 데르 뤼버 사례에 대한 보고서를 출판했다. 그들은 '정신적 살해 증후군(menticide syndrome)'도 몰랐고, 정치 지도자의 이야기도 듣지 못했지만, 병적이고 무관심한 행동, 기분의 급격한 변화를 잘 묘사했다. 그들은 약물 사용은 부정했다.

습이 뉴스에 등장하자, 소비에트 연방에서 자유로운 공동체를 건설했다고 끝까지 믿었던 소수의 사람들조차 무너지기 시작했다.

요즘 들어 저지르지 않은 범죄에 대한 자백은 점점 늘어나는 것으로 보인다. 이 목록은 공산주의자부터 비공산주의자, 반공산주의자를 모두 아우르며, 여기에는 체코 볼셰비키 루돌프 슬란스키(Rudolf Slansky), 헝가리 추기경 요제프 민드센치(József Mindszenty) 같은 다양한 유형의 인물들이 포함돼 있다.

정신적 강요와 적의 점령

제2차 세계대전 때 나치가 점령했던 나라에 살던 우리는, 사람들이 어떻게 거짓 자백을 하고 사랑하는 사람들을 배신하게 되는지 너무나 잘 알았다. 나 자신도 네덜란드에서 태어나 나치 점령 때문에 탈출할 때까지 그곳에서 살았다. 점령 초기 저항하던 사람들에 대한 나치 심문 방식을 전해듣고 우리는 겁에 질렸고 걱정했다.

게슈타포의 첫 번째 목표는 포로들을 고문해, 친구들을 배신하고 다음 고문 대상을 불게 만드는 것이었다. 갈색 셔츠를 입은 나치 돌격대는 두려움에 거짓말을 하는 것인지는 아랑곳하지 않고, 이름을 댈 것을 계속해서 요구했다. 나는 저항군 몇 명이 모여, 자라나는 두려움과 불안에 대해 의논했던 일을 또렷이 기억한다. 회의에 참석한 모두가 게슈타포에게 잡혀갈 위험이 있었다. 우리는 나치의 고문을 견딜 수 있을까? 아니면 우리도 자백하게 될까? 나치에 점령당했던 모든 나라의 반나치 활동가들은 이런 의문을 품었다.

점령 2년째 되던 해, 우리는 서로 연락하지 않는 편이 낫다는 것을 깨달았다. 두 사람 이상이 연락하는 것은 안전하지 못했다. 우리는 예상되는 나치의 고문에 맞서 우리를 단단히 무장시켜줄 의학적·심리적 예방책을 찾고자 했다. 사실 나 스스로도 진통제가 그 고통을 견디게 해줄지 알아보기 위해 실험을 해본 적이 있다. 결과는 역설적이었다. 진통제는 고통에 무감각할 수 있게 해주었지만, 동시에 정신적 압력에 취약하게 했다. 당시에도 우리는, 그리고 나치도 사람을 무너뜨리는 것은 직접적인 신체의 고통이 아니라 계속 수치심을 주면서 정신적 고문을 하는 것임을 알고 있었다. 이러한 심문을 받았던 내 환자 중 한 명은 침묵을 지키기를 택했다. 그는 질문에 한마디도 대답하지 않았고, 결국 나치는 그를 풀어주었다. 하지만 그는 이 무서운 경험에서 회복하지 못했다. 그는 집에 돌아와서조차 말을 거의 하지 않았다. 그는 회한과 분노에 차 앉아 있기만 하다가 몇 주 되지 않아 사망했다. 그를 죽인 것은 몸의 부상이 아니었다. 공포와 상처 입은 자존감이었다.

우리는 지하의 활동가들이 붙잡혔을 경우, 이들을 강하게 해주거나 결국 스스로를 배신하지 않게 해줄 수 있는 방법에 대해 많이 의논했다. 어떤 사람들에게는 자결할 수 있는 약을 주어야 할까? 이는 최후의 수단이어야만 했다. 모르핀과 같은 진통제는 일시적으로만 고통을 덜어줄 뿐이었고, 적은 이 약을 찾아 빼앗을 것이 분명했다.

우리는 독일에서 조종사들에게 전투 중 기진할 때를 대비해 코카인과 암페타민을 주려 했다는 이야기를 들었지만, 두 가지 약 모두 믿음직하지 않았다. 이들 약은 몸이 고통에 무뎌지게 할 수는 있지만 동시에 정신도 무뎌지게 했다. 만일 지하 요원들이 이런 약을 사용한다면, 실험 결과에서 나타난 것처럼, 신체적 고문의 효과는 느끼지 못하더라도 정신이 몽롱해져 나치의 쉬운 사냥감이 될 것이었다.

우리는 몸이 굶주림과 고통에 보다 둔감해지게 하기 위해, (요가 수련과 비슷한) 정신적 이완과 자기최면을 체계적으로 훈련해보기도 했다. 만약 숨쉬기와 같은 몸의 불수의적 기능에 의식적으로 집중할 수 있다면, 대뇌 피질의 주의 기능이 분산되어 고통을 덜 자각할 수 있을 것이다. 이러한 상태에 자기최면 훈련으로 다다를 수 있는 경우도 있었지만, 그렇게 할 수 있는 요원은 극소수였다.

마지막으로 우리는 간단한 심리적 속임수를 생각했다. 만약 적을 속이거나 입을 다물 수 없다면, 최선의 방법은 지나치게 많은 말을 하는 것이다. 이것이 핵심이었다. 바보같이 행동하고, 겁쟁이인 척하면서 자백할 수 있는 것 이상을 자백하는 것이다. 나중에 확인한 결과 이러한 방법이 성공적인 경우가 몇 있었다. 머릿속이 혼란스럽고 모자라는 것처럼 보이는 사람이 결국 힘을 잃고 마는 과묵한 영웅보다 적을 더 크게 교란시켰다.

어느 경찰관에게 심문 과정에서 내 이름이 나왔다는 경고를 들은 나는 네덜란드를 떠나야 했다. 나는 신체적 고문은 받지 않았지만, 사소한 사안에 대해 두 차례 나치의 조사를 받은 적이 있었다. 아마도 배신의 결과로, 나중에 나치는 벨기에에서 나를 붙잡았고, 나는 긴 초기 심문을 거치며 구타를 당했지만 다행히 심하지는 않았다. 심문은 처음에는 좋은 분위기에서 시작되었다. 심문을 맡은 나치 관리는 우호적인 방법으로 정보를 얻어낼 수 있다고 생각한 것 같았다. 우리는 (내가 정신과 의사라는 이유로) 심문 기법에 대해 의논하기까지 했다. 그러나 그는 이런 방법이 효과가 없다는 것을 알고 기분이 변했고, 그의 성격 유형에서 나올 법한 가학적 행동 특성을 모두 보여주었다. 보다 체계적인 고문과 심문이 시작되기 바로 전날 밤 나는 가까스로 벨기에에서 탈출했다.

나는 아슬아슬하게 프랑스와 에스파냐를 거쳐 런던 본부에 도착했고, 영국에 주둔한 네덜란드군의 심리 분과 부서장이 되었다. 이러한 보직 덕분에, 나치로 인한 공포와 고문의 피해자 수백만 명에게 무슨 일이 일어나고 있는지에 대한 자료를 모을 수 있었다. 이후에는 군이나 강제수용소에서 탈출한 사람 몇 명에게 질문을 하거나 그들을 치료했다. 이들은 고통에 대해 진짜 전문가가 되어 있었다. 이러한 끔찍한 환경에서 사람들이 나타내는 다양한 반응을 통해 우리는 잔인한 진실을 배웠다. 대부분의 사람이 정신이 무너질 수 있고, 동물의 행동과 같은 수준으로 떨어질 수 있다는 것. 고문을 하는 사람이나 당하는 사람 모두 인간의 모든 존엄을 잃어버리고야 만다는 것.

네덜란드 정부는 나에게 배반자들을 조사하고 투옥된 나치들을 심문할 기회를 주었다. 전시의 모든 경험, 용기와 비겁함, 반역, 사기, 굴하지 않는 의지에 관한 모든 혼란을 되돌아볼 때, 내가 정말로 눈을 뜬 것은 나치 지도자들에 대한 뉘른베르크 재판을 연구한 뒤였다. 우리는 이들 재판을 통해 나치가 사용한 체계적인 강요 수단의 진실을 알 수 있었다. 동시에 러시아와 여러 위성 국가에서 사용했던 도착적인 심리적 전략에 대해서도 보다 자세히 살피게 되었다.

마법과 고문

현대 세계에서 인간의 정신과 의지를 파괴하고, 정치적 선전 목적으로 자백을 강요하는 기술은 상대적으로 새롭고 잘 다듬어진 것이다. 헤아릴 수 없이 오래전부터 폭군과 독재자들은 그들의 사악한 행위를 정당화하기 위해 '자발적인' 고백이 필요했다. 사람의 마음에 영향력을 행사하고, 길들이고, 결국 무너뜨릴 수 있다는 것은 강제로 주입하는 현대적 독재의 개념이 등장하기 오래전부터 알려진 사실이었다. 원시적 무당은 경외감을 일으키는 의식을 통해 희생자를 공포의 최면 상태로 밀어넣어 들은 것을 모두 인정하게 했다. 주술사가 죽음의 주문을 건 원주민은 스스로의 두려움에 넘어가 주저앉아 운명을 받아들이고 죽음에 이르렀다.(Malinowski)

역사시대 내내 인간은 정신을 조작할 수 있다는 것을 직관적으로 알고 있었고, 이를 위해 여러 전략을 개발했다. 도취를 부르는 의식, 무서운 가면, 큰 소음, 이상한 주문, 이 모든 것이 지도자의 신념을 대중이 받아들이도록 강요하는 데 이용되었다. 보통 처음에는 잔인한 무당이나 주술사에게 저항할 수 있지만, 최면을 거는 의식이 서서히 그의 의지를 무너뜨린다.

더 고통스러운 방법도 새로운 것은 아니다. 우리는 오래된 심문 방법, 즉 유럽과 미국의 종교재판이나 마녀사냥을 연구하면서 이러한 방법을 많이 알게 되었다. 물에 뜨는 시험(The floating test)도 그중 하나이다. 마녀로 몰린 사람의 손발을 묶어 강에 던진다. 만약 몸이 가라앉지 않으면 바로 끌어올려 화형시킨다. 가라앉지 않는다는 것 자체가 그의 죄를 입증하는 증거이다. 반대로 중력의 법칙으로 인해 강바닥에 가라앉으면, 축하 속에 시체를 강에서 꺼내 무죄를 선언했다. 희생자에게는 선택의 여지가 별로 없었다!

인간은 지금까지 다른 인간에게 고통을 주는 수단을 개발하는 데 매우 창의적이었다. 인간의 몸에서 가장 약한 부분에 가장 심한 고통을 주는 기법을 열정적으로 만들어냈던 것이다. 형틀과 엄지손가락 죔쇠는 오래된 고문 도구로, 중세 판관들뿐만 아니라 소위 문명화되었다는 사회의 독재자와 폭군들도 사용했다.

현대의 정신적 고문을 더 잘 이해하려면, 처음부터 신체적 고통과 형틀은 단순히 희생자에게 고통을 주기 위한 것이 아니었음을 명심해야 한다. 아마 중세 판관과 형리가 그들이 이해한 바를 자세히 설명하지는 않았겠지만, 희생자와 다른 공동체 구성원들 사이에 이상한 영적 관계, 정신적 상호작용이 있음을 알았을 것이다. 고통스러운 고문과 사형은 대중 앞에서 이루어져야 했다. 마녀는 가장 심한 고통을 받고 나면 악마와의 충격적인 성적 방종을 고백하는 것을 넘어, 이렇게 자신이 만들어낸 이야기와 자신이 유죄라는 것을 믿으며 죽어갔다. 전체 심문과 고문 의식이 끝내 그녀로 하여금 판관과 고발자들의 환상을 믿게끔 했다. 마지막에는 죽음을 갈망하기까지 했다. 악마를 내쫓고 속죄하기 위해 화형을 원했다.

이때 판관과 형리도 마녀 재판이 마녀뿐만 아니라 무의식적으로 희생자와 자신을 동일시하고 있는 목격자들까지 고문하기 위한 것임을 알고 있었다. 이것은 화형과 교수형을 공공장소에서 많은 사람들이 지켜보는 가운데 행한 이유 중 하나였다. 공포는 이렇게 널리 퍼져나갔으며, 판관들은 그런 고문을 피하기 위해 어떻게 해야 하는지 알릴 때가 많았다. 심리학의 관점에서 보았을 때, 우리는 이 과정 전체가 동정심과 타인과 자신을 동일시하는 일반적 경향에 대한 협박이었음을 알 수 있다.

오래전이었던 1563년, 용감한 네덜란드 의사 요하네스 비르(Johannes Wier)는 명저 《악마의 환각에 관하여(De Praestigiis Daemonum)》를 발표했다. 그는 이 책에서 여성 노인들이 집단적·자발적으로 자기고발을 하여 고문 끝에 죽임을 당한 일을 소개하며, 그 자체가 무고한 여성들뿐만 아니라 부주의한 판관들마저 함정에 빠뜨리기 위한 악마의 속임수이자 사악한 행동이라고 했다. 비르는 **환각**(delusion)과 정신적 실명(mental blindness)

이라는 정신의학 개념을 처음으로 소개한 의사였다. 그의 책으로 인해 마녀 사냥이 멈춘 곳도 있었으나, 어떤 나라에서는 문명화가 이루어지며 마침내 만행이 끝날 때까지 150년 이상이 걸리기도 했다. 그의 연구와 통찰은 마녀에 대한 환각과 신체적 고문에 맞서 싸우는 중요한 무기 중 하나가 되었다.(Baschwitz) 당시에도 비르는 마녀들이 심판자들의 내적 혼란과 자포자기, 나아가 일반적인 시대정신(Zeitgeist)을 떠안은 희생양이라는 것을 알고 있었다.

형틀의 변신

모든 지식은 선을 위해서도 악을 위해서도 쓰일 수 있으며, 심리학도 예외가 아니다. 심리학은 인간에게 마음에 대한 침투와 고문이라는 새로운 수단을 주었다. 우리가 이러한 수단과 기술을 계속해서 연구해야만 이에 대항해 싸워나갈 수 있다. 이 수단은 형틀보다 더 고통스럽고 정신을 마비시킬 수 있다. 강한 성격은 신체적 고통을 견뎌낼 수 있으며, 오히려 고통이 저항을 더 굳건하게 하기도 한다. 또한 신체적 고문은 희생자의 건강을 악화시키지만, 종국에는 의식을 잃게 함으로써 도리어 더 안전해지는 측면도 있다. 하지만 사람을 정신적으로 무너뜨리는 고문을 감내하려면 더욱더 강한 성격이 필요하다.

세뇌(brainwashing, 중국어 '洗腦'에서 유래한 단어)는 공산주의자가 아닌 사람들을 수동적인 공산당 추종자로 만들기 위해 체계적인 사상 주입(indoctrination), 전향(conversion), 자기고발을 이용하는 의식을 뜻한다.(Hunter) '정신적 살해(Menticide)'는 내가 만든 단어로, '마음'을 뜻하는 'mens'와

'죽이다'는 뜻의 'caedere'를 합한 말이다.* 두 단어 모두 형틀의 뒤틀린 변형으로, 겉보기에는 더 허용 가능한 수준인 것 같다. 하지만 사실 이는 천 배는 더 나쁘며, 심문자에게 천 배는 더 유용하다.

정신적 살해는 인간 정신과 영혼에 대한 오래된 범죄이지만, 새롭게 체계화되었다. 이는 권력을 쥔 독재자가 자신의 기회주의적인 생각을 자신이 이용하고 파괴하려는 사람들의 마음에 새기기 위해 사용하는, 심리적 처치와 법적 왜곡을 조직화한 체계이다. 공포에 질린 희생자들은 결국 폭군의 바람에 완전히 순응하게 된다. 법정에서 희생자는 심문자들이 이전 단계에서 주입한 말을 기계적으로 반복하며, 대중은 무장 해제되고 논란은 잠잠해진다. "진짜 배신자가 처벌을 받은 거구나." 사람들은 생각한다. "자기가 자백했잖아!" 그의 자백은 마음속에 두려움을 심고, 적에게 거짓 혐의를 씌우며, 사람들에게 끊임없이 정신적 압력을 가함으로써 선전에, 냉전에 이용될 수 있다.

이런 행위의 중요한 결과 중 하나는 우군이든 적군이든 모든 관찰자의 마음에 큰 혼란을 일으킨다는 것이다. 나중에는 아무도 진실과 거짓을 구분할 수 없게 된다. 전체주의 지배자는 인간의 마음을 붕괴시키기 위해 먼저 정신과 언어의 혼란을 퍼뜨려야 한다. 상대가 독재자의 진짜 의도를 꿰뚫어보지 않는 한, 둘 다 반대자들을 마비시키고 적의 사기를 꺾는다. 그때부터 그는 순응을 위한 체계를 세울 수 있게 된다.

우리는 민드센치와 슈와블의 사례에서 용감한 사람들의 정신과 의지를 무너뜨리는 데 사용한 정신적 살해 기법에 대한 진술을 기록했다.

---

* UN에서 어떤 인종 집단을 체계적으로 파괴하는 행위를 뜻하는 'genocide(집단학살)'라는 단어를 만들 때 사용한 방법을 따랐다

먼저 민드셴치 추기경의 사례를 살펴보자. 그는 헝가리 사람들을 선동하고 적국인 미국과 내통했다는 혐의를 받았다. 스티븐 스위프트(Stephen K. Swift)는 투옥된 민드셴치 추기경의 모습을 폭로한 글에서, 정치적 이유로 수감된 사람들의 심리적 '과정' 3단계를 자세히 묘사했다. 1단계는 자백을 강요하는 것이다. 희생자는 밤낮으로 질문 폭격을 받는다. 보잘것없는 음식이 불규칙하게 제공된다. 휴식은 없다시피 하며 몇 시간이고 심문자들이 교대로 들어오는 심문실에 머문다. 굶주리고 탈진한 수감자는 강렬한 불빛 아래 충혈된 눈의 통증을 느끼며, 쫓기는 짐승이나 다름없는 신세가 된다.

……[스위프트가 전하기를] 66시간 동안 서 있었던 추기경은 눈을 감고 침묵을 지켰다. 그는 질문에 부정조차 하지 않았다. 심문을 담당한 대령이 추기경의 어깨를 두드리며 왜 답하지 않느냐고 물었다. 추기경은 이렇게 대답했다. "다 끝내자. 나를 죽여라! 나는 죽을 준비가 되었다!" 그는 질문에 답하기만 하면 아무 해를 입지 않고 간단히 끝날 것이라는 답을 들었다.
……토요일 오후 그는 거의 알아볼 수 없게 되었다. 그는 마실 것을 요청했지만 거절당했다. 그의 다리와 발은 너무 부어올라 매우 고통스러워 보였다. 그는 몇 번 넘어졌다.

희생자는 외부에서 비롯되는 공포를 겪지만 거기에 자기 안에서 생겨나는 공포까지 더해진다. 그는 반복되는 질문에 항상 같은 대답을 할 수 없는 자신을 믿지 못하게 된다. 양심을 지닌 인간으로서, 그가 얼마나 신실하게 살아왔는지와 상관없이 감춰져 있던 죄책감이 자신이 결백하다는 합리적인 생각을 가로막는다. '세뇌 피해자(brainwashee)'가 겪는 공황은 모든 개념에 대해 완전한 혼란을 경험하는 것이다. 그의 기준과 평가의 가치는 절하된다. 그는 자신보다 힘센 자들이 강요하고 주입한 논리 말고는 더 이상 무언가를 객관적 사실이라고 믿을 수 없게 된다. 적은 인간의 깊은 내부에 모순이 있다는 것을 알고 있으며, 세뇌 피해자의 사기를 꺾고 혼돈을 일으키기 위해 이를 이용한다. 심문자가 계속 바뀌는 것도 생각의 지속성을 더욱더 믿기 어렵게 한다. 희생자가 다른 심문자에게 주의 초점을 돌려야 하는 상황에서 한 심문자에게 적응하기란 어려운 일이다.

그런데 이렇게 내면에서 일어나는 규준과 개념의 충돌, 이념과 신념의 모순은 우리 시대 철학적 질병의 일부이다!

추기경은 사회적 존재로서 좋은 인간관계, 동반자 관계를 맺고자 하는 욕구에 이끌렸다. 그가 유죄라고 반복해서 말한 것이 그를 자백하도록 만든 것이다. 그는 고통 속에서, 방해받지 않고 잠시만이라도 혼자 있고 싶은 욕구에 지고 말았다. 안팎으로 심문자들이 준비한 자백서에 서명할 수밖에 없도록 하는 상황이었던 것이다. 왜 더 저항하겠는가? 그가 영웅이었다고 증언해줄 증인은 없다. 죽은 뒤에 자신의 도덕성과 용기를 증명할 수도 없다. 정신적 살해 전략의 핵심은 모든 희망, 예측 가능성, 미래에 대한 믿음을 앗아가는 것이다. 이는 정신이 살아 있게끔 하는 모든 요소를 파괴한다. 희생자는 완전히 혼자가 된다.*

---

* 이렇게 무의식적으로 자기를 비난하게 함으로써 인간의 양심과 죄책감을 공격하는 행위는 프란츠 카프카(Franz Kafka)의 《심판》에 잘 나타나 있다. 이 소설에서 희생자는 그가 무슨 죄를 지었는지 모르지만, 내면의 죄책감 때문에 죄를 인정하게 된다. 카프카는 자백을 협박하는 시대가 올 것을 예언했다. 그는 이 소설을 1930년대 이전에 썼다. 정신분석학자 테오도어 라이크(Theodor Reik)는 그의 책 《자백, 강박, 그리

만약 수감자가 저항한다면, 정신을 몽롱하게 하기 위해 메스칼린·마리화나·모르핀·바르비투르염·알코올 같은 진통제를 준다. 만약 그의 정신이 패배를 인정하기 전에 신체가 먼저 무너진다면, 벤제드린·카페인·코라민(니케타마이드) 등 자백할 때까지 의식을 붙잡아놓을 수 있는 자극제를 투여한다. 이러한 진통제와 자극제는 모두 의존성이 생길 수 있으며, 혼란으로 인한 기억 상실이 올 수도 있다. 그때까지 받았던 고문의 기억 자체를 완전히 잊어버리는 경우도 많다. 고문 기술은 효과를 발휘하지만, 희생자는 심문 당시 무슨 일이 벌어졌는지 망각한다. 암페타민 관련 약물을 혈류 속에 주입해 오랫동안 잊고 있던 경험을 기억할 수 있게끔 해주는 치료를 진행한 임상가들은, 환자가 투약 이후 심문당하는 기간을 잊게끔 해주는 약의 효과를 잘 알고 있다.

그다음으로 희생자는 자기 자백을 인정하도록 하는 훈련을 받는데, 이는 거의 동물이 재주를 익히는 것과 비슷하다. 거짓 자백을 계속해서 읽게 하면서 그의 뇌 속에 박아넣는다. 그는 환상 속의 공격과 가상의 세부사항을 계속해서 기억해내도록 강요받고, 결국 자신이 범죄를 저질렀다고 믿게 된다. 1단계에서는 다른 사람들에 대한 정신적 복종을 강요당한다. 2단계에서는 자기최면 상태에 들어간다. 즉 조작된 범행을 자기가 행했다고 스스로를 설득한다. 스위프트에 따르면, "심문 중 받은 질문이 이제 추기경의 '자백'의 세부사항이 되었다. 우선 그에게 자기가 스스로 한 진술을 읽어주었다. 그러고 나서 그와 공범이라는 혐의를 받는 다른 수감자들의 진술을 읽어주었다. 그다음에는 그 진술을 더 자세하게 들려주었

고 처벌 욕구(Confession, Compulsion and the Need for Punishment)》에서 같은 주제를 심리학의 관점에서 다루었다.

다. 추기경은 어떨 때는 침울했고, 어떨 때는 매우 불편해하며 흥분했다. 그렇지만 그는 모든 질문에 자발적으로 답했고, 요구를 받았을 때는 모든 문장을 한 번, 두 번, 심지어 세 번까지 반복했다".(Lassio)

심문과 정신적 살해의 마지막 3단계에서, 희생자는 이제 완전히 조건화되어 자기의 죄를 인정하고 자기와 다른 사람들에 대해 거짓 증언을 하도록 훈련되어 있다. 그는 이제 자기최면을 통해 스스로를 납득시킬 필요조차 없다. '주인의 목소리'로 말할 뿐이다. 그는 완전히 고분고분해져 재판을 기다리며, 후회에 가득 차 판결을 받고자 한다. 그는 심문자들의 손바닥 안에 있는 아기와 같으며, 심문자들은 그에게 아기처럼 음식을 먹이고 달랜다.*

한국에서 일어난 정신적 살해

이제 슈와블 사례를 살펴보자. 전반적인 내용은 민드센치 추기경의 이야기와 비슷하고 세부적인 내용이 다를 뿐이다. 슈와블 대령은 미 해군 소속 군인으로 한국에서 UN과 함께 싸우다가 적에게 포로로 잡혔다. 대령은 자신이 국제법과 모든 국가가 받아들인, 전쟁 포로에 대한 규정으로 보호받을 것이라고 생각했다. 그러나 그는 점차 자신이 기대했던 것과는 전혀 다른 대우를 받게 되었다는 것을 깨달았다. 적은 그를 전쟁 포로보다는 선전 목적에 이용할 수 있는 제물로 보았다.

---

* 정신적 살해와 세뇌의 심리적 단계에 대한 더 자세한 연구는 4장 마지막에서 다룰 것이다.

대령은 자신을 정신적으로 무너뜨리려는, 느리지만 지속적인 압력에 시달렸다. 창피 주기, 거칠고 비인간적 대우, 깎아내리기, 위협, 굶주림과 혹독한 추위에 노출시키기, 이 모든 것이 그의 의지를 꺾어 순종시키기 위한 수단이었다. 적은 그에게서 군사 기밀을 빼내는 동시에 그를 자신들의 선전 도구로 사용해야 했다. 그는 철저히 혼자라고 느꼈고, 먼지와 해충에 뒤덮여 있었다. 몇 시간 동안 선 채로 심문자들이 던지는 질문에 답해야 했다. 등 관절 염증으로 인한 통증과 설사 증상이 나타났다. 씻거나 면도할 수도 없었다. 그는 자신에게 무슨 일이 일어날지 몰랐다. 이러한 상황이 몇 주 동안 계속되었다. 그러고는 체계적이고 반복적인 심문과 억압의 시간이 점점 늘어났다. 그는 이제 자신의 기억을 믿을 자신이 없었다. 매일 새로운 심문 팀이 들어왔고, 각자가 대령의 오류와 실수가 점점 늘어난다고 지적했다. 그는 더 이상 잘 수 없었다. 심문자들은 매일 그에게 자기들에게는 시간이 많다고 했고, 그는 적어도 이 말만큼은 사실이라는 것을 깨달았다. 그는 자신이 심문자들의 유혹적인 제안을 뿌리칠 수 있을지 의심하기 시작했다. 심문자들은 그가 죄를 인정하기만 하면 대우가 나아질 것이라고 했다. 심문자는 수상할 만큼 친절했고, 그가 무엇을 원하는지 정확하게 알고 있었다. 심문자는 희생자가 서서히 최면에 걸리기를 바랐다. 미군이 생물학 무기를 사용했고 포로 자신도 그 작전에 참여했다는 자세한 자백을 원했다. 심문자는 이 자백을 글로 쓰기를 원했는데, 이는 설득력 있는 증거를 통해 세계에 충격을 주기 위해서였다. 중국은 기아와 전염병으로 고통받고 있었다. 이런 자백으로 높은 질병률을 설명하고, 인기가 낮은 중국 정부의 책임을 누군가에게 전가할 수 있을 것이었다. 그래서 대령이 공산주의자 전문가들의 국제회의에서 할 체계적인 자백을 준비해야만 했던 것이다. 대령은 정신적으로나 신체적으로 약해졌고, 공산주의자들의 '진실'이 매일같이 그의 마음에 새겨졌다.

사실 대령은 최면에 걸린 것과 마찬가지였다. 그는 이제 자신을 가둔 사람들이 원하는 자백을 세세히 되풀이할 수 있었다. 의식이 명확한 상태보다 최면 상태에서 학습한 것이 잠재 기억(passive memory)에 더 잘 남아 있는다는 것은 잘 알려진 과학적 사실이다. 심지어 그는 그것을 받아쓸 수도 있었다. 결국 작은 조각들 모두가 퍼즐처럼 잘 짜인 전체 그림에 완벽히 들어맞게 되었다. 그 조각들은 사실 그가 잡히기 전부터 준비된 문서의 일부였기 때문이다. 이 문서가 대령의 손에 쥐여졌고, 그는 서명하기 전에 사소한 부분을 고칠 수 있다는 허락까지 받았다.

이제 대령은 완전히 무너졌다. 그는 이미 포기했고, 현실 감각은 모두 사라졌으며, 적과의 동일시가 완성되었다. 자백서에 서명한 뒤 몇 주 동안 그는 우울 상태에 있었다. 그가 바라는 것은 모든 것을 떠나 잠자는 것뿐이었다.

포로는 자기 인내심의 한계를 넘을 때까지 버티려고 할 수 있다. 심문자들에게 기본적 도덕이 있어 자신들의 죄를 깨닫고 멈추리라고 믿기 때문이다. 이는 환상이다. 정신과 의지에 대한 체계적 공격을 방어하는 유일한 방법은 적이 무엇을 하려고 하는지 인식하고 적을 속여 넘기는 것이다. 물론 죽음에 이르기까지 버틸 수도 있지만, 죽음조차도 고문자들에게 달려 있다. 사람을 죽을 지경에 이르도록 만들었다가 다시 살아나도록 자극해 고문을 다시 시작할 수도 있다. 자살 시도 또한 미리 예측하고 막을 수 있다.

내 의견은 이러한 대우를 견딜 수 있는 사람은 거의 없다는 것이다. 이는 모두 포로의 자아 강도와, 포로를 지치게 하는 심문자의 기술에 달려 있다. 모든 사람에게는 각자 인내심의 한계가 있으나 여기까지, 심지어 이를 초월해 견뎌낼 수도 있다는 임상 증거가 있다. 시험에 들게 되었을 때 얼마나 상황을 통제할 수 있을지는 아무도 알 수 없다. 세뇌에 대한 미국의 공식 보고서*에서는 "거의 모든 미국 포로들이 한 번 이상 미국인이라는 정체성을 잃어버린 적이 있다. ……수천 명이 삶에 대한 의지를 잃었다"고 인정하고 있다. 영국 보고서**에서는 포로 학대에 대한 설문 조사 결과를 제시했다. 이 보고서에 따르면 군인 3분의 1이 공산주의 옹호자로 분류할 수 있을 만큼 사상 주입의 영향을 받았다.

또한 이 보고서에서는 적이 사용한 몇 가지 가학적 수단을 자세히 소개하고 있다.

군인들의 이야기에 따르면, 만약 포로가 공산주의를 받아들이면 좀더 편안해졌다고 한다. 하지만 공산주의에 저항하면 중국인들은 포로를 범죄자, 야만적 대우를 받아 마땅한 반동으로 간주했다. 이 '반동'들에게 가한 고문에는 아래의 내용이 포함되었다.

새벽 4시 30분부터 밤 11시까지 완전한 고요 속에 차렷 자세를 한 채 서 있거나 다리를 최대한 넓게 벌린 채 앉아 있게 함.

포로들을 높이 약 1.5미터, 너비 90센티미터, 길이 60센티미터 크기의 상자에 혼자 가둠. 글로스터 연대(Gloucester Regiment)의 한 이등병은 이 상자 안에서 6개월을 보내기도 했음.

'자기반성'을 하라며 며칠 동안 마실 것을 주지 않음.

---

*   *The New York Times*, August 18, 1955.

**   *The New York Times*, February 27, 1955.

포로를 묶은 밧줄을 대들보에 걸어, 한쪽 끝은 교수대의 밧줄처럼 그의 목에 감고 다른 쪽 끝은 그의 발목에 묶음. 그리고 그에게 넘어지거나 무릎을 구부리면 자살하는 것이라고 말함.

포로에게 울퉁불퉁한 바위 위에 무릎을 꿇거나, 큰 바위를 머리 위로 들어올리고 있도록 강요함. 이러한 고문을 당하고 나면 다시 걸을 수 있게 될 때까지 상당한 시간이 필요함.

북한의 한 수용소에서는 나무나 금속으로 만든 연필을 감방 문에 난 구멍으로 밀어넣고, 포로에게 안쪽으로 들어온 끝부분을 이로 물도록 시킴. 그리고는 간수가 갑자기 바깥쪽에 있는 끝을 옆으로 쳐서 포로의 이를 부러뜨리거나, 입 끝 쪽이 찢어지도록 함. 간수가 입 안 뒤쪽이나 목구멍 안으로 연필을 밀어넣는 경우도 있었음.

포로들이 맨발로 얼어붙은 압록강까지 걸어감. 맨발 위에 물을 붓고 발이 얼어붙을 때까지 몇 시간 동안 자신의 '범죄'를 '반성'하라고 함.

정신적 살해로 이어지는 최면 상태는 시간, 공포, 계속되는 압력으로 인한 것으로 보인다. 자동으로 자백하는 상황이 되면 성격 중 의식 부분은 더 이상 힘을 발휘하지 못한다. 세뇌 피해자는 최면에 걸린 것과 같은 상태로 다른 누군가 심어놓은 기억을 반복해 이야기한다. 다행히 희생자가 정상적인 환경으로 되돌아오면, 무서운 최면의 주문은 사라지고 다시 현실로 돌아올 수 있게 된다는 것이 밝혀졌다.

바로 이런 일이 슈와블 대령에게 일어났다. 그는 분명 저지르지 않은 범죄를 자백했지만, 친숙한 환경으로 돌아오자 곧 그 자백을 번복했다.

슈와블 사건에 대한 군 심리가 열렸을 때, 나는 정신적 살해 전문가로서 출석해 증언해달라는 요청을 받았다. 법정에서 나는 슈와블 대령이 당한 것과 같은 일을 당한다면 누구나 비슷한 자백을 받아쓰고 서명할 수 있다는 신념을 피력했다.

"예를 들면 이 법정에 있는 누구라도 그럴 수 있습니까?" 이 새롭고도 어려운 사건을 판결하기 위해 재판석에 앉은 장교들을 한 명씩 바라보며, 대령의 변호사가 내게 물었다.

그리고 나는 양심에 거리낌 없이 단호하게 답할 수 있었다. "누구라도 그럴 수 있습니다."

이제 인간의 정신을 복종과 노예 상태로 만드는 일이 기술적으로 가능해졌다. 슈와블 대령을 비롯한 여러 전쟁 포로들의 사례가 이 비극적인 상황을 보여주는 예이다. 우리가 영웅주의의 한계를 채 다 이해하지 못하고 있는 현실이 이 상황을 더욱 비극적으로 만든다. 우리는 이제 그 한계를 이해하기 시작했다. 또한 전체주의자들이 그 한계를 정치적·심리적으로 어떻게 이용할 수 있는지도 이해하기 시작했다. 우리는 가슴을 치며 하는 자백, 공개 전향이 선전을 위한 전략이라는 것을 알게 되었다. 전체주의자들이 어떻게 정신적 살해를 이용하는지도 어느 때보다 명확하게 파악하기 시작했다. 그들은 의도적이고 공개적으로, 부끄러움 없이 자신들의 권력을 강화하고 유지하기 위한 공식 정책의 일환으로 이를 사용하지만, 당연하게도 진짜 위험한 범죄를 자백한 것이라는 완전히 다른 설명을 내놓는다.

그렇지만 전체주의자들의 이러한 만행에는 한 가지 좋은 점이 있다. 놓칠 수 없을 만큼 분명히 드러나기 때문에, 우리가 우리 자신을 보호하는 방법을 배울 수 있다는 것이다. 하지만 나중에 살펴볼 것처럼 정신에 영향을 미치는 보다 알아채기 힘든 방법도 있다. 이러한 방법 또한 직접적 수단만큼 위험하다. 더 교묘해서 인식하기 어렵기 때문이다. 우리가 그들의 행동을 전혀 눈치채지 못할 때도 많다. 그들은 아주 천천히, 간접적으로 정신에 영향을 미치기 때문에 우리는 그들이 무엇을 했는지조차 모를 수도 있다.

전체주의 체제에서의 정신적 살해와 같은, 눈에 잘 띄지 않는 형태의 정신 조작은 정치적 목적인 경우도 있고 아닌 경우도 있다. 그러나 의도가 무엇이든 그 결과는 같다.

이 미묘한 정신적 살해의 힘은 마음 안팎에서 동시에 작용한다. 우리의 문명이 점점 복잡해지면서 그 효과도 강해져왔다. 현대의 대중 전달은 매일 한 사람의 가정에 전 세계를 전해준다. 선전과 상품 판매의 기술은 고도화·체계화되었다. 끊임없는 시각적·언어적 정신 자극으로부터 숨을 곳은 거의 없다. 사람들은 점차 일상생활의 압력에서 벗어나, 책임과 성숙으로부터 쉬운 도피처를 찾고자 하는 경향을 보인다. 분명 이러한 압력을 견뎌내기란 어려운 일이다. 많은 사람들에게 정치적으로 만능인 해법은 매우 유혹적인 제안이고, 다른 사람들에게 알코올·약물과 같은 인공적 쾌락으로의 도피는 거부할 수 없는 제안이다.

자유로운 사회의 자유로운 인간은 통합된 정신에 대한 이러한 은밀한 공격을 인식하고 맞서 싸워야 할 뿐만 아니라, 인간의 마음속에 무엇이 있고 무엇이 우리를 이런 공격에 취약하게 만드는지, 무엇이 민주주의와 인간적 성숙이 요구하는 책임에서 벗어나기를 원하게 만드는지 배워야 한다.

02

서커스의 조련사가 된 파블로프의 학생들

우리 자신에게 세뇌, 거짓 자백, 부역자로의 전향의 깊은 정신적 기제가 무엇인지 묻기 전에, 전체주의 권력자의 입장에 서보자. 그들의 목표는 무엇일까? 포로의 행동을 묘사할 때 어떤 말을 사용할까? 많은 슈와블과 민드센치들에게 그들이 원하는 것은 무엇일까?

전체주의의 간수들은 최면이나 암시에 대해 언급하지 않으며, 자백을 강요한다는 사실을 부정한다. 그들은 인간 행동과 통치를 기계에 훨씬 가까운 방식으로 바라본다. 그들을 이해하기 위해서는 그들이 단순화된 파블로프 이론을 숭배한다는 데 주목해야 한다.

침 흘리는 개

러시아의 노벨상 수상자 이반 페트로비치 파블로프(Ivan Petrovich Pavlov)

는 19세기 말에 종과 개가 등장하는 유명한 실험을 했다. 그는 침의 분비가 먹는 행동과 관련 있고, 개가 배가 고프면 음식을 보고 침을 흘릴 것임을 알고 있었다. 파블로프는 소화 과정에 작용하는 이러한 선천적 반사를 이용해, 실험 대상이 되는 동물이 원래 침을 흘리게 하지 않는 자극에 대해 침 흘리는 반응을 하게 하고자 했다. 파블로프는 개에게 먹이를 줄 때마다 종을 울렸고, 먹이를 받을 때마다 개는 침을 흘렸다. 이를 여러 번 반복한 다음, 파블로프는 종을 울리면서 개에게 먹이를 주지 않았다. 개는 먹이를 보고 침을 흘리는 것처럼 종소리만 듣고도 침을 흘렸다. 따라서 파블로프는 인위적 신호를 통해서도 개가 침을 흘리는 불수의적 반응을 하게 만들 수 있다고 결론지었다. 마치 종소리가 음식의 맛과 냄새인 것처럼, 종소리에 대한 반응이 '조건화'된 것이다.

이 실험을 비롯한 여러 실험을 통해, 파블로프는 학습과 훈련은 여러 자극 사이에 관련성을 만들어 조건반사를 여러 번 쌓아올린 것이라고 설명하는 조건반사 이론을 만들었다. 이 이론에 따르면 반사적 반응을 많이 학습할수록 조건반사도 많이 학습하게 된다. 인간은 모든 동물 중 학습 능력이 가장 크기 때문에, 그와 같은 복잡한 조건화를 학습할 수 있는 능력도 가장 크다.

파블로프의 실험은 동물 및 인간의 행동 연구, 신경증 증상의 진행 연구에 큰 가치가 있다. 그러나 인간 정신이 작동하는 기제에 대한 지식은 다른 모든 지식과 마찬가지로, 그리고 이미 살펴본 대로, 선용될 수도 악용될 수도 있다. 불행히도 전체주의자들은 마음이 어떻게 작동하는지에 대한 지식을 그들만의 목적을 위해 이용했다. 그들은 파블로프의 발견을 드러나지 않고, 복잡하고, 때로는 뒤틀린 방식으로 이용해, 자신들의 통제하에 있는 인간 기니피그들에게 정신적·정치적 조건화, 복종을 훈련시키고자 했다. 제2차 세계대전 이전 나치가 이러한 수단을 도입했지만, 만개한 것은 소련에서라고 할 수 있다. 계속되는 정신적 주입, 종소리와 음식을 통해 소련에서는 사람들을 실험실의 개와 같이 미리 훈련받은 대로 반응하는, 조건반사 기계로 만들고자 했다. 적어도 일부 소련 지도자와 과학자들의 마음속에는 이렇게 단순화한 개념이 떠돌고 있다.(Dobrogaev)

스탈린의 명령대로 모스크바는 특수한 '파블로프 부서(Pavlovian Front)'(Dobrogaev), '학자 I. P. 파블로프의 생리학 이론 문제에 대한 과학 위원회(Scientific Council on Problems of Physiological Theory of the Academician I. P. Pavlov, 이하 파블로프 위원회)'(London)를 운영했다. 이들 부서를 산하에 둔 과학 학술원(Academy of Science)은 파블로프 이론을 정치에 적용하는 것이 목표였다. 그들은 파블로프 연구 결과에서 완전히 기계적인 측면에 초점을 두도록 지시받았다. 이러한 이론적 관점을 통해 인간의 모든 정서를 기계와 같은 조건반사 체계로 단순화할 수 있다. 두 부서 모두 연구를 통제하는 기관이었으며, 여기에서 일하는 과학자들은 인간을 어떻게 동물처럼 조건화하고 훈련할 수 있는지에 대한 이론을 연구했다. 전체주의 이론가들은 파블로프 이론이 동물 및 인간 행동의 복음이라는 확신에 차 있었기 때문에 우리는 그들이 주장을 뒷받침하기 위해 내놓은 증거, 그들의 수단, 이론적 설명을 반증해야 한다.

파블로프 위원회가 얻고자 한 것은 심리학을 지나치게 단순화한 결과물이었다. 그들의 정치적 과업은 인간의 마음을 조건화하고 조형해, 전체주의의 좁은 개념으로 세상에 대한 이해의 범위를 제한하는 것이었다. 이렇게 생각을 레닌-마르크스주의의 이론적 사고에 한정시키는 것은 두 가지 경우에 가능해야만 했다. 첫 번째는 충분히 많이 반복하는 경우, 두 번째는 현실을 다르게 해석할 가능성을 차단하는 경우이다.

이러한 개념은 인간 사고의 비판과 검증 기능을 계속해서 억압할 수 있다는 순진한 신념에 기초한다. 하지만 인간을 길들이고 조건화하면서, 오류와 변형을 계속해서 바로잡아야 했던 기간에, 의도치 않게 비판적 감각이 만들어졌다. 동시에 학생들은 이 비판적 감각을 사용하는 일의 위험성을 알게 되었다. 그들은 반대하면 위험하다는 것을 알았지만, 이것조차도 비판적 감각을 더 예리하게 발달시켰다. 결국 인간의 저항은 억압할 수 없는 것이었다. 그들이 다시금 깨어나기 위해 필요로 하는 것은 단 한 번의 자유의 숨이다. 진실을 향한 다른 길이 있다는 생각은 모두에게, 어딘가에 있다. 탐색과 표현이 위축될 수는 있지만, 어딘가 있을 새로운 길과 모험에 대한 믿음은 항상 마음속에 있다.

호기심과 탐구심이 있는 인간의 마음은 단순한 사실의 나열만으로는 절대 만족할 수 없다. 사람은 자료를 보자마자 바로 이론의 영역으로 뛰어들어 설명을 시작하지만, 그가 사실을 바라보고 이론을 만드는 방식은 그의 편향과 편견에 큰 영향을 받는다. 나부터 먼저 주관성에 영향을 받는다는 것을 고백해야겠다. 우리가 사용하는 단어조차 가정과 추측으로 가득 차 있다. 파블로프 이론에서 아주 중요한 '반사(reflex)'라는 단어가 완벽한 예시이다. 이 단어는 17세기 철학자 데카르트가 처음 사용했다. 그는 인간 신체의 움직임과 기계의 움직임이 같다고 보는 철학 사상을 만들었다. 예를 들어 데카르트가 보기에는 고통스러운 자극에 대한 우리 몸의 자동적 반응(예: 불에 닿으면 손을 거둬들임)은 거울이 자동적으로 빛을 반사하는 것과 같았다. 그에 따르면 신경 체계는 거울처럼 단지 반응을 반사하는 것이다. 행동에 대한 이러한 단순한 설명, 여기에 사용하는 단순한 단어는 그 반응이 유기체 전체가 하는 것임을 직접 부정하는 것이다. 하지만 인간은 단순한 거울이 아니라 생각하는 거울이다. 전통적 기계론의 관점에서는 행동이 그 행동을 하는 신체 부위와만 관련되고, 유기체 전체가 목적을 가지고 하는 행동과는 관련이 없다. 그러나 인간은 각자 독립적으로 기능하는 부분으로 구성된 기계가 아니다. 인간은 전체이다. 인간의 몸과 마음은 상호작용한다. 그는 바깥 세상에 대해 반응하고, 바깥 세상도 그에 대해 반응한다. 예를 들어 손의 불수의적 반사는, 개인이 전체로서 환경 변화에 적응하는 데 도움이 되는 반응 체계의 일부이다. 이는 적응하려는 선천적 경향의 결과라고 할 수 있다. 선천적 반사와 조건반사의 유일한 진짜 차이는, 전자가 전체 인류에게서 수백만 년 동안의 진화 과정을 통해 발달해왔다면, 후자는 개인의 인생 주기에서 습득한 반응이 점차 자동화된 결과라는 것이다. 만약 우리가 일상생활에서 하는 복잡한 행동 중 하나(예를 들어 자동차 운전)를 분석해본다면, 이 행동이 의식의 통제 밖에서 일어난다는 것을 알 수 있을 것이다. 하지만 과정이 자동화되기 전에는, 어떤 목표를 이루기 위해 의도적으로 하는 행동을 의식적으로 배우고 통제해야 한다. 예기치 못한 상황에서 차를 세우려고 브레이크를 밟는 반사를 선천적으로 타고나지는 않는다. 우리는 이렇게 하는 방법을 배워야 하고, 이렇게 배우고 운전을 하는 과정에서 그 반응이 자동화되는 것이다. 만약 운전을 배우고 난 다음 아이가 차 앞을 가로질러 달려가는 것을 본다면, 생각하지 않고도 반사적으로 브레이크를 밟을 수 있을 것이다.

인간의 조건화

마음의 기계화에 대한 파블로프의 연구는 우리에게 인간을 포함한 모든 동물이 어떻게 신호를 신체적 반응과 연결지어 제한된 환경에 적응하는 방법을 배우는지 가르쳐주었다. 마음은 두 가지 우연이 동시에 반복되면 둘 사이에 연관성을 만들어내고, 이렇게 마음이 만들어낸 연관성에 몸이 반응한다. 그런 식으로 개에게 먹이를 줄 때마다 울린 종이 동물에게 소화를 준비하라는 신호가 되고, 그래서 침을 흘리게 되는 것이다.

퀸스 칼리지(Queens College)의 그레고리 라즈란(Gregory Razran) 박사가 한 연구는, 어떻게 인간이 이러한 반응을 학습할 수 있는지 보여준다. 라즈란 박사는 대학생 20명에게 점심을 제공하면서 음악을 틀거나 그림을 보여주었다. 마지막 점심 식사가 끝난 뒤, 이들과 점심 식사 손님이 되지 않았던 다른 집단 학생들이 함께 모였다. 이 자리에서 점심 식사 때와 같은 음악을 틀고 그림을 보여준 뒤, 모든 학생들에게 음악과 그림이 무엇을 생각나게 하는지 물었다. 점심 식사를 했던 집단 학생들은 뭔가 음식과 관련한 생각을 떠올렸지만, 식사를 하지 않은 학생들에게서는 그러한 관련성이 나타나지 않았다. 점심 식사 손님들의 마음속에서는 분명히 음악·그림과 먹는 행동 사이에 일시적인 연관성이 생겼다.

중국인들은 더 간단한 방식으로 군중을 조건화했다. 죄수들에게 온갖 말이 안 되는 소리와 정치적 거짓말을 심하게 혼란스럽고 스트레스를 주는 분위기에서 며칠 동안이나 적게 했을 때, 죄수들은 세균전에 참여했다는 거짓 문서에 서명하게 되었다.(Winokur)

모든 조건반사는 사실 전혀 관련 없는 자극 사이에 연결 고리를 만드는, 압력에 대한 불수의적·일시적 적응이다. 그렇기 때문에 조건반사는 개인에게 영원히 아로새겨지는 것이 아니며 점차 사라질 수 있다. 만약 개가 종소리에 반응하도록 한 다음에 벨을 계속해서 울리지만 먹이를 주지 않으면, 침을 흘리는 조건반사는 사라진다. 의심할 여지없이 라즈란 박사의 학생들은 앞으로 음악을 들을 때마다 계속 음식을 생각하지는 않을 것이다.

조건반사를 다른 방식으로 정의해볼 수도 있다. 조건반사는 몸과 마음이 어떤 자극에 선택적으로 반응하는 방식이다. 자극과 반응이 연결되는 방식은 매우 다양하며—그 연결은 시간 및 장소와 관련할 수 있고, 우연이나 공통의 목표에 따라 이루어질 수도 있다—따라서 우리의 정신적·신체적 태도에 특수하게 조건반사를 형성한다. 이렇게 복잡한 반응이나 패턴 중 일부는 특히 더 자동적이고, 선천적 패턴처럼 작동하기도 한다. 또 다른 일부는 유연해서 계속 변화한다. 예를 들어 어떤 정신신체적(psychosomatic) 질환을 분석해보면, 우리의 정서적 태도가 조건화한 반응을 강화하거나 심지어 변화시키는 것을 알 수 있다. 위궤양이 이런 정신신체적 질환 중 하나다. 이 질환은 몸이 소화에 필요한 위산을 너무 많이 만들어낼 때 나타난다. 위궤양 환자는 강한 정서, 특히 억압된 적대감에 과도한 위산 분비로 반응하는 사람이다. 이 내현적 분비 반사는 배고플 때 음식을 소화시키는 데 도움이 되지만, 배고픔과 공격성이 똑같이 위산 분비를 촉진하는 경우에는 바람직하지 못한 조건반사가 된다. 산성 용액이 점점 더 많이 분비되다가 마침내 환자는 자신이 궤양으로 고통받고 있음을 깨닫게 된다. 이는 마치 위가 스스로 조직을 잡아먹는 것과 같다. 이런 역설이 교육 과정에서도 자주 보인다. 자녀의 식사 시간을 지나치게 통제하는 보호자는 아이가 배고플 때 음식을 먹으려 하는 대신 끈질기게 거부하도록 만들 수도 있다.

우리의 목적을 위해서는 조건화가 우리의 삶 전반을 통해 가장 미묘하면서도 가장 분명한 방식으로 이루어진다는 것을 인식해야 한다. 우리는 우리 성격의 틀이 다음과 같은 수천 가지 방식으로 형성된다는 것을 발견할 수 있다. 어린 시절에는 식사하는 방법을 익힌다. 우리가 듣게 되는 말의 가혹하거나 부드러운 음조, 주위의 정신없음, 가족의 관습에서 느끼는 안정감, 신경증적인 부모 밑에서 겪는 혼란, 기계에서 나는 시끄러운 소리, 친구들이 시간이 없다는 것, 학교의 규율, 사교 모임에서 나타나는 경쟁심에 조건화된다. 심지어 우리의 장난감이 약하다는 것, 집이 편안하다는 것, 관습의 지속성, 혁명의 혼돈에까지 조건화된다. 예술가와 공학자, 선생님과 친구, 삼촌과 숙모 모두가 우리의 행동을 조형한다.

고립을 비롯해 조건화에 영향을 미치는 요인

파블로프는 다른 중요한 발견도 했다. 조건반사가 가장 쉽게 이루어질 수 있는 환경은, 방해하는 자극이 가장 적은 조용한 실험실이다. 모든 동물 훈련사들은 이를 경험으로 알고 있다. 야생 동물을 길들이기 위해서는 고립과 끈기 있는 반복이 필요하다. 파블로프는 학습 속도는 고요함, 고립과 양(+)의 상관이 있다는 일반 법칙을 만들었다. 전체주의자들은 이 법칙을 따랐다. 그들은 정치적 희생자들을 고립시키면 가장 빨리 조건화할 수 있다는 것을 알았다. 이러한 전체주의의 사고 통제 기술은 개인뿐만 아니라 집단에게도 적용되었다. 이것이 전체주의 국가에서 국민들이 자유롭게 여행하도록 허락하지 않고, 정신적·정치적으로 오염되지 않도록 하는 이유이다. 또한 독방 감금과 포로수용소가 있는 이유이기도

하다.

파블로프의 또 다른 발견은 어떤 동물은 올바른 반응을 할 때마다 (애정, 음식, 쓰다듬기로) 보상해주면 빨리 배우고, 또 어떤 동물은 학습을 하지 못했을 때 고통스러운 자극으로 처벌하면 빨리 배운다는 것이다. 이를 인간에 대입해보면, 후자의 동물은 처벌을 피하기 위해 학습하는 경우라고 할 수 있다. 또한 동물들의 반응이 다른 것은 양육자의 초기 조건화와 연결해볼 수 있을 것이고, 각각의 반응을 인간 학습 유형과 짝지어볼 수도 있다. 어떤 사람들에게는 보상과 칭찬 전략이 학습을 촉진하는 자극이 되며, 고통은 그들에게 저항을 일으킨다. 반면 다른 사람들에게는 응징과 처벌이 특정 행동 양식을 훈련시키는 수단이 될 수 있다. 세뇌를 시키는 사람이 일을 효율적으로 하려면, 희생자가 어떤 유형에 속하는지를 알아야 한다. 다른 사람들보다 세뇌가 더 잘되는 사람이 있다. 이러한 반응의 원인은 일부 내재적이거나, 이전에 순응하도록 조건화된 데 있다.

파블로프는 불수의적 학습의 강도도 구분했는데, 약한 불수의적 학습의 경우 방해가 일어나면 학습한 반응이 사라질 수 있지만, 강한 불수의적 학습의 경우 조건이 어떻게 변하더라도 반응이 사라지지 않는다. 사실 파블로프는 이보다 더 많은 학습 유형을 기술했지만, 우리의 목적을 위해서 중요한 것은 조건화된 학습을 쉽게 잊어버리는 사람이 있는가 하면, 계속해서 유지하는 소위 '강한' 유형도 있다는 것이다. 이는 단어 선택에 우리의 편향이 반영된다는 또 하나의 예시이기도 하다. '강하다'와 '약하다' 중 무엇을 선택할지는 전적으로 실험하는 사람의 목표에 달려 있다. 전체주의자들에게 '약한' 포로는 새로운 조건화를 받아들이는 것을 끈질기게 거부하는 사람이다. 그의 '약함'은 사실 저항이며, 이전에 충성심, 반전체주의에 강력하게 조건화된 결과이다. 우리는 얼마만큼 강한 조건화 및 초기 학습이 성격에 남아 있게 되는지를 알 수 없다. 교조를 따르는 경직된 행동은 지식보다는 무지에 기반한 수동성의 초기 조건화에 뿌리를 두고 있다.

파블로프는 조건화 과정에서 내적·외적 요인이 어떻게 상호작용하는지도 보여주었다. 예를 들어 동물 실험실에 보조원이 새로 들어왔다면, 이 새로운 얼굴에 대한 동물들의 정서 반응으로 인해 학습한 행동이 억제되기 쉽다. 파블로프는 이것이 동물들로 하여금 낯선 사람의 냄새를 맡으며 주위를 돌아다니게 하는 탐색(investigatory) 반사로 인한 혼동 반응이라고 설명했다. 현재[1956년 당시]의 심리학에서는 이를 동물과 훈련사의 정서적 라포(rapport)가 변한 결과로 해석하는 경우가 많다. 우리는 이러한 설명을 인간관계에 적용해볼 수 있다. 이렇게 보면 다른 사람들과 빠르게 라포를 형성할 수 있는 사람이 있고, 이들은 새로운 요구에 순응하기 위해 오래된 습관과 삶의 방식을 포기할 수 있을 것이다. 심문자가 희생자들에게 깊은 영향을 미쳐, 희생자들이 빠르게 자신의 비밀을 밝히고 완전히 낯선 사고방식을 받아들이는 경우도 있다. 우리는 심리치료에서도 똑같은 경우를 볼 수 있다. 심리치료에서는 의사와 환자 사이의 정서적 라포 발달이 치유의 가장 중요한 요인이다. 어떤 때는 라포가 쉽게 형성될 수 있고, 어떤 때는 전혀 형성되지 않으나, 주로 치료 과정에서 점차 발달하는 것이 일반적이다. 심리학자에게는 사람의 '부드러움'과 조건화되고자 하는 바람을 알아보는 것이 어려운 일이 아니다. 실제로 파블로프학파 심리학자들은 어떤 사람의 불안정성, 암시와 세뇌에 대한 적응성을 쉽게 파악할 수 있는 간단한 설문지를 개발했다.

파블로프는 모든 조건화가 얼마나 강력했는지와는 상관없이 지루함이나 너무 약한 신호의 반복으로 인해 억제될 수 있다는 것을 발견했다. 실험 대상이 되었던 개들은 종소리가 너무 자주 반복되거나 너무 약하면 침을 흘리지 않는다. 그리고 학습을 잊는 과정이 시작된다. 이러한 조건화의 내적 억제, 조건반사 소거의 결과는 잠이다. 억제는 대뇌피질 전체 활동으로 퍼져나간다. 다시 말해 유기체는 최면 상태에 빠진다. 억제 과정에 대한 이러한 설명은 수면에 대한 초기의 허용 가능한 설명 중 하나이다. 심리학의 관점에서 흥미로운 질문은 조건화가 너무 많이 반복되면 지루함과 억제를 초래하는 것인지, 아니면 러시아의 스타하노프 운동(Stakhanovite movement: 소련 노동자들의 목표 초과 달성, 노동 생산성 향상 운동—옮긴이)이 사람들의 생산성 저하에 반작용을 주기 위해 필요했던 것인지이다.

우리는 이를 한국전쟁 포로들에게 무슨 일이 일어났던 것인지에 대입해볼 수 있다. 매일 반복되는 지루한 질문 공세는 억제와 주의력 감소 상태로 이어지는 파블로프의 신호가 될 수 있다. 이렇게 되면 포로들은 이전에 받은 민주주의에 대한 조건화와 훈련을 일시적으로 포기할 수 있게 된다. 포로가 민주주의 학습을 억압하면 심문자에게는 전체주의 철학을 가르칠 기회가 생긴다. 새로운 조건반사를 만들려면 먼저 오랜 습관이 무너져야 하는 것이다. 우리는 지루함과 반복이, 포기하고 적의 회유에 항복하고 싶은 욕구를 높일 것임을 짐작할 수 있다. 나는 나중에 세뇌를 위한 조건화에서 부정적 자극 체계를 어떻게 사용하는지 더 자세히 다룰 것이다.

말을 통한 대중의 조건화

파블로프 심리학에 따르면, 인간의 언어 또한 조건화된 반사 활동이다.

파블로프는 인간과 동물을 직접적으로 조건화하는 1차 자극(stimuli of the first order)과 더 간접적이고 복잡한 조건화를 하는 2차 자극(stimuli of the second order)을 구분했다. 이러한 2차 신호 체계(second signal system)에서 언어 단서는 원래의 실제 소리(예: 종소리—옮긴이) 자극을 대체한다. 파블로프 자신은 이 체계에 크게 주의를 기울이지 않았다. 1950년 (도브로가예프가 말한 대로) 대중 주입을 위한 언어학의 중요성을 다룬 스탈린의 책이 출간된 뒤, 러시아 심리학자들은 관련 작업에 착수했다. 스탈린은 편지에서 언어는 인간의 대표적인 적응 수단이라는 엥겔스의 이론에 찬성했다. 말할 때의 음조와 소리에는 조건화하는 성질이 있으며, 우리가 명령을 들을 때나 반려동물에게 이야기할 때를 생각해보면 이를 알 수 있다. 언어의 상징적·의미론적 특성조차 조건화될 수 있다. 예를 들어 '배신자(traitor)'라는 말을 하면 듣는 사람의 마음속에는 바로 어떤 감정과 반응이 일어나게 되고, 이는 이 이름표가 거짓일 때도 마찬가지다.

우리는 러시아의 대표적 심리학자 중 한 명인 도브로가예프가 쓴 언어 반사에 대한 자세한 연구를 통해, 언어의 패턴과 단어를 통한 신호가 선전과 주입을 통한 대중 조건화에 어떻게 이용되는지에 대한 통찰을 얻을 수 있다. 인간을 길들이는 데 있어 기본적 문제는 간단하다. 인간은 자신을 조건화하고자 하는 정부에 저항할 수 있는가? 개인은 강력한 집단성의 힘에 대응해 정신의 통합성을 지키기 위해 무엇을 할 수 있을까? 내적 저항의 흔적을 모두 없애는 것이 가능할까?

파블로프는 이미 한 사람이 외부 세계, 타인들과 맺는 관계는 2차 자극인 언어라는 상징에 좌우된다고 설명했다. 인간은 자신에게 주어진 단어와 말을 통해 생각하는 방법을 배우는데, 이것이 점차 그의 전체 인생관과 세계관을 조건화하게 된다. 도브로가예프가 말했듯이 "언어는 인간이 환경에 적응하는 수단이다". 우리는 이 말을 이렇게 바꾸어볼 수 있다. 다른 인간과 소통하고 싶다는 인간의 욕구는 외부 세계와의 관계를 방해하는데, 이는 우리가 사용하는 말이라는 도구 자체가 객관적이지 않기 때문이다. 또한 도브로가예프는 "말하기는 인간 뇌의 조건반사 기능을 보여준다"고 했다. 더 간단히 말하면 우리가 사용하는 단어와 어구를 좌우하고 만들어내는 사람, 신문과 라디오를 지배하는 사람이 정신을 지배한다는 것이다.

파블로프 심리학을 이용한 전략에서 공포를 유발하는 힘은 결국 새로운 의사소통 수단으로 대체될 수 있다. 누군가 이미 만들어놓은 의견이 신경세포에 다다라 뇌에 어떤 사고방식을 심어놓을 때까지 매일 신문과 라디오를 통해 계속해서 반복될 수 있다. 결국 파블로프 이론가들에 따르면 대중의 의견은 효과적인 선전 기술의 결과이자, 정신에 대한 파블로프식 기계화가 성공했는지 살펴보는 조사라고 할 수 있다. 하지만 이 조사를 통해서는 사람들이 생각하고 믿는 척하는 것만을 알 수 있을 뿐이다. 그렇게 하지 않으면 자신들이 위험하기 때문이다.

이것이 파블로프 심리학 방식의 도구이다. 당신의 가정과 제안을 기계적으로 반복하면, 차이와 반대 의견에 대해 소통할 기회는 줄어든다. 이는 대중의 정치적 조건화에 대한 간단한 공식이다. 또 우리 사회에 있는 홍보 기구 일부의 실제 이상이기도 하다. 그들은 대중이 특정한 비누를 사거나 특정 정당에 투표하기를 바란다.

사람들은 대중에 대한 파블로프 심리학 전략으로 인해 계속해서 "다른 사람들이 뭐라고 생각할까?"라고 자신에게 묻게 된다. 결과적으로 공통 환상이 생겨난다. 사람들은 다른 사람들이 어떻게 생각할지 생각하도록 부추김을 받고, 따라서 여론은 빠르게 집단 편견으로 기운다.

정신분석학 용어로 이야기하면, 사람들은 강력한 언어라는 단서로 뒷받침한 선전을 매일같이 들으면, 그 선전을 하는 권력자와 자신을 동일시하도록 계속해서 강요받게 된다. 빅 브라더(Big Brother)의 목소리가 모든 리틀 브라더들의 내면에서 되풀이된다.

중립인 인도 기자가 전한 공산 중국의 소식*을 보면, 중국 지도자들은 그들의 체제를 강화하기 위해 이러한 목소리의 조건화를 이용하고 있다. 전국에 걸쳐 라디오와 큰 소리를 내는 확성기를 통해 공식적 '진실'을 방송한다. 달콤한 목소리가 사람들을 사로잡고, 문화적 독재가 확성기 소리를 통해 그들의 귀를 홀리면서, 무엇을 하고 무엇을 하지 말아야 하는지 지시한다. 프랑스 철학자 라 로슈푸코(La Rochefoucauld)는 이러한 마이크를 통한 통제를 예견하고, 18세기에 이렇게 말했다. "인간은 토끼와 같다. 귀로 사로잡을 수 있다."

제2차 세계대전 동안 나치 또한 언어의 조건화하는 힘을 잘 알고 있음이 드러났다. 나는 네덜란드에서 일할 때 그들의 전략을 목격했다. 라디오는 끊임없이 정치적 제안과 선전을 퍼뜨렸고, 사람들은 라디오를 끄는 것만으로도 의심받을 수 있었기 때문에 그것을 들을 수밖에 없었다. 나는 어느 날 친구 몇 명과 자전거를 타고 밖으로 나갔던 날을 기억하고 있다. 우리는 잠시 쉬기 위해 카페에 들렀는데, 나중에 그곳이 진짜 나치의 둥지임을 깨달았다. 우리가 도착했을 때에도 라디오에서는 히틀러의 연설이 나오고 있었고, 모두가 경탄하며 서 있었다. 이는 퓌러(Führer: 총통)의 언어를 이용한 조건화를 받아들이기 위해 꼭 필요한 과정이었다. 친구들

---

* *The New York Times*, November 27, 1954.

과 나도 서 있어야만 했고, 우리의 귀에 외쳐대는 불쾌한 목소리를 들으며 우리의 고막과 마음에 대한 그 길고 지루하고 반복되는 공격에 저항감을 느껴야만 했다.

나치는 점령 기간 내내 엄청난 선전·거짓말·혼란을 심어놓았다. 심지어 그들의 구호를 집 현관으로 들어가는 계단과 거리에 적어놓기까지 했다. 매주 새롭게 조작된 고정관념이 제3제국의 영광을 설득하기라도 하는 듯한 눈길을 우리에게 던졌다. 하지만 나치는 파블로프 심리학 전략을 제대로 알지 못했다. 그들은 더 논리적으로 보이기 위해 자신들의 주장을 퍼뜨렸지만, 이는 네덜란드 사람들의 저항을 커지게 했을 뿐이다. 이러한 저항은 합법적인 네덜란드 정부의 정상적인 목소리를 들을 수 있었던 런던 라디오(London radio)를 통해 더 강화되었다. 나치의 주장은 그다지 합리화되지 않기 때문에, 그들은 쓰고 읽고 말하는 소통을 모두 금지시켰다. 그에 따른 오랜 지루함은 우리의 민주주의 조건화를 억제했고, 그래서 우리는 나치의 과도한 단순화와 구호에 더 사로잡혔을 것이다.

정치적 조건화

정치적 조건화를 훈련, 설득, 심지어 사상 주입과도 혼동해서는 안 된다. 이는 그보다 더한 것으로, 길들이기라고 할 수 있다. 인간의 가장 단순하면서도 가장 복잡한 신경 패턴을 소유하는 것이며, 신경세포를 차지하기 위한 싸움이다. 또한 강제이자 강요인 전향이다. 유혹자는 현실을 편향 없이 마주하도록 인간을 조건화하는 대신 그럴듯한 말, 고정관념을 담은 언어·구호·공식·상징에 조건화시킨다. 전체주의자에게 파블로프 심리학 전략이란 무너진 마음에 정해진 반사를 박아넣는 것이다. 전체주의자는 가장 먼저 신경세포 반응을 얻고자 하고, 그다음에는 개인을 통제하고, 마침내 대중을 통제하고자 한다. 이러한 체제는 고정관념과 부정 또는 긍정 자극(고통 혹은 보상)을 연합하는 언어 조건화와 훈련에서 시작된다. 개인적·집단적 세뇌가 벌어진 한국 포로수용소에서, 자극의 부정적·긍정적 조건화는 굶주림과 음식인 경우가 많았다. 포로가 당의 노선에 순응하면 배급받는 음식이 좋아졌다. 즉 '예'라고 대답하면 사탕을 주는 것이다!

슈와블 사태에서 보았듯이 부정적 자극은 신체적 압력, 도덕적 압력, 피로, 굶주림, 지루한 반복, 보기에는 논리적으로 보이는 삼단논법의 조합으로 이루어진다. 많은 전체주의 피해자들은 면담에서 내게 수용소에서 가장 화가 났던 경험은 논리를 잃어버린다는 느낌, 어떤 것도 타당성이 없다고 느끼는 혼란 상태를 경험하는 것이었다고 말했다. 그들은 파블로프 심리학에서 이야기하는 억제 상태, 정신과 의사들이 정신적 와해(mental disintegration) 또는 탈개인화(depersonalization)라고 하는 상태에 이른 것이다. 마치 그들이 이전에 학습한 반응을 잊어버리고 새로운 반응을 아직 배우지 못한 것과 같아 보인다. 그러나 사실 그들은 그저 뭐가 뭔지 알 수 없었던 것이다.

하나의 정치적 수단, 즉 정신을 평준화하는 방식(나치는 이를 '획일화(Gleich-schaltung)'라고 했다)으로 변모한 파블로프 이론은 전체주의 국가의 전형이다. 정신의학의 관점에서 보면 특정한 정신적 조건이 선행되어야만 파블로프식 훈련을 할 수 있다는 부분을 주목할 만하다. 사람들을 원하는 방식으로 길들이려면, 피해자들이 의식과 자각을 잃어버리는 지점까지 가야 한다. 토론의 자유와 지적 교류는 조건화를 방해한다. 공황, 두려움과 절망감, 혼자라는 느낌, 벽에 등을 대고 서 있다는 느낌을 심어야 한다.

한국 포로수용소에서 미국 전쟁 포로에 대한 대우 또한 이러했다. 그들은 강의를 비롯한 언어의 총알 세례를 매일 듣도록 강요받았다. 그들이 강의를 이해하지 못했고 긴 시간 동안 지루해했다는 사실 자체가, 그들이 훈련받은 민주주의를 억제하고 쓰디쓴 교조의 식단을 받아 삼키도록 조건화시켰다. 포로들은 정치적 훈련 프로그램뿐만 아니라 비자발적인 길들이기 프로그램의 대상이기도 했다. 공산주의를 선전하는 강의는 어느 정도까지는 포로들의 정신을 다시 훈련시키는 것을 직접 목표로 했다. 우리의 군인들은 이를 거부할 수 있었지만, 끝없는 반복과 계속되는 구호의 나열은 신체의 고통과 합쳐져 그들을 **무의식적으로 길들이고** 조건화했다. 그에 맞서 도움이 되는 것은 오직 이전에 쌓은 내적인 힘과 인식뿐이었다.

우리의 군인들이 종종 공산주의 조건화의 덫에 걸린 이유는 또 있다. 우리는 동물 실험 및 사람들과의 경험을 통해 일반적으로 위협·긴장·불안이 조건화된 반응 형성을 가속화한다는 것을 알았으며, 이는 특히 이러한 반응이 두려움과 공포를 없애줄 때 그러했다.(Spence and Farber) 또한 포로수용소의 긴장감과 정신적 고문으로 이러한 조건화에 이상적인 환경이 조성되었다. 피해자가 자신이 영향받는다는 것을 전혀 자각하지 못할 때조차도 반응이 형성될 수 있다. 그래서 우리 군인 중 상당수가 완전히 무의식적인 상태에서 자동적 반응을 학습하게 되었다.(Segal) 하지만 이것은 동전의 한쪽 면일 뿐이다. 왜냐하면 정신적 압력이 있는 조건에서 어떻게 해야 하는지 알고 있는 사람은 말하자면 지각적 방어를 할 수 있다는 것 또한 경험으로 알게 되었기 때문이다. 사람들이 사고 통제 및 정신적 살해의 개념을 잘 알수록, 그들을 겨냥한 선전 세례의 본질을 더 잘 이해할 수 있으며, 심문자의 암시가 일부 의식적 방어의 장벽 사이로 새어 들어오는 것은 어쩔 수 없다 해도 내적 저항을 더 유지할 수 있다.

우리는 조건화 과정을 이해하면서, 강제수용소의 피해자와 다른 수용자들의 역설적 반응도 이해하게 되었다. 경직되고 단순한 신념을 가진 사람이, 마음이 유연하고 의심과 내적 갈등으로 가득한 복잡한 사람보다 사상적 공격을 더 잘 견뎌냈다. 종교적 믿음을 자유롭게 흡수해 그 뿌리가 깊은 단순한 사람은, 세심하고 의문을 갖는 지적인 사람보다 훨씬 강한 내적 저항이 가능했다. 섬세한 지성은 그 내부의 찬반양론으로 인해 훨씬 취약했다.

파블로프 심리학 전략에 대한 믿음이 이상할 만큼 많은 비중을 차지하는 전체주의 국가에서는 스스로 생각하는, 주관 있는 사람이 사라져갔다. 설득이나 논의를 하려는 시도는 강하게 거부당했다. 개인의 자기표현은 금기였다. 사적인 애정도 금기였다.

자유롭고 평화로운 대화를 통해 자유로운 생각을 교환하는 것은 조건화된 반응을 방해할 것이므로 또한 금기였다. 더 이상 두뇌는 없었고, 오직 조건화된 행동 양식과 훈련받은 근육만이 있었다. 이러한 길들이는 체계에서는 신경증적 강박을 병적인 것으로 보는 대신 긍정적 자산으로 본다. 정신적 자동기계가 교육의 이상이 되었다.

소련 이론가들 자신은 이를 모르는 경우가 많았고, 그들 중 많은 수는 인간을 완전한 기계적 조건화 대상으로 만드는 것이 초래하는 심각한 결과를 깨닫지 못했다. 종종 그들도 우리와 마찬가지로 완벽하게 기능하는 로봇과도 같은 인간상에 경악했다. 한 소련 심리학자는 이렇게 말했다. "분명 인간을 완전히 반응적인 존재로 보는 접근 방식이다. 인간은 누군가의 의지대로 움직이는 자동기계나 마찬가지다! 이것은 자본주의의 이상이다! 의식이 없고 스스로 생각할 수 없으며, 착취하는 사람 마음대로 행동하도록 훈련시킬 수 있는 노동자 계급이라는 자본주의의 꿈을 보라! 이것이 현대 자본주의의 수호자인 미국에서 인간을 로봇으로 보는 이론이 크게 발전하고 계속 이어지는 이유이다."(Bauer)

서구 심리학 및 정신의학에서는 행동에 대한 우리의 이해에 중요한 기여를 한 개척자인 파블로프에게 빚을 졌음을 알고 있지만, 소련의 파블로프학파만큼 인간을 기계로 보지는 않는다. 훈련에 대한 그들의 단순한 설명은 목적에 따른 적응의 개념, 훈련 목적에 대한 질문을 무시하고 거부하는 것이 확실해 보인다. 서구의 실험심리학자들은 조건반사가 본능적인 기본 욕구를 만족시키거나 고통을 피하기 위해, 즉 유기체 전체가 활동에 관여할 때만 완전히 형성될 수 있다고 보는 경향이 있다. 이렇게 세계, 의식, 그리고 특히 무의식에 반응하는 복잡한 과정에서 프로이트가 알려주었듯이 충동(drive)과 동기가 제 역할을 하게 된다.

조건화된 반응은 하나의 예일 뿐이며, 사실 모든 훈련은 원래 의식적으로 학습하고 생각한 행동을 자동화하는 것이다. 서구 민주주의에서 심리학의 이상은, 학습 과정에서 인간의 의식적 수단, 자각, 자발성을 격려해 독립적이고 성숙한 존재로 훈련하는 것이다. 반면 전체주의 심리학의 이상은 인간을 길들여 지도자의 말을 알아서 따르는 도구로 만드는 것이다. 길들이기는 훈련과 마찬가지로 행동을 자동적으로 만들려는 목표가 있지만, 훈련과 다르게 학습자의 의식적 참여가 필요치 않다. 훈련과 길들이기는 둘 다 에너지와 시간을 아낄 수 있는 수단이고, 반응의 목적 속에 정신의 비밀을 숨기고 있다. 인간 기능의 자동화는 에너지를 비축할 수 있도록 해주지만, 새롭고 예측하기 어려운 도전을 대면했을 때는 사람을 약하게 만들 수 있다.

문화적 관례, 각 지역의 규칙과 신화에 따른 습관의 형성으로 인해 모든 사람이 조금씩은 자동화된다. 국가와 인종에 대한 편견이 부지불식간에 표출된다. 구호와 표어를 이용해 방아쇠를 당기면, 어떤 집단에 대한 증오가 거의 자동적으로 튀어나올 때가 많다. 전체주의의 세계에서는 이 폭 좁은 조건화가 더 '완벽하게', 더 부조리하게(ad absurdum) 이루어진다.

조건화되고자 하는 열망

이 장에서 말하고자 하는 것은 파블로프의 조건화가 틀렸다는 것이 아니다. 이러한 종류의 조건화는 사람들이 평범하게 소통하면서 함께 살아가는 곳에서 늘 일어난다. 말하는 사람은 듣는 사람에게 영향을 주고, 듣는 사람은 말하는 사람에게 영향을 준다. 사람들은 조건화 과정을 통해, 좋아하도록 허락되고 실행하도록 허락된 일을 좋아하고 실행하는 법을 배운다. 집단이 고립될수록 그 집단에 속한 사람들에 대한 조건화는 강해진다. 집단에서 어떤 사람들은 다른 사람들에 비해 타인을 더 잘 조건화한다. 점차 더 강한 사람, 더 잘 적응하는 사람, 더 경험이 많은 사람, 더 시끄러운 사람, 다른 사람을 조건화하는 능력이 가장 강한 사람이 누구인지 알 수 있게 된다. 모든 집단·모임·사회에는 파블로프의 종을 울리는 사람이 있다. 이러한 사람은 자신의 종소리를 타인에게 듣게 한다. 심지어 그는 획일적인 종소리 체계를 세울 수도 있다. 즉 그와 경쟁하는 다른 종소리를 허락하지 않는 것이다.

이 문제에 대해서는 더 미묘한 질문도 있다. 우리에게는 왜 조건화되려는 큰 열망이 있는 것일까? 다시 말해, 왜 가족과 집단의 생활 양식을 배우고, 모방하고, 거기에 동조하고, 따르고자 하는 바람이 큰 것일까? 공동체와 가족을 따라 조건화되고자 하는 이러한 욕구는 부모와 다른 사람들에 대한 의존과 관련이 있을 것이다. 동물들은 서로 그다지 의존적이지 않다. 인간은 모든 동물 중 가장 무력하고 취약한 존재이다. 인간은 원숭이처럼 털로 뒤덮인 상태로 자라나지 않는다. 이렇게 취약한 상태이기 때문에 부모의 돌봄·가르침·조건화가 필요하다. 하지만 다른 동물들과 비교했을 때 배움의 기간이 가장 긴 존재이기도 하다. 이것이 루이 볼크(Louis Bolk: 1866~1930. 네덜란드의 해부학자—옮긴이)가 인간의 취약한 상태와 계속되는 사회적 의존 상태에 대한 태아화 이론(fetalization theory)에서 말한 바이기도 하다.

　훈련 과정에서 필연적으로 생겨날 수밖에 없는 혼란과 의심은 정신적 자유의 시발점이다. 물론 혼란과 의심이 처음 생겨나는 것만으로는 충분치 않다. 이를 넘어 우리의 민주주의에서 보장하는 자유에 대한 신념, 그것을 위해 싸우고자 하는 의지가 있어야 한다. 나는 마지막 장에서 이러한 중요한 문제, 즉 조건화된 충성심과는 다른 도덕적 자유에 대한 신념에 대해 다루고자 한다. 하지만 전체주의 국가에서는 혼란과 의심 자체가 범죄이다. 질문에 대해 열려 있는 정신은 반론에도 열려 있다. 전체주의 체제에서 의심하고, 탐색하고, 상상하는 정신은 억압돼야 한다. 전체주의의 노예에게는 종이 울릴 때 침을 흘리도록 학습하는 것만이 허락된다.

　나는 여기서 전체주의자들이 파블로프의 규칙을 어떻게 편향적으로 이용했는지에 대해 더 다루지는 않을 것이다. 하지만 의심의 여지없이 심리학의 모든 해석은 우리가 인간에 대해 인간이 자연계에서 차지하는 위치에 대해 생각하는 방식에 따라 결정된다. 우리의 이상이 사람들을 조건화된 좀비로 만드는 것이라면, 지금처럼 파블로프 심리학을 오용하는 것이

목적에 맞을 것이다. 하지만 우리가 일단 어렴풋하게라도 이런 식이라면 인간이 본능적 욕구, 쾌락, 목적, 목표, 창조성, 자유를 향한 갈망, 모순을 희생하게 되리라는 것을 의식하게 되면, 과학의 이러한 정치적 도착증으로부터 등을 돌리게 될 것이다. 파블로프 심리학을 이렇게 이용하는 데는 인간을 자유롭고 지각 있는, 도덕적 목표와 목적을 인식하는 정신과는 아무 상관이 없는 자동기계로 만들려는 목적밖에 없다.

우리는 실험실 동물들의 경우조차 정서적 목표가 파블로프식 실험을 망칠 수 있다는 것을 발견했다. 종소리 훈련 중에 개가 사랑하는 주인이 방으로 들어오자, 개는 조건화 훈련을 모두 잊어버리고 기뻐하며 짖기 시작했다. 이는 오랜 진리, 즉 사랑과 웃음이 모든 경직된 조건화를 부순다는 진리의 간단한 예이다. 자발적인 자기표현 없이는 경직된 자동기계도 존재할 수 없다. 파블로프의 전체주의자 학생들은 주인에 대한 개의 애정이 모든 기계적 계산과 조작을 망칠 수 있다는 사실을 몰랐음이 분명하다.

03

복종을 위한 처방

이미 앞서 살펴보았듯이, 인간의 마음을 비굴한 복종으로 끌어내리는 것은 정치적인 파블로프식 압력만이 아니다. 다른 많은 습관과 행동으로도 강제할 수 있다.

세뇌 피해자가 심문자에게 무릎 꿇기 전에 알 수 없는 약물에 중독된다는 소문이 엄청나게 돌았다. 이 장의 목표는 인간 내부에 감춰진 비밀에 다다르기 위해 (약물뿐만 아니라) 어떤 의학 기술을 이용할 수 있는지 설명하는 것이다. 사실 사고를 통제하는 경찰은 약물을 종종 사용해왔지만, 이제는 그럴 필요가 없다.

나는 이 문제의 또 다른 측면, 즉 다양한 약물에 대한 우리의 위험한 사회적 의존, 중독 문제가 우리로 하여금 복종하는 습관에 빠져들게 하기 쉽다는 점도 다룰 것이다. 알코올 중독자는 술이 주어지는 한 그에게 정식적 버팀목은 없다. 이는 진정제나 다른 약을 습관적으로 쓰는 사람에게도 마찬가지다. 알코올이나 약물 사용은 화학적 의존으로 이어져 특수한 환경에서는 우리의 힘을 약하게 할 수 있다.

마술적 사고는 여전히 실용 의학 분야를 지배하고 있다. 우리는 합리적이고 논리적인 치료 방법을 내세우지만, 마음속 어디에선가는 처방을 좌우하는 감춰진 감정과 무의식적인 동기가 있다는 것을 알고 있다. 지난 50년 동안 화학치료와 항생제로 승리해왔음에도 이러한 의학적 승리의 수단이 우리의 목적을 좌절시키는 데 이용될 수도 있다는 것을 잊어서는 안 된다. 의사의 사무실에 진료를 어떻게 해야 할 것인지 제안하는 편지가 쏟아지지 않고 지나가는 날이 없다. 내 책상은 이것들 없이는 인류가 행복할 수 없다는 기구와 색색의 알약으로 넘쳐난다. 의사들의 눈과 귀를 통해 들어오는 선전은 너무 많아, 비판적으로 사고하고 어려움의 더 깊은 원인을 찾아야 할 때 진정제와 각성제를 처방하게끔 할 수 있다. 이는 현대의 약물 치료에만 해당되는 이야기가 아니다. 심리치료에서도 이러한 경향이 나타날 수 있다.

이 장에서는 다음 질문을 통해 정신적 강요의 문제에 접근하고자 한다. 약물을 비롯해 의학적·심리적 수단의 사용이 얼마나 늘어날 수 있는가? 나는 앞서 정신적 살해에 대한 내용에서 인간의 정신을 복종과 굴복에 빠뜨릴 수 있는 정치적 시도를 논했다. 약물과 심리적 수단도 사람들을 노예화할 수 있다.

마약 제공자에 대한 의존

얼마 전에, 오랫동안 결혼 생활에 문제를 겪고 있던 부부가 내게 조언을 요청했다. 그들은 서로 깊이 사랑해서 결혼했지만, 둘 다 행복을 위한 모험에 잘못된 정서적 투자를 했다. 아내는 남편이 할리우드 영화에 나오는 영웅처럼 용감무쌍하고 그녀에게 완전히 헌신하기를 바랐다. 남편은 아내의 아이 같은 의존성에 마음이 움직였으나, 사실 마음속으로는 비밀스럽게 그녀가 자신의 어머니·간호사·동료가 되어주기를 바랐다. 예상할 수 있는 것처럼 두 사람 모두 상대방의 기대를 채워줄 수 없었다. 두 사람 모두 크게 실망했고, 무엇이 잘못된 것인지 알 수 없었다. 조금 지나자 아내는 투정 부리고 불평하는 잔소리꾼이 되었다. 말다툼과 서로를 탓하는 것이 일상이 되었다. 남편은 결혼 전부터 알던 여성을 만나는 것으로 가정 밖에서 위안을 찾기 시작했다. 곧 아내에게 불면 증상이 나타났고, 그녀는 잠들어 모든 것을 잊기 위해 바르비투르염을 먹기 시작했다. 그녀는 여기에 완전히 중독되어 모호한 불평의 몸짓으로 퇴행했고, 그럴 때마다 증상을 일시적으로 완화시키기 위해 약을 더 찾았다. 처음 이를 발견했을 때 남편은 큰 충격을 받았다. 하지만 그는 점차 약이 그들의 갈등을 완화시켜준다는 것을 알게 되었다. 그의 아내는 거의 언제나 약에 취해 있어 더 이상은 골칫거리가 아니었다. 사실 그녀는 더 이상 그에게 관심조차 없었다. 그는 가정에 평화를 되찾아준 그 약을 살 수 있는 돈을 아내에게 주기만 하면, 저녁 시간과 휴일을 자유롭게 보낼 수 있음을 알았다. 하지만 어느 날 아내는 약을 과용했으며, 이는 마치 그녀가 자살을 기도한 것처럼 보였다. 이 위험한 사건으로 남편은 큰 죄책감을 느꼈으며, 그토록 큰 사랑과 선의로 시작한 결혼 생활이 잘못된 이유를 찾기 위해 의학과 심리학의 도움을 구했다.

이는 습관적인 수면제와 마약 사용으로 깊이 숨겨진, 말하지 못할 불행을 덮는 수많은 경우 중 하나일 뿐이다. 우리는 마치 부드러운 진정과 망각인 것처럼 보이는, 도피에 대한 의존이 악임을 분명히 알아야 한다. 수

면제 사용이 증가하고 있는 것은 우려할 일이며, 바르비투르염으로 인한 자살도 해마다 늘고 있다. 이러한 현상을 단순히 의학적인 문제로 보아서도 안 된다. 알코올·바르비투르염·마약과 기타 수면 유도제에 대한 의존은 잠재되어 있던, 사회에 대한 두려움과 불안, 현실에서 도피하고자 하는 마음이 드러나는 것으로 볼 수 있다. 마약은 사용자들에게는 모든 문제에 대한 손쉬운 해결책을 마법처럼 쥐어주는 기적의 약처럼 보이며, 그들을 현실 세계의 경계 너머로 데려간다. 만약 어떤 조직에서 지도자가 구성원들에게 이런 마약을 제공한다면 복종을 보장받을 수 있을 것이다.

약물을 통해 찾는 황홀경

우리가 만난 모든 마약 중독자들은 몽롱하고 황홀한, 일상의 문제에서 벗어난 특별한 상태에서 살고 있는 느낌을 갈망한다. "그대는 천국의 열쇠를 가지고 있나니, 옳고 비밀스럽고 위대한 아편이여!" 토머스 드 퀸시(Thomas De Quincey)는 저서 《어느 영국인 아편 중독자의 고백(Confessions of an English Opium-Eater)》에서 이렇게 말했다. 이러한 도취 상태는 사람마다 다르게 경험하지만, 중독자들은 하나같이 약물이 자신이 찾고 있던 잃어버린 낙원으로 데려다준다고 이야기했다. 약물은 중독자에게 삶과 시간의 제한을 넘는, 끝없고 자유로운 기쁨의 느낌을 준다.

황홀경 상태에서 인간은 자신이 원하는 대로 우주를 재배열하는 동시에, 더 높은 차원의 질서와 소통하고자 한다. 그렇지만 이러한 상태에는 긍정적 측면만큼 부정적 측면도 있다. 요가 수행자는 우주와 하나가 되는 신비를 체험하지만, 한편으로는 만성적인 중독 상태, 혹은 일종의 조증

상태에 대한 열정에 사로잡혀 있는 것이다. 이는 열심히 공부하는 모임에서 집중할 때 할 수 있는 영적 경험이기도 하지만, 한편으로는 폭도들이 살인을 저지를 때 경험하는 상태일 수도 있다. 황홀경에는 여러 가지 종류가 있으며, 미적 황홀경, 신비한 황홀경이 있는가 하면 병적이고 해로운 황홀경도 있다.

황홀경 체험을 찾는 것은 개인적 차원을 넘어 전체 집단으로 확대될 수도 있다. 도덕적 통제가 너무 버거워지면, 문명 전체가 고대 그리스의 바카날리아(Bacchanalia: 술의 신 바쿠스(디오니소스)를 위한 축제—옮긴이)나 중세의 유행성 무도광(dance-fury)처럼 통제되지 않는 광기에 빠질 수도 있다. 이러한 집단의 광기가 일어나기 위해 인공적인 자극제가 꼭 필요한 것은 아니다. 군중의 일부가 되는 것에는 최면과 같은 효과가 있으며, 약물과 같이 통제력을 잃고 외부 세계와의 합일감을 느끼게 할 수 있다. 집단 난장 속에서 개인은 정신줄을 놓고 통제력을 잃는다. 그는 성욕을 억제하지 않게 되며, 깊은 좌절감과 무의식적 죄책감에서 일시적으로 해방된다. 그는 몸의 필요와 욕구에 자신을 완전히 내맡기는, 유아기의 축복받은 감각을 다시 경험하고자 한다.

집단최면 상태에서의 황홀경 체험은 세상에서 가장 오래된 심리극이다. 집단행동에 참여하는 것은 모든 사람들에게 엄청난 정서적 이완과 카타르시스로 이어진다. 이렇게 마법같이 전능한 집단에 참여하고 있다는 느낌, 세계의 모든 것을 끌어안는 힘과 다시 이어진다는 느낌은 보통 사람에게는 황홀경을, 약한 사람에게는 가상의 힘을 경험하게 한다. 대중에게 이러한 황홀경을 제공할 수 있는 선동가는, 그의 영향력과 권력에 대한 대중의 지지를 확신할 수 있을 것이다. 독재자들은 그들의 목적을 위해 쓰이는 이 같은 집단적 의식(儀式)을 사랑한다.

인간은 의식이 있는 존재가 된 이후로, 때때로 자신과 외부 세계 사이에서 필연적으로 생기는 긴장을 깨려고 했다. 지금도 그때도 정신적 긴장을 풀 수 없기 때문에, 인간은 세상이 너무 버겁게 느껴질 때 망각의 깊은 물속에서 자신을 잃고자 할 수 있다. 황홀경, 수면제를 먹고 드는 잠, 환상, 행복감은 감각과 자아를 깨어 있는 상태로 유지하는 힘든 노력을 일시적으로 덜어준다. 약물은 이러한 상태를 만들어줄 수 있으며, 중독은 탈출하고자 하는 욕구가 계속되는 것으로 설명할 수 있다. 몸도 삶을 탈출하고자 하는 정신의 이러한 시도에 함께하며, 약물은 점차 정서적 필수품일 뿐만 아니라 신체적 욕구가 된다.

범죄 조직에서는 조직원들에게 코카인·헤로인같이 중독성 있는 약물을 주는 경우가 많은데, 이는 약물을 주는 우두머리에게 복종하게 만들기 위해서이다. 약물을 제공하는 사람은 조직원들에게 거의 신과 같은 존재가 된다. 그들은 너무나 절박하게 약물을 원하기 때문에 이를 얻기 위해 지옥에라도 갈 것이다.

이와 같은 약물 의존을 강력한 독재자가 이용할 경우 매우 위험할 수 있다. 악마적인 독재자가 자신에게 대항하는 사람들을 복종시키기 위해 중독을 이용하는 것도 불가능하지 않다. 1954년 5월 세계보건기구(WHO) 회의에서 공산 중국이 자국에서는 아편 사용을 금지하면서 이웃 나라에는 대량으로 밀수 또는 수출을 하고 있었음이 밝혀졌다. 그 결과 이들 국가에서는 국민들의 아편 중독과 그 결과로 나타나는 수동성과 끊임없이 싸워야 했다. 또한 UN의 원조를 요청한 태국 각료들에 따르면, 공산 중국에서는 태국으로 파괴적인 선동가들을 보냈다고 한다. 태국에서는 중국이 뇌를 약하게 하는 아편 중독, 선전 유인물, 라디오, 중상모략과 같이 가능한 모든 수단을 동원해 자국민들에게 공산주의 사상을 퍼뜨리려 했다고 고발했다.

나치도 비슷한 전략을 따랐다. 나치는 서유럽을 점령했을 때 일부러 '열등한' 국가에 대한 치료제 수출을 중단함으로써 약품이 부족해지게 만들었다. 하지만 진정제만은 예외였다. 예를 들어 네덜란드에서는 이 약품을 의사의 처방전 없이 살 수 있었는데, 이는 네덜란드 법에는 어긋나는 것이었다. 정당한 치료제는 구하기 어려웠지만 수동성·의존·무기력을 초래하는 약물은 널리 퍼져 있었다.

전체주의 독재자는 약물이 자신의 조력자가 될 수 있다는 것을 안다. 히틀러가 말한 소위 생물학전에서 그의 의도는, 제3제국을 둘러싼 여러 나라를 약화시키고 쓰러뜨리는 것이었다. 기아와 중독은 그에게 가장 가치 있는 전략적 도구의 일부였다.

미국에서 알코올 중독을 비롯한 중독이 늘어났다는 것은 무엇을 의미할까? 나는 이미 바르비투르염 같은 진정제로 인한 사망자 증가의 심각성을 언급했다. 하지만 내가 더 강조하고 싶은 것은 심리적·정치적 결과이다. 약물과 알코올에 대한 노예화와 복종이 시작될 때, 민주주의와 자유는 끝난다. 민주주의는 스스로 자유롭게 선택한 활동과 이해, 성숙한 자기통제와 독립성을 뜻한다. 알코올 및 약물을 사용해 현실을 벗어나려 하는 사람은 더 이상 자유로운 주체가 아니다. 그는 자신의 정신과 행동을 자발적으로 통제할 수 없다. 그는 더 이상 책임감 있는 개인이 아니다. 알코올 의존과 약물 중독은 전체주의의 세뇌 기술자가 반기는, 정신적 복종의 초석이나 마찬가지다.

최면과 정신적 강요

언제인지도 알 수 없을 만큼 오래전부터, 다른 사람의 마음속에 무엇이 있는지 알아내어 압력을 가하고자 했던 사람들은 가장 비밀스러운 생각에 접근하는 숨겨진 길을 찾기 위해 인공적 수단을 동원해왔다. 현대의 세뇌자들 또한 부정한 목표를 성취하기 위해 모든 종류의 약물을 시험해보았다. 고대의 약제사들은 희생자의 자기통제와 침묵을 꺾을 수 있는 수단을 몇 가지 알고 있었다. 그들은 알코올이 들어간 음료, 독성 있는 연고, 예를 들어 마야인들이 사용한 것과 같은 마비 효과가 있는 신성한 연기를 통해, 사람들이 자의식과 통제력을 잃어버리는 흥분 상태에 다다르도록 했다. 희생자들은 신성한 말을 중얼거리며 자기가 죄를 지었다는 환상, 자신의 가장 깊은 비밀까지 털어놓곤 했다. 중세에는 마녀 연고(witch ointment)라는 것을 자발적으로, 혹은 압력을 받아 사용했다. 이 연고는 선택받은 사람들을 악마와 접촉하게끔 하려는 것이었다. 여기에는 환각을 일으키는 아편과 벨라도나가 상당량 들어 있었기 때문에, 현대 과학을 통해서는 연고가 피부에 흡수되고 나서 환상을 경험한 것을 설명할수 있다.

영혼을 캐묻는 심문자들이 처음으로 알게 된 유용한 의학 중 하나는 최면으로, 이는 사람들로 하여금 자신의 의지를 포기하고 최면을 건 사람에게 이상하게 의존하게끔 하는 강력한 정신적 암시 효과가 있었다. 3000년 전 이집트 의사들은 최면 기법을 알고 있었고 이를 사용했다는 고대 기록이 있다.

정직한 치료자는 최면을 매우 유용하게 사용할 수 있다. 특히 환상과 현실의 상호작용으로 인해 나타나는, 신체의 고통이 따르는 정신신체적 질병을 치료할 때 그렇다. 그러나 치료하기 위해서가 아니라, 복종을 강요해 무의식적 연결과 의존성을 범죄와 이익을 위해 이용하는 돌팔이도 많다. 최면에는 무의식적인 성적 뿌리가 있고 이는 공격자에 대한 수동적 복종과 연결되며, 돌팔이는 자기 목적을 위해 이를 이용할 수 있다. 나는 이러한 '치유자'에게 갔던 소녀를 치료한 적이 있었다. 그녀는 마지막 순간에 몽롱한 최면 상태에서 빠져나와, 범죄를 저지르려는 그에게 저항할 수 있었다.

얼마 전 나는 서로에게 최면을 걸려고 했던 십대 청소년들을 치료한 적이 있었다. 그들은 다른 사람에게 정신적 영향을 미치는 자신의 능력을 높이는 자세한 방법을 알고자 했다. 그들은 만화책을 보고 나서, 최면을 이용해 여성들이 자신들의 성적 요구에 따르도록 만들 수 있을 것이라고 생각했다. 자신들의 욕구와 의지를 만족시키기 위해 타인을 도구로 이용할 수 있는 슈퍼맨이 되고자 한 것이다.

최면에 대한 문제 전부를 통틀어 가장 어려운 것 중 하나는 사람들이 최면 상태에서 살인이나 반역과 같은 범죄를 저지를 수 있는지이다. 많은 심리학자들이 이런 일이 일어날 수 있다는 것을 부정할 것이며, 의식이 명확한 상태에서 하지 않을 일을 최면 상태에서 하도록 강요할 수 있는 사람은 없다고 할 것이다. 하지만 사실 사람에게 무엇을 강요할 수 있는 지는 최면이 유발하는 의존성이 어느 정도인지, 최면후 암시(posthypnotic suggestion)를 얼만큼 반복하는지에 달려 있다. 실제 정신분석학에서는 다른 사람의 삶을 살 수 있는 방법 몇 가지를 가르치기까지 한다. 인간의 의식과 내적 저항을 바로 빼앗을 수 있는 최면술사는 없지만, 희생자의 무의식 깊이 억압된 욕망을 계속해서 상기시켜 잠재되어 있던 살인의 욕구를 깨울 수는 있다. 이는 실제 사용된 세뇌와 정신적 살해의 방법으로 이루어질 수 있다고 증명된 것이다. 만약 최면을 거는 사람이 충분히 영리하게, 충분히 오래 계속한다면 목표를 이룰 수 있을 것이다. 모든 사람의 마음속에는 수많은 반사회적 욕망이 숨어 있다. 최면 기법을 잘 적용하기만 하면 이러한 욕망을 수면 위로 끌어올려 실제로 표현하도록 할 수 있다. 포로수용소 간수들이 집단으로 범죄를 저지르는 이유는 일부 전체주의 국가와 범죄를 저지르는 독재자로 인한 최면 효과 때문이라고 할 수 있다. 범죄자들에 대한 심리학 연구에 따르면, 그들이 처음에 도덕과 법을 어기는 이유는 다른 범죄자들의 강력한 영향과 암시 때문이다. 우리는 이것이 최면의 초기 형태, 더 강도 높은 형태의 암시라고 본다.

물론 최면 상태에서 범죄로 이끌리는 것은 그에 유리한 특별한 상황을 요하지만, 불행하게도 실제 현실 세계에서도 그 같은 상황들을 찾을 수 있다.

최근 정신과 의사가 전문 지식을 이용해 피고에게 자백을 강요하는 경우에 생기는 사법적 문제에 대한 논의가 많았다. 이러한 의사는 정신의학의 일반적 금기와 윤리를 어긴 것이다. 그는 자백을 받기 위해 치료자에 대한 환자의 신뢰를 오용한 것이며, 이는 환자의 치료와 반대되는 일이라고 할 수 있다. 이렇게 함으로써 의사는 환자의 이익을 위해서만 일하고 진료 과정에서 알게 된 비밀을 지키겠다는 히포크라테스 선서를 어길 뿐만 아니라, 미국 수정헌법 제5조로 보장되는 자신을 변호할 피고의 권리를 침해한 것이다.

피고가 최면 상태에서 하는 말은 다른 사람이 자신에게 영향을 미치는 것, 마음속을 들여다보는 것에 대한 의식적·무의식적 태도에 달려 있을 것이다. 사람들은 보통 변호사나 경찰과 이야기할 때보다 의사와 이야기할 때 법적 권리에 대해 덜 생각한다. 마술 같은 도움을 기대하기 때문에 더 허용적인 태도를 취한다.

이러한 태도에 대한 흥미로운 예시를 몇 년 전 대법원 판결에서 찾아볼 수 있다. 1950년 경찰은 50대 남성 카밀리오 웨스턴 레이라(Camilio Weston Leyra)를 나이 드신 부모님을 브루클린에 있는 그들의 아파트에서 망치로 잔인하게 살해한 죄로 체포했다.("People v. Leyra") 경찰의 긴 심문이 이어졌는데 처음에 레이라는 범죄를 부인했고, 살인이 벌어졌던 날 부모님의 집에 가지도 않았다고 진술했다. 심문이 계속되자 그는 그날 부모님 댁에 있었다고 했지만, 살해 혐의는 여전히 강력하게 부인했다. 그는 구치소에 수감되었고, 정신과 의사가 그를 만나러 갔다. 그들의 대화는 녹음되었다. 의사는 사실 레이라의 주치의가 아니었지만, 자신이 '그의 의사'라고 말했다. 가벼운 최면 상태와, 충동적으로 범죄를 저질렀다고 인정하는 편이 나으리라는 회유가 이어진 끝에 레이라는 범죄를 자백하는 데 동의했다. 경찰이 구치소로 와서 진술을 기록했다.

재판 과정에서 레이라는 자백을 번복했고, 자신이 최면 상태에서 자백했다고 주장했다. 그는 유죄 판결을 받았으나 비자발적인 상태에서 강제로 자백했고 헌법에 보장된 권리를 보호받지 못했다는 이유로 그 판결은 무효가 되었다. 나중에 레이라는 다시 재판을 받게 되었고, 두 번째로 유죄 판결을 받았다. 결국 이 사건은 대법원까지 가게 되었고, 1954년 6월 판결이 번복되었다. 정신적 압력과 정신의학적 기법을 통해 자백을 강요했기 때문이었다. 대법원에서는 세뇌당한 전쟁 포로의 책임에 관한 의견을 간접적으로 밝혔다.

우리에게는 레이라가 유죄인지 무죄인지보다, 그가 정신적 압력을 받는 상태에서 평상시라면 하지 않았을 일을 하게 되었다는 것, 그리고 그가 의사를 신뢰하여 다른 심문자들에게 했을 법한 의심을 하지 않았고 이

것이 그를 무너뜨리는 데 이용되었다는 것이 더 중요하다.

암시와 최면은 환자가 의지로 다스릴 수 없는 정서적 문제를 해결할 수 있는 경우에는 축복이지만, 공포의 시작이 될 수도 있다. 예를 들어 집단 최면은 개인에게 위험한 영향을 줄 수 있다. 정신과 의사들은 대중을 상대로 시연된 집단 최면이 대다수 청중에게 최면 의존성을 높이고 복종을 유발하며, 이 현상이 몇 년 동안 지속되었음을 여러 번 밝혔다. 이 때문에 영국에서는 강령회와 집단 최면을 불법으로 규정하는 법을 통과시켰다. 최면은 대상자의 억압된 의존 욕구를 촉발하고 걸어다니는 몽유병자, 정신적 노예와 같은 상태로 만들 수 있다. 그의 개인적 책임을 면제하고, 최면을 거는 사람에게 자기 의식의 상당 부분을 양도하게끔 할 수 있다. 전에 말했듯이 우리 시대에는 정치적 최면, 군중 최면, 심지어는 시민들을 범죄자로 바꿀 수 있는 전쟁 최면에 대한 예시가 너무나 많다.

다른 사람에 비해 최면에 걸리기 쉬운 성격이 있다. 자아가 강한 사람들은 정신적 침투에 대항해 오랫동안 자신을 지킬 수 있지만, 그들에게도 항복할 수밖에 없는 시점이 올 것이다. 한편 자신 내면에 있는 이미지에 비해 외부로부터의 암시에 훨씬 덜 민감한, 비판적인 사람들도 있다. 최면과 암시에 대한 반응은 매우 다양하지만, 이러한 자기암시적 성격과 외부의 암시를 받아들이는 성격을 구분해볼 수도 있을 것이다. 그러나 자기암시적 유형도 정신적 압력이 일정선 이상 주어지면 점차 내적 정당화를 시작할 것이다.

다른 사람에게 쉽게 영향을 줄 수 있는 '매력적인' 성격이 자신을 향한 암시에 아주 취약한 경우가 많다. 어떤 성격은 다른 사람에게 공감과 동일시를 불러일으켜 비밀을 모두 털어놓게 하는 재능이 뛰어나다. 그들은 마치 신의 은총을 입은 고해성사의 집전자처럼 보인다. 그런가 하면 어떤 유형은 자신의 내면을 희생자에 대입하는 공감을 통해, 그가 숨기고 있는 거짓과 환상을 끌어낼 수 있다. 그렇지만 어떤 사람은 우리로 하여금 입을 완전히 닫게 만든다. 왜 어떤 사람은 진실을 털어놓게끔 하고 어떤 사람은 저항하고 싶게 만드는지는, 인간관계와 접촉에 대한 수수께끼 중 하나이다. 왜 어떤 성격들은 서로 보완하고 강화하는데, 다른 성격들은 서로 충돌하고 파괴할까? 정신분석학에서는 이러한 이상한 인간관계와 개입에 대한 새로운 통찰이 나왔다.

진실의 주사

제2차 세계대전 동안, 전투의 스트레스로 무너진 군인들을 돕고자 이른바 진실의 약(truth serum: 마약성 진정제를 이용한 정신분석을 가리키는 유명한 말)을 개발했다. 진정제를 투여하면 병사들은 급성 불안 신경증을 일으킨, 엄청난 정서 변화와 트라우마(trauma)를 가져온 전쟁 경험을 기억하고 밝힐 수 있게 된다. 환자가 마약성 진정제의 영향 아래서 무의식 속의 비밀을 표현할 수 있게끔 하는 정신적 응급 처치 기법이 점차 발전한 것이다.

　진실의 약은 어떻게 작용할까? 원리는 간단하다. 투약 뒤 정신은 잠에 반쯤 빠져 비밀을 통제할 수 없게 되고, 숨겨진 수많은 좌절과 억압을 털어놓게 된다. 급성 불안의 경우, 이러한 자극을 주면 정신의 붕괴를 일으킨 불안과 압력을 완화할 수도 있다. 하지만 마약성 진정제를 이용한 정신분석은 효과가 없을 때가 많다. 환자의 정신이 화학적·강제적 개입을 거부하는 경우가 있으며, 이러한 상황은 더 깊고 유용한 심리치료를 향한 길을 망가뜨린다.

예상치 못한 정신적 침범과 강요에 대한 두려움이 병적인 경우도 있다. 내가 처음으로 정신적 살해와 세뇌에 대한 책을 출판했을 때, 누군가 자신의 생각을 조종하려 한다고 믿는 사람들에게서 전화와 편지를 수없이 받았다. 환자가 이미 원초적이고 마술적인 느낌으로 퇴행해 있다면, 이러한 **정신 침투 망상**(mental instrusion delusion)은 심각한 정신병의 초기 단계일 수 있다. 이런 상태에서는 세상이 전부 자기 마음을 조종하려 하는 것처럼 보이고 느껴진다. 이러한 상태에서는 나, 타인, 세계 사이의 경계에 대한 인식이 없는 것으로 보인다. 이와 같은 공포에 좌우되는 사람들은, 자신이 확인하거나 대처할 수 없는 영향력에 지배당한다고 느끼기 때문에 끝없이 고통을 겪으며 위험을 느낀다. 심리학의 관점에서 보면, 외부의 침투에 대한 두려움은 자기 내부의 무의식적 환상이 자기를 잠식하는 데 대한 두려움으로 일부 설명할 수 있다. 그들은 직접 확인할 수 없는 숨겨진 무의식적 사고를 겁낸다.

이런 느낌을 전부 통틀어 정신적 박해라고 쉽게 정신의학적 꼬리표를 붙이는 것은 너무나 과도한 단순화일 것이다. 우리의 세상에는 외부에 실재하는 많은 정신적 압력이 있기 때문이다. 완전히 정상적인 사람들이 선전·광고·라디오·텔레비전·영화·신문을 통해 마음속으로 쏟아져 들어오는 자극을 계속해서 의식하고 불편함을 느끼는 경우도 많다. 이는 멈추지 않는 광적인 웅얼거림과 같다. 이들은 세상의 차가운 금속성 외침이 끊임없이 정신의 문을 두드리고, 사생활과 개인의 통합성을 어지럽히는 느낌에 고통받는다.

진실의 약이 정말 마음속의 진실을 털어놓게 하는 효과가 있는지에 대한 의문도 있다. 1951년 예일대에서 참여자 9명에게 나트륨 아미탈(sodium amytal), 이른바 진실의 약을 정맥 주사한 흥미로운 실험(J. M.

MacDonald) 결과를 보면, 이 약의 효과에 대한 믿음이 약해질 수도 있다. 약물을 주사하기 전에 환자들은 어떤 역사상의 시기에 대한 가짜 이야기를 암시받았다. 실험자는 진실과 거짓을 모두 알고 있었다. 연구 결과의 일부를 살펴보자. "정상으로 진단받은 참여자 3명은 [암시받은] 이야기를 계속했다. 신경증 진단을 받은 참여자 6명 중 2명은 바로 실제 이야기를, 2명은 환상과 진실이 뒤섞인 이야기를, 1명은 거의 환상에 가까운 이야기를 진실인 것처럼 이야기했다. 강박 경향이 있는 1명은 의도하지 않은 말실수(parapraxia) 한 번을 빼고는 자신이 알고 있는 이야기를 계속했다."

미국 법원은 몇 번의 판례에서 진실의 약을 투약하고 얻은 결과를 증거로 채택하지 않았다. 이는 진실의 약에 의문의 여지가 있다는 정신의학계의 주장에 기초한 결과였다. 사실 마약성 진정제를 사용하는 정신분석으로 진실을 밝힐 수 있다는 보장이 없다는 것이다. 희생자가 약의 효과에 대해 모르고 있는 경우 강제적인 위협으로 사용될 가능성도 있다.

우리의 주제와 더 밀접하게 관련된 다른 위험도 있다. 범죄자를 심문하는 사람이 자신의 생각과 느낌을 심문 대상자에게 말할 수도 있기 때문이다. 따라서 진실의 약은 자아가 약한 사람으로 하여금 심문자가 심어놓은 생각과 해석을 말하게 할 수도 있다. 이는 최면에 걸린 사람이 최면자가 암시한 바를 말하는 것과 똑같다.

또한 이와 같이 약물을 사용하는 심문 수단은 건강을 위협할 수도 있다. 나 자신도 바르비투르염을 정맥 주사한 결과로 혈전이 생긴 경우를 몇 번 본 적이 있다.

30여 년 전(1920년대) 시작한 메스칼린 실험이 갑자기 다시 화제가 되고 있다. 앨더스 헉슬리(Aldous Huxley)는 그의 책 《지각의 문(The Doors of Perception)》에서 자신이 [피요테(peyote)라고도 하는] 이 약을 먹은 뒤 경험한,

화학약품이 보여주는 인공 천국에 대해 언급했다. 이 약은 주관적인 즐거움을 줄 수 있지만, 이는 사실 망상과도 같다. 내가 존경하는 작가와 의학에 대한 논쟁을 시작하고 싶지는 않지만, 그가 메스칼린을 섭취하고 쾌락에 취하는 경험을 했다고 해서 다른 사람들도 그렇다는 것은 아니다. 의학의 통제를 받지 않고 메스칼린을 사용하는 것은 위험하다. 그리고 헉슬리 씨는 왜 인공 천국을 알리고 싶어 하는 것일까?

이와 같은 정신에 대한 모든 화학적 침공에는 매우 심각한 사회적 위험이 따른다. 이들 약품을 심리치료에 신중하게 활용할 수 있는 것은 사실이지만, 그 힘을 남용하는 사람들 손에 들어가면 공포스러운 통제의 도구가 될 수도 있다. 그리고 그들은 자유로운 주체가 되기 위해 기적의 약물을 사용해야 한다는 소설을, 이 **아스피린의 시대**에 그 어느 때보다도 많이 써내고 있다. 화학적 도취, 즉 인공적 엑스터시와 가짜 열반 경험에 대한 선전은 사람을 화학약품에 의존하게 만들려는 토대이고, 이렇게 약물에 의존하는 사람들은 독재적인 정치가에게 이용당할 수 있는 약한 사람들이다. 불안과 정신적 혼란을 새로운 약물로 치료하는 일반의들도 이러한 선전을 하며, 여기에도 같은 위험한 함의가 있다.

거짓말 탐지기

최면과 마약성 진정제를 이용한 정신분석은 현재 강제적인 정신 침투에 오용되는 도구의 일부에 불과하다. 이미 정신적 협박에 사용된 바 있는 거짓말 탐지기도 그중 하나이다. 이 기계는 정신 전기 반사(psychogalvanic reflex)의 변화를 세밀하게 기록할 수 있어 생물심리학 실험에 유용한데,

심문을 받는 인간 기니피그가 어떤 질문에 대해 다른 질문보다 더 정서적으로 반응할 수 있음을 뜻한다. 이러한 과도한 반응은 거짓말 때문에 나타나는 것일 수도 있지만, 결백한 사람도 부당한 혐의로 두려움을 느끼는 상황을 비롯해 정서를 유발하는 상황에서는 같은 반응을 할 수 있다. 심문자와 피심문자의 상호작용 과정도 내면의 죄책감과 혼란만큼 정서 반응과 정신 전기 반사에 영향을 미친다. 이 실험은 마음속 혼돈과 숨겨진 억압, 의심과 불확실성을 드러낼 뿐이다. 사실 이 기계는 거짓말 탐지기로 사용하지만 거짓말 탐지기가 아니다.(D. MacDonald) 사실 병적인 거짓말쟁이와 사이코패스와 같은 양심 없는 성격보다 정상인이 이 실험에 더 크게 반응할 것이다. 거짓말 탐지기는 진실에 다다르는 수단보다는 더 강력한 마술을 찾는 사람의 손에 들어가 강요의 도구로 쓰일 가능성이 더 높다. 결과적으로 무고한 사람조차도 거짓 자백을 하게 될 수 있다.

강압의 도구가 되는 치료자

의학적 치료와 심리치료는 신체적·정서적 스트레스에 시달리는 사람들을 섬세하게 보호해줄 수 있는 과학이다. 이들 치료를 훈련할 때 학생과 교수 모두 잘 조율된 계획하에 임해야 하듯이, 치료가 성공하려면 환자와 의사 모두 잘 조율된 계획하에 참여해야 한다. 그리고 교육을 위한 훈련과 같은 어떤 조건 아래서는 강제적인 길들이기가 일어날 수 있는 것처럼, 치료는 의사의 의지를 환자에게 강요하는 행위로 격하될 수 있다. 의사 자신도 이렇게 하고 있음을 의식조차 못할 수 있다. 환자가 의사의 관점을 그대로 받아들이거나, 치료자에게 지나치게 의지하게 되는 것 자체가 치료가 잘못되었음을 보여줄 수도 있다. 이러한 의존, 그리고 의존하고자 하는 욕구는 일반적 한계를 넘어 치료가 끝난 뒤에도 이어질 수 있다.

나는 진료실에 놓을 안락의자를 어디서 사야 하는지밖에 모르는 돌팔이들을 본 적이 있다. 그들은 스스로 정신분석가라 자칭함으로써 다른 사람의 삶을 살고 싶은 욕구를 충족시킬 수 있다. 결국은 이 위험한 침입자들이 심리치료를 행하지 못하도록 법으로 규제해야 할 것이다. 그러나 정직하고 양심적인 치료자조차 심각한 도덕적 문제를 직면하게 된다. 치료자라는 직업 자체가 환자를 자신에게 일시적으로 의존하게끔 만들어야 하는 것이고, 이는 치료자의 중요성 및 권력에 대한 욕구를 만족시켜줄 수 있다. 의사는 그를 전능한 마법사처럼 바라보고 말을 듣는 경우가 많은 환자들에게 자신의 말과 추론이 미치는 영향을 계속 인지하고 있어야 한다. 치료자는 (치료의 특정 단계에서는 도움이 될 수 있다 하더라도) 환자의 수동적 태도를 부추기지 말아야 한다. 좋은 심리치료는 인간에게 자유와 성숙을 교육하는 것을 목적으로 하며, 동조와 순응을 가르치는 것이 아니기 때문이다.

심리학 및 정신의학 치료자들은 이제 어느 때보다도 직업적 책임감을 크게 인식하고 있다. 심리학의 도구는 잘못된 손에 들어가면 위험하다. 치료에 현대 교육 기법을 도입해 인간의 뇌를 길들이고 의견을 바꾸어 어떤 이념에 동조하도록 할 수 있다. 약학과 정신의학은 우리가 세뇌 전략 부분에서 살펴보았듯이 정치 전략과 점점 깊은 관련을 맺고 있으며, 이 때문에 심리학자와 정신과 의사들은 자신들이 사용하는 과학적 도구의 본질을 보다 명확히 인식해야 한다.

치료 기법과 학생들이 모든 지식과 요령을 배우는 것을 강조하는 것, 심리치료 학위와 꼬리표를 지나치게 강조하는 것은, 실제 치료를 개인의 감수성과는 대비되는 순응주의와 기존 원리의 합리화로 이끌 우려가 있다. 우리의 비판적이고 합리적인 전문성은 인간 감수성의 창조자인, 비극적 절망에서 나오는 기본적 의심과 양가감정을 무너뜨리고 속이는 파괴적인 것이 될 수 있다. 현대 심리치료(그리고 정신의학)의 위험은 인간의 직관과 공감을 형식화하고, 정서와 자발성을 추상화하려는 경향이다. 사랑과 아름다움을 기계화하려는 시도는 모순이다. 만약 이것이 가능했다면, 우리는 아무런 영감도 기쁨도 없고 차가운 이해만이 있는 세상에 살게 될 것이다.

모든 인간관계는 잘못된 목적과 올바른 목적 모두에 이용될 수 있으며, 이는 특히 심리치료자와 환자 사이의 미묘한 무의식적 관계에 대해 그렇다. 이 말은 의학 일반에 대해서도 마찬가지로 참일 수 있다. 심지어 외과 의사도 환자와의 강력한 유대와 자신의 기술에 대한 환자의 자발적 복종을 끌어내는 데 능숙하다. 프로이트는 타인과 오랫동안 정신적으로 접촉했을 때 무슨 일이 일어나는지에 대해 처음으로 명확한 설명을 제시했다. 그는 강력한 관계가 이어지면, 환자들이 어느 정도는 자기 어린 시절의 기대와 환상에 따라 행동한다는 것을 보여주었다. (완전한 표현의 자유라는 원칙에 기초하는) 치료가 길어지면 환자와 의사 양쪽 모두 상대에게 개인적인 감정을 전이할 수 있다. 의사가 충분히 주의하지 않거나, 숨어 있던 정서가 상호 전이될 수 있다는 것을 알지 못하거나, 모든 것을 설명하려는 강박에 사로잡히면, 환자가 스스로 결론에 다다를 수 있도록 돕는 것이 아니라 지나치게 강압적으로 행동하거나, 자신의 관점을 받아들이게끔 환자에게 강요할 수도 있다. 이는 위험한 정신적 침범이 될 수 있다. 우리는 치료 경험을 통해 잘못된 의술은 환자들이 얽매어 있다고 느끼게 할 수 있음을 배웠다. 어떨 때는 환자들이 의사에게 계속해서 비굴하게 복종하며 살고 있는 것처럼 느끼기도 한다. 나는 가족이나 조직 전체가 이러한 현대의 마녀와 같은 의사를 맹신하는 경우를 보아왔다.

올바른 정신분석을 행하기 위해서 치료자가 타인에게 적용하려는 기법을 수년 동안 훈련하여, 자기 자신의 불안정한 무의식적 욕구에 대한 지식으로 무장하게 되면, 전문 지식을 다른 사람의 삶을 조종하는 데 사용하지 않으리라는 데는 의심의 여지가 없다.

다양한 심리학 개념과 기법을 활용하는 관련 기관, 예를 들어 가족 상담, 종교 상담, 조직 관리 상담 기관은 권력의 도구로 이용되기 쉽다. 사람들이 지도자, 의사, 관리자에게 투여하는 선의는 대단해서 그들 자신을 위협하는 무기로 이용될 수 있다. 현대의 독재자들은 정신 치료를 위한 뇌수술조차 경쟁자를 살아 있는 시체로 만드는 데 사용할 수 있다. 심리학 자체가 정신을 표준화하려는 경향이 있으며, 심리학의 여러 학파에서 공통적으로 사회적 통념을 강조하는 것 또한 정신적 강요의 기회를 뜻하지 않게 늘린다. ("당신이 내가 외우는 마법의 주문을 따라하지 않는다면, 그렇게 하도록 당신을 조건화하겠다.") 다른 사람들의 마음을 조작하지 않으려고 하는 것보다 조작하는 것이 더 쉽다.

민주사회에서는 시민들에게 자유로운 주체로서 행동할 권리를 준다. 동시에 정치적 자유와 마찬가지로 정신적 자유를 유지할 책임도 준다. 만약 우리가 현대의 의학·화학·기술을 정신적 침투에 이용해, 자신의 의지대로 행동할 수 있는 인간의 능력을 축소시킨다면, 우리 자신의 믿음을 뒤집고 자유로운 체제를 약화시키는 것이다. 의도적인 정치적 세뇌가 실재하는 것처럼, 치료라는 미명 아래 암시적 침투가 일어날 수도 있다. 이는 전체주의자가 설계한 공격보다 덜 파괴적일 수 있지만 덜 위험하지는 않다.

복종을 위한 약물 사용은 실재한다. 인간은 정신에 대한 지식을 다른 사람을 돕기 위해서가 아니라 상처입히고 발목을 잡는 데 이용할 수 있다. 마술사는 희생자의 불안과 두려움을 높이고, 의존에 대한 욕구를 착취하며, 죄의식과 열등감을 부추김으로써 자신의 권력을 키울 수 있다.

약물과 의술은 인간을 복종하고 순응하는 존재로 만드는 데 이용될 수 있다. 우리는 인간의 진정한 건강과 자유를 위해 이를 명심해야 한다.

04

왜 굴복할까: 거짓 자백의 정신역동

파블로프 심리학에서의 조건화 개념과 더 깊은 심리학적 이해 사이를 잇는 다리가 있을까? 파블로프학파 심리학자들 중에서도 현대의 심층심리학을 부정하는 사람들만이 두 가지가 상충된다고 본다. 파블로프 자신도 인간에게 더 깊은 숨겨진 동기가 있다는 것, 그의 동물 행동 연구에 한계가 있다는 것을 언급했다.

우리가 해야 할 일은 세뇌 피해자 문제로 돌아가 자신에게 묻는 것이다. 어떻게 하면 그들에게 일어난 일을 더 잘 이해할 수 있을까? 정치적 정신 조작을 당할 때 파블로프 심리학과 맞는 조건은 무엇이었고, 내적 동기는 무엇이었을까? 비겁함 때문이었을까? 투옥으로 인한 정신병 때문이었을까? 현재 사회에서 전반적으로 정신력이 약해져 있기 때문일까? 이어지는 관찰의 결과와 경험에서 나타나는 현대 심리학의 임상적 통찰이 유용하기를 바란다.

분노한 철학자

1672년 어느 날, 외로운 합리주의 철학자 스피노자(Spinoza)를 친구와 이웃들이 억지로 붙잡았다. 그는 거리로 뛰쳐나가, 그의 좋은 친구이자 네덜란드 공화국의 존경받는 정치가 얀 더빗(Jan De Witt)을 반역자라는 오명을 씌워 살해한 군중에게 분노를 쏟아내려 했던 것이다. 하지만 결국 그는 마음을 가라앉히고, 매일 빠짐없이 광학 렌즈를 세공하던 방으로 물러났다. 그는 일하면서 자신의 행동을 되돌아보았다. 그 행동은 더빗을 죽인 폭도들의 행동보다 이성적이거나 합리적이지 않았다. 이때 스피노자는 인간의 이성 아래 정서의 괴물이 있음을 깨달았다. 이 괴물이 깨어나면 극단적이고 파괴적인 방식으로 행동하고, 자기 행동에 대한 합리화나 변명을 수없이 만들어낼 수 있었다.

스피노자가 느낀 것처럼, 그리고 위대한 심리학자 지그문트 프로이트가 보여준 것처럼, 인간은 스스로 생각했던 것만큼 합리적인 존재가 아니라는 것이 나중에 밝혀졌다. 무의식 안에는 깊이 묻혀 있는 기억·정서·분투의 거대한 창고가 있고, 여기에는 의식적 행동에 끊임없이 영향을 미치는 수많은 비합리적 열망이 자리하고 있다. 우리는 예외 없이 어느 정도는 이 숨은 독재자에, 이성과 정서 사이의 갈등에 영향을 받는다.

우리가 인식하지 못한 무의식적 충동에 좌우되는 만큼, 우리는 정신적 조작에 취약할 수밖에 없다. 우리의 정신적 저항이 비교적 약하다는 생각에는 위험한 유혹이 따르지만, 한 사람을 다른 사람과 구분하는 바로 그 특성, 즉 개인으로서의 **나**가 심리적 압력에 의해 근본적으로 변화하는 일은 정상적인 삶에서는 아주 드물다. 사회에서는 체계화한 암시, 은근한 선전과 이보다 노골적인 집단 최면을 통해 인간 정신이 매일 달라진다.

광고는 민주 시민으로 하여금 가짜 약이나 특정 상표 비누를 사게 만든다. 뭔가 사고 싶은 욕구를 끊임없이 자극한다. 정치인들은 정책뿐만 아니라 매력으로도 우리에게 영향을 미치려고 한다. 패션 전문가들은 변해가는 아름다움과 좋은 취향의 기준으로 우리에게 최면을 걸려 한다.

그러나 정신적 살해의 경우 인간 정신의 통합성에 대한 이러한 공격이 더 직접적이고 계획적이다. 심문자들은 희생자의 무의식 안에 숨어 있는 비이성적 아동을 이용하고, 이성과 정서 사이에 첨예한 내적 갈등을 일으킴으로써 완전히 굴복하도록 만들 수 있다.

한국전쟁의 포로들, 철의 장막 국가 독재자들이 투옥시킨 '배신자들', 제2차 세계대전 당시 나치 희생자들을 포함해 의도적 정신 살해의 희생자들은 삶의 행로가 갑자기, 그리고 급격하게 바뀐 사람들이었다. 그들은 집, 가족, 친구로부터 떨어져나와 두렵고 비정상적인 환경에 내던져졌다. 낯선 환경 자체가 그들을 가치와 태도에 대한 공격에 더 취약하게 만들었다. 독재자가 위협적이고 적대적이며 생소한 환경에 놓인 희생자의 심리적 욕구를 착취할 경우, 그는 거의 확실히 무너지게 되어 있다.

철조망 병

이미 제1차 세계대전 때부터, 전쟁 포로들이 감옥 생활의 어려움, 지루함, 굶주림, 사생활 부족, 계속되는 불안에 대한 방어 수단으로 무관심과 분노가 뒤섞인 이상한 반응을 보이는 경우가 있었다. 한국전쟁에서는 이러한 상황에 적의 잔인함, 죽음에 대한 지속적인 두려움, 영양 부족, 질병, 포로에 대한 체계적인 정신 공격, 위생 불량, 인간의 존엄성에 대한 존중 부족이 더해졌다.

전체주의 이념을 받아들임으로써 상황이 나아지는 경우도 많았다. 심리적 압력은 적과 타협하게 만들 뿐만 아니라 포로들을 서로 의심하게 만들었다.

이러한 철조망 병(barbed-wire disease)은 포로 모두의 내적 무관심과 절망에서 시작된다. 이는 운명에 수동적으로 항복하는 것이다. 실제로 사람들은 이러한 절망으로 인해 모든 저항을 멈추고 죽을 수도 있다.* 적이 포로의 정신적 저항을 꺾으려 하는 수용소에서조차 이러한 냉담함과 무관심은 위험한 것이다. 결국 무관심, 생각하지 않는 것, 포기의 잔인한 악순환이 생기나, 환경에 기계적으로 의존하는, 완전히 살아 있는 시체 같은 존재가 된다. 분노와 각성의 신호는 무엇이든 간에 적에게 야만적으로 처벌받을 수 있다. 우리는 이것이 양차 대전 초반에 잡혀간 전쟁포로들에게서는 갑작스러운 분노 발작이 나타나지 않은 이유라고 생각한다. 한국의 포로수용소에서 풀려난 군인들의 심리 검사 결과 거의 대부분 방어적인 무관심과 회피가 수동적 의존성으로 이어진 것으로 나타났다. 정상적 환경으로 돌아온 뒤에는 의식과 활동이 빠르면 2~3일 안에 예전처럼 돌아오게 된다. 하지만 소수는 긴 전쟁과 전투로 인한 신경증에 사로잡혀 불안하고, 무관심하며, 숨만 붙어 있는 것과 같은 상태로 남아 있게 된다.(Strassman)

인간을 자기 신념의 배신자, 밀고자, 악랄한 범죄를 자백하는 자, 부역자로 만드는 요인에는 무엇이 있을까?

---

* 공포 반응에 대해서는 9장 참조.

갑작스러운 항복의 순간

나치의 심문을 받았던 피해자 몇 명은 나에게 항복의 순간이 갑자기, 그리고 그들의 의지와 상관없이 찾아왔다고 했다. 며칠 동안이나 심문자의 분노를 마주하다가 어느 순간 무너진 것이다. "알았소, 알았소, 원하는 대로 합시다."

그리고 나면 후회, 결심, 강하게 저항하던 이전 상태로 돌아가고 싶은 절망적인 바람의 시간이 온다. 그들은 이렇게 소리치고 싶어 한다. "아무것도 더는 묻지 마시오. 대답하지 않겠소." 하지만 우리 모두의 내면 깊이 숨어 있는, 동조하고 복종하는 존재가 다시 움직이기 시작한다.

이러한 의외의 항복은 예상치 못했던 단죄, 충격, 특히 상처가 되었던 수치, 고통스러웠던 처벌, 항변할 수 없는 질문자의 논박 뒤에 나타난 경우가 많았다. 나는 그런 놀라운 효과를 보여주었던 경험을 기억하고 있다.

나는 나치가 점령한 네덜란드 감옥에서 탈출해, 비시(Vichy) 정권이 들어서 있던 프랑스를 거쳐 중립국 스위스에 다다랐다. 스위스에 도착했을 때 나는 감옥에 갇혔고 처음엔 그곳에서 친절한 대우를 받았다. 그러나 3일 뒤 나는 군인으로서 망명할 권리를 거부당했고, 프랑스로 돌려보내질 것이라는 통보를 들었다. 간수들은 독일로 보내지 않는 것을 다행으로 알라며 빈정댔다. 국경으로 떠나기 전 나는 (투옥 전 빼앗겼던) 소지품을 모두 돌려받았다는 서류에 서명해달라고 요청받았다. 그 자체로 중요한 물건은 아니었지만 나에게는 소중했던 몇 가지를 돌려받지 못했기 때문에 서명을 거부했다. 보초 한 명은 나를 혐오스럽게 바라보았고, 다른 한 명은 참을성 없이 발로 땅을 구르며 계속해서 서명을 요구했으며, 또 다른 이는 나를 꾸짖으며 전혀 알아들을 수 없는 프랑스어를 늘어놓았다. 나는 계속해서 서명을 강하게 거절했다. 갑자기 호송병 중 한 명이 내 뺨을 때리고 구타하기 시작했다. 작은 일에 그토록 분노하는 데 놀란 나는 서류에 서명했다. (프랑스 감옥에 간 뒤 나는 스위스 정부에 보낼 항의 편지를 써도 좋다는 허락을 받았다. 나는 지금도 내가 받았던 사과 편지를 가지고 다닌다.)

이렇게 강한 저항에서 복종으로 이어지는 빠른 태도 변화는 상반되는 감정의 무의식적 작용으로 설명해야 한다. 의식적으로는 강해져야 한다고 생각하지만, 내면 깊은 곳에서는 포기하고 싶은 욕구가 우리를 혼란스럽게 하고 행동에 영향을 미친다. 심리학에서는 이를 양가감정이라고 설명한다.

무너지고자 하는 욕구

정신병리학 용어 중에는 정신적 압력에 항복하고자 하는 소망을 가리키는 말이 많이 있다. 예를 들면 '퇴행 소망(wish to regress)', '의존 욕구(dependency need)', '정신적 피학성(mental masochism)', '무의식적 죽음 소망(unconscious death wish)' 등이다. 하지만 우리의 목적을 위해서는 모든 사람에게서 두 가지의 반대되는 욕구가 동시에 작동한다는 것을 언급하면 충분하다. 한 가지 욕구는 독립적인 자신이 되고자 하는 것이고, 다른 하나는 자신이 되지 **않고**, 아무도 되지 **않으며**, 정신적 억압에 저항하지 **않으려** 하는 것이다. 눈에 띄지 않거나, 사라지거나, 사회에 삼켜지고 싶다는 욕구는 일반적인 것이다. 그 가장 단순한 형태가 우리 주변에서 많이 볼 수 있는, 순응하고자 하는 경향이다. 일상적인 환경에서는 익명성에 대한 욕구가 개인성에 대한 욕구와 균형을 맞추며, 정신적으로 건강한 사람은 그 사이의 가느다란 선을 따라 걸어갈 수 있다. 그러나 정신적 살해의 희생자들은 두렵고 외로운 상황, 아무도 사정을 설명하거나 확신을 주지 않는, 이해할 수 없으며 거대한 위험으로 가득 찬 악몽 같은 상황에 놓여 있다. 이들에게 무너지고, 포기하고, 사라지고 싶은 욕구란 거의 저항할 수 없는 것이다.

이러한 경험은 수용소 포로들에게 많이 나타났다. 수용소에 끌려온 이들의 마음속에는 대답 없는 질문이 불타오르고 있었다. "왜 내게 이런 일이 일어난 거지?" 그들은 방향·목적·의미가 있다는 느낌을 충족시킬 수 없었기 때문에 인격을 유지할 수 없었다. 정신병리학에서는 이를 이인증(depersonalization syndrome, 離人症)이라고 하는데, 자신에 대한 온전한 통제력을, 심지어 자신의 존재 자체를 잃어버렸다는 느낌이다. 일부러 혼란을 일으킬 때, 파블로프식 조건화와 마찬가지로 충격적인 경험도 이용할 수 있다. "뭘 위해서?" 그들은 스스로에게 묻는다. "이 모든 고통의 의미는 뭘까?" 그러고는 우리가 우울증이라고 부르는, 망각에 가까운 마비 상태로 서서히 빠져든다. 다음에는 자기파괴의 욕구가 찾아온다.

나치는 이런 무너지고자 하는 욕구를 이용하는 데 있어 영리하고 거리낌이 없었다. 포로수용소 생활의 수치, 연합국은 거의 진 것과 마찬가지라는 반복된 암시를 통해, 이 의미 없는 고통은 끝이 없을 것이고, 전쟁에서 승리할 수 없으며, 포로들의 삶에 미래는 없을 것이라는 확신을 심고자 했다. 인간이 이렇게 끔찍한 경계선의 존재로 영원히 살아야 하고, 개인의 목표를 추구할 수 없으며, 이 지루하고 모멸적인 삶을 영원히 이어가야 한다고 생각하게 되면 무너지고 포기하고자 하는 욕구를 이겨낼 수 없게 된다.

믿음과 희망이 사라지는 순간 인간은 무너진다. 포로수용소에서

1944년 크리스마스에 해방되리라는 믿음에 모든 것을 걸고 있던 희생자들의 이야기는 비극적이다. 그 날짜가 지나고도 여전히 수용소에 갇혀 있게 되자 이들 중 상당수는 무너져 숨졌다.

이렇게 무너지고자 하는 경향은 위험에 대한 자구책으로도 기능한다. 희생자는 '심문자 눈에 띄지 않으면, 나를 내버려둘 거야'라고 생각하는 것처럼 보인다. 그렇지만 이러한 익명성의 느낌, 자신의 인격을 잃어버리는 것과 같은 감각, 쓸모없고 눈에 띄지 않고 누구도 나를 원하지 않는다는 느낌도 역시 우울증과 무관심으로 이어진다. 독립적인 개인이고자 하는 인간의 욕구를 완전히 죽일 수는 없다.

동료의식에 대한 욕구

외로움의 심리학, 특히 강제 격리된 수감자들에 대해서는 충분한 관심이 주어지지 않았다. 일상생활에서 주어지는 감각 자극을 제거하면 인간의 성격 전체가 변한다. 사회적 교류, 즉 동료들, 직업, 신문, 목소리, 교통, 사랑하는 사람들과 좋아하지 않는 사람들과의 계속되는 접촉은 우리의 감각과 정신을 키우는 매일의 양분이다. 우리는 흥미로운 것은 선택하고, 받아들이기 원치 않는 것은 거절한다. 모든 시민은 매일 만족, 사소한 미움, 유쾌한 경험, 짜증, 기쁨을 교환하는 작은 세계에 산다. 그리고 우리는 깨어 있기 위해 이러한 자극을 필요로 한다. 매시간마다 현실은 기억과 함께, 우리의 삶에 존재하는 수백만 가지의 사실을 계속해서 반복하며 통합한다.

인간은 세상으로부터 멀어져 무슨 일이 일어나고 있는지 소식을 듣지 못하고 혼자 있게 되면, 정신적 활동이 매우 달라진다. 오랫동안 잊고 있었던 불안이 수면 위로 떠오르고, 억압되었던 기억이 마음의 문을 두드린다. 환상이 시작되어 머릿속에서 엄청난 자리를 차지하게 된다. 이런 환상을 평범한 하루 동안 일어난 일에 비추어 평가하거나 확인해볼 수도 없으며, 곧 환상이 사람을 집어삼키게 된다.

나는 나치 감옥에 갇혀 있는 동안 내가 경험했던 환상을 똑똑히 기억하고 있다. 내가 억압해놓았던 절망적인 사고를 통제하는 것은 거의 불가능했다. 계속해서 스스로 되뇌어야만 했다. "생각해, 생각해. 정신 차려. 포기하지 마." 나는 내가 아는 정신과 지식을 모두 동원해서 긴장을 풀고 살아 있는 의식 상태를 유지하고자 애썼지만, 싸움에서 지고 있는 듯한 날이 많았다.

실험 결과를 보면, 아주 잠깐이라도 **모든** 감각 경험이 박탈되면(촉각·청각·후각·시각이 차단되면) 일종의 환각·최면 상태에 빠지게 된다. 평소 외부 세계에서 오는 다양한 인상의 융단 폭격에서 멀어지면 이상하고 무서운 증상이 나타날 수 있다. 헤런(W. Heron)은 맥길 대학교(McGill University) 학생들을 대상으로 실험을 했는데, 참여자들을 각각 검게 칠하고 아무 소리도 들리지 않으며 공기만 통하는 독방에 두고, 두꺼운 가죽 장갑을 끼고 장화를 신게 했다. 헤런은 참여자들의 뇌가 "조금씩 죽어가거나 통제를 벗어난다"고 했다. 극단적인 감각 박탈이 시작된 지 24시간도 지나지 않아 유년 시절의 무서운 유령이 깨어났고, 갖가지 정신병적 증상이 나타났다. 우리의 본능적인 호기심은 끊임없이 먹이를 요구한다. 이것이 충족되지 않으면 내면의 지옥에서 울부짖음이 들려온다.

고립된 수감자는 실험실에서만큼 극단적인 환경에 처해 있지는 않지만, 마찬가지로 급격한 정신적 변화를 겪게 된다. 점차 간수와 심문자들이 현실과의 유일한 접촉점이 되며, 수감자는 이러한 접촉을 음식보다도 더 필요로 한다. 수감자가 그들과 이상한 복종 관계를 맺게 되는 것도 무리가 아니다. 그는 사회적 접촉이 없는 것뿐만 아니라 성적 결핍에도 영향을 받는다. 모든 인간의 마음속 깊은 곳에 잠재된 의존 욕구로 인해 간수를, 아버지를 대체하는 존재로 받아들이고자 하게 된다. 심문자는 잔인하고 야만적이겠지만, 그가 자신의 존재를 알고 있다는 것 자체가 수감자에게는 한 조각의 애정을 받는다는 느낌으로 다가온다. 이러한 새로운 충성심과 그에게 원래 있었던 충성심 사이에서 일어나는 갈등이 얼마나 크겠는가! 견딜 수 없는 외로움을 이겨내고 다른 인간과 동료의식을 느끼고 싶은 욕구를 참을 수 있는, 완전히 스스로 설 수 있는 사람은 극소수뿐이다.

세계대전 동안, 수감자들은 처음에 특이하고 강렬한 향수병, 즉 앞서 말한 철조망 병에 시달렸다. 어머니, 집, 가족에 대한 기억은 군인들이 자신의 아기 시절과 동일시하게끔 만들었지만, 점점 수용소 생활에 익숙해지면서 집과 가족에 대한 생각은 수용소 생활을 덜 고통스럽게 해주는 긍정적인 역할을 하기도 했다.

격리되지 않은 수감자도 수많은 수감자 무리 속에서 외로움을 느낄 수 있다. 그와 함께 수감된 사람들은 친구가 되는 것만큼 쉽게 적이 될 수도 있다. 간수에 대한 그의 증오는 함께 수감된 사람들에게로 방향을 돌릴 수도 있다. 적을 구별해내는 대신, 절망 속에서 동료 수감자들을 의심할 수 있다.

나치 수용소와 한국전쟁 때 포로수용소에서도 일종의 집단 편집증이 나타나는 경우가 많았다. 포로들은 의심과 증오로 서로 멀어지기 때문에 외로움이 커졌다. 간수들은 이러한 불신을 키웠다. 간수들은 계속해서 포로들에게 아무도 그들에게 신경쓰지 않으며, 그들에게 무슨 일이 일어나도 모를 것이라고 주입한다. "당신은 혼자다. 밖에 있는 당신의 친구들은 당신이 살았는지 죽었는지도 모른다. 같이 수용된 사람들은 관심도 없을 것이다." 이렇게 미래에 대한 모든 기대가 사르라지고, 불확실성과 무력감을 견딜 수 없게 된다. 이때 간수들이 의심을 일으키는 끔찍한 헛소문을 퍼뜨린다. "당신이 친구라고 하는 자들이 당신을 배신했기 때문에 여기 있는 것이다." "여기 있는 당신 친구들이 당신에 대해 일러바쳤다." "바깥의 당신 친구들은 당신을 버렸다." 수감자의 오랜 충성심을 이용해 그가 배신당했으며 혼자라고 느끼게 만들어, 붕괴되고 복종하게끔 하는 것이다.

나 자신의 경우도 일시적으로 포기하고 반대편에 서는 상상을 즐겼던 때는 늘 극단적인 외로움과 동료의식에 대한 깊은 갈망을 느끼고 나서였다.* 이러한 순간에는 간수나 적이 친구의 대체자가 될 수 있다.

죄책감을 키우는 협박

우리 모두의 마음속 깊은 곳에는 무의식적 죄책감이 있으며, 이는 극단적인 스트레스를 받는 경우 수면 위로 떠오를 수 있다. 죄책감을 일으키는 전략은 어머니가 자녀들의 영혼에 대한 지배력을 얻는 가장 오래된 수단이다. 어머니의 경고와 손가락질, 또는 위협적인 눈길은 마법 같은 권력

---

*   14장에서 이러한 자기배반 관련 현상에 대해 다룬다.

을 주며, 자녀들이 어른이 되고 나서도 항상 남아 있는 죄책감으로 이어진다. 우리는 아이일 때 부모에게 의존하며, 그렇기 때문에 그들을 미워한다. 우리는 숨겨진 파괴적인 소망, 여기에 대한 죄책감을 가장 가까운 사람들에게 숨긴다. 인간의 무의식 깊숙이 묻혀 있는 것은 적대적인 환상과, 이 환상 속에서는 자신을 수많은 범죄를 저지를 수 있는 사람으로 느낀다는 것이다. 테오도어 라이크는 우리 모두의 내면에 숨겨져 있는 것으로 보이는 원시적 살인자에게 주의를 돌리게끔 했다. 즉 공포와 우울 속에서 자백하고 처벌받고자 하는 충동이 쉽게 나타날 수 있다는 것이다. 평범한 사람이 이러한 숨겨진 적대감과 파괴력 개념을 받아들이기는 쉽지 않다. 그러나 잠시 탐정 이야기의 인기에 대해 생각해보자. 우리는 아마 이러한 이야기를 즐겨 읽는 것은 친근하고 똑똑한 탐정과 동일시하기 때문이라고 스스로에게 말하겠지만, 정신분석 사례에서 분명히 나타나듯이 우리 안에는 억압된 범죄자 또한 존재하며, 양심 없는 살인자와도 동일시한다. 사실 우리의 억압된 적대감으로 인해 적대적 행동에 대한 이야기가 매력적으로 느껴지게 된다.

복종을 이끌어내기 위해 무의식적 죄책감을 체계적으로 착취하는 전략은 잘 알려져 있지 않지만, 무의식적인 자백 충동, 처벌받고 싶은 욕구를 연구한다고 생각하면 이해에 도움이 될 것이다. 어린 시절에 부모가 불복종에 대해 사죄하게 하거나, 어떤 행동이 비도덕적이거나 잘못되었다는 것을 이해하지 못할 때 죄책감의 짐을 지워 지나치게 혹은 너무 일찍 다그치는 경우, 자녀의 마음속에는 죄책감이 뿌리를 내리게 된다. 아동이 불안한 마음으로 뒤따르는 처벌을 순순히 기다리게끔 길들이는 것만이 옳고 그름을 가르치는 것은 아니다. 내가 치료한 사례 중에는 어린 시절 작은 실수를 할 때마다 "네가 나한테 어떻게 했는지 좀 봐라!"라고 소리친 어머니를 둔 환자가 있었다. 어머니에 대한 환자의 숨겨진 살해 충동, 거기에 뒤따른 죄책감의 부담을 해소하는 데는 긴 치료가 필요했다.

정치권에서 이러한 아동 양육 방식이 상징을 통해 되풀이된다고 할 수 있다. 전체주의 국가에서 볼 수 있는 것처럼 계속되는 숙청과 자백은 깊숙이 숨겨진 죄책감을 일으킨다. 반역이나 체제 전복과 같은 상대적으로 더 가벼운 죄는 더 깊이 자리 잡고 있는 개인적 범죄에 대한 생각을 감추기 위해 인정하게 된다. 계속해서 심문과 조사를 받은 사람들의 반응을 보면 어떤 일이 일어나는지 알 수 있다. 장기간의 심문 자체가 희생자의 숨겨진 무의식적 죄의식을 다시 끄집어낼 수 있다. 감정이 극단적일 때는 계속해서 이어지는 취조와 심문 끝에 잠이 부족하고 심한 절망에 빠져, 희생자는 그가 받고 있는 진짜 범죄 혐의와 환상 속의 무의식적 죄책감을 구분할 능력을 잃어버린다. 만약 그가 평소에도 거의 병적인 수준의 죄책감을 짊어지도록 양육되었다면, 정신적 살해를 위한 공격에는 전혀 저항할 수 없을 것이다. 정상적인 사람들조차도 이러한 끔찍한 조건에서는 항복할 것이고, 심문뿐만 아니라 다른 모든 약화 요인으로 인해 그렇게 될 것이다. 수면 부족, 굶주림, 질병으로 인해 심각한 혼란이 생기면, 모든 사람이 최면의 영향에 취약해질 수 있다. 우리는 모두 너무 피곤할 때 정신이 멍했던 경험이 있다. 수용소 피해자들은 굶주림이 정신적 통제를 잃게 만들 수도 있다는 사실을 안다.* 이러한 효과는 전체주의 국가의 감옥

---

* 수용소에서의 대화는 주로 음식과 영광스러운 과식의 기억을 중심으로 돌아간다. 정신이 제 기능을 할 수 없고, 먹는 일과 음식과 관련한 환상에 고정된다. 끊임없이 다시 잘 먹고 싶다는 생각을 표현하기 위해 말하게 된다. 이는 말하자면 위장을 위한 자위(Magen-onanie)이다. 이러한 종류의 대화가 모든 지적 대화를 대신한다.

이나 수용소에서 겪는 환상의 세계에서 더 커진다.

나치는 희생자들의 마음 뒤편에 있는 무의식적 죄책감을 영리하게 착취해 용감한 레지스탕스 전사들을 순응하는 협력자로 바꾸어놓을 때가 많았다. 언제나 성공하지 못한 이유는 두 가지로 설명할 수 있다. 첫 번째는 그 지하 활동가들이 대부분 자신들이 마주하게 될 야만성에 대해 내적으로 준비되어 있었기 때문이다. 두 번째는 나치의 전략이 교활하기는 하지만 세뇌를 이용하는 공산주의 심문자들의 기술처럼 벗어날 수 없는 것은 아니었기 때문이다. 나치의 야만성에 희생된 사람들이 포기하고 무너진 것은 고문이 아니라 가족에 대한 보복 때문이었다. 오래 묻혀 있던 유년 시절의 문제와 갑작스럽게 맞닥뜨리면 혼란과 의심이 생긴다. 적이 돌연 당신을 아버지와 친구, 형제와 조국, 아내와 명예에 대한 충성심 사이의 충돌 앞에 던져놓는다. 이는 잔인한 선택이고, 심문자가 당신의 내적 갈등을 이용하려고 할 때는 쉽게 항복하게 만들 수 있다. 충성심이 충돌하는 경우 어떤 선택이든 배신이 되고, 이는 의심을 일으켜 꼼짝도 할 수 없게끔 한다. 이러한 인간 마음, 양심, 종교 윤리를 통해 배운 도덕의 가장 약한 부분에 대한 계산된, 미묘한 공격은 이성을 마비시키고 희생자가 더 쉽게 배신하도록 만든다. 심문자는 드러내지 않고 아버지, 친구, 자녀들에 대한 희생자의 원초적 죄의식을 시험한다. 그는 지능적으로 희생자가 어린 시절 부모와 맺은 관계에서의 양가감정을 착취한다. 감춰져 있던 도덕적 결함이 갑자기 터져나오면 인간은 죄책감에 부서지고 완전히 무너져내릴 수도 있다. 그는 의존하고 복종하는 영아로 퇴행한다.

큰 체격과 힘으로 킹콩이라고 알려져 있던 네덜란드 레지스탕스의 한 강인한 영웅은, 나치가 그와 함께 잡아간 남동생을 죽이겠다고 협박하고 나서 나치의 도구로 전락했다. 킹콩이 적에게 항복하고 그들의 도구가 된 것은 정신의학의 관점에서 그의 깊은 죄책감에 대한 방어 기제라고 할 수 있다. 남동생에 대한 공격성이 감춰져 있었던 것이다.(Boeree)

붕괴의 또 다른 예시는 한 젊은 레지스탕스 전사의 이야기에서 볼 수 있다. 나치가 그와 함께 감옥에 갇힌 아버지를 고문하겠다고 협박하자, 그는 마침내 아이처럼 눈물을 흘리며 나치가 알고 싶어 하는 것을 모두 말하겠다고 약속했다. 그리고 난 뒤에는 다음 날을 위해 감방으로 되돌려보내 다시 회유했다. 이것이 그를 심문한 사람의 방식이었다. 심문자는 인간의 죄책감에 침투할 때, 끈질기게 반복하는 것이 효과적임을 너무나도 잘 알고 있었다. 두 죄수는 그날 밤 연합군이 벨기에에서부터 네덜란드 남서쪽까지 승리를 거둠에 따라 풀려났지만, 소년은 오랫동안 우울증에 시달렸다. 아버지를 살리기 위해 그와 가장 가까운 레지스탕스 친구들을 배신할 뻔했다는 생각, 그리고 적이 약속한 대로 아버지를 보호해주지 않았을 것이라는 생각에 동시에 시달렸기 때문이다. 나중에 소년의 붕괴와 우울증에 대한 심리적 탐색을 하는 과정에서, 그는 꿈속에서 아버지를 살해한 것이 오랫동안 묻어두었던 아버지에 대한 공격적 환상을 상징한다는 것을 알게 되었다. 이 무의식 속의 유아적 적대감이 주는 죄책감이, 동료들에게 죄를 지을 가능성을 생각했을 때 드는 죄책감보다 컸던 것이다. 이렇게 자신이 겪은 어려움을 의식적으로 이해하고, 새롭게 군사 활동을 하게 되면서 그는 자신을 괴롭히던 갈등에서 많이 벗어날 수 있었다. 하지만 원치 않게 부역을 하게 되었던 다른 사람들은 그렇게 운이 좋지 못했다. 마침내 그들이 자신이 한 배신의 심각성을 알게 되었을 때, 몇 명은 우울증에 걸렸고, 몇 명은 자살을 시도하기까지 했다.

생존의 법칙 대 충성의 법칙

한국전쟁에서 포로가 되었던 사람들 중에는 (비록 적의 영향력 아래 있을 때만 마지못해 그런 것이지만) 적의 체계적인 정신적 압력에 점차 굴복해, 공산주의자들이 선전에 이용할 수도 있는 자료를 만드는 데 협력한 사람들도 있었다. 이들은 적과 싸워 이길 수 없다면 그들과 함께해야 한다는 수동적 자기방어와 자기기만의 이상한 심리 법칙(A. Freud)을 따랐다. 나중에 이들 중 일부는 전체주의 선전에 너무 빠져들어 중국, 그리고 전체주의 국가에 남는 쪽에 투표했다. 몇몇은 동지를 배신한 데 대한 처벌을 피하기 위해 그렇게 했다.

인간은 자기 행동을 스스로에게 정당화하지 않으면 전향할 수 없다. 네덜란드가 독일군에 항복하던 1940년, 나는 확고한 반나치이던 사람들 몇몇이 정신적으로 굴복하는 과정에서 공통점을 보았다. 그들은 나치의 막강한 힘을 보며 "나치즘에도 뭔가 좋은 점이 있을 거야"라고 자기 자신에게 말했다. 스스로 정신적으로 굴복하여 배신자나 협력자가 된 사람들은 정당화가 필요했고, "잠시만 생각해보자"고 말하지 않을 수 없었다. 그들은 힘을 과시하는 적에게 완전히 설득되었다. 포로수용소에서도 똑같이 자기와 적을 정당화하는 현상이 나타났다.

우리는 포로수용소 경험을 통해 이러한 수동적 복종이 얼마나 심해질 수 있는지를 알게 되었다. 많은 수감자들은 애정에 대한 인간의 깊은 욕구로 인해 오직 한 가지, 다름 아닌 간수가 건네는 친근한 말 한 마디를 위해 살았다. 그 말을 들을 때마다 수용과 인정의 환상이 생겨났다. 대부분이 수용소에 오래 머물렀던 수감자들은 일단 한 번 간수들에게 인정을 받으면 쉽게 나치의 믿음직한 도구가 되었다. 그들은 잔인한 간수처럼 행동하기 시작해 동료 수감자들을 고문하는 사람이 되었다. 이렇게 나치에게 협력한 수감자들을 카포(Kapo)라고 불렀는데, 이들은 공식적인 감시자들보다 더 잔인하고 복수심에 불탔다. 세뇌를 자행한 사람들과 가학적인 수용소 우두머리들은 내면의 욕구를 오해하여 협력자들을 절실하게 원했다. 그런 협력자들은 선전 기계일 뿐만 아니라 간수들을 죄의식에서 벗어나게 하는 역할도 했다.

인간이 굶주림, 죽음의 행진(나치 강제수용소에서 다른 수용소로 걸어가던 행진. 많은 수감자들이 이 과정에서 사망했다─옮긴이), 고문과 적의 환상에 무릎꿇는 것 중 선택해야만 할 때, 자기보호 기제는 자동 반사처럼 기능하는 경우가 많다. 적들은 그가 심리적 압력에 굴복해 자신을 정당화하고 죄책감에서 벗어날 수천 가지 방법을 찾도록 돕는다. 한국전쟁 때 포로수용소에서 적에게 협력한 혐의로 군사재판을 받은 장교 중 한 명은 자신과 부하들의 생존을 위해 그렇게 행동할 수밖에 없었다고 정당화했다. 이는 사실이 아닐지라도 완벽하게 타당한 이유가 아닌가? 이를 통해 보통 자기보호 기제는 이념에 대한 충성보다 훨씬 강하다는 것을 알 수 있다. 이 쓰디쓴 문제를 마주해보지 않은 사람들은 같은 조건에서 자신이 어떻게 할지를 객관적으로 예측할 수 없다. 나는 정신과 의사로서 위협과 정신적 압력이 어떤 수준 이상으로 강해지면 '대부분'이 포기하고 타협할 것이라고 본다.

제2차 세계대전 당시 반나치 레지스탕스들은 신체가 강인한 남성들로, 자신들은 모든 압력을 견뎌낼 수 있으며 절대 동료를 배신하지 않을 것이라고 생각했다. 하지만 그때 그들은 불신을 심는 정신적 살해 전략을 상상조차 할 수 없었던 것이다. 계속되는 괴롭힘 자체가 신체적 고문보다 더 파괴적이다. 신체적 고문의 고통은 우리가 이미 논의했듯이 잠시 의식을 잃게 했다가 끝내 망각으로 이어지지만, 희생자가 깨어나면 예상의 게임이 시작된다. "그런 일이 다시 일어날까? 내가 더 참을 수 있을까?" 예측이 의지를 마비시킨다. 자살하고픈 생각, 죽음과의 동일시는 도움이 되지 않는다. 적은 당신이 죽도록 내버려두지 않고, 망각의 맨 가장자리에서 당신을 다시 끌고온다. 고문이 다시 시작될 것이라고 생각하면 내면에서 불안감이 커진다. "내가 이 모든 일을 감당할 수 있을까?" "왜 내가 영웅이 되어야 하는 걸까?" 저항은 점차 무너진다.

강요와 탈진으로 인한, 새로운 주인에 대한 정신의 항복은 바로 일어나지 않는다. 심문자는 희생자가 강압에서 일시적으로 풀려나 고문의 경험을 스스로 반복해 연습하는 동안, 최종적인 항복이 준비되고 있음을 알고 있다. 회상과 예측을 반복하며 긴장이 이어지는 동안 깊이 숨겨져 있는 포기하고 싶은 소망이 커진다. 바보 같은 질문을 매일같이 계속 반복하는 행동은 결국 심문자가 원하는 답을 줄 때까지 마음을 기진맥진하게 만든다. 심문자는 정신적 탈진이라는 무기에 더해 신체 감각을 지치게 하는 방법도 쓴다. 시끄럽고 고통스러운 소음이나 눈을 멀게 하는 강한 빛을 비추는 것이다. 눈을 감고 싶은, 또는 소음에서 벗어나고 싶은 욕구가 희생자의 집중을 방해한다. 그는 균형 감각과 자신감을 잃어버린다. 잠을 갈망하며 항복밖에는 다른 아무것도 할 수 없게 된다. 위협적이고 거대한 기계의 일부, 수감자보다 훨씬 강한 힘과 하나가 되고 싶은 유아기적 소망이 승리한다.

이는 의심의 여지 없는 항복이다. "나를 당신이 원하는 대로 하세요. 이제부터 나는 당신입니다."

350명의 남성 자원자들을 대상으로 한 타일러(D. B. Tyler)의 실험을 통해, 잠이 부족한 것만으로도 비정상적 정신 반응이 다양하게 나타남이 밝혀졌다. 참여자들은 102시간 동안 잠을 자지 않았다. 44명은 너무 불안하고 예민해져 거의 동시에 실험에서 제외되었다. 자지 못하고 40시간이 지나자, 전체 참여자 중 70퍼센트에게 환상, 환각, 망상, 또는 그 비슷한 경험이 나타났다. 진짜 환각을 경험한 사람들은 실험에서 제외시켰다. 이틀째 밤이 지난 뒤, 모든 참여자들이 때때로 사고의 혼란을 겪었다. 이들은 나중에 자신의 행동을 전해듣고 부끄러워했다.

정서 반응의 변화, 즉 우울 뒤에 나타나는 황홀감, 불행감과 안절부절못함, 다른 참여자들의 비정상적 행동에 대한 무관심도 주목할 만하다. 실험은 잠을 오래 자지 못하면 뇌와 정신에 독이 되는 물질이 분비되는 것 같다는 인상을 남겼다.

의존 욕구를 극복한, 강하고 독립적이며 자신감 있는 성격의 소수만이 위와 같은 압력을 이겨내고 기꺼이 죽음을 맞이하고자 할 수 있다.

자책하고 가슴을 치며, 연장자들의 규칙에 조건 없이 항복하는 것은 오래된 종교 의식의 일부이다. 이는 어느 정도 우월하고 전지전능한 권력에 대한 무의식적 믿음에 기반한다. 이러한 권력은 유일당, 또는 신비한 절대자가 될 수 있다. 또한 이는 오래된 내면의 기제인 '부조리하기에 나는 믿는다(Credo quia absurdum)', 우리의 감각과는 상반되는, 현실보다 강력한 초자연적 세계에 대한 믿음과 복종에 따른 것이다.

왜 전체주의나 정통적인 교조적 이념에서 기본 가정을 탐색하지 못하게 하는 이러한 경직된 태도가 나타나는지는 심리적으로 복잡한 문제이다. 그 이유는 변화나 습관을 변화시키는 위험에 대한 두려움, 또는 자유에 대한 두려움과 관련 있을 수도 있다. 이는 심리적으로 죽음의 돌이킬 수 없는 성질과 연결될 수 있기 때문이다.

권위주의적 독재자는 인간의 자유와 평등을 부정함으로써 자신의 유한

한 추종자들 위에 군림한다. 일시적인 권력과 전능함이 그에게 영원의 환상을 준다. 전체주의 안에서 죽음과 존재의 유한성을 부정하고 미래에서 권력을 빌려온다. 그는 생명의 유한함과 일시성에 대한 투쟁을 정당화하기 위해 최종적 진리와 그 보호 장치인 교의를 만들어내야 한다. 그때부터 순응하는 사람과 노예들의 마음속에 이 새로운 근본적 확실성을 새겨넣어야 한다.

안나 프로이트는 인간이 일반적으로 사용하는 정신적 방어에 대해 연구한 책에서 정신적·신체적으로 가혹한 환경일 때 인간의 마음속에서 일어나는 일을 밝혀냈다. 나도 전에 발표한 여러 글을 통해 사람들이 공포와 압력으로부터 자신을 지키는 여러 방식을 분석하려고 시도한 적이 있었다.

세뇌와 정신적 살해의 마지막 단계에서 희생자의 수치스러운 복종은, 심문자를 놀라운 방식으로 무력화시키는 내적 방어 수단이다. 희생자가 자신을 탓할수록, 심문자가 존재할 논리적 이유는 옅어진다. 포기하고 자신에게 가혹해지면 심문자와 판관은 무력해지며, 정권은 덧없음을 드러낸다.

세뇌와 정신적 살해는 우울증 환자에게서 볼 수 있는 것과 같은 방어기제를 일으킨다고 할 수 있다. 그들은 스스로를 정신적으로 학대하면서 두려움을 없애고 더 깊은 곳에 있는 죄의식을 피하려고 한다. 그들은 숨겨진, 알 수 없는, 더 나쁜 범죄의 최종 형벌에 대한 생각을 잊기 위해 미리 자신을 벌한다. 정신적 살해의 희생자는 심문자보다도 자신에게 가혹해짐으로써 그 고문자를 이긴다. 이렇게 수동적인 방식으로 그의 적을 무력화시키는 것이다.

불가사의한 피학적 협정

아서 쾨슬러(Arthur Koestler)는 걸작 《정오의 어둠(Darkness at Noon)》에서 심문자와 희생자 사이의 미묘한 복잡성·추론·변증법을 전부 묘사했다. 나이 든 볼셰비키 루바쇼프는 전부터 그랬듯이 당에 철저히 복종해, 당과 그 정강에 대한 반역을 꾸몄다고 자백한다. 그의 동기 중 일부는 마지막 봉사를 하려는 소망이었다. 자백은 당을 위한 마지막 희생이었던 것이다. 나는 그보다는, 세뇌 과정에서 심문자와 희생자 사이에 나타나는 불가사의한 피학적 협정의 일부로서 자백을 바라보고자 한다.* 이것은 고문당한 사람이 고문한 사람에게 주는 마지막 선물이자 속임수이다. 마치 이렇게 외치는 것과 같다. "나에게 잘해주세요. 자백할게요. 복종할게요. 나를 잘 대해주고 사랑해주세요." 그 모든 잔혹성·최면·절망·공포로 고통받은 뒤 인간적인 동료의식에 대한 욕구가 남게 되지만, 이는 깊고 쓰디쓴 증오와 뒤섞인 양가적 감정이다.

고문당한 사람과 고문한 사람은 서서히 서로에게 영향을 미치는 이상한 공동체를 만들어간다. 환자가 정신과 의사와 동일시하게 되는 상담 치료와 같이, 매일의 심문과 대화가 무의식적 교감으로 이어지고, 수감자는 심문자를 자신과, 자신을 심문자와 동일시하게 된다. 이상하고 가혹하고 낯선 세계에 떠밀려온 수감자는, 적이 자신과 동일시하는 것보다 훨씬 많이 자신을 적과 동일시한다. 그는 자신도 모르는 사이 적의 규준, 평가, 삶에 대한 태도를 모두 받아들이게 된다. 이러한 적의 이념에 대한 수

---

* '피학성(masochism)'이라는 말은 원래 고통과 처벌에서 얻는 성적 만족감을 뜻했다가, 나중에는 그를 통해 얻는 모든 만족감을 의미하게 되었다.

동적 항복은 무의식적 과정을 통해 이루어진다. 이런 종류의 교감에 도사리는 위험은, 끝내는 모든 도덕적 평가가 사라져버린다는 것이다. 우리는 독일에서 이런 일이 일어나는 것을 보았다. 나치즘의 희생자들이 강제수용소의 정당성을 인정했던 것이다.

우리는 정신적 살해 과정에서 중세의 마녀 사냥과 같은 의식을 찾아볼 수 있다. 차이가 있다면 단지 오늘날 그 형태가 좀더 다듬어졌다는 것이다. 혐의를 주장하는 사람과 혐의를 받은 사람은 서로를 필요로 하고, 자백과 자기폄하의 의식을 함께한다. 이러한 협력을 통해 그들은, 그들과 자신을 동일시하는 주변 사람들의 정신을 공격해, 죄책감을 느끼고 약해지며 복종하게 만든다. 모스크바 숙청 재판 때 많은 러시아인들이 죄책감을 느꼈다. 자백을 들으며 자기 스스로에게 "나도 똑같은 일을 했을 수도 있어. 내가 저 사람 자리에 있었을 수도 있어"라고 말했음에 틀림없다. 영웅이 반역자가 되었을 때, 자기 안에 숨겨진 반역의 소망이 사람을 약하고 두렵게 한다.

이러한 설명이 너무 복잡하고 내밀하며, 심지어 자기모순처럼 보일 수도 있지만, 사실 우리가 정신적 살해 과정에서 무슨 일이 일어나는지 이해하는 데 도움이 된다. 고문을 하는 사람과 받는 사람 모두 자신의 무의식적 죄책감의 희생자이다. 고문하는 사람은 자신의 죄책감을 외부의 희생양에게 투사하고, 희생양을 공격함으로써 속죄하고자 한다. 고문받는 사람도 깊이 억압된 어린 시절의 적대감에 대해 죄책감을 가지고 있다. 평상시에는 이러한 감정을 통제할 수 있지만, 가혹한 심문이 이어지는 정신적 살해 과정에서는 억압된 적대감이 일어나 잊혀진 과거의 유령처럼 떠돈다. 희생자는 이를 느낄 수는 있지만 이해하기는 어렵다. 반역 혐의를 인정하고, 오래도록 잊고 있다가 이제 그에게 무거운 짐이 되고 있는 과거의 공격적 충동을 인정하는 것이 낫다. 희생자가 공개적으로 자신의 혐의를 인정하면, 자기 안의 죄책감과 실제 심문자를 무너뜨릴 수 있게 된다. 자기 혐의를 인정하면 심문자는 필요 없어지기 때문이다. 희생자가 사형장으로 가는 것은 심문자에게도 마찬가지 효과가 있다. 그들 사이에는 상호 동일시가 있었기 때문이다. 희생자가 혐의를 인정하는 순간부터 심문자의 권력은 사라지며, 내일이면 그 자신도 혐의를 받고 사형장으로 끌려갈 수 있다.

이 이상하고 피학적인 심문자와 희생자의 관계를 이해하면, 왜 사람들이 다른 사람의 정신을 조종하고 싶어 하는지, 왜 그 희생자가 되는 사람들이 자백하고 굴복하는지에 대해 어렵지 않게 답을 구할 수 있다. 그것은 희생자와 심문자 사이에 차이가 없기 때문이다. 그들은 비슷한 입장이다. 둘 다 주어진 조건에서 깊이 숨겨진 범죄적이고 적대적인 생각과 감정에 대한 통제력이 없다.

희생자보다 심문자가 되는 것이 쉬운 이유는, 심문자는 일시적으로 정신적·신체적 파괴로부터 안전해지기 때문일 뿐만 아니라, 자신의 숨겨진 죄의식을 마주하기보다 다른 사람의 죄라고 생각하는 것을 처벌하기가 더 간단하기 때문이다. 정신적 살해를 통해 더 깊은 공격성, 즉 풀리지 않고 감춰진 증오와 파괴욕을 덮는 것이다.

세뇌 및 정신적 살해와 관련한 심리적 과정 고찰

이 장에서 적의 전략에 항복하게끔 하는 여러 원인을 다루었기 때문에, 관련한 심리적 과정을 간단히 살펴보는 것이 좋겠다.

1단계: 붕괴 및 탈조건화하기

심문자는 수감자의 자아를 약화시키려고 한다. 신체적 고문은 오래전부터 있었지만(굶주림과 추위는 여전히 매우 효과적인 수단이다), 희생자의 의지를 더욱 굳게 하는 경우가 많다. 고문은 당사자가 아닌 자들의 상상력을 자극해 위협하기 위한 의도가 훨씬 크다. 고문에 대한 끔찍한 예상 때문에 적이 그들의 약점을 필요로 할 때 **그들은** 무너지게 되는 것이다. (물론 가학적인 심문자는 고문에서 사적인 쾌락을 찾을 수도 있다.)

적이 사용하는 수단은 다양한데, 여기에는 협박성 암시, 극적인 설득, 집단 암시, 수치심이나 창피 주기, 외로움과 고립, 계속되는 심문, 불안한 마음에 큰 짐을 지우기, 자기연민 유발 등이 포함된다. 참을성과 시간은 심문자가 어떤 완고한 영혼을 약화시키는 데 도움을 준다.

많은 종교의 희생자들이 수치심을 느끼고 죄를 뉘우침으로써 새로운 종교를 받아들일 준비를 했듯이, 수감자는 전체주의 이념을 받아들일 준비를 하는 것이다. 이 단계에서 희생자는 이성적인 기회주의로 인해 의식적으로 포기를 한다.

2단계: 적에게 복종하고 동일시하기

앞에서 다루었듯이 항복의 순간은 갑자기 찾아올 때가 많다. 굳은 의지로 버티며 넘어가지 않다가 갑자기 항복과 수용으로 가는 것이다. 심문자들이 급작스러운 내면의 깨달음과 전향이라고 부르는 이것은 희생자의 내적 전략이 완전히 바뀌는 현상이다. 정신분석학 용어로 하면 이때부터 인간의 의식 속에 기생하는 초자아가 새로운 주인의 목소리로 말하기 시작하는 것이다. 내 경험으로는 이러한 예상치 못한 항복은 신경질적인 울음과 웃음이 터져나온 뒤에 따라오는 경우가 많으며, 이는 아기가 고집부리며 떼를 쓰고 난 뒤와 비슷하다. 심문자는 아버지와 같은 태도를 취함으로써 이 단계로 보다 쉽게 나아갈 수 있다. 사실 많은 전쟁 포로들은 아버지의 자애와 같은 회유, 예를 들면 선물, 생일에 주는 달달한 음식, 더 좋은 것을 주겠다는 약속을 경험한 적이 있다.

몰로니(Moloney)는 이러한 빠른 항복을 일부 종교 의식에서 묘사되는 현신(theophany)이나 자기를 비우고 신의 의지를 수용하는 것〔케노시스(kenosis)〕에 빗댔다. 이를 이해하기 위해서는 항복이 무의식적이고 순수하게 정서적인 과정이라는 것, 더 이상은 세뇌 피해자의 의식적이고 지적인 통제 아래 있지 않다는 것을 알아야 한다. 이 단계를 자기최면 단계라고도 한다.

3단계: 새로운 질서에 대해 조건화하기

계속된 훈련과 길들이기를 통해 새로운 축음기 음반이 만들어져야 한다. 우리는 이 과정을, 전향을 향한 능동적 최면에 견줄 수 있다. 우연히 예전 방식으로 생각하게 되는 일은 1단계에서처럼 교정해야 한다. 희생자는 새로운 이념을 매일 합리화·정당화하는 데 도움을 받는다. 심문자는 새로운 주장과 추론을 가르친다.

오랫동안 집중적인 주입 교육을 받지 않았던 사람들에 대한 이러한 체계적인 사상 주입은 세뇌의 정치적 양상이며, 지금도 계속되고 있는 이념의 냉전을 상징한다.

4단계: 전체주의의 주문에서 풀려남

세뇌 피해자가 자유롭고 민주적인 분위기 속으로 되돌아오면, 최면을 걸었던 주문은 깨진다. 일시적으로 주문을 울부짖거나 죄책감·우울을 느끼는 것과 같은 초조한 반동이 일어난다. 이러한 반응은 그가 적의 사상 주입에 굴복했다는 데 대한 조국의 적대적 반응 때문에 강화될 수 있다. 세뇌당하던 시기는 악몽이 된다. 전에 굳건한 공산주의자였던 사람만이 적의 교의를 고수할 수 있다. 하지만 나는 적의 정신적 압력이 너무나 성공적이어서, 그들의 이전 수감자를 영원한 자유의 혐오자로 만들어놓은 것도 본 일이 있다.

2부

대중 복종의 기술

2부의 목적은 대중의 감정과 생각을 바꾸기 위한 다양한 정치적·비정치적 전략을 소개하는 것이다. 이는 단순한 선전부터 설문 조사를 이용한 심리전, 냉전, 인간의 사고와 행동을 조작하기 위한 수단까지 다양하다. 2부 뒷부분에서는 이러한 정서적 현혹과 공격, 즉 두려움이라는 무기를 어떻게 사용하며, 여기에 인간은 어떻게 반응하는지에 대해 자세히 설명한다.

05

정신에 대한 냉전

우리 사회가 1부에서 논의한 해로운 영향에서 자유롭다고 믿는 것은 눈 먼 희망일 것이다. 실상 그러한 영향은 정치에서나 그 바깥 영역에서나 늘 있고, 공격적인 전체주의 정부만큼이나 자유로운 삶에 위협이 된다.

모든 문화는 어떤 형태의 소통을 제도화하고, 어떤 형태의 생각과 행동을 장려함으로써 시민들의 성격을 형성한다고 할 수 있다. 이렇게 개인이 끊임없는 정신 조작의 대상이 되고, 문화적 관습이 지적·영적 힘을 약화시키며, 정신에 대한 지식을 사람들을 교육하는 대신 길들이고 조건화하는 데 쓰고, 문화 자체가 권위주의적인 삶의 방식을 받아들이게끔 습관화된 남성과 여성을 만들어낼 수 있다. 자기 스스로 생각하지 않는 사람은 독재자의 장기말이 되기 쉽다.

지적인 사람들마저도 자신들의 마음을 이해하지 못하는 것은 안타까운 일이다. 동조나 웅종이든, 다른 식이든 마음이 작동하는 방식은 삶의 초기에 조건화된다.

학생들을 대상으로 한 솔로몬 아시(Solomon E. Asch)의 중요한 사회심리학 실험에서, 참여자 3분의 1 이상이 **잘못된 다수** 의견을 따라갔고, 전체의 75퍼센트가 다수 의견에 찬성했다. 많은 사람들에게 권위의 질보다는 무게가 더 중요했다.*

만약 우리가 정신의 통합성을 보호하는 방법을 배우고자 한다면, 현대 문화에서 권력을 위해 투쟁하는 직접적인 측면뿐만 아니라, 우리의 약한 부분을 이용해 예리한 의식을 무디게 하여 전체주의에서 나타나는 정신적 죽음(또는 권태)으로 이어질 수 있는 점도 분석해보아야 한다. 기계적인 대중 전달의 여파로 계속되는 암시와 느린 최면은 정신의 획일성을 초래하고, 개인의 의견이 완전히 고정관념의 지배를 받는 적응·통합·평준화의 '행복한 시대'로 사람들을 꾀어들일 수 있다.

나는 아침에 일어나면 뉴스와 일기예보를 들으려고 라디오를 켠다. 그러면 두통엔 아스피린을 먹으라는 위엄 있는 목소리가 들린다. 나는 종종 (다른 사람들과 마찬가지로) 두통이 있고, 이는 살면서 생겨나는 많은 갈등으로 인한 것이다. 라디오에서는 갈등이나 두통에 대해서 생각하지 말고, 마법 같은 알약을 먹어야 한다고 한다. 나는 나나 나의 두통에 대해 아무것도 모르는 사람의 장거리 처방을 들으면서 웃고, 그가 화학의 마법에 무조건 복종하고 있다고 생각하지만, 내 손은 이미 아스피린 약병을 집으려고 하고 있다. 어쨌든 나에게는 두통이 있으니까.

일상에서 기계적으로 반복되는 암시를 벗어나기란 매우 어렵다. 우리의 비판적 정신이 거부한다 해도, 그런 암시는 우리 지성이 바보 같다고

---

* 10장에서 이러한 동조에 대한 내면의 욕구를 더 설명할 것이다.

생각하는 일을 하도록 유혹한다.

현대의 삶은 기계화되면서 이미 인간이 더 수동적으로 순응하며 적응하도록 만들었다. 사람들은 더 이상 개인의 가치를 고려하고 자신의 양심과 윤리적 평가를 따르지 않는다. 대신 대중매체에서 이야기하는 가치에 대해 더 많이 생각한다. 아침 신문의 헤드라인을 보고 정치 상황을 짧게 전망하고, 라디오에서 귓속에 흘려넣는 암시를 듣고, 텔레비전을 보며 계속해서 감탄하고 수동적으로 고착된다. 의식적으로는 누군지 모를 이러한 목소리에 저항하려 하지만, 그들의 말은 그의 사고체계 안으로 새어들어온다.

이러한 현상에서 가장 충격적인 점은 상당 부분이 인간의 파괴적 측면이 아닌, 자신의 세계를 개선하고 삶을 더 깊고 풍부하게 만들고자 하는 희망에서 비롯된다는 것이다. 인간이 자신에게 도움이 된다고 여겨 만들어낸 바로 그 제도, 삶을 나아지게 하기 위해 발명한 바로 그 도구, 주체성을 위해 행한 바로 그 진보가 모두 파괴의 도구가 될 수 있는 것이다.

여론의 설계자들

미국에서는 다음과 같은 확신이 점점 확산되고 있다. 정치사상이나 냉장고에 대한 고도의 대중 선전 전략은, 누군가 어떤 생각이나 대상을 대중에게 팔고자 할 때도, 누군가 어떤 정치인을 대중이 뽑아주기를 바랄 때도 성공적일 수 있다는 것이다. 요즘 소위 여론 설계자들이 일부 선거운동을 주도하고 있는데, 이들은 자신의 임금을 지불하는 후보에게 미국인들이 투표하도록 하기 위해 인간 정신에 대한 지식, 현대 대중 전달의 기법을 모두 이용한다. 이렇게 압도적인 광고에 따르는 위험은, 가장 대가를 많이 내놓을 수 있는 사람이나 정당이, 일시적으로라도 사람들이 진짜로 관심 있는 것이 아닌 대상에 돈을 쓰거나 투표하도록 할 수 있게 된다는 것이다.

설득 및 대중 정서 만들기의 전문가들은 인간의 마음을 전단, 연설, 포스터, 광고판, 라디오, TV 프로그램 등 가능한 모든 수단을 통해 주무르려 한다. 우리는 고유한 개인이라는 환상이 있지만, 그들은 생각의 동시성과 창조성을 희석시켜 무미건조하고 틀에 박힌 생각으로 만듦으로써 우리의 사고를 좌우한다.

민중 혹은 대중의 의지라는 것은 어떤 집단행동으로 나타나고 나서야, 투표로, 또는 분노와 저항을 통해 표출되고 나서야 알 수 있다. 이 역시 여론을 움직이는 도구와 기계(machines)를 조종하는 사람이 얼마나 중요한지를 보여준다.

이렇게 동의(consent)를 광고하고 설계함으로써, 지도자에 대한 시민들의 신뢰가 흔들리고 대중은 공식적인 속임수에 점점 익숙해질 수 있다. 결국 사람들이 어떤 정책이나 지위에도 확신을 갖지 못하고 지적인 판단을 하지 못하게 되면, 선동가나 독재자가 될 우려가 있는 사람에게 쉽게 영향을 받게 된다. 혼란스럽고 점점 불만이 커질 때 그들의 힘에 매력을 느끼기 때문이다. 이러한 영악한 생각의 상술에서 최악의 측면은 전문가를 고용한 사람, 심지어 전문가들 자신조차도 자기가 무엇을 하는지 잘 모른다는 것이다. 그들은 '여론 관리'라는 말에만 사로잡혀 그들이 다루는 도구를 제대로 판단할 수 없다.

목적은 결코 수단을 정당화할 수 없다. 이 길로 계속 가면 서서히 전체주의의 세계로 이끌릴 수 있다.

미국에서는 지금 이 순간도 동기(motivation)에 대한 자세한 연구가 이루어지고 있다. 이 연구의 목표는 구매자들이 무엇을 왜 사는지 알아내는 것이다. 무엇이 구매자를 이끄는 것일까? 목표는 구매하는 대중의 저항 장벽을 피해가는 것이다. 이는 욕구와 사람들의 결핍을 자극하는, 우리의 역설적인 문화 철학의 일부이다. 구매 가능성이 있는 사람들에게 그들이 원하는 것보다 많은 상품을 사게 하는 데 상업화한 심리학 지식이 이용된다. 이를 위해서는 형제자매 사이의 경쟁의식, 이웃에 대한 부러움, 단 것을 더 많이 먹고, 다양한 색채와 사치를 더 많이 누리려는 욕심과 같은 유아적 충동이 깨어나야 한다. 광고심리학자들은 판매자들에게 광고에서 불쾌한 연상을 피하는 법, 은근슬쩍 성적인 연상을 자극하는 법, 모든 것을 단순하고 행복하고 성공적이고 안정적으로 보이게 하는 법을 가르친다! 또한 점원들에게는 구매자의 자아를 부풀리고 고객을 우쭐하게 하는 방법을 지도한다. 마케팅 기획자들은 대중이 제품에서 힘과 정력에 대한 암시를 원한다는 것을 알았다. 차는 주인이 느끼는 내면의 나약함과 균형을 맞추어야 하기 때문에 마력이 높아야 한다. 차는 그의 사회적 지위와 평판을 보여주어야 한다. 그러한 표식 없이는 허전함을 느끼기 때문이다. 광고의 우주(universitas advertensis), 즉 그럴듯하게 반짝이는 생각의 세계에 대한 광고회사들의 꿈, 속지 않으려는 마음(menus vult decipi), 다시 말해 속물들의 관심을 끄는 매력을 추켜세우는 것, 조악한 돋보임을 추구하는 것, 이 모두가 구매하는 아기들의 탐욕스러운 입속에 더 많은 것들을 판매해 집어넣기 위한 것이다. 우리가 사는 광고의 세계에서는, 빈틈없는 판매자와 구매자가 인위적인 욕구를 만들어낸다. 여기에는 우리의 생각의 세계에 위험한 영향을 미칠 수 있는 가짜 세계를 세울 수도 있는 위험이 따른다.

이 상황은 대중의 신경중적인 욕심, 즉 진정한 가치 인식을 대가로 개인의 허영을 탐닉하고자 하는 욕구를 커지게 한다. 이들은 천박한 가치에 조건화된다. 물론 자유로운 시민들은 점차 구호에 대한 저항력을 키우겠지만, 우리 의식의 장벽 사이로 부정직함과 불신이 새어들어오고, 우리를 물어뜯는 불만의 느낌은 잊힌다. 결국 광고란 사람들이 갖고 있는 것에 불만족하게 만드는 기술인 것이다. 그러는 사이 인간은 더 나은 판단에 대한 습격을 스스로 계속 허락하고 있음이 분명하다.

우리의 시대는 너무 많은 소음과 좌절의 시대이고, 많은 '자유로운' 정신들이 품위(decency)와 개성을 위한 싸움을 포기했다. 자신도 모르는 사이 시대정신(Zeitgeist)에 항복하는 경우도 많다. 여론이 매일 우리의 비판적 사고를 가둔다. 어느새 우리는 의견을 주입받는 기계가 되어간다. 위선, 그리고 평준화 효과가 있는 우리 문화의 전통이 행하는 느린 강요가 우리를 바꾼다. 우리는 흥분, 머리카락이 곤두서는 이야기, 자극을 파고든다. 내면의 불안을 덮기 위해 인위적인 공포를 만들어내는 상황을 찾는다. 자기학습과 자기사유를 추구하려 하지 않기 때문에 비합리성으로 도피하고 싶어 한다. 우리가 직접 참여하지 않는 자동화된 활동이 점점 여가 시간을 채워간다. 기계에서 흘러나오는 말을 듣고 텔레비전 화면을 바라본다. 차를 타고 서둘러 움직이고 수면제를 먹고 잠든다. 이러한 삶의 방식이 우리의 마음을 새로이 습격하는 길을 열어줄 수도 있다. 우리의 지루함은 어떤 유혹적인 제안이라도 받아들일 것이기 때문이다.

공포의 무기가 되는 심리 전쟁

모든 인간의 소통은 사실을 말하는 것일 수도 있고, 어떤 사물이나 상황이 마치 존재하는 것처럼 말하는 것일 수도 있다. 이렇게 사실을 호도하고 왜곡하는 것은 소통의 핵심에 타격을 준다. 진리의 개념과 인간 정신에 대한 언어의 대결은 끝이 없어 보인다. 예를 들어 내가 적의 마음속에 공포·두려움·패배의식을 심을 수 있다면, 나는 싸우기도 전에 반은 이긴 거나 마찬가지다.

무서운 얼굴과 큰 목소리로 거짓말을 해 친구든 적이든 속이는 전략은 인류 역사에 늘 있었다. 원시인들은 우리가 자신과 타인을 설득하기 위해 말을 사용하는 것처럼 공포를 불러일으키는 가면, 사람을 홀리는 마술, 자기기만을 활용했다. 그들은 물감을, 우리는 이념을 이용한다. 진정 우리는 광고·선전·주목의 시대에 살고 있다. 그러나 이렇게 형성되는 습관을 인간의 심리에 대한 체계적 폭력으로 만드는 것은 독재와 전체주의 체제에서뿐이다.

독재자는 자국민들에게 사용하는 무기를 바깥 세계에도 사용할 수 있다. 예를 들어 독재의 희생자들로 하여금 그들의 진짜 문제에서 눈을 돌리게끔 하는 거짓 자백에는 세계인들에게 공포심을 심으려는 목적도 있다. (그리고 어떨 때는 이 목적을 이루기도 한다.) 이러한 거짓 자백은 독재자의 전능함에 대한 신화를 강화하여, 그에게 저항하려는 의지를 약화시킨다. 만약 전체주의 군대가 평화로운 시기에 미래의 적을 약화시킬 수 있다면, 전쟁의 시기에는 싸고 쉽게 이길 수 있을 것이다. 전체주의의 심리 전쟁은 상당 부분 이를 목적으로 한다. 이는 선전과 최면을 통해 세계를 복종시키려는 노력이다.

나폴레옹은 19세기 초에 이미 프랑스인들의 생각에 영향을 미치기 위해 여론부(Bureau de l'Opinion Publique)를 만들었다. 하지만 여론 조작을 잘 조직된 거대한 기계로 만든 것은 독일인들이었다. 그들의 심리 전쟁, 소위 '전쟁 사이의 전쟁'은 평화 시기의 공격 전략이 되었다. 이는 유럽인들의 도덕에 대한 나치의 공격이자, 다른 국가들이 조직화한 심리적 힘에 대한 담대한 전쟁이었다. 그렇지만 그들이 어느 정도 성공을 거둘 수 있었던 때는 전쟁 후반부뿐이었다. 시작하는 데 시간이 오래 걸린 것이다.

히틀러의 첫 번째 심리적 무기는 두려움이었다. 예를 들면 비밀리에 제5열분자, 즉 첩자를 동원해 그가 싸우려는 여러 국가의 시민들 사이에 헛소문과 의심을 심었다. 사람들은 첩보 체계 자체뿐만 아니라 첩자들이 내는 소문으로 인해 동요했다. 위장한 첩자들은 패배와 정치적 혼란에 대한 구호를 퍼뜨린다. "왜 프랑스가 영국을 위해 죽어야 하나?" 두려움이 사람들의 행동을 좌우하기 시작한다. 독일 침공이라는 진짜 위협을 직면하고 준비하는 대신, 온 유럽이 스파이 이야기에 떨며 상관없는 문제를 의논하고, 희생양과 소수자에 대해 끝없이 논쟁했다. 히틀러는 이 막연하고 맹목적인 두려움을 이용해 진짜 문제를 덮고, 싸우고자 하는 적의 의지를 꺾었다.

히틀러는 상대의 자기방어 의지를 전략적으로 공격하는 데 만족하지 못하고, 테러 위협을 통해 유럽을 마비시키고자 했다. 이 위협에는 폭발·파괴·점령의 위험뿐만 아니라 그 자신의 심한 잔인함에 내재한 심리적 위협도 들어갔다. 무자비한 적에 대한 두려움으로 싸우기도 전부터 복종하고자 하는 마음이 커진다. 모국에서 저지른 히틀러의 범죄(강제수용소, 가스실, 대량학살, 독일 전체의 공포 분위기)는 그의 망상의 일부였던, 공포를 유발하는 선전전에 유용했다.

전체주의자들이 두려움을 통해 세계를 복종시키려는 중요한 선전 무기가 또 있다. 바로 심리적 충격이다. 히틀러는 적들을 끊임없는 혼란과 외교적 변동으로 몰아넣었다. 그들은 이 예측 불가능한 미치광이가 다음에 무엇을 할지 알 수가 없었다. 히틀러는 논리적으로 행동하는 법이 없었다. 사람들이 자신을 그렇게 생각하리라는 것을 알았기 때문이다. 논리와 논리는 통할 수 있지만 비논리와는 통할 수 없다. 조리 있게 생각하는 사람은 비논리성을 맞닥뜨리면 혼란스러워진다. 큰 거짓말(Big Lie)과 계속해서 단조롭게 반복하는 부조리는 냉전 상황에서 논리와 합리성보다 더 정서적인 호소력이 있다. 적이 첫 번째 거짓말에 대해 합리적인 반론을 찾는 동안 전체주의자들은 다른 거짓말을 할 수 있다.

나치는 1936년 라인란트(Rhineland)에 들어갔을 때, 1939년 러시아와 불가침조약을 맺기로 결정했을 때 정신적 충격 전략을 사용했다. 스탈린은 1950년 (그가 승인했던) 북한의 남침 때 같은 전략을 썼고, 중국과 북한도 미국이 세균전을 벌였다고 주장할 때 같은 전략을 사용했다. 전체주의자들은 이렇게 명백히 비합리적인 행동을 하여 적의 논리적인 정신을 혼동에 빠뜨린다. 상대편은 거짓된 선전을 부정하거나 진상을 설명해야 한다고 느끼게 되면서, 상대적으로 약한 방어적 입장에 놓이게 된다. 눈덩이처럼 불어나는 거짓말은 따라잡을 수 없고, 없애는 수밖에 없다.

심리적 충격 기법에는 또 하나의 효과가 있다. 시민 개개인의 마음도 혼란스럽게 만들어 자기 스스로 평가하지 않고 다른 사람의 의견에 수동적으로 기대게 하는 것이다. 히틀러가 (1940년 휴전 이후 국제법을 완전히 위반해) 바르샤바와 로테르담을 파괴하자 프랑스는 아무것도 하지 못했고, 다른 여러 민주국가는 흔들렸다. 이들은 도덕적 분개로 마비되어 나치의 공포에 심리적으로 잘 대처하지 못했다.

현대에 기술이 발전하면서 물리적 전쟁 무기가 정교해지고 보다 완벽에 가까워졌듯이, 여론 조작에 대한 이해도 발달해 심리전의 무기도 정교해지고 완벽에 가까워지게 되었다.

주입하는 언어의 포화

계속해서 귓전을 울리는 주장과 선전의 소음은 두 종류의 반응으로 이어질 수 있다. 신경 안 쓴다는 무관심한 반응이나 더 연구하고 이해하고자 하는 욕구가 그것이다. 유감스럽게도 첫 번째 반응이 더 일반적이다. 개개인에게 너무 많은 혼란상을 던지는 세계에서는 연구와 인식으로부터 멀어지는 것이 너무나 흔한 일이다. 자유와 개인주의에 기반한 우리의 민주주의를 위해서는 계속해서 스스로 연구해야 한다. 그렇지 않으면 우리의 정신과 양심에 대한, 치밀하게 계획한 언어 공격의 손쉬운 표적이 될 수 있다.

우리의 감각과 정신을 계속해서 침범하는, 통찰의 지적 장벽을 뚫고 들어오는 암시의 공격은 아무리 명심해도 지나침이 없다. 사람이 반복과 파블로프식 조건화로 지치면 결국 처음에 저항하고 경멸하던 것을 진실로 받아들일 수 있다.

전체주의자들은 서구 세계가 무고한 사람들에게 범죄나 다름없는 행동을 했다고 계속해서 반복하며, 우리 안에 숨겨진 죄의식을 불러일으키는 데 천재적이다. 전체주의자들은 우리 모두에게 잠재된, 지도자에 대한 비판적 태도를 이용해 우리가 동일시하는 지도자들을 웃음거리로 만들 수 있다. 사람들을 잠재우는 지루함의 전략을 구사할 수도 있다. 그들은 서구 세계 전체가 평화로운 공존이라는 최면에 빠져 잠들기를 바랄 것이다. 또는 보다 발전한 전략을 사용해 과거와의 충실한 결속, 친척과 부모와의 결속을 끊고자 할 수 있다. 그들과 그들의 소위 구식 생각을 버리려 할수록 당신의 정신을 차지하고자 하는 사람들에게 협조하게 될 것이다. 두려움과 의심을 불러일으키고자 하는 정치적 전략에서는 예외 없이 불안정한 개인을, 그의 이전 친구들보다 더 강해 보이는 힘에 항복할 때까지 고립시키곤 한다.

그리고 마지막으로, 논쟁에서는 가장 강력한 최선의 언어 전략이 승리하는 경향이 있음을 잊지 말아야 한다. 전체주의자들은 대상자들에게 집중적인 변증법 훈련을 시켜, 그들이 의심을 품지 않게 만든다. 그들은 나머지 세상에도 덜 파괴적인 방식으로 같은 일을 하려고 하다.

우리는 더 나은 훈련과 이해를 통해 전체주의자들의 진 빠지는 언어 포화에 대처하는 방법을 배워야 한다. 만약 우리가 이러한 정신적 방어 문제로부터 도망치거나 그 복잡성을 부정하려 한다면, 냉전은 점점 더 많은 말을 서서히 잠식당하며 길을 잃을 것이다.

공존의 수수께끼

심리적 대포를 쏘기를 멈추지 않는 전체주의 체제와 공존하기가 가능할까? 자유로운 민주주의는 그 권리와 자유에 기생해 들어오는 전체주의를 견딜 수 있을 만큼 강할까? 역사는 우리에게 반대되고 충돌하는 많은 이념이 관용과 정의의 대원칙 아래 공존할 수 있음을 말한다. 교회에서는 더 이상 배교자를 화형시키지 않는다.

서로 상반되는 전체주의와 자유민주주의가 관련 법과 상호 선의 아래 공존하려면, 서로에 대한 이해와 관용이 훨씬 더 많이 쌓여야 한다. 여기에 냉전과 심리전은 분명 도움이 되지 않는다.

전체주의자에게 '공존'이라는 단어는 우리와는 다른 의미를 가진다. 전체주의자는 이 단어를 이목을 끌거나 회유하기 위해 쓴다. 여기에 따르는 위험은 평화로운 공존이라는 개념이 눈가림용이 되어 불가피한 상호작용에 대한 인식을 무디게 해, 심리적으로 더 강한 당파에게 이익을 주는 것이다. 레닌도 적을 약화시키는 전략적 주문(peredyshka: 숨 고르기)에 대해 언급했다. 평화 운동에 너무 열을 올리는 것은 문제를 덮기 위한 거짓된 유화책일 수 있다. 이러한 경우를 연구하고 또 연구해야 하며, 그렇지 않으면 잔혹한 적을 마주하면서 유지해야 하는 방어가 느슨해지는 결과를 초래할 수 있다.

공존이란 죄수가 간수와 공존해야 하는 것과 같은 숨 막히는 복종을 의미할 수도 있다. 이런 관계는 아무리 좋아도 서로를 필요로 하는 동물들이나 어머니에게 의존해야만 하는 영아와 같은, 강력한 공생 또는 기생과 비슷한 관계가 될 수 있다.

민주주의 사회에서 자유롭게 살기 위해서 공존은 자유와 상호성을 반드시 전제해야 한다. 부자유한 전체주의의 개념은 자유와 섞일 수 없다. 서로 공존할 수 없고 참아낼 수 없는 개념과 사상들이다.

공존과 협동을 위해서는 서로의 인종·문화 차이에도 불구하고 상호작용, 생각의 동질성, 소속감, 인류 전체의 상호 의존성에 대한 관념과 상(象)이 있어야 한다. 그렇지 않으면 강한 군사력이 뒷받침하는 이념이 더 약한 이념을 교수형에 처할 것이다.

평화로운 공존은 **양쪽** 모두 문제와 공존의 복잡함, 상호 합의와 그 한계, 성격의 다양함, 특히 인간의 양가성으로 인해 생겨나는 한 사람 안의 대비되고 양립할 수 없는 생각을 잘 이해한다고 전제한다. 또한 개인과 집단 모두의 권리에 대한 이해가 필요하다. 공존이라는 단어를 표어처럼 쓴다면, 우리는 그와 연관된 문제들을 감추게 될지 모른다. 그리고 공존이라는 말을 우리가 더 강한 전략가에게 서서히 항복해간다는 것을 덮기 위한 깃발처럼 쓰게 될 것이다.

06

전체주의 제국과 독재

대중 세뇌 기법이라는 것은 실재한다. 이 기법은 심문자가 충분히 강하고 빈틈없는 경우 국가에 뿌리를 내릴 수 있다. 그는 우리 대부분을 잠시나마 자신의 희생자로 만들 수 있다.

인간은 사회 구조의 어떤 부분 때문에 대규모 정신 조작에 이렇게 취약해지는 것일까? 이 문제도 세뇌와 마찬가지로 함의가 크다. 요즘 우리는 인간의 상호 의존성, 그리고 여기에 따르는 어려움과 복잡성에 대해 점점 더 많이 깨닫게 되었다.

시간이 갈수록 정신적 강요와 사고 통제의 대상자들을 조사하기가 어려워지고 있다. 이는 아마 이 문제가 지금 여기에서 전보다 더 위협이 되고, 중국과 한국에 대한 우려보다 우리가 직면한 문제가 더 절박하기 때문일 것이다. 전체주의 경향이 우리에게도 퍼질까? 그리고 어떤 사회적 증상이 그러한 현상으로 이어질까? 올바름, 개인의 힘, 생각, 양심, 자율성, 존엄에 대한 우리의 기준과 사고 통제(그리고 거기에 따르는 결과) 사이의 정신적 대결이라는 냉정한 현실이 우리 앞에 놓여 있다.

미래의 사회과학자들은 전체주의 사고방식의 출현과 그것이 사람들의 행동에 미친 영향을 더 잘 설명할 수 있을 것이다. 우리는 이런 정신적 약화는 전쟁과 혁명 뒤에 나타나기 쉽고, 인간의 비극과 혼란 속에서 번성하는 정신병적 성격이 이를 부추긴다는 것을 알고 있다. 다음 세대에게는 이전 세대의 과오로 인한 잔인한 체제가 지나친 위협이 되므로, 스스로 이를 바로잡으려 한다는 것도 사실이다.

그러나 나의 임무는 우리 시대에 내가 관찰한 (사고와 행동을 약하게 하는 것으로 보이는) 전체주의 과정의 몇 가지 증상을 기술하는 것이다. 이 체제는 인간의 일관된 정신적 성장에 대한 가장 폭력적인 침해 중 하나이다. 전체주의 사고방식 없이는 세뇌가 불가능하다.

우리 시대 정치의 비극은 심리학 응용 기법이 국가 전체를 세뇌하고, 생각하지 않는 로봇과 같은 상태를 시민들의 정상적인 생활인 것처럼 만들 수 있다는 것이다. 이러한 무서운 일이 어떻게 벌어지는지를 이해하기 위해서, 편의상 전체주의 제국(Totalitaria)이라고 부를 가상의 국가를 생각해볼 것이다.

로봇이 되어가는 인간

먼저 주의를 당부하고 싶다. 우리는 이 가상의 국가가 어떤 실제 나라와 똑같다고 생각하는 실수를 해서는 안 된다. 뒤에서 논의할 특성은 이미 존재할 수 있다. 전체주의 제국 특성 중 일부는 물론 나치 독일에서 나타난 것이고, 오늘날에는 철의 장막(iron curtain: 제2차 세계대전 이후 소련을 비롯한 공산권 국가들의 폐쇄성을 풍자한 말—옮긴이) 뒤에 있을 수 있지만, 세계의 다른 곳에서도 어느 정도 드러날 수 있다. 정치사상이 선전만을 목표로 하는 무분별한 공식으로 퇴화하는 나라는 모두 전체주의 제국이 될 수 있다. (좌파든 우파든) 한쪽 정치 집단이 절대적인 권력을 얻어 전지전능해지거나, 의견의 불일치나 차이가 범죄가 되고 삶의 대가가 완전한 동조인 나라도 마찬가지다.

(리바이어던 국가인) 전체주의 제국은 우리가 완곡하게 전체주의라고 부르는, 체계화된 전제정치가 그 일부인 정치 체제의 고향이다. 이 체제는 사회주의든 자본주의든 정직한 정치 철학에서 나온 것이 아니다. 전체주의 제국의 지도자들은 이념을 말하겠지만 이는 사실 체제를 정당화하기 위한 말일 뿐이다. 전체주의에서는 필요하다면 구호와 행동을 하룻밤 새 바꿀 수 있다. 나에게 전체주의란 절대 권력으로 세계를 지배하고자 하는 독재자의 욕구를 체화한 것이다. '사회주의', '공산주의'라는 단어와 개념은 '민주주의'와 마찬가지로 독재자의 망상적인 의도를 감추기 위한 것일 수 있다.

전체주의는 모든 성격에 해당되는 심리 현상이 사회에서 나타나는 것이기 때문에, 이를 만들고 키우며 지속시키는 인간의 힘이란 관점에서 가장 잘 이해할 수 있다. 인간에게는 두 개의 얼굴이 있다. 성숙과 자유를 향해 자라고 싶은 한편, 무의식 속의 원초적 아동은 완전한 보호와 무책임을 갈망한다. 인간의 성숙한 자아는 일상에서 주어지는 제한과 좌절에 어떻게 대처할지 배우겠지만, 동시에 마음속의 아이는 이를 (사물이든 사람이든 간에) 비난하고 때려눕히고 파괴하고자 한다. 전체주의는 우리 안에 있는 이 혼란스러워하는 아기를 표적으로 한다. 즉 전체주의는 인간의 이중 욕구로 인해 일어나는 문제에 대한 해결책을 제시하는 것처럼 보인다.

전체주의 제국은 의심·혼란·갈등을 드러내는 것이 허락되지 않는 획일적인 국가로, 독재자가 모든 백성의 문제를 해결해준다고 속이는 곳이다. 또한 인간의 가장 반사회적인 충동을 표현하도록 공식적인 명령을 내릴 수도 있다. 우리 안에 숨은, 문명화되지 않은 아동은 이런 식으로 윤리로 인한 좌절에서 해방되기를 반길 것이다.

반면에 우리의 자유롭고 성숙하고 사회적인 자아는 전체주의 제국에서 행복할 수 없다. 그런 자아는 개인적 충동을 제한하는 데 저항한다.

전체주의는 이념의 가면을 쓰고 있기는 하지만, 그 심리의 뿌리는 보통 비합리적이고 파괴적이고 원초적이기 때문에, 체제 자체에 어딘가 공상적이고 믿을 수 없고 심지어 악몽과도 같은 부분이 있다. 물론 권력에 대한 욕구를 실현할 수 있는 지배 계층과 복종해야 하는 대중의 심리 경험에는 차이가 있으나, 두 집단은 서로에게 영향을 미친다. 권력에 대한 독재자의 깊고 신경증적인 욕구가 국민들의 근본적인 정서적 욕구도 만족시킬 때, 특히 비극의 시간이나 혁명 이후에는 그가 갈망하는 권력을 보다 쉽게 가장할 수 있다. 예를 들어 국가가 전쟁에서 패배하는 고통을 겪었다면, 시민들은 수치심과 분노를 느낀다. 체면을 잃는다는 것은 단순히 정치적 수사가 아니라, 정복당한 사람들에게는 매우 현실적이고 개인적인 일이다. 모든 사람은 의식적이든 무의식적이든 조국과 자신을 동일시한다. 국가가 기아나 심한 공황으로 오랜 괴로움을 겪는다면, 시민들은 씁쓸해하고 우울해하고 분노하며 마음을 끄는 독재자의 전망과 약속을 받아들이고자 하게 된다. 만약 시민 개인이 국가의 정치·경제 제도가 너무 복잡해 무력하고 혼란스럽고 쓸모없다고 느낀다면, 자신의 일상을 좌우하는 힘에 참여하고 있다는 느낌이 없다면, 또는 이러한 힘이 너무나 거대하고 혼란스러워서 더 이상 이해할 수 없다고 느낀다면, 그는 소속감, 참여, 그의 이해를 넘어서는 것을 설명하고 합리화하는 단순한 공식을 얻기 위해 전체주의에서 주는 기회를 잡을 수도 있다. 마침내 독재자가 권력을 차지하게 되면, 자신의 비정상적인 환상·분노를 국민들에게 쉽게 옮길 수 있다. 국민들의 분노가 그의 분노를 키우며, 그의 거짓된 힘이 국민들을 부추긴다. 서로가 환상을 쌓아가게 되는 것이다.

사회에서 나타나는 전체주의는 사람 사이의 관계에서 나타나는 질병이며, 다른 많은 질병과 마찬가지로 인간은 그 악영향에 대항하는 면역력을 지식과 훈련을 통해 잘 갖출 수 있다. 하지만 만약 그가 불운하게 전체주의의 병균에 감염된다면, 회복되기 위해 긍정적인 정신력을 모두 모아야 한다. 한 사람의 내면에서 일어나는, 무책임한 아동과 성숙한 성인 사이의 전쟁은 어느 하나가 상대를 완전히 파괴할 때까지 계속된다. 양쪽에 힘이 조금이라도 남아 있는 한 대결은 계속된다. 그리고 인간이 살아 있는 한, 성숙을 위한 탐색은 계속된다.

전체주의에 대한 문화적 편애?

사회 관련 요인은 개인 관련 요인과 마찬가지로 이 끔찍한 질병과의 대결에서 중요한 역할을 한다. 이를 보다 분명히 파악하려면 문화적 이상이 전체주의에 대한 시민들의 취약성에 미치는 영향을 보면 된다. 우리 서구 문명의 윤리가 이 병에 대한 가장 강력한 예방책이다. 이 윤리의 이상은 상황을 자기 자신의 양심에 따라 우선 평가하는 강한 개인을 길러내는 것이기 때문이다. 우리의 목표는 시민들의 자기책임감, 세계를 있는 그대로 마주하는 의지, 스스로의 느낌과 생각을 통해 옳고 그름을 구분하는 능력을 기르는 것이다. 이러한 사람들은 외부 집단이 옳다고 하는 것보다는 개인의 도덕 기준에 따라 행동한다. 그들은 집단의 평가가 자신의 신념과 일치하지 않거나 민주적인 방법으로 논의할 수 없으면 이를 곧바로 받아들이려 하지 않는다. 이런 사람들은 자신에 대한 책임감이 있기 때문에, 자기 공동체에 대해서도 책임감이 있다. 의견이 다를 경우 그들은 적절한 때에 다른 사람들을 설득하는 데 자신의 권리를 활용하는 **충성스러운 소수**(loyal minority)가 될 것이다.

이와 다른 태도와 가치를 강조하는 문화도 있다. 동양에서 인간에 대한 첫 번째 이상은 우리가 중국을 비롯한 몇몇 국가에서 볼 수 있듯이 **일치성**(oneness), 즉 가족과의 일치성, 모국과의 일치성, 우주와의 일치성—열반(nirvana)—이다. 동양의 정신은 정의하기 어려운 공감과 직관을 통해 현실과 직접 접촉하는 것을 목표로 한다. 영원한 진리는 현실 너머, 마야(Maya: 환영)의 베일 너머에 있다. 인간은 우주의 일부이며, 그의 이상은 수동적으로 주어진 여건에 따르고, 서두르지 않는 것이다. 그에게 평화란 휴식, 이완, 명상, 신체적이고 정신적인 수고가 없는 상태이다. 동양 정신에서 행복은 우주와 하나라고 느끼는 황홀감이다. 자기수련·자기구원·청빈은 서구 사회보다 동양 문화에서 높이 평가받는 이상이다. 전통 동양 문화의 전형은 참여라고 할 수 있다. 여기서 개인은 집단·가족·계층·국가를 구성하는 데 필수적인 일부이다. 그는 분리되고 독립적인 실체가 아니다. 이러한 문화에서는 집단의 규칙을 받아들이고 순응하는 것이 바람직하다. 동양에서는 아동이 아기일 때부터 권위와 집단의 규칙에 복종하도록 훈육할 것이다. 원시 문화에서도 이러한 모습이 나타나는 경우가 많다. 이러한 문화에서 자란 사람에게 가장 허용하기 쉬운 기준, 가장 이해하기 쉬운 생각과 행동은 집단의 규칙에 따르는 것이다. 서구 개인주의자들보다 참여를 훈련받고 개인을 덜 생각하는 문화 구성원들이 집단 행동 및 사고의 전체주의 세계를 이해하기 훨씬 쉽다. 우리에게는 견딜 수 없는 통제와 권위주의인 것이, 그들에게는 편안한 질서와 규칙성일 수 있다.

문화인류학자 도지어(E. P. Dozier)는 고도의 참여, 사고 통제, 상호 감시에 대한 예시를 제시했다.* 리오그란데(Rio Grande) 지역의 푸에블로 인디언들은 부족민 한 사람의 잘못된 행동이나 생각이 모두에게 영향을 미친다고 믿었다. 같은 부족민에게 유감을 가지면 우주의 균형을 흐트러뜨리게 될 것이다. 마을의 도덕 규칙은 집단 중심이다. 이를 거스르는 사람은 모두의 안녕을 해치는 것이다. 전염병·흉작·가뭄 모두 집단원 한 사람의 '일탈(deviationism)'의 결과로 해석한다. 범죄자나 '마녀'를 발견하기 위해 마을 사람들을 면밀히 관찰하고 몰래 감시한다. 사람들 사이에 마녀라는 소문과 고발이 성행하며, 푸에블로 인디언들은 스스로 해로운 생각이나 태도를 가지고 있지 않은지 끊임없이 살핀다. 이는 우리가 전체주의 국가에서 볼 수 있는 숙청 의식과 같다.**

이 **은밀한 집단주의**와 참여는 관용과 불복종이 사라진 모든 집단 형성에서 볼 수 있다. 교조적 당파성이 우세한 곳에서 정신은 강요당한다. 심지어 몇몇 과학자 집단에서조차 이러한 경향을 볼 수 있다. 이러한 집단에서는 집단 연구, 팀워크, 회원증에 대한 지나친 강조, 개인 의견에 대한 부정이 나타난다.

어떤 문화 안에서 인간이 태어나고 그의 심리 특성이 상호작용하여 성

---

* *The New York Times*, December 11, 1955; *Science News Letter*, December 3, 1955.

** 7장 참조.

격을 만들어내는 과정은, 그의 몸과 마음이 상호작용하여 행동으로 이어지는 과정과 매우 비슷하다. 개인의 자유를 중시하는 우리 문화는 전체주의라는 병에 대한 면역을 일부 제공하지만, 동시에 개인의 미성숙함과 억압된 야만성으로 인해 그 병에 취약해질 수도 있다. 참여를 강조하는 문화의 구성원들은 전반적으로 전체주의에 더 취약할 수 있다. 성숙과 개인성을 향한 개인의 노력이 이들도 일정하게 보호해줄 수 있지만 말이다.

이러한 사회적·개인적 힘의 상호작용으로 인해 어떤 문화도 전체주의의 내적 공격과 이로 인한 정신적 붕괴에서 완전히 안전할 수 없다. 전에도 말한 것처럼 우리가 논의하고 있는 전체주의 제국은 가상의 국가이지만, 잔인한 진실은 모든 나라가 전체주의 제국이 될 수 있다는 것이다.

이 가상 국가 지배자들의 목표는 간단하다. 바로 폭정, 인간과 인류의 완전한 지배, 독재자 한 사람의 권위로 온 세계를 단결시키는 것이다. 언뜻 보기에는 이러한 단결, 강력한 중앙집권 아래 여러 국가가 형제처럼 단합한다는 단순한 생각이 매력적일 수 있다. 세계가 하나라면 더 이상 전쟁도 없고, 우리가 마주하는 긴장도 사라지며, 지구는 낙원이 될 것처럼 보일 것이다. 하지만 보편적인 독재라는 단순한 개념은 거짓이며, 전체주의의 목표에 내재한 위험성을 내비친다. 모든 인간은 다르고, 이러한 차이로 인해 사회적 교류에 따르는 긴장과 동시에 위대함, 다양성, 삶의 창조적 영감도 생겨난다. 전체주의의 평준화 개념은 우리를 지배하는 화학적·물리적 법칙이 완전히 승리하는 현상, 즉 죽음을 통해서만 이루어질 수 있다. 죽음이야말로 궁극적인 평준화이다.

우리 모두의 삶은 다르다. 우리의 신체와 정신은 서로, 그리고 바깥세상과도 다양한 방식으로 상호작용한다. 모든 사람의 성격은 독특하다. 물론 우리 모두는 기본적인 인간의 특성을 공유하지만, 성격의 차이 또한 매우 많고 다양하기 때문에 세계 어느 곳에 있더라도, 또는 인류 역사를 통틀어 보더라도 두 사람이 완전히 똑같다고 할 수는 없다. 이러한 독특성은 전체주의 제국의 국민에게도 마찬가지다. 그는 우리와 다르지 않은 인간인 동시에, 같은 나라의 다른 국민들과도 다른 사람이다. 그러나 전체주의에서 획일화·평준화를 통해 인간상을 만든다는 것은 개인적이고 인간적인 부분, 독특성, 다양성을 억누른다는 것이고, 인간이 아닌 로봇의 사회를 만든다는 것이다. 저명한 사회심리학자 브루너(J. S. Brunner)는 소련의 심리학에 대한 바우어(R. A. Bauer)의 책 서문에서 같은 생각을 다르게 표현했다. "인간의 본성에 대해 인간이 갖고 있는 이미지는 객관적 연구의 문제만이 아니다. 이는 언제나 사회적·정치적 통제의 1차적 도구였다. 이 이미지를 만드는 사람은 자신이 사는 사회에 막대한 영향을 미치는 것이다."

전체주의 제국에서는 모두가 정부에 투표한 일부라는 환상을 키운다. 아무도 투표를 하지 않거나 반대표를 던질 수 없다. 그의 사적인 장단점 평가, 의심은 더 이상 개인의 문제가 아니다. 그의 생각은 국가, 독재자, 지도 집단, 당에 속하게 된다. 그의 개인적인 생각은 통제의 대상이 된다. 국가 정책 아래 정말 무엇이 있는지는 권력자들만이 알고 있다. 보통 시민은 아이와 같이 의존적이고 복종적인 존재가 된다. 그는 개성을 포기하는 대가로 특별한 만족을 얻는다. 그것은 소속감, 보호받는다는 느낌, 개인의 한계와 책임을 포기한다는 안도감, 야생적이고 통제받지 않는 집단의 감정에 흡수된다는 황홀감, 익명성이 주는 안정감, 강력한 국가라는 거대한 바퀴에서 톱니바퀴가 되는 느낌이다.

현대 전체주의 제국의 독재는 고대의 마력적이고 이국적인 개인의 독재와는 매우 다르다. 이는 한나 아렌트(Hanna Arendt)가 "인간 본성 자체의 변화"라고 부른 것을 목표로 하는, 매우 금욕적이고 차가우며 기계적인 힘이다. 이 가상 국가에서 인간은 더 이상 개인적 자아를 가지고 있지 않다. 개인성, 자기 자신은 없다. 평준화 기제가 작동하여 평균 수준보다 높은 모든 것을 짓밟고 찍어 누른다.

전체주의 지도자

전체주의 제국의 지도자들은 이 나라에서 가장 별난 사람들이다. 이들은 다른 모든 사람들처럼 정신 구조가 독특하며, 따라서 그들의 행동을 동기화하는 정신병이 무엇인지 일반화하는 결론을 내릴 수 없다. 하지만 전체주의 지도자를 이해하는 데는 어느 정도 일반화가 도움이 될 수 있다. 예를 들어 그는 다른 사람들을 통제하고 제한 없는 권력을 행사하고자 하는 욕구가 지나친 것이 분명해 보인다. 이 자체가 이상 심리이며, 보통 깊이 자리잡은 불안·수치심·열등감에서 나온다. 이런 사람들이 기초하는 이념은 그들이 도달하고자 하는 최종 목표, 즉 인간의 완전한 지배를 위한 전략적 도구일 뿐이다. 그들은 이러한 지배를 통해 병적 두려움과 자신이 무가치하다는 느낌을 보상받는다. 우리는 몇몇 현대 독재자들의 심리 연구를 통해 이러한 결론을 내릴 수 있다.

다행히도 전체주의 독재자의 정신병리학을 연구하기 위해 순전히 가설에만 의존하지 않아도 된다. 길버트(G. M. Gilbert) 박사는 뉘른베르크 재판 동안 나치 독일 지도자 일부를 연구했으며, 이 연구는 그들의 뒤틀린 마음, 전체주의 지도자와 그들을 따르고 싶어 하는 사람들의 상호작용을 이해하는 데 도움이 된다.

히틀러는 자살했기 때문에 그의 성격 구조에 대한 임상 평가는 불가능하지만, 길버트 박사는 히틀러의 친구와 협력자들에게 그의 행동에 대한 증언을 많이 듣고 그의 인물상을 그려낼 수 있었다. 히틀러와 가까운 사람들은 그가 카펫을 먹는다고 표현했는데, 왜냐하면 그가 분노에 사로잡혀 발작하듯 바닥에 몸을 던지고, 발버둥치며 소리 지를 때가 많았기 때문이다. 길버트 박사는 이 치명적인 '천재'의 병적 행동의 뿌리에 무엇이 있는지 추론해냈다. 유대인에 대한 히틀러의 편집증적 분노는 부분적으로는 풀지 못한 부모와의 갈등과 관련 있다. 아마 미래의 총통이 아직 아이였을 때 그와 어머니를 학대한, 그가 증오한 술취한 아버지의 상징이 유대인이었을 것이다. 히틀러의 강박 사고, 그의 분노에 찬 극단주의, '아리안 혈통'의 순수성을 지키겠다는 고집, 궁극적으로는 자신과 세계를 파괴하고자 했던 광증은 정신이 병든 결과였다. 히틀러는 그가 권력을 잡기 10년 전인 1923년부터 언젠가 자신이 세계를 지배할 것이라 믿었으며, 승리의 날이 오면 전 유럽에 자신의 영광을 영원히 남길 승전 기념탑을 설계하고 있었다. 이렇게 망상에 사로잡힌 모습은 그의 삶이 끝날 때까지 나타났다. 그가 시작했고, 그를 패배와 죽음으로 이끈 전쟁 한가운데에서도 히틀러는 그의 건설 계획을 수정하고 발전시켜나갔다.

교수형을 피하고자 자살을 기도한, 나치의 2인자였던 헤르만 괴링(Hermann Göring)의 심리 구조는 달랐다. 그의 가족이 속한 독일 지주 계급의 오랜 군사 전통은 그의 병적인 공격 충동을 부추겼다. 어린아이 때부터 그는 충동적인 공격성을 드러냈다. 그는 독재자이자 교활한 냉소주의자로, 자신의 이익만을 위해 나치가 준 기회를 잡았다. 또한 그는 '보통 사람들'에 대한 혐오를 제어할 수 없었다. 그는 말 그대로 윤리 의식이 전혀 없는 사람이었다.

그런가 하면 루돌프 헤스(Rudolf Hess)는 또 달랐다. 그는 수동적이지만 개와 같이 광적으로 충성하며, 총통 마음의 대변자인 양 살았다. 그는 정신적 취약점 때문에 자신의 성격으로 사는 것보다 누군가의 대역으로 사는 것이 더 쉬웠고, 결국 그는 힘을 빌릴 수 있는 강해 보이는 사람의 그림자가 되기를 택했다. 좌절한 소년은 나치 이념을 통해 영광스러운 독일 인종과의 혈통적 동일시라는 환상을 얻었다. 그는 직접 비행기를 조종해 영국으로 간 뒤 학대받는다는 망상, 히스테리 발작, 일시적인 기억 상실과 같은 정신병의 특성을 분명하게 나타냈다. 이는 잘 알려진 조현병의 임상 증상이다.

나치의 변호사였던 한스 프랑크(Hans Frank)는 또 다른 유형으로, 야망이 지나치고 동성애 성향을 숨기고 살았으며, 그의 양심에 상반될 때도 정치적 모험에 대한 유혹에 쉽게 넘어갔다. 그는 괴링과 다르게 옳고 그름을 구분할 능력이 있었다.

길버트 박사는 히틀러 사단의 대장이었던 빌헬름 카이텔(Wilhelm Keitel)에 대해서도 논의했다. 카이텔은 자신을 하찮게 만드는 것과 군인의 명예, 자신의 야망을 뒤섞으며, 총통에게 복종하는 확성기가 되었다.

나치 친위대 장교 중 다른 성향을 보인 인물은 루돌프 회스(Rudolf Höss)로, 아우슈비츠 수용소에서 수백만 명을 학살했다. 그의 경우 병적 성격 구조가 분명히 드러난다. 회스는 평생 외롭고 고립되고 분열된 성격이었고, 양심에 거리낌 없이 자신의 적대적이고 파괴적인 환상에 빠져들었다. 하인리히 힘러(Heinrich Himmler)는 사람에 대한 애착을 형성하지 못하고 홀로였던 회스를 직관적으로 선택해 나치의 일 중에서도 가장 야만적인 일을 맡겼다. 회스는 제일 짐승 같은 일을 위한 유용한 도구였던 것이다.

유감스럽게도 우리는 아직 러시아 독재자 스탈린의 심리에 대해서는 분명한 상을 그리지 못했다. 몇몇 보고에 따르면 그는 인생 말년에 박해에 대한 공포증이 극심했으며, 그 자신이 숙청의 희생자가 될 것이라는 끊임없는 두려움을 느꼈다.

이들에 대한 심리 분석을 보면, 특이한 신경증적 성격 유형들이 병적 문화(제정신이 아닌 세계)를 만들 수 있음을 알 수 있다. 타락한 정치인들은 자신의 행동에 따르는 사회적·정치적 결과를 이해할 필요조차 없었다. 그들은 (자신이 그렇다고 얼마나 합리화시켰는지와는 상관없이) 이념에 대한 믿음뿐만 아니라 자기 성격의 균열에도 영향을 받았다. 그들은 국가나 인류를 위한 동기로 일한다고 선전했지만, 사실 스스로의 병적 성격 구조에서 비롯된 갈망을 채우려는 참을 수 없는 욕구로 움직인 것이다. 그들이 떠벌린 이념은 진짜 목표가 아니었다. 이 병자들이 가치와 권력의 감각을 느끼고자 동원한 냉소적인 도구였다. 그들은 미묘한 내적인 거짓말로 더욱더 나빠졌다. 방어적인 자기기만, 억제당한 통찰, 타인과의 정서적 동일시 회피, 공감에 대한 폄훼 등 양심을 눈멀게 하는 정신적 방어 기제는 많다. 여기에 대한 명백한 예시는 뉘른베르크 재판에 회부된 나치 지도자들이 계속해서 자기합리화, 무죄라는 주장을 통해 자신을 방어한 데서 볼 수 있다. 이 살인자들은 그들이 받은 혐의에 분개하고 괴로워했다. 이들의 모습은 죄 없이 상처받은 사람 그 자체였다.

어떤 지도자라도 통제가 없으면 점점 독재자로 변해가기 마련이다. 다른 사람의 목숨을 좌우하는 막중한 권력과 책임이 있는 지도자가 된다는 것은, 인간 정신에 대한 궁극적인 시험이다. 약한 지도자는 이 시험을 통과할 수 없으며, 그저 책임을 벗어나고 싶어 한다. 독재자는 정의와 도덕에 대한 기준을 점차 개인의 특권·권력으로 대체하면서, 결국 자신을 나머지 인류로부터 점차 고립시키게 된다. 그의 의심과 고립은 자라나고,

악순환을 통해 편집증적 태도는 점점 심해졌을 것이다.

독재자는 병들었을 뿐만 아니라 잔인한 기회주의자이기도 하다. 그는 다른 사람에게서 어떤 가치를 찾아내지도, 자신이 받은 도움에 감사를 느끼지도 못한다. 그는 의심이 많고 부정직하며, 그의 개인적 목적이 수단을 모두 정당화한다고 믿는다. 그럼에도 불구하고 이상하게도 독재자들은 모두 자기정당화를 도모한다. 그는 이렇게 자신의 양심을 달래지 않고는 살 수 없다. 타인에 대한 그의 태도는 착취적이다. 그에게 타인은 자신의 이익을 추구하기 위한 수단일 뿐이다. 그는 의심, 내적 갈등, 인간에게 원래 있는 양가성을 받아들이기를 거부한다. 그는 인간이 심리적으로 더 듬거리고, 시행착오를 겪으며, 상반되는 감정이 교차하는 가운데 성숙한다는 진실을 부정한다. 그는 자신이 더듬거리고, 시행착오를 통해 배우는 것을 용납하지 못하기 때문에 성숙한 사람이 될 수 없다. 하지만 그가 알든 모르든 그에게는 내적 갈등이 있으며, 내면의 혼란으로 고통을 받는다. 그는 이러한 숨은 '약점'을 완전히 억압하려고 한다. 만약 이러한 부분이 드러나면, 그의 목표를 이루는 데 방해가 될 것이다. 하지만 그의 약한 부분은 분노 발작을 통해 드러난다.

이는 독재자가 타인들의 내적 갈등을 두려워하듯이, 무의식적으로 자신의 내적 갈등도 두려워하기 때문이다. 그는 분노를 일으키는 마음속의 충동을 잠재우기 위해 계속해서 사람들을 숙청하고 두려워하게 만들어야 한다. 의심하는 사람은 모두 죽여야 하고, 실수하는 사람은 모두 파괴해야 하며, 완전히 한마음이라고 증명할 수 없는 사람은 감옥에 보내야 한다. 전체주의 제국의 독재자는 히틀러의 소수자 박해와 같은 집단 범죄로 폭발할 지경까지 인간에게 잠재된 공격성과 야만성을 부추긴다. 결국 그런 국가에서는 파괴적이고 자기파괴적인 경향이 지배하는 심각한 병적 현상이 나타나게 된다.

기계 인간의 마지막 항복

이런 문화에서 보통 사람에게는 어떤 일이 일어날까? 전체주의 제국의 시민을 뭐라고 설명할 수 있을까? 이 질문에 대한 가장 간단한 대답은 아마도 '그가 기계와 같이 정확하고, 곤충과 같은 상태로 축소된다'일 것이다. 그는 따뜻한 우정·충성심·연대를 발전시킬 수 없다. 이것이 그에게는 너무 위험할 것이다. 오늘의 친구는 결국 내일의 적이다. 그는 낯선 사람뿐만 아니라 자신의 가족까지 끊임없이 의심하는 분위기 속에 살면서, 강제수용소나 감옥이 자신을 삼켜버릴까 봐 자기를 표현하는 것을 두려워한다. 전체주의 제국 시민들은 다른 사람들에게 반대하지 않는다. 말할 때는 먼저 첩자가 있지 않은지 어깨 너머를 비밀스럽게 쳐다본 뒤에 속삭인다. 그들 내면의 침묵은 겉으로 드러나는 언어의 폭격과 명확한 대조를 이룬다. 이들은 소음을 내고, 공허한 예의를 차리며, 서로에게 선전 구호를 되뇌일 뿐, 아무 말도 하지 않는다. 웰스(H. G. Wells), 헉슬리, 오웰(G. Orwell) 같은 작가들의 문학작품을 보면, 순응하도록 훈련받은 기계 인간의 충격적인 미래에 대한 우려가 커지고 있음을 알 수 있다. 이들은 기계화된 문명에 대한 공통된 두려움을 글로 옮겨 우리에게 보여주었다.

전체주의 제국의 시민은 더 이상 자기 마음속에서 무엇이 가장 중요한지 알지 못한다. 스스로를 나, 자아, 개인으로 느끼지 못한다. 그는 공식 언어의 포화와 정신적 강요의 대상일 뿐이다. 그는 자신만의 성격이 없기 때문에 개인의 양심도, 도덕성도, 분명하고 정직하게 생각할 능력도 없다. 그는 이해보다 암기를 통해 학습하며, 수천 가지의 주입된 사실을 배우고 숨쉴 때마다 교의와 구호를 들이마신다. 그는 복종하고 규칙에 얽매이는 사람이 되며, 그렇게 규칙에 얽매이는 태도는 사람들을 자유롭고 계속 성장하는 인격을 갖춘 개인이 아니라 정보로 가득한 냄비 같은 존재로 만든다. 지혜롭고 자유로워진다는 것은 어떤 것은 잊고 마음을 바꾸기도 한다는 뜻이다. 우리는 어떤 것은 받아들이고 어떤 것은 버린다. 의식적으로 적응하기 위해서는 예전에 조건화된 습관을 잊고 변화시켜 새로운 습관을 자리잡게 할 필요가 있다. 전체주의 제국 시민들에게는 이러한 망각을 통한 학습, 개인의 경험을 통한 성장의 기회가 주어지지 않는다. 지나친 단순화가 공식적으로 이루어져 포로가 된 청중은 수용과 주입으로 이끌린다. 집단 도취와 광적인 믿음이 개인의 조용한 숙고와 성찰을 대신한다. 히틀러는 자국민들에게 행진과 전투를 하도록 가르쳤고, 결국 그들은 어디로 행진해 어디서 전투를 벌여야 할지 모르게 되었다. 이들은 처음에는 열성과 행복한 기대, 나중에는 공포와 공황이라는 독을 마신(세뇌당해 강박적으로 따르는) 무리가 되었다. 전체주의 제국에서 개인의 성격은 성장할 수 없다. 거대한 군중은 개인적·정치적 몽유병자와 같은 상태로 길들여진다.

개인의 병적인 상태를 본 경험을 사회 현상과 비교하고, 전체주의 아래 자아의 일부가 붕괴되는 현상을 급성 정신병에 비유해 분석하는 것이 과학적인지 의문을 제기할 수 있다. 그렇지만 사실 전체주의 제국 시민들의 이상한 반응과 그들의 문화, 그리고 내향적이고 병적인 조현병 환자의 반응 사이에는 비슷한 점이 많다. 개인과 집단에서 나타나는 조현병과 같은 행동의 문제는 매우 복잡하고, 이 책의 범위 안에서 모두 다룰 수 없지만,

전체주의의 본질과 영향을 이해하고자 할 때 그런 비교는 도움이 될 수 있다.

현실로부터의 퇴행

병리학에 대해 잠시 살펴보았는데, 이는 질병과 정치 체계가 우연히 비슷해서만은 아니다. 전체주의 체제에서 정부의 정당화와 개인의 환상 아래 나타나는 퇴행이, 사회생활이나 개인의 마음속에서도 나타날 수 있다는 것을 짚고 넘어가야 한다. 또한 많은 학자들은 문화적 쇠퇴와 조현병에서 나타나는 퇴행의 양상 사이에 관련이 있다고 믿고 있다.

　세상이 불안정하고 위험하다는 경험을 한 사람이 적응에 실패하는 것, 즉 내면의 자동화와 정신적 위축이라는 조현병 환자의 반응에 대해 간단히 설명하겠다. 이러한 조현병적 도피는 예를 들면 영아기에 일정과 습관을 강요당하거나, 과잉 반응하는 우리의 문화에 대한 알아채지 못한 과민감성 같은 단순한 정서적 사건에서 비롯되는 경우가 많다. 아이는 많은 경우 부모의 과도한 강요에 의해 조현병적 위축에 빠져든다. 가끔 외부와의 접촉이 부족해 극심한 외로움과 고립 상태에 빠지는 경우나 스스로 고독을 선호하는 경우도 있다. 조현병적 위축이라 불리는 이러한 경향은 선천적인 것으로 밝혀지기도 했다. 하지만 누구나 이렇게 될 수 있다. 원인이 무엇이든 조현병 환자는 사회와 멀어져 외로움에 잠긴 존재가 된다. 현실 직면 대신 의식적·무의식적 환상이 더 큰 자리를 차지하기 시작한다. 결국 환자는 자신의 이상한 환상이 현실보다 더 진짜 같다고 느끼게 된다. 그는 자신의 강철 커튼 너머, 자신이 지은 상상 속의 꿈나라로 점점 더 깊이 숨어들어간다. 이것이 그에게는 꿈에 그리는 소망이 모두 이루어지는 열반이다. 무력함과 광적 상태가 번갈아 찾아온다. 환자는 유아기로 퇴행하여 식물과 같은 상태가 되고, 사회에서 배운 것을 모두 거부한다. 그의 환상 속에서는 온 세계가 늘 그의 명령에 따른다. 그는 전능하다. 세계는 그의 신성한 선호에 따라 돌아간다. 계속해서 새롭게 적응하고 검증해야 하는 현실이 신성한 권력에 대한 그의 환상을 공격하며 몰아세운다. 조현병 환자는 자신의 망상적 세계에 침투하여 방해하는 것에 대해 엄청난 공격성으로, 또는 첫 번째 환상을 지키기 위한 두 번째 환상을 만들어 내는 것으로, 아니면 두 가지 모두로 반응한다. 조현병 환자는 실제 세계와 이를 표상하는 것에 매우 적대적으로 반응한다. 현실은 그가 전능하다는 환상, 자궁 안에 있는 것처럼 완전히 보호받고 있다는 환각을 빼앗아가기 때문이다.

임상 경험에 따르면 조현병은 부정성으로 시작하는 경우가 많다. 이는 타인의 영향력에 대한 방어이자, 정신적 침범에 대한 끊임없는 싸움이자, 지나치게 민감한 마음에는 강간처럼 느껴지는 것에 대한 대항이다. 이렇게 방어하는 태도는 외부로부터의 영향뿐만 아니라 자기 안의 생각과 느낌에 이르기까지 모든 것에 공격적인 태도가 된다. 결국 희생자는 자신의 공격성과 부정성으로 인해 마비된다. 그는 정말로 죽은 사람처럼 행동한다. 가만히 앉아서 몇 시간씩 움직이지 않는다. 억지로 밥을 먹이고 옷을 입혀야 한다. 조현병 환자는 누군가 강요할 때만 줄에 매달린 꼭두각시처럼 움직인다. 임상에서는 이를 긴장증(catatonia), 죽음의 태도라고 부른다.

자동화로의 퇴행

내면으로 파고드는 조현병 환자들은 외부 세계에서 살아가기보다, 정신 병원에서 자동적으로 일정에 맞춰 돌아가는 삶을 더 선호한다. 개인적 환상에 마음껏 빠져 있을 수 있기 때문이다. 그들은 스스로 패배주의에 온전히 굴복한다. 그들은 사람들과 어울리지 않으며, 서로 이야기하는 경우는 거의 없다. 대화를 하더라도 서로 진정으로 접촉하지 않는다. 각자가 자신의 도피처에 살기 때문이다.

〔예를 들면 제3제국(das Dritte Reich) 같은〕 전체주의 신화에서는 신화적 상태에 대한 심리적 전통, 이론상 완벽한 자궁, 이상적 열반에 대한 막연한 환상이 중요한 역할을 한다. 너무나 불안정한, 계속해서 주의를 재조정해야 하는 세계에서, 전체주의 제국은 전능하고 기적적이며 이상적인 상태에 대한 망상을 만들어낸다. 이는 궁극적으로 모든 물질적 욕구가 충족되는 상태이다. 축복과 평화의 나라인 자궁 안에 있는 태아처럼 모든 것이 자동으로 조절된다. 이는 마치 조현병 환자가 정신병원에 있는 상황과 같다. 사회적 투쟁도 정신적 투쟁도 없다. 세상은 시계처럼 움직인다. 사람들 사이의 상호작용도, 의견이나 신념의 충돌도, 자궁 속 사람들의 정서적 유대도 없다. 각자가 한 서류철 안에 각각의 번호로 존재할 뿐이다. 전체주의 제국에는 다른 인간에 대한 믿음도, 인류애(caritas)도, 사랑도 없다. 조현병 환자들 사이에서 그렇듯이 참된 인간관계가 존재하지 않기 때문이다. 전체주의 제국 시민들이 유일하게 믿고 복종하는 것은 연명시켜주는 체제로, 모두가 이 체제에서 쫓겨나거나 완전히 혼자가 될까 봐 심한 두려움을 느낀다. 이는 조현병 환자의 거부당하는 느낌, 현실에 대한 공포에 비교할 수 있다. 영적 외로움과 고립 한가운데서도 더 큰 외로움,

더 고통스러운 고립에 대한 두려움을 느낀다. 외부의 통제가 나를 보호해 주지 않으면, 내부의 지옥이 풀려날 것이다. 내면의 혼돈과 다가오는 붕괴를 덮으려면 외부의 강한 기계적 질서가 필요하다.

우리는 전쟁이 끝난 뒤 전체주의 국가에서 온 몇몇 난민이, 개인의 자주성이 필요한 자유 세계에 적응해야 할 때 무너지는 것을 목격했다. 그들은 자유에 대한 두려움 때문에 공황 상태가 되었다. 그들의 자아는 자유롭고 민주적인 현실에서 일어나는 경쟁에 필요한 방어력을 갖출 만큼 강하지 못했다. 조현병의 경우처럼, 전체주의 제국에서는 스스로 조정할 수 있는 개인적 자아가 존재할 수 없다. 조현병 환자의 자아는 위축의 결과로 쪼그라든다. 전체주의 제국에서는 집단의 감정에 계속해서 섞이게 되어 같은 결과가 나타난다. 만약 이렇게 위축된 자아를 키우려고 한다면, 비판적인 태도로 현실을 이해하고 검증하려고 한다면, 동조하지 않는 배신자가 되어 공격당할 것이다.

전체주의 제국에서는 시민들이 지도자에게 완전히 복종하고 동일시하기를 요구한다. 그래서 사람들이 조현병과 비슷하게 거의 자아가 없다시피 한 상태가 되는 것이다. 이는 적대적이고 파괴적인 충동을 통제할 수 없게 되는 결과로 이어질 것이다. 심리학자들은 이러한 결과를 계속해서 보아왔고, 이를 강제수용소 정신상태(concentration-camp psyche)라고 부른다. 피해자들이 처음 (그들을 점진적으로 구제하기 위한) 수용소에 오면, 대부분 자기를 완전히 잃고 탈개인화하며, 무관심하게 넋을 놓는다. 한국전쟁 포로들에게서도 비슷한 현상이 나타났다. 수용소 피해자 일부는 정상 사회에 돌아오자 곧 좋아졌다. 그러나 다른 사람들은 계속 자아를 잃어버린 조현병 환자와 같은 반응을 나타냈으며, 앞에서 이야기했듯이 실제 정신병으로 이어지기도 했다.

자궁 국가

전체주의는 인간이 삶의 두려운 현실에서 지도자의 가상적 자궁으로 탈출하는 것이다. 개인의 행동은 이 자궁, 이 내면의 성소에서 나온다. 이 신비로운 핵심에서 모든 것을 통제한다. 인간은 더 이상 자기 삶에 책임감을 가질 필요가 없다. 태아의 세계에서 통하는 질서와 논리가 지배한다. 여기에는 완전한 복종에 따르는 평화와 침묵이 있다. 자궁 속의 사람들은 진정한 소통을 하지 않는다. 그들 사이에는 침묵, 배신으로 이어질 수도 있는 침묵이 있으며, 이는 사려 깊고 성숙한 침묵이 아니다. 전체주의 제국에서는 누군가 보여주고 소통하는 것과 비밀스럽게 꿈꾸고 마음 속 깊은 곳에서 생각하는 것 사이의 괴리가 커진다. 인위적으로 마음을 분리하고, 정치에 대해 침묵을 지키게 하는 것이다. 약간 남은 개인의 감정과 의견은 조심스럽게 감춘다. 전체주의 제국에서는 조현병 환자의 예처럼 자유로운 상호 교환, 대화, 감탄, 정서적 긴장의 이완이 없다. 이곳은 침묵하는 공모자들의 세계이다. 분명 의심하는 분위기는 정신적 자유에 큰 타격을 준다. 사람들이 처음에는 외부에 있는, 나중에는 내부에 있는 미지의 적에 대항해 뭉치기 때문이다.

전체주의 제국 시민들은 모두 끊임없이 감시받는다. 신화적인 국가가 개인의 의식을 좌우한다. 그에게 자신의 것이란 없다. 그의 이웃, 우체부, 자녀들이 그를 지켜보고 있으며, 이들은 처벌하는 국가를 표상한다. 마찬가지로 그도 국가를 대표해야 하며 타인을 감시해야 한다. 타인을 배신하지 않는 것은 범죄다.

음모, 범죄자를 발견하고자 하는 욕구는 또 다른 조현병의 증상이다. 이는 심리적으로 전능하다고 느끼고자 하는 유아의 욕구와 관련 있다. 과대망상은 불가사의한 비밀주의의 분위기 속에서 더 쉽게 자라난다. 비밀주의와 음모론은 권력의 환상을 키운다. 그래서 그렇게 많은 사람들이 다른 사람의 일을 캐고 첩자 노릇을 하는 것이다.

이러한 음모론은 상상 속의 박해에 맞서 싸우는 병적 투쟁에도 존재한다. 이 투쟁은 정신 질환이 있는 사람과 전체주의 제국 둘 모두의 특징이다. "저기 있다!" "우리를 쫓아오고 있어!" 열반의 자궁을 잃는 상상, 그에 따르는 마음속의 두려움이 커진다. 정체를 알 수 없는 유령과 사냥꾼들이 사람들을 열반과 낙원에서 쫓아낸다.

이러한 환상 속에서 가부장·독재자·우상은 동시에 보편적인 위험이자 전능한 구원자가 된다. 전체주의 제국의 시민들조차 이 잔인한 거인을 진심으로 사랑하지는 않는다. 젖을 주는 젖가슴, 행동을 권하거나 막는 손에 대한 의심은 조현병 아동에게서 많이 나타난다. 이들은 음식을 주는 사람이 적, 지배하는 괴물이 되는 경험을 하며, 자라나는 마음은 이들에게 복종을 제물로 바치게 된다.

병든 개인은 부모를 연상시키는 사람에게 느끼는 깊은 증오를 직접 표현할 수 없기 때문에, 이를 자기 자신이나 희생양에게 돌린다. 희생양 또한 전체주의 전략의 일부이다. 앞에서 살펴보았듯이, 희생양은 일시적으로 개인 내면의 모든 분노를 빨아들인다. 부농(Kulaks), 흑인, 유대인, 공산주의자, 자본주의자, 부당 이익을 취하는 사람(profiteers), 전쟁광(warmongers), 이 중 누구라도 희생양 역할을 할 수 있다. 아마 전체주의의 정신에 대한 가장 큰 위협은 지성과 인식을 활용하는 것과 자유롭고 정확하게 생각하고자 하는 '먹물들(egg-head)'의 요구일 것이다. 정신병원에 살고 있는 전체주의 제국 시민들은 피곤하게 지성을 사용하는 대신 일탈과 도착을 택한다.

전체주의에서의 두려움과 환상 중심에는 인간을 먹어치우는 신과 우상이 있다. 그는 이길 수 없는 존재이다. 그는 적응이라는 인간 최고의 재능을 인간을 노예로 만드는 데 쓴다. 모든 인간 내면의 핵심적 감정과 생각은 지도자에게 속해야 한다.

전체주의 제국 시민이 이를 알고 있을까? 아마 아닐 것이다. 현대 심리학에 따르면 현실 부정의 정신 기제는 아주 강력하다. 마음이 원치 않으면, 눈은 외부 사건을 보지 않는다. 이러한 부정을 근거를 들어 설명하기 위해 2차적인 합리화와 환상이 생겨난다. 전체주의 제국에서도 조현병의 경우와 같은 이러한 현실 부정을 볼 수 있다. 그렇지 않으면 어떻게 자신의 군대가 이미 졌는데도 히틀러는 지도를 보며 군대를 움직일 작전을 짜고 있었다는 사실을 설명하겠는가?

전체주의 전략은 경찰국가의 엄격한 질서를 통해 내면의 혼돈과 갈등을 덮는다. 강박적인 조현병 환자도 자신만의 습관과 일정을 통해 같은 일을 한다. 이 습관과 일정은 고통스러운 외부 현실에 대한 방어이다. 이러한 내면의 기계화는 내적 현실과 욕구에 대한 부정으로 이어질 것이다. 전체주의 제국의 시민은 자유에 대한 욕구를 억압하고 거부하기 때문에, 심지어 노예 상태를 해방으로 받아들일 수도 있다. 삶에서 벗어나고 싶은 갈망 자체, 완전한 파괴를 통해 전능해질 수 있다는 망상을 향해 한 발자국 더 나아갈지도 모른다. 나치 친위대원들은 이 마법 같은 행동을 '피의 유대(Blutkitt)'라고 불렀다. 이는 그들이 피의 범죄를 통해 하나로 묶이고 발할라(Valhalla: 북유럽 신화에서 주신 오딘을 위해 싸우다 살해된 전사들이 머무는 궁전. 지붕이 방패로 덮인 아름다운 곳으로 묘사된다—옮긴이)에 갈 수 있도록 준비한다는 뜻이다. 이러한 마술과 같은 합일을 통해 그들은 용기 있고 평화롭게 죽을 수 있었다. 그들 안에서 조현병 환자와 같이 혼란스러운 절망과 위대함에 대한 욕구가 대체된 것이다. 마찬가지로 전체주의 제국 시민들도 완전한 멸망을 대가로 치른다 해도, 역사 속에서 '영웅적인' 자리를 차지하고자 한다.

(틀에 박힌 일상에 지친) 많은 군인들은 전쟁 경험에서 폭력의 순간을, 굶주림과 공포에도 불구하고 인생에서 기념비적이고 결정적인 때였다고 회상했다. 그들은 전사들의 '형제애(Bruderbund)' 속에서 삶에서 처음으로 유일하게 행복을 느낀 것이다.(Dicks)

이 모든 것이 블랙 코미디처럼 들리지만, 우리는 조현병 환자의 환상을 통해 평범하게 존재하는 것을 두려워할 때 정신이 망상으로 도망칠 수 있음을 알았다. 이때 환상은 현실을 압도하기 시작해, 곧 현실과 달리 타당하게 느껴지기 시작한다. 전체주의의 정신은 조현병의 정신과 같은 것이다. 즉 현실을 혐오한다. 잠시 유전의 영향을 부정한 트로핌 리센코(Trofim D. Lysenko)의 이론을 생각해보자. 전체주의의 정신은 현실의 인상을 관찰하고 확인하지 않는다. 전체주의는 현실이 어떻게 행동해야 하는지를 독단적으로 결정하고, 현실에게 자신의 환상을 따르도록 강요한다.

전체주의와 정신병의 비교는 우연이 아니다. 망상적 사고는 필연적으로 모든 형태의 독재로 이어진다. 무의식 속의 퇴행시키는 힘이 행동으로 나타난다. 원초적인 악의 힘이 돌아온다. 자기파괴에 대한 자동적 충동이 커지는데, 이는 이전 실수를 다른 실수로 합리화하고, 병적 악순환을 확대시켜 결국 삶을 지배하기 위한 것이다. 이해할 수 없는 문화가 버거운, 두려움에 질린 인간은 자기 안의 공허함을 덮기 위해 짐승의 환상 속으로 숨어든다. 이 환상은 지도자들에게서 시작되고, 나중에는 그들이 억압한 대중이 이를 넘겨받는다.

전체주의 제국이라는 거대한 기계에 붙잡힌 인간이 달리 무엇을 할 수 있을까? 사고, 그리고 뇌 자체가 특권층을 위한 잉여물이 된다. 인간은 자신의 고유성과 성격을 포기하고, 소위 통합과 표준화라는 평준화·획일화에 항복해야 한다. 이는 야생의 아동, 로봇의 크나큰 허무를 일으켜 결국 자신도 모르게 막대한 파괴로 향하게 된다.

07

전체주의 사고의 침투

개인 정신의 자유로운 발달을 가로막는 사회적 힘에 대해 알아보기 위해서는, 정치와 관련한 다양한 측면을 살펴보아야 한다. 나는 여러 치료 방법을 시도해보는 임상가로서 어떤 정치 체제나 조류에 얽매이기보다, 어디에서나 사회생활을 하면서 경험할 수 있는 일을 이야기하고자 한다. 인간의 사고와 습관을 재조형하는 과정에 있을 때는 거대한 정치적 격변에 영향받게 된다. 어떤 국가에서는 이러한 일이 하루아침에 일어나고, 어떤 국가에서는 더 느리게 일어난다. 심리학자가 할 일은 이러한 과정이 인간의 마음에 미치는 영향을 관찰하고 기술하는 것이다.

국가가 전체주의의 굴레에 매였을 때, 국민들이 독재자가 되려는 자의 과도한 단순화와 사탕발림에 넘어갔을 때, 지도자는 어떻게 권력을 유지할까? 국민들이 잔혹한 체제를 잠자코 따르게 하기 위해 어떤 방법을 사용할까?

인간의 성숙한 자아는 전체주의에 저항하므로, 독재자는 사람들을 속이고 그들의 개인적 발달, 항거, 건강한 성장을 향한 욕구를 멈추기 위해 끊임없이 궁리해야 한다. 독재자가 이용하는 방법을 살펴봄으로써 전체주의, 그리고 독재자의 수단과 피해자들의 성격 사이의 상호작용을 좀더 잘 이해할 수 있을 것이다. 이러한 이해가 있어야만 소위 자유롭고 민주적인 사회에서도 전체주의 제국의 힘이 살아 있는 인간을 웃음 없는 로봇으로 만들 수 있음을 인식할 수 있다.

공포 전략

독재자들은 기억할 수도 없을 만큼 오래전부터 인간을 도구로 삼기 위해 공포를 무기로 이용해왔다. 전체주의 제국에서 이 무기의 사용은 과학이 되어, 반대하고 저항하는 모든 사람들을 솎아냈다. 전체주의 제국 지도자들은 협박으로 지배한다. 그들은 믿음을 통한 충성보다 두려움을 통한 충성을 선호한다. 두려움과 공포는 마음과 의지를 마비시킨다. 즉 정신을 전체적으로 마비시킨다. 전체주의에서 유발하는 공포로 인해 공황에 사로잡히면, 인간은 건널 수 없는 심연을 통해 서로 분리되었다고 느끼고, 각자가 외롭고 겁에 질린 영혼이 된다. 무서워서 모여 서 있는 것만으로도 국가에 대한 음모로 의심받을 수 있다. 내면의 고립으로 인해 다른 사람과 진짜 정서적 접촉을 할 수 없게 된 전체주의 제국 시민은, 점점 국가가 행하는 비인간화의 영향력에 맞서 싸울 힘을 잃게 된다.

전체주의 제국은 사회적 범죄자, 체제 비판자를 계속해서 주시하며, 대중이 보기에 반대자로 몰리는 것은 유죄 판결을 받는 것이나 마찬가지다. 암시, 중상, 공개적 비판은 전체주의 전략의 핵심이다. 모든 사람이 체제의 적이 될 수 있다는 것을 국가 전체가 믿는다. 아무도 이 공포에서 벗어날 수 없다. 지위가 얼마나 높든 누구나 그 대상이 될 수 있다.

비밀경찰은 국가 안에서, 군대는 국가 밖에서 경외감과 공황을 불러일으킨다. 사람들은 테러가 일어날 수도 있다는 생각만으로도 의견을 표현하고 자신을 드러내기를 꺼리게 된다. 전체주의 제국과 그 주변 국가의 국민들 모두 이러한 공포에 영향을 받는다. 이러한 공포로 인한 마비를 명확히 보여주는 예는 1948년 서유럽으로 거슬러올라가 찾을 수 있다. 이때 유럽인들은 다가오는 전체주의 지배의 그림자를 느꼈지만, 예고 없이 덮칠 전체주의라는 적 대신 미국의 친구들을 비판하고 공격하기를 택했다.

전체주의 제국에서 감옥과 강제수용소는 사람들에게 두려움과 경외감을 주기 위해 지은 경우가 많았다. 이러한 시설은 '처벌' 또는 '교정' 수용소라고 부를 때가 잦았으나, 이는 값싼 정당화일 뿐이었다. 이 공포의 수용소에서 실제로 교화된 사람은 없었다. 수감자는 인류로부터 추방당해 목적을 잃고, 공포의 영향이 사라지지 않도록 천천히 죽임을 당한다. 사실 이런 감옥은 진짜 범죄자 수감이 아니라, 지켜보고 있는 전체주의 국가 시민들에게 두려움을 주기 위한 것이다. 감옥은 영원한 위협을 상징한다. 철조망 밖에 있는 사람들의 공감과 상상력에 거의 풀 수 없는 족쇄를 채울 것이다. 잔인한 일을 당할 것이라는 공포에 더해 비하, 수치, 죽음에 대한 두려움까지 강제수용소의 개념 자체가 모든 인간 마음 속 깊은 곳에 있는, 공동체에서 추방되거나 혼자가 될 것이라는 두려움, 아무도 사랑하거나 원하지 않는 사막의 방랑자가 될 것이라는 두려움을 일으킨다.

대중 공포의 보다 완화된 형태도 있는데, 한 예가 **정치를 벗어날 수 없**

게 하는 전략이다. 전체주의 국가 시민은 언제나 공식적인 계획에 붙들려 있다. 그는 통제, 감시, 그를 추적하고 처벌하기 위해 주시하는 힘을 늘 의식한다. 여가 시간과 휴일조차도 어떤 공식 일정에 따라 움직인다. 무언가를 배우거나, 정치 모임이나 행진에 참여해야 한다. 침묵과 고독은 더 이상 없다. 명상·숙고·회상을 위한 시간도 없다. 정신은 공식적인 사고와 계획의 거미줄에 걸린다. 심지어 선택에 따른 침묵의 기쁨조차도 금지된다. 전체주의 제국의 시민 모두는 합창과 구호 복창에 참여해야 한다. 또한 그는 지금 당장 해야 하는 일에 사로잡혀 자신에게 무슨 일이 일어나고 있는 것인지 깨닫는 능력을 잃어버린다.

개인·공장·농장에서 생산량 증대를 강조하는 것도, 통제와 공포를 키우기 위한 또 하나의 무기가 될 수 있다. 러시아에서 일어난 스타하노프 운동은 생산 기준을 늘려갈 것을 압박하는 것이었고, 많은 사람들에게 위협이 되었다. 노동자들은 노동과 생산의 속도를 높여야만 했고, 그러지 못하면 가혹한 처벌을 받았다. 속도를 강조할수록 사람들은 전체주의라는 톱니바퀴의 영혼 없는 톱니가 되어갔다.

공포를 스스로 멈출 수 있는 방법은 거의 없다. 공포는 순응을 먹고 진공 상태가 될 때까지 자란다. 도구이던 공포는 점점 목적이 되어간다. 하지만 사실 공포는 패배를 자초하는 전략이다. 인간은 완전한 독재 아래서도 결국 저항하게 마련이다. 전체주의 제국에서 인간이 꼭두각시가 되면, 결국 모든 위협에 면역이 생길 것이다. 공포라는 마법의 주문은 마침내 힘을 잃게 된다. 전체주의 제국 시민들은 먼저 공포에 무뎌지고, 죽음조차도 위험이라고 생각하지 않게 될 것이다. 그러면 소수가 마지막 저항을 시작할 것이다. 공포와 두려움을 만드는 전체주의 정부가 무너뜨릴 수 없는 이들에게서 내면의 반란이 생겨나기 때문이다. 나치 독일의 관제화

(gleichgeschaltet) 아래서조차 저항 운동은 일어났다.

숙청 의식

정부 고위층 숙청은 역사에서 오래된 습관이다. 아버지와 아들, 기성세대와 신세대의 갈등은 기원전부터 일어났다. 우리는 프레이저(J. G. Frazer)가 쓴 고전 《황금 가지(The Golden Bough)》를 통해 이에 대해 많은 것을 알 수 있었다. 고대 이교도들의 사제는 전임자를 죽임으로써 높은 위치를 차지했다. 나중에는 새로 즉위한 왕들이 기름부음을 받는 날 신에게 범죄자들을 대신 제물로 바쳤다.

전체주의 제국에서도 죽이고 숙청하는 의식은 정부 기제의 일부이다. 이는 독재자에게 상징적일 뿐만 아니라 매우 실질적인 기능이 있었다. 그는 앞뒤 가리지 않고 권력을 향해 올라오는 동안 건너뛰고 속인 사람들을 제거해야 한다. 그들의 분노가 터져나오면 그의 자리, 목숨까지도 위험에 처하기 때문이다.

숙청은 전체주의 제국의 또 다른 특성을 반영한다. 당을 순수하고 깨끗하게 보존하기 위해 언제나 노력한다는 소설에 힘을 보태기 때문이다. 정신의학에서는 신경증이 있는 사람들의 청결에 대한 강박이, 사실 자신 내면의 분노와 적대감을 전치시키는 방어임을 보여주었다. 이는 공동체에서도 같은 종류의 기능을 하며, 공식화된 의식으로 격상되는 경우 사람들을 유아기로 후퇴시킨다. 전체주의 제국 시민들은 자신을 아기처럼 느끼게 된다. 즉 처음으로 자기 위생을 유지하는 습관을 배우려고 애쓰는 아기, 계속해서 깨끗하라고 깨끗하라고 깨끗하라고, 착하게 착하게 착하게 행동하라고, 말 좀 잘 듣고 잘 듣고 잘 들으라고 반복해서 명령하는 부모의 말을 아직도 따르려고 하는 아기가 되는 것이다. 이러한 명령을 계속 반복하면 국민 각자의 죄책감·의존성·수치심을 강화한다.

전체주의의 숙청은 언제나 공 들인 자백 행사를 동반한다. 여기서 고발당한 자는 중세의 마녀와 마찬가지로 공개적으로 자신의 죄를 고백했다. 일반적인 공식은 다음과 같다. "나는 의심했던 것을 자백합니다. 동지들의 비판 덕분에 나의 사고를 정화할 수 있었습니다. 나는 부끄러움과 함께 동지들과 당의 의견을 받아들이며, 나의 오류를 고칠 기회가 주어진 것이 기쁩니다. 덕분에 나를 탈선시킨 의문들을 버릴 수 있었습니다. 나는 사심 없는 지도자와 국민들의 정부에 빚을 졌습니다."

수치심을 공표하게 하는 전략에는 두 가지 효과가 있다. 우선 숙청 의식처럼 사람들에게 어린애 같은 복종을 이끌어내는 동시에, 국민 개개인의 깊은 심리 문제와 죄책감과 무가치감에 대한 방어 기제로 작용한다. 그의 마음속 깊은 곳 어딘가에서는 자신이 성숙과 책임을 포기했다는 것을 알고 있다. 공개 숙청은 그의 수치심을 덜어준다. "죄짓고 더러운 건 내가 아니라 다른 사람들이야." 그는 이렇게 생각한다. "계속 음모를 꾸미고 남을 기만하는 건 그 사람들이야." 하지만 그가 다른 사람들의 죄라고 생각하는 바로 그것이 그의 진실이기도 하다. 그는 자신이 그들을 배신하지 않을 것이라고 확신하지 못하기 때문에, 다른 사람들이 자신을 배신할까봐 두려워한다. 그래서 내면의 긴장이 커지고, 숙청은 그 자신의 두려움과 위협적인 신에게 일시적인 수혈과 같은 역할을 한다.

이러한 강제적인 자백 및 숙청 의식에 대한 정신적 방어가 인간 내면에서 점점 발달하기에 이런 의식은 계속 반복되어야 하며, 이런 사실 자체는 죄책감과 공포를 일으키는 효과가 약해짐을 의미하는 것이기도 하다.

전체주의 제국 시민들은 사생활에 대한 끊임없는 공적 침해에 둔감해지
듯이, 반역과 공작을 고백하는 울부짖음에도 이골이 나다시피 한다.

마찬가지로, 사람들을 길들이는 숙청의 기능이 떨어지면 독재자는 자
기 자신의 두려움을 달래기 위해 이 도구를 더 자주 이용한다. 역사를 보
면 혁명이 결국 피로 이뤄진 공포와 숙청의 지배로 전락한 예시를 많이
볼 수 있다. 프랑스혁명에 가장 헌신적이었던 영웅과 지도자들 일부는 그
들이 힘을 합쳐 만든 공화국의 단두대에서 죽음을 맞았다.

무고와 흑마술

무고와 흑마술은 전체주의 국가의 다른 길들이기 전략과 같이 새로울 것
이 없지만, 원시 문명, 선사시대에는 흑마술이 더 단순했다. 무당(샤먼)은
범죄 혐의를 받은 사람을 작은 인형으로 만들어 막대기로 찔러 훼손하거
나, 분노에 찬 말로 저주하면서 희생자를 쓰러뜨려 죽이고자 했다. 마법
의식을 무조건 받아들이는 희생자는 공포에 사로잡히고, 저주를 들은 뒤
자포자기해 죽음에 이르는 경우가 많았다.(Malinowski)

적을 이렇게 마법으로 처치하는 데는 심리와 관련한 몇 가지 속뜻이 있
다. 주문의 희생자는 내면화한 권위와 아버지를 부족신의 상징물처럼 우
러러보는 경우가 많았다. 희생자는 그 존재 자체가 사람들에게 죄책감과
가책을 느끼게 하기 때문에 죽어야 한다. 그의 죽음으로 인해 모든 사람
의 마음속에서 최후를 경고하는 목소리가 잠잠해질 것이다. 희생자가 다
른 부족에서 온 경우도 종종 있었다. 이런 상황에서 이 이방인은 더 손쉬
운 희생양이면서, 그의 처벌은 부족 구성원들의 양가감정 충돌을 멈추게

한다. 외부자에 대한 증오는 각자가 자기와 자기 집단에 대해 느끼는 증오와 공격성을 반영한다. 사회에 공포가 많을수록 사회 구성원 개개인이 느끼는 죄책감은 커지며, 내부의 희생양과 외부의 적이 더 필요해진다. **내부의 혼란은 외부의 전쟁으로 표출할 기회를 엿보고 있다.**

전체주의 제국은 가십과 중상, 소문으로 가득하다. 설사 거짓이라 해도 모든 혐의는 뒤이은 해명보다 사람들에게 더 큰 영향을 미친다. 죄 없는 사람, 특히 그 친구와 추종자들 사이에서 존경심과 충성심을 불러일으킬 수 있는 이전 지도자들을 겨냥해 새빨간 거짓 고발장이 만들어진다. 누군가 우리에게 혐의를 씌우면, 언제나 무의식적으로 죄책감이 들고 떨게 된다. 우리는 전쟁 포로를 비롯한 정치의 희생자들이 자백하고 배신하게 되는 심리적 힘을 분석하면서, 적의 요구와 이념에 항복하라는 압박 아래서 각자의 숨겨진 죄책감과 의심이 얼마나 강하게 작용하는지 알았다. 같은 기제가 전체주의 제국 시민들 사이에서도 계속 작동한다. 다른 사람이 혐의를 받는 것을 보면 자기 마음속의 반항심과 적대감을 상기하게 되는데, 이를 감히 드러내지는 못한다. 따라서 혐의를 받은 사람은 죄가 없더라도 사람들이 갖고 있는 죄책감의 희생양이 된다. 이 가상 국가의 다른 시민들은 자신이 혐의를 받지 않기 위해 희생자에게서 등을 돌릴 것이다.

인격 말살이 가능하다는 사실 자체가 인간의 공감·연민이 깨지고 흔들리기 쉽다는 것을 보여준다. 자유로운 민주사회에서조차도 선거운동 기간에 극단적 비난과 여기에 대응하는 더 심한 비난이 나타나는 경우가 많다. 혐오 발언과 모함의 소음으로 점철된 이러한 전략이 시작되는 순간, 우리는 그 아래 깔린 전략적 의도를 잊고 고함과 욕설에 영향을 받는 자신을 발견한다. 우리는 스스로에게 말한다. "아마도 뭔가 있을 거야." 이것이 바로 중상모략하는 사람이 원하는 바다. 정치인들의 마음속에는 아직도 결과가 수단을 정당화한다는 환상이 남아 있다. 하지만 그런 선거 전략에는 역설적인 결과가 따른다. 이는 근거 없는 중상모략 자체가 말하는 사람과 듣는 사람 모두의 도덕성을 약화시킨다는 사실 자체로 인한 것이다.

첩보의 광기

전체주의 제국에서는 혐오 발언의 잔인한 악순환이 최고조에 이른다. 이 국가의 시민은 의심의 지배에 빠지며, 박해에 대한 망상, 즉 '첩보광증(spyonoia, spy mania)'으로 고통받는다. 그는 계속해서 다른 사람들을 지켜보는 데 신경을 곤두세운다. 좋은 이웃이 언제든 걸림돌이나 반역자가 될 수 있다. 전체주의 제국 시민은 자기 마음의 혼란이나 모순을 보지 못하고, 결국 스스로가 다른 누군가의 첩보광증에 희생될 때까지 이를 희생양에게 투사한다. 모든 시민은 계속해서 다른 모든 사람의 내밀한 생각을 알아내려고 한다. 왜냐하면 누군가 자신이 감추고 있는 생각을 이웃에게 투사한다면, 생각 그 자체가 적이 되기 때문이다. 타인의 보이지 않는 생각에 대한 이 큰 두려움은 세계에 대한 편집증적 재평가 과정, 공포, 전체주의적 사고로 이어진다. 인간의 충성심에 대한 부정, 끊임없는 반역의 환상 속에서 전체주의 제국의 유아적 신화, 성숙한 인간관계에 대한 부정이 나타난다.

(개인과 집단에 대한 세뇌에서와 같이) 심문, 인격 살해, 수치심 주기, 정신적 공포, 도덕의 무장해제를 통해, 인간은 윤리를 완전히 잃고 어떤 정치 체제라도 받아들일 수 있게 된다. 그는 더 이상 아무것도 아니다. 왜 무언가

에 반대해야 하는가? 전체주의 제국에는 정책 공개도, 자유로운 논의도, 진정한 의견 차이도 없다. 음모와 공개 비판이 있을 뿐이며, 대중을 겁주기 위한 조치가 여기에 곁들여진다.

근거 없는 중상모략 전략은 전체주의 국가 시민들뿐만 아니라 세계를 상대로 이루어진다. 전체주의 제국은 외부의 적(재앙과 질병을 퍼뜨리는 잔인한 상상의 괴물)을 필요로 한다. 자체적인 내부 문제를 정당화하기 위해서이다. 그나마 남아 있던 시민 개개인의 양심은 침묵하며, 외부 세계 전체를 편집중적으로 공격하는 데 집중하게 된다. "적이 우리의 음식에 독을, 우리의 농작물에 벌레와 세균을 뿌리고 있다." 이 상상의 음모론은 두려워하는 전체주의 제국 시민들이 단결하여, 존재하지 않는 위험을 방어하게 하기 위한 것이다. 동시에 자신들이 실패하여 농작물과 식량이 부족하다는 것을 숨기기 위한 것이기도 하다. 비난을 타인에게 투사하면서, 전체주의 제국 시민들의 소속감은 강화되고, 스스로 책임지는 개인으로 행동하라고 되풀이하는 마음속의 목소리는 조용해진다. 또한 외부의 계략을 거짓으로 알림으로써 각자가 자신은 어딘가에 의존해야 하는 미성숙한 사람이라고 느끼게 된다. 이제 독재자만이 악의 세계에서 그를 보호해줄 수 있다. 이 세계는 그에게 불 대신 핵을 뿜는 용과 수소폭탄을 던지는 괴물들로 가득한 거대한 동물원처럼 그려진다.

범죄자를 만드는 전략

앞서 살펴보았듯이, 전체주의 제국의 시민은 전체주의의 노예가 되는 대가로 비합리적·본능적 욕구를 일부 채울 수 있다. 히틀러가 지배하던 독일의 사례에서 반복되는 패턴을 알아낼 수 있었다. 시민(그리고 당원)은 친구·부모를 배신하라는 부추김을 받았고, 자기 안의 화 나고 좌절한 아기는 그렇게 하기를 원하는 경우가 많았다. 마음 깊은 곳에 억눌려 있던 공격성과 복수심을 실행에 옮겼다고 볼 수 있다. 그는 더 이상 자신의 원초적 충동을 억압하거나 거부하지 않아도 된다. 전체주의 체제는 그가 죄책감으로 가득 찰 것을 미리 알고, 가학적 행동을 정당화하는 수천 가지 목록을 그에게 준다. 개인은 '역사적 필요성'과 같은 그럴듯한 말로 도덕성과 선 대신 비도덕성과 악을 합리화한다. 우리는 여기서 문명화된 기준이 완전히 무너지는 것을 볼 수 있다.

전체주의 독재자는 범죄자로 만드는 전략을 통해 자신의 양심을 파괴했듯이 추종자들의 양심도 파괴한다. 많이 배운 세련된 나치 의사들을 생각해보자. 그들은 히포크라테스 선서를 하고 인간을 돕고 치유하겠노라는 약속과 함께 의사 생활을 시작했지만, 나중에는 강제수용소 희생자들에게 너무나 끔찍한 고문을 자행한 냉혈한이 되었다.(Mitscherlich) 그들은 인간이 인내할 수 있는 한계를 통계 내보기 위해 무고한 사람 수천 명을 학살했다. 또한 총통이 원한다는 이유로 다른 수천 명을 기니피그로 삼아 감염시켰다. 그들은 개인의 기준과 윤리를 완전히 잃어버렸고, 총통의 의지를 통해 모든 범죄를 정당화했다. 정치 표어는 그들이 독재자에게 양심을 완전히 팔도록 유도한다. 사람들을 체계적으로 범죄자로 만드는 데는 **탈문화 과정**(deculturation)이 필요하다. 히틀러의 부하 중 한 명은 이렇게 말했다. "나는 '문명'이란 말을 들으면 총을 쏠 준비를 한다." 이는 끊임없이 잔인한 본능을 불러일으키기 위한 것이다. 사람들은 지성에 따른 객관적 진실을 믿지 말고 몰록(Moloch: 구약성서에 나오는 가나안 지역의 신. 이 신에게 제사를 지낼 때 어린아이들을 제물로 바쳤다고 한다―옮긴이) 국가의 독재자들, 즉 히틀러, 무솔리니, 스탈린에게만 귀기울이라는 말을 듣는다.

범죄자화는 문명에서의 좌절에 저항하도록 사람들을 조건화하는 것이다. 피와 피를 뒤집어쓴 희생양을 보여주면, 그들은 수천 년간 이어져온 문명화의 껍질을 벗게 된다. 사람들에게 신경증을 불어넣고, 군중을 고양시키며, 정서를 획일화한다. 이 모든 것이 인간에게서 야만적인 네안데르탈인의 심리 상태를 깨운다. 인종의 우월성이라는 그럴싸한 교의로 범죄를 정당화하면, 사람들은 틀림없이 당신을 따른다는 것이다.

히틀러는 독일의 강제수용소를 욕망의 고삐가 풀린 보병들에게 맡길 때, 자신이 무슨 일을 하는 것인지 아주 잘 알고 있었다. "살인하도록 놔두시오." 이 말이 도구였다. "한 번 나의 편에 서서 멀리 가고 나면, 끝까지 가야 할 거요." 범죄자화 전략은 전체주의 체제의 희생자들을 파괴하는 것뿐만 아니라, 교수형을 집행하는 엘리트들에게 독성 있는 권력 감정을 안겨줌으로써 그들을 인간적인 감정으로부터 점점 멀어지게 하는 것을 목표로 한다. 그들에게 희생자들은 인간의 정체성이 없는 말하는 가면, 자아 없는 로봇이 된다. 범죄자화 전략은 인간, 특히 독재자가 신뢰해야 하는 가까운 조력자들의 저열한 열정에 대한 체계적 조직화이다.

전체주의적 사고의 압력 아래서 거의 모든 시민은 지도층 무리와 자신을 동일시하며, 많은 사람들은 살인으로, 적어도 살인에 대한 허용을 표현하는 것으로 충성심을 증명해야 한다. 전체주의 제국에서 자동화되고 지루한 삶을 살던 현혹된 시민들은 전쟁·범죄·자기파괴의 모험을 반기게 된다. 고문과 범죄가 일어날 때마다, 특히 지도층 무리 안에서 충성과 부정한 복종의 사슬은 점점 단단해진다. 결국 이들은 범죄와 죄책감을 통해 결속해야만 한다. 체제의 몰락은 이들 전체, 지도자와 추종자 모두의 몰락으로 이어질 것이기 때문이다. 이는 범죄 세계에서도 마찬가지다. 누군가 처음으로 사회의 법칙을 위반하고 범죄조직에 발을 들이면, 바깥 세계와 그 도덕적 평가를 상대로 전쟁을 벌이게 되는 것이다. 이때부터는 조직이 그를 협박하고 약하게 만들 수 있다.

전체주의 제국에서 시민들을 범죄자화하는 악순환은 그 자체가 목적이 되고, 바람직한 이상주의의 냉소적인 깃발로 뒤덮인 냉소적인 음모론으로 자라난다. 국가 지도자들은 '보편적 평화 운동'과 같은 단순한 말을 쓰고, 시민들은 이 말에 기뻐하고 자부심을 갖는다. 그중 소수만이 그럴듯한 구호 뒤에 어떤 속임수가 있는지를 안다.

이러한 정신적 도착은 제3제국·신제국·인민공화국 등 거대한 국가주의적 신화로 이어지며, 국민들은 무언가 영웅적인 일을 하고 싶은 욕구를 나중에 어떤 폭력적인 범죄에 대한 욕구와 동일시하게 된다. 피는 마법의 액체가 되고, 누군가를 피 흘리게 하는 것은 고결하고 살아 있음을 느끼게 하는 행동이 된다.

전체주의 체제에서의 제한 없는 살해는 무의식 깊은 곳의 두려움과 관련 있다. 어떤 사회에서든 약하고 정서적으로 병든 사람들은 두려움으로 인해, 마술 같은 방식으로 희생자의 힘, 행복, 그리고 물론 소유물을 가져오기 위해 살인을 저지를 수 있다. 나치가 수백만 명의 사람들을 가스실에서 살해한 것도 이 살인에 대한 고대 신화의 일부이다. 우월한 인종에 속하는 사람들은 유대인들을 학살하면, 희생자들이 그래왔듯이 독일인들도 수세기 동안 고통을 이겨낼 수 있다고 생각했을 수 있다! 이는 누군가를 죽이면 자신의 수명이 연장되고 강해진다는 원초적 신화에 해당된다. 인간의 추리력·이해력은 비교적 약하다는 것도 잊지 말자. 폭발하기 쉬운 충동에 일단 불이 붙으면 통제하기 어렵다.

전체주의는 죽이고 학살하며 전쟁을 해야만 한다. 전체주의 제국에서는 증오를 역설하고, 전체주의의 대변자는 외롭고 망상에 사로잡힌 거친 '슈퍼맨', 증오와 불의를 원하고 도덕적 감정이나 후회로 완충되지 못하는 강렬한 광증을 야기하는 사람이다. 그의 투쟁적 함성은 국민들에 대한 독재를 강화한다. 국민 각자가 자신의 죄를 통해 희생자에게 고통을 주면, 희생자의 고통은 죄짓는 사람의 내면 깊이 묻혀 있는 죄책감을 더 일으키고, 국민들은 희생자를 증오하는 법을 배우게 되기 때문이다.

언어의 지배와 말의 의미에 드리운 안개
— 말로 사람들을 복종시키다

우리는 제1차 세계대전 이후 말에 대한 태도에 보다 주의를 기울이게 되었다. 이 태도는 조금씩 변해왔다. 공식 표어와 관용어, 이상적인 꼬리표에 대한 믿음은 사라졌다. 우리는 점점 중요한 질문은 어떤 집단과 권력이 말 뒤에 서 있었는지, 그들이 감춘 의도가 무엇인지라는 사실을 깨닫게 되었다. 그러나 쉽게 가려다 보면 이런 질문을 잊게 될 때가 많고, 우리 모두 어느 정도는 시끄럽고 반복되는 말에는 취약하다.

전체주의 제국에서 거대한 거짓 선전과 표어를 만드는 데는 아주 분명한 목적이 있으며, 말 자체가 권력을 위해 복무하는 특수한 기능을 얻는다. 우리는 이를 언어의 지배(verbocracy)라고 부를 것이다. 큰 거짓말과 가짜 구호는 처음에는 듣는 사람을 혼란스럽게 하고, 나중에는 둔감해지게 한다. 이들은 행복의 신화를 듣는 대로 믿고 싶어 한다. 전체주의 선전가들의 과업은 국민들의 마음속에 특정한 그림을 만들어, 결국 스스로의 눈과 귀를 통해 보고 듣지 못하게 하는 것이다. 그러면 공식 표어의 안개를 통해 세상을 보고, 전체주의 신화에 알맞은 반응을 자동으로 하게 될 것이다.

이중 발화(double talk)를 통해 단어에 여러 가지 뜻을 부여하면, 논리를 공격함으로써 독재가 진정 무엇을 의미하는지에 대한 우리의 이해를 공격하게 된다. 이 허튼소리를 보자. "평화가 전쟁이고 전쟁이 평화이다! 민주주의가 독재이고 자유는 노예제이다. 무지가 힘이다! 미덕은 악덕이고 진실은 거짓이다." 이는 조지 오웰의 비관적인 소설 《1984》에서 진실부(Ministry of Truth)가 하는 말이다. 우리는 이 악몽이 현실이 되는 것을 보았다. 북한의 강제수용소에 오래 갇혀 있다가 집으로 돌아온 사람들이 '인민의 민주주의'라는 기만적인 관용어를 쓰면서 전체주의 중국에 대해 말할 때였다. 어떤 단어에 대한 파블로프식 조건화가 이루어지면, 사람들은 그 단어와 연관된 **자동적 사고**(automatic thinking)를 하게 된다. 우리가 쓰는 단어는 우리의 일상 행동에 영향을 미친다. 즉 우리가 하는 생각을 결정한다.

전체주의 제국에서 사실은 환상과 왜곡으로 뒤바뀐다. 사람들은 체계적으로, 그리고 의도적으로 거짓말을 하도록 배운다.(Winokur) 역사를 재구성하고, 이중 목적이 있는 새로운 신화를 세운다. 첫 번째는 전체주의 지도자에게 힘을 싣고 돋보이게 하는 것이고, 두 번째는 불운한 시민들에게 혼돈을 일으키는 것이다. 모든 언어는 천천히 최면을 거는 독재자의 구호이다. 공기 중으로 퍼져나가는 의미의 안개 속에, 단어는 소통의 기능을 잃어버린다. 말은 그저 공포와 두려움을 일으키는 명령의 신호가 된다. 말은 전장의 울부짖음이자 파블로프의 신호이며, 더 이상은 자유로운 생각을 표현하지 않는다. **한때는 인간의 자유로운 창조를 상징했던 언어가 기계적 도구가 되었다.** 전체주의 제국에서 말은 듣는 사람을 달래고 유혹하겠지만, 의미를 내포하는 것은 허락되지 않는다. 말은 조건화하고 정서를 유발하는 도구이며, 듣는 사람에게 원하는 반응을 각인시키는 역할을 한다.

인간의 정신적 게으름, 생각이라는 힘든 노동에 대한 저항으로 인해, 전체주의 독재자가 사람들에게 큰 거짓말을 믿게 하기는 더 쉬워진다. 처음에 국민들은 "전부 말도 안 돼. 완전히 모순이네"라고 스스로에게 말하겠지만, 이렇게 부정하려는 행동 자체가 거기 내재하는 암시의 힘에 노출시킨다. 이것이 이중 발화 속에 숨어 있는 계략이다. 인간이 분석과 검증을 그만두면 길을 잃게 되고, 더 이상 논리와 합리화를 구분할 수 없게 된다. 결국 그는 아무것도 믿을 수 없게 되고 둔감한 상태로 퇴행한다. 전체주의 제국의 시민이 일단 지도자의 '논리'를 받아들이게 되면, 더 이상은 논의나 논쟁에 마음을 열지 않게 된다. 유감스럽게도 우리 서구 사회에서도 이렇게 명확한 의미가 사라지는 경우를 자주 볼 수 있다. 말의 전쟁이 우리의 세계에서 벌어지는 이념 냉전의 일부임을 잊지 말도록 하자.

우리의 기계화된 소통 체계에 무언가가 침투해 들어와, 우리의 사고방식에 악영향을 미치고 있다. 사람들은 생각과 개념을 너무 쉽게 받아들인다. 그들은 더 이상 분명하게 이해하기 위해 애쓰지 않는다. 개념의 장단점을 따져보는 대신 대중화된 이미지를 받아들인다. 진짜 이해를 목표로 하는 대신, **이해한다는 환상**을 키우는 생각 없는 반복에 귀를 기울인다.

전체주의 제국 시민들에게 소통이란 더욱더 유아적이고 마술적인 것이 된다. 단어에는 더 이상 명확한 의미나 생각이 들어 있지 않다. 그래서 이들은 부모가 보여주는 낱말 카드에 아이가 의존하듯이, 명령을 내리는 사람에게 완전히 의존하게 된다.

언어파괴

바이필드(R. S. Byfield)는 사회혁명의 도구로 쓰이는 경우가 많은 언어파괴(logocide)에 대해 지적했다. 권력을 원하는 정치인들은 정서적으로 끌리는 새로운 꼬리표와 단어를 만들어내야 한다. "그러나 기존 관습은 계속 유지되게끔 한다. ······실체는 똑같이 두고 바람직하지 않은 상(image)만 대체하는 것이 속임수이다. 따라서 전체주의자들은 대중의 정서를 휘젓기 위해 증오의 언어를 계속 짜내야만 한다. 우리는 **평화**라는 말이 더 이상 평화를 의미하지 않고, 대중을 달래고 공격성을 숨기는 선전의 도구가 되는 일을 경험했다."

전체주의에서 **언어의 지배**, 선동가의 공식적인 언어 과잉은 시민들의 자유로운 정신을 흔들고 질식시키는 역할을 한다. 언어의 지배는 시민들을, 심리학에서 말하는 상징을 해석할 수 없는 사람(symbol agnostics), 즉 따라하기만 하고 질문, 이해, 개인의 생각 및 이상 형성을 가능케 하는 주관성이나 자신의 관점은 세울 수 없는 사람으로 바꿔놓는다. 다시 말해 시민 개개인이 앵무새가 되어 기성 구호와 선전을 되풀이하는데, 그 진짜 의미나 그 뒤에 있는 힘은 이해하지 못한다는 것이다.

그러나 앵무새가 된 전체주의 제국 시민들은 유아적인 즐거움을 느낀다. "만세, 만세! 두체, 두체(Duce: 이탈리아 무솔리니를 부르는 호칭—옮긴이)!" 이러한 말을 반복해 읊으면 아이들이 옹알거리고, 소리 지르고, 그 소리를 들으면서 느끼는 것과 같은 즐거움을 준다.

전체주의 제국에서는 세계 어느 곳보다 언어의 오용, 선전의 신성화가 많이 나타난다. 하지만 이러한 악은 어디에나 있다. 일상 대화에서 너무나 많은 예를 찾을 수 있다. 많은 사람들이 생각의 공허함을 덮고, 정서를 휘저어놓고, 사실 내용이나 가치가 없는 것에 대한 존경과 선망을 만들어내기 위해 언어를 이용한다. 거짓을 큰소리로 외치는 것이 우리 시대의 이상이 될 위기이다.

전체주의 제국에서 말의 의미에 드리운 안개는 정보의 통제로 더욱 짙어진다. 이 가상 국가의 시민들은 사실과 의견의 원천에 접근할 수 없다. 그들은 듣거나 읽는 것을 검증해볼 자유가 없다. 그들은 지도자의 '명칭광(labelomania)'의 희생양이다. 그들의 판단은 모든 것, 모든 사람에게 붙은 공식적 꼬리표를 따라간다.

명칭광

사물이나 관습의 명칭에 너무 많은 의미를 붙이면서, 그 속의 가치는 가볍게 보려는 경향이 요즘 커지고 있는 것으로 보인다. 나는 이 현상을 명칭광이라 부르고자 한다. 이는 과학적으로 들리는 이름(명칭·학교·학위)을 과도하게 우러러보는 반면, 내포한 가치에는 놀랄 만큼 관심을 두지 않는 것이다. 우리는 사람들이 특권이나 명예를 얻으려면 눈에 띄는 무언가가 있어야 한다는 생각에 정해진 공식·인정·기록·순위·직함을 좇는 것을 본다. 사람들은 인정받기 위해 (비용은 말할 것도 없고) 너무나 그럴듯해 보이지만 실용성은 없는 훈련을 하는 학교나 기관에 들어간다. 여기서는 그러한 꼬리표, 학위와 같은 겉치레를 부추긴다.

그리 오래 지나지 않은 때, 동료 정신과 의사가 근무하던 병원에서는 그 의사가 알고 있던 것과 다른 용어를 사용하고, 그의 예전 스승들을 이 병원과 다른 용어를 사용했다는 이유로 비판하고 심지어는 악으로 몰았다. 동료는 좋은 치료사였지만, 한국의 강제수용소에서 풀려난 일부 군인처럼 심리치료를 받아야 했다. 매일같이 다른 용어 사용을 공격적으로 옹호하는 사람들을 만나며 심한 혼란을 느꼈기 때문이다.

모든 의견과 평가를 허가받고, 관용적·공식적 언어로 표현하며 판단해야 한다는 욕구에는 본질적으로 불쾌한 부분이 있다. 이렇게 되면 어떤 결과물이나 그에 관련한 생각을 평가절하하고, 사람들과 그들이 사용하는 말의 미묘한 차이를 부정하게 된다. 전체주의 제국에서 인간은 불안에 크게 좌우되기 때문에, 미리 정해진 의견과 사고방식을 벗어나는 것을 매우 두려워하고, 독재자가 정한 말을 통해서만 자신을 표현한다. 전체주의 제국 시민들에게 정해진 꼬리표는 삶이라는 영원한 변화보다 더 중요하다.

말은 소통의 기능을 잃고, 점점 더 공포를 주고 통제하고 조건화하는 기능으로 기울어간다. 공식적인 언어를 믿고 복종해야 한다. 의견 불일치는 신체적·정신적으로 모두 사치가 된다. 혐오의 언어, 그리고 그 아래 있는 권력만이 유일한 논리가 된다. 공식적으로 정해진 것과 반대되는 사실은 왜곡되고 억압된다. 정신적 타협은 어떤 형식이든 반역이 된다. 전체주의 제국에서 진실에 대한 탐구는 없으며, 전체주의의 교의와 관용어를 강제로 받아들여야 할 뿐이다. 이 모든 것 중 가장 두려운 것은 우리의 소통 수단이 늘어날수록, 이해는 점점 좁아진다는 것이다. 말의 의미가 병들고, 말의 소음이 너무 심해지면서 정치적인 생각과 비정치적인 생각 모두 바벨탑에서와 같은 혼란에 빠지게 된다.

전체주의 제국에서의 배반죄

전체주의 제국에서 생각하는 사람은 범죄자가 된다. 이 가상의 나라에서 시민들은 잘못된 행동과 마찬가지로 잘못된 생각에 대해서도 처벌받을 수 있다. 비밀경찰은 어디에서나 감시의 눈을 번득이고 있고, 체제를 비판하는 사람은 그가 믿고 싶어 하는 사람들과 안전한 대화를 하길 원한다 해도 음모론에 걸려들게 된다. 우리는 친구에게 이야기하기 전에 조심스럽게 주위를 둘러보는 행동을 '나치 몸짓'이라고 말하곤 했다.

전체주의 제국에서 범죄자는 적대감을 공식적으로 표출하기 위한 희생양이 될 수 있고, 그런 희생양이 필요한 경우가 많다. 당의 전략과 필요에 따라 오늘 영웅이었던 사람이 내일 악당이 될 수도 있다.

거의 모든 인류의 성숙한 이상이 전체주의 제국에서는 범죄이다. 자유와 독립, 합의와 객관성, 이 모든 것이 반역이 될 수 있다. 전체주의 제국에는 새로운 범죄인 배반의 범죄가 있다. 이는 자신이 뒤집어쓴 죄를 끝까지 인정하지 않는 것이다. 반면 전체주의 제국의 영웅은 전향한 죄인, 가슴을 치며 참회하는 반역자, 자기를 비하하는 범죄자, 밀고자, 정보기관의 끄나풀이다.

영웅과 거리가 먼, 평범하고 법을 지키는 전체주의 제국의 보통 시민들도 수백 가지 범죄에 연루될 수 있다. 만약 자기 입장을 강하게 변호하려 한다면 범죄자가 될 것이다. 혼란에 빠지기를 거부한다면 범죄자가 될 것이다. 모든 공식 행사에 떠들썩하고 열성적으로 참여하지 않는다면 범죄자가 될 것이다. 입장을 바꾸는 것, 침묵, 이념에서 한 발 물러나는 것도 반역이 될 수 있다. 행복해 **보이지** 않는 것도 범죄이다. 나치는 이를 얼굴의 불복종(physiognomic insubordination)이라고 했다. 연결이나 분리, 희생양 만들기, 투사, 의도, 참여로 인해서도 범죄자가 될 수 있다. 밀고자가 되기를 거부해도 범죄자가 된다. 세계시민주의, 지역주의, 일탈주의, 제국주의, 국가주의, 군사주의, 객관주의, 주관주의, 쇼비니즘, 평등주의, 실용주의, 이상주의, 가능한 모든 **주의**에 따라 기소되고 유죄 판결을 받을 수 있다. 그는 무언가가 **될** 때마다 유죄가 된다.

전체주의 제국 시민이 안전해지기 위해 허락된 유일한 길은 정신의 통합성을 완전히 포기하는 것뿐이다.

08

계속되는 재판

나는 워싱턴의 해군 특별 재판정에서 세뇌 사건에 대한 판결을 내릴 때, 전문가 증인으로 출석한 적이 있었다. 왜 미국 군인들 일부가 적의 정신적 압박에 쉽게 무릎꿇었는지 설명하기 위해서였다.

그때는 국정조사가 가장 많이 진행되던 시기였다. 나는 그러한 조사에서 강압적으로 주어지는 암시로 인해 정신적으로 취약한 사람은 동조해야 한다는 압력을 느낄 수 있다고 정직하게 말할 수밖에 없었다. 사람들은 일상의 정국 분위기와 관련한 수많은 심리적 과정으로 인해 조건화된다.

우리는 앞에서 전체주의 국가에서 사용하는 기법이 정신에 어떤 영향을 미칠 수 있는지 알아보았다. 그렇지만 우리 자신의 문제로 인해 가치가 흔들릴 수도 있음에 주의해야 할 이유도 있다.

전체주의 독재자는 '정의'라는 장치를 협박과 지배의 수단으로 바꾸는데 성공한 사람이다. 한때 균형 잡힌 정의는 문명화된 인간의 가장 고귀한 이상이었으나, (히틀러와 괴벨스 같은) 냉소주의자들은 코웃음 치며 사람들에게 깊은 인상을 남기고 회유하는 데나 필요한 거짓된 감정이라고 깎아내렸다. 그래서 전체주의 체제의 심문자, 재판관들에게 정의란 한 편의 촌극, 사람들의 양심을 달래기 위한 하나의 선전이 되었다. 혼란에 빠져옳고 그름을 구분하기 어려웠던 사람들의 편견과 악의를 부추기기 위해 수사력을 남용한 것이다.

전체주의자들은 법정과 사법을 사고 통제의 도구로 사용할 수 있음을 입증했다. 그래서 의도적으로든 은연중에든 우리의 법 제도를 우리의 민주적 자유 개념을 혼란시키는 데 이용하는 과정을 연구해야 하는 것이다.

정의의 몰락

아마도 심리학자에게 1936~1938년에 열린 모스크바 숙청 재판에서 가장 흥미로운 측면은, 온 세계 사람들의 사법 절차에 대한 믿음이 정의 침탈로 인해 뿌리부터 흔들리고, 깊은 도덕적 충격을 받았다는 점일 것이다. 재판에 대한 논의에서는 늘 기소된 사람들에게 죄가 있는지보다, 이 재판에서 나타난 정의에 대한 무서운 왜곡을 많이 다루었다. 사람의 영혼 깊은 곳 어딘가에는 재판관은 올바르고 공정한 사람이고, 재판은 진실로 가는 길이며, 법은 혼란·파괴·뒤틀림 위에 있다는 믿음이 있다. 물론 우리는 재판관들도 우리와 같은 인간이고 실수할 수 있다는 것을 알고 있다. 심지어 결국 순리대로 법과 정의의 통치가 승리할 것이라는 믿음 때문에, 일시적인 불의를 수용하기까지 한다. 사법 절차가 사람들을 겁박하기 위한 소극이 되면, 인간 영혼 속의 무언가가 근본적으로 영향을 받게 된다. 정의의 여신이 더 이상 눈을 가리지 않고 자신에게 유리한 기회만을 엿보고 있을 때, 우리는 두려움과 위협을 느낀다. 만약 법정에서 정의를 찾지 못한다면 어디로 가야 한단 말인가?

나에게 심리치료를 받던 환자 중 한 명이 배심원으로 법정에 가게 되었다. 이 사건을 맡은 검사는 명백하게 진실을 가리는 것보다 유죄 선고를 받아내는 데 관심이 있었고, 이 환자는 깊은 충격을 받았다. 나중에 재판관이 검사의 작전을 비판하고 스스로 판결을 내리기는 했지만, 우리의 배심원은 매우 화가 났다. 그는 나에게 물었다. "다른 재판은 어떻게 되는 걸까요? 재판관이 변호사의 궤변을 꿰뚫어볼 수 없다면? 끊임없는 암시와 주장에 결국 넘어간다면?"

모든 재판은 협박의 무기가 될 수 있다. 미묘한 방식으로 재판관, 증인, 그리고 대중 전체를 협박할 수 있다. 전체주의 제국에서 상급 법원은 이러한 협박 기능만을 위해서 존재한다. 그들의 목표는 처벌하고 협박하는 힘이 정부를 통제하고, 이 힘이 모종의 목표를 위해 사법 체계를 이용할 수 있음을 자국민과 세계에 보여주는 것이다.

언뜻 보기엔 객관적으로 보이는 공식 조사는 거기에 필연적으로 따르는 암시 때문에 정치적 통제의 무기가 될 수 있다. 조사를 받는 사람은 거의 자동으로 낙인찍히고 비난받게 된다. 우리의 의심이 그를 압박하기 때문이다. 그가 조사받고 있다는 사실 자체가 그를 범인으로 만든다. 그러므로 '민주적 사법 권력'조차도 파괴하는 권력이 될 수 있다. 우리는 이러한 위험에 주의해야만 한다! 이미 심문의 승인이나 승인 거부가 사실에 대한 인간의 생각을 변화시키기 때문이다.

사법 절차는 재판·수사 모두 큰 주목을 받으며, 대중 전체에 정신적 부담을 준다. 절차에 참여하는 사람들뿐만 아니라 시민들도 그 결과로부터 정서적 영향을 받는다. 모든 공식 조사는 권력의 과시가 될 수도 있고, 진실을 위한 행동이 될 수도 있다. 전체주의 정부나 거리낌 없는 선동가가 권력의 과시로 이용할 경우 무서운 결과를 초래할 수 있다. 독일 제3제국의 방화 사건, 모스크바 숙청 재판, 미군 전쟁 포로들에 대한 중국의 재판이 '합법적' 행동의 대표적인 예이다. 이는 무자비한 인간의 정치적 권력을 강화하거나, 무력한 시민들을 혼란에 빠뜨리기 위한 행동이다. 덧붙여 세계인의 여론에 충격을 주기 위한 의도도 있다.

참여자의 입장에서 재판을 바라보면, 우리가 어떤 위험에 대처해야 하는지 더 분명히 알 수 있다.

검사이자 최면술사로 변신하는 선동가

최근 미국에서 일어난 사건을 보면, 권력 추구를 만족시키기 위한 수단이 일정하게 반복된다는 것을 알 수 있다. 사람들을 두려워하게 하려고 쓰던 고대 마술사의 가면은, 유아의 마음이 존경하고 동일시하게끔 일부러 만든 '영웅'이 신체적 힘을 과장해서 보여주는 것으로 대체되었다. 하지만 시끄러운 선전의 소음이 라디오와 텔레비전을 통해 수천 배 증폭되어 여전히 우리에게 들려와, 동시대인들에게 두려움을 주고 최면을 건다. 세계인들은 선동가가 그 모든 역할(정의로운 고발자, 모함당한 희생자, 양심의 소리)을 하는 것을 보고 들으며, 위협과 비난, 뻔한 말의 단조로운 반복에 잠시 반쯤 겁에 질리고, 최면에 걸린 듯 멍한 상태에 빠진다.

선동가는 전체주의 독재자와 마찬가지로 사람들에게 마법의 주문을 걸고, 집단 최면과 암시를 행하는 방법을 잘 안다. 개인 최면과 집단 최면 사이에는 본질적인 차이가 없다. (가장 강력한 형태의 암시인) 최면을 통해 개인은 신체적·정신적으로 잠시 로봇과 같은 상태가 된다. 이러한 완전한 정신적 복종의 병리적 상태는 아동이나 원시인에게는 쉽게 야기할 수 있고, 문명화된 성인들에게서도 만들어낼 수 있다. 한국 강제수용소에 있었던 미국 전쟁 포로 중 일부가 이러한 상태에 빠졌다.

개인이 자신을 집단의 일부라고 느낄수록, 집단 암시의 희생자가 되기 쉬워진다. 이것이 사회적 통합과 동일시의 정도가 큰 원시 공동체가 암시에 그토록 민감한 이유이다. 주술사들은 부족 전체에게 주문을 걸어놓는 경우가 많았다.

대개 군중에게 영향을 주거나 최면을 걸기는 쉽다. 이는 공통의 바람과 열망으로 인해 집단 구성원 각자의 암시 가능성이 높아지기 때문이다. 사람들은 모두 나머지 집단원, 그리고 지도자와 자신을 동일시하는 경향이 있고, 때문에 지도자가 사람들을 손아귀에 넣기 더 쉬워진다. 히틀러가 《나의 투쟁》에서 이야기했듯이, 지도자는 시간이 갈수록 대중이 순응하리라고 예측할 수 있다.

갑작스러운 공포와 두려움은 최면을 걸기 위한 오래된 방법이며, 독재자와 선동가들은 여전히 이를 사용한다. 위협, 예기치 못한 비난, 심지어 긴 연설이나 지루함조차도 정신에 부담이 되고 최면 상태에 빠지게 할 수 있다.

또 다른 손쉬운 최면 기법은 특별히 암시적인 말을 계속 반복하는 것이다. 자기연민을 커지게 하라! 사람들에게 당신들이 '배신당했고', 지도자가 그들을 버렸다고 하라. 선동가는 가끔은 농담을 몇 마디 섞어야 한다. 사람들은 웃음을 좋아한다. 또한 무섭고 소름끼치는 이야기도 그들의 관심을 끈다. 그들에게 잔혹한 이야기를 들려주어 엄청난 긴장을 함께 경험하게 해보라. 아마 겁을 준 사람에 대해 큰 경외감을 느끼고, 그에게 자신들을 감정적 공포에서 건져줄 기회를 주고 싶어 할 것이다. 하나의 두려움에서 자유로워지고 싶은 바람으로 다른 두려움에 완전히 투항하고자 하는 것이다.

라디오와 텔레비전은 최면을 거는 소리, 이미지, 말의 위력을 키웠다. 미국인 대부분은 1938년 오슨 웰스(Orson Welles: 1915~1985. 미국의 배우이자 감독. 1938년 미국 CBS 라디오 방송에서 자신의 드라마 〈우주전쟁〉을 공개했다―옮긴이)가 화성발 침공을 방송했을 때, 수백 명의 사람들이 집을 뛰쳐나와 산불을 피하려는 동물들처럼 피난처로 도망갔던 무서운 날을 뚜렷이 기억하고 있다. 웰스의 방송은 다양한 대중매체가 지닌 최면암시의 거대한 위력, 공신력 있는 방송을 통해 전달한 잘못된 정보가 지적이고 정상적인 사람들에게 미치는 막대한 영향을 가장 잘 보여주는 예에 해당한다.

대중매체에 최면 효과를 주는 것은 이런 암시의 힘만이 아니다. 우리의 기술적인 소통 수단으로 인해 사람들은 하나의 거대한, 참여하는 군중이 된다. 내가 혼자 라디오를 듣고 있을 때조차, 기술 면에서는 다른 청취자들과 거대 군중을 이루고 있는 셈이다. 나는 마음속에서 그들을 보고, 무의식적으로 그들과 동일시하며, 라디오를 듣는 동안은 그들 중 하나가 된다. 그러나 그들과 직접 정서적인 소통을 하지는 않는다. 라디오와 텔레비전이 애정을 기반으로 한 능동적인 관계 형성을 방해하고, 생각하고 평가하며 성찰하는 능력을 파괴하는 경향이 있는 이유는 일부 이것 때문이다. 이들 매체는 정신을 직접 사로잡기에, 사람들은 자기의 마음과 친구와 책과 차분히 변증법적으로 대화할 시간이 없다. 허공에서 들려오는 여러 목소리는 자유를 촉진하는 허물없는 대화와 논의를 허락하지 않고, 따라서 최면에서처럼 수동적 허용이 더 커지게끔 한다.

많은 사람들은 최면을 사랑하며, 평생 백일몽과 낮잠을 열망한다. 이들은 쉽게 집단 암시의 먹잇감이 된다. 장황한 말이나 지루한 설교는 듣는 사람을 약하게 하거나, 군중에 대한 주문에 더 쉽게 넘어가게 하거나, 아니면 더 분노하고 저항하도록 한다. 긴 연설은 전체주의식 주입의 표식이다. 지루함이 우리의 방어를 뚫고 들어오기 때문이다. 우리는 포기해버린다. 히틀러는 단조로움을 통한 이 집단 최면 기법을 이용해 큰 이득을 봤다. 그는 연설할 때, 길고 지리한 통계 수치를 늘어놓으며 끝없이 말했다.

끊임없는 대중 협박의 언어는 잘 알려진 전체주의 전략의 도구이다. 선동가도 이러한 암시 기법을 사용하며, 또한 마찬가지로 보통 의심할 여지가 없어 보이는 적을 공격하는 보다 교묘한 술책도 사용한다. 이 술책은 자기연민에의 호소와 함께 이루어질 때가 많다. 히틀러는 1918년의 휴전부터 그가 정권을 잡았던 해까지 매우 창조적이었던 그 시기를 폄훼하기 위해 "불명예와 수치의 14년"이라는 구호를 썼다. 얼마 전에는 미국에서도 이와 수상할 만큼 닮은, 그리고 히틀러의 흥망을 지켜본 사람에게는 너무나 익숙한 "20년 동안의 반역"이라는 구호가 등장했다.

등에 칼을 맞았다는 꾸며낸 이야기를 믿는 사람들은 아동기와 같은 수준의 의심에 빠졌다. 이러한 과격한 언어의 목표는 다른 사람들의 혼란스럽고 공격적인 반응을 이끌어내는 것이다. 선동가는 일시적인 말의 공격을 두려워하지 않는다. (중상모략조차도 그를 기쁘게 할 수 있다.) 이러한 공격으로 선동가는 계속 머리기사에 등장하고, 사람들의 주목을 받으며, 그에 대한 사람들의 두려움을 키울 수 있기 때문이다. 잊히는 것보다는 미움받고 두려움의 대상이 되는 것이 낫다! 선동가는 자신의 행동에 대한 지리하고 혼란스러운 논의를 통해 스스로를 살찌운다. 이는 사람들의 정신을 마비시키고, 그의 빨간 청어(red herring: 냄새가 독한 훈제 청어. 진짜 문제를 가리는 속임수를 뜻한다—옮긴이) 아래 있는 진짜 문제를 완전히 덮는 역할을 한다. 이러한 상태가 일정 기간 이상 지속되면, 사람들은 질리고 포기하고 잠들고 싶고 큰 '영웅'에게 모두 맡기고 싶어 하게 된다. 그리고 그 뒤로 전체주의가 따라오게 된다. 사실 나치즘과 파시즘은 모두 공산주의에 대한 두려움을, 권력을 쥐기 위한 도구로 내건 도박이었다.

최근 미국에서 경험한 일은 구호와 의심을 통한 치밀한 전체주의의 공격 첫 단계와 무섭도록 닮아 있다. 폭력적이고 거친 소음은 폭력적인 정서 반응을 일으키고 정신적 통제력을 무너뜨린다. 선동가가 호언장담하며 흥분하기 시작하면, 대중은 이를 진정성과 헌신의 증거로 해석하기 쉽다. 하지만 사실 그러한 주장은 대부분 그 반대를 증명하며, 선동가가 권력을 추구하는 과정의 일부에 불과할 때가 많다.

사람들을 복종시키기 위해 치밀하게 계획하고 반복해 성공한 **공포의 파도**(waves of terror) 실행을 논의한, 전체주의의 '공포 문서(document of terror)'가 실제로 있었다. 냉전에 대한 공포를 퍼뜨리는 이러한 작전은 (주문을 외운 뒤) 점점 효과가 커졌는데, 이는 사람들이 이전 경험에 여전히 영향을 받고 있기 때문이었다. 도덕은 점차 땅에 떨어진 반면, 선전의 심리적 효과는 점차 강해졌다. 대중이 이미 유화되어 있었기 때문이다. 저항하던 사람들은 발각될까 점점 더 두려워하게 된다. 사람들은 정치에 대한 논의에 참여하거나 의견을 표현하기를 서서히 꺼리게 된다. 그들의 내면은 이미 공포를 야기하는 독재자의 힘에 항복한 것이다.

우리는 우리 가운데 있는 선동가와 야심에 찬 독재자를 외부에 있는 냉전 시대의 적처럼 대하는 방법을 배워야 한다. 그것은 바로 농담거리로 삼는 것이다. 선동가는 어떤 종류의 농담이든 거의 할 줄 모르지만, 우리가 그를 농담의 소재로 삼기 시작하면 무너져내리기 시작할 것이다. 유머는 결국 관점의 문제이다. 만약 우리가 세상이 어때야 하는지를 이해할 수 있으면, 어떻게 잘못될 수 있는지도 이해할 수 있으며, 문제를 마주했을 때 이를 인식할 수 있다. 선동가의 말을 숙고해보면, 얼마나 잘못되었는지를 이해할 수 있을 것이다. 어떻게 그들을 진지하게 받아들이고 응답할 수 있겠는가? 우리는 중요한 할 일이 많다. 개인으로서 우리 자신, 그리고 우리 국가의 생사가 달려 있는 일이다. 선동의 효과는 사람들이 상상 속의 혐의를 심각하게 받아들이거나, 거짓 주장이 사실인 것처럼 논의하거나, 공황 상태에 빠져 그의 주장을 생각하고 검증해볼 기회를 포기해버리느냐에 달려 있다.

진실은 선동가가 인간의 합리적이고 성숙한 면에 호소하지 않는다는 것이다. 그는 가장 비합리적이고 미성숙한 부분에 호소한다. 그의 헛소리에 논리적으로 답하는 것은 불가능하다. 그렇게 하면 우선 그의 전제를 인정하는 셈이 되고, 그가 선택한 논쟁에 갇히게 된다. 언제나 우리의 영역에서 우리의 수단으로 싸울 때 적을 물리치기 쉬운 법이다. 또한 선동가는 논의와 명확화가 가능한 논리를 내세울 수 없거나, 또는 그런 척한다. 그는 주제를 바꾸는 데 선수이다. 우리가 진실, 공동선, 진짜 문제에는 관심 없는 사람들과의 끝없는, 요점 없는, 결국 매도로 이어지고 말 논쟁에 휘말리면, 그들보다 더 나쁜 사람이 되고 만다. 그들이 계속 주목받고 권력을 쥐게 되기 때문이다.

자유가 심리적으로 공격당할 때 사람들에겐 무엇보다 유머와 식견이 필요하다. 공포를 일으키는 전략을 계속해서 용인하거나 침묵으로 받아들인다면 우리의 민주주의 체계는 무너질 수밖에 없다. 혼란은 자신감을 갉아먹는다. 미국처럼 진실을 가려내는 일이 투표권을 가진 대중에게 달린 국가에서는 선동가가 대중을 속이기 위해 이용하는 전략에 대한 폭넓은 지식이 절대적으로 필요하다.

협박의 도구가 되는 재판

또 다른 중요한 측면은, 인간의 피암시성이 스스로에게, 그리고 민주 시민으로서의 자유에 무거운 짐이 될 수 있다는 것이다. 여론을 조작하려는 의도적 시도가 없더라도, 정치나 범죄 관련 재판과 같은 사법 절차에 대한 무분별한 토론은 신문 머리기사나 당파적인 기고문을 통해 어떤 집단 정서의 분위기를 만들어낼 수 있다. 이렇게 되면 관련자들이 꼭 필요한 객관성을 유지하면서, 암시나 주관적 경험보다 사실에 기반해 판결하기가 어려워진다.

또한 언론의 많은 관심을 받는 사법 절차는 대중에게 광범위한 정신적 압력을 가한다. 자연히 참여자들뿐만 아니라 시민 전체가 사법 절차에 정서적으로 연결된다. 모든 재판은 권력의 문제일 수도, 진실의 문제일 수도 있다. 객관적으로 보이는 수사도 필연적으로 동반되는 암시의 작용으로 인해 통제의 무기가 될 수 있다. 전체주의 정부가 권력을 행사하면 재판은 무서운 결과를 가져올 수 있다. 모스크바 숙청 재판, 독일 제3제국의 방화 사건이 대표적인 예이다.

물론 미국에서는 정의에 대한 이러한 무서운 왜곡은 없지만, 신문·라디오·텔레비전에서 사법 절차를 이야깃거리로 삼는 경향이 정의와 진실에 도달할 수 있는 우리의 능력을 약화시킨다. 판결이 날 때까지 사법 절차에 대한 논의는 미루는 편이 나을 것이다.

앞에서 살펴본 것처럼, 누구나 자백을 강요당할 수 있다. 잔인한 정신적 살해 과정이 이 목표에 다다르는 유일한 길은 아니다. 혐의를 받는 것만으로도 죄인이 될 수 있으며, 특히 집단의 분노나 여론의 영향에 맞서기에는 너무 약할 때 더욱 그렇다.

비정상적인 두려움과 편견이 자리잡은 상황에서 인간은 희생양의 필요를 강하게 느낀다. 그 결과 탓할 사람에 대한 욕구를 만족시켜주는 거짓된 혐의에도 쉽게 속아넘어가게 된다. 미국에서도 대중 감정의 희생양이 된 집단 린치의 피해자들이 있으며, 그들은 반역자·부역자로 불렸다. 여론에 휩싸인 상황에서 재판 자체가 '유죄' 평결이 된다.

의회의 국정조사

먼저 나는 의회가 국정에 대해 조사하고 이를 바탕으로 입법을 제안할 권리가, 우리의 민주주의를 보호해주는 가장 중요한 장치 중 하나라고 굳게 믿는다는 점을 언급해야겠다. 하지만 인간이 만든 다른 제도와 마찬가지로 의회의 조사 권한도 남용될 수 있다. 조사할 수 있는 권력은 파괴하는 권력이 될 수 있다. 이는 공격당하는 사람뿐만 아니라 조사에 출석하는 증인의 정신적 통합성에 대해서도 마찬가지다. 현재 이루어지고 있는 의회의 국정조사는 보이지 않게 시민들에게 강압적인 영향을 미치고 있다. 일부 독단적인 인사들은 조사에 대한 병적인 욕구에 사로잡혀 있고, 국정조사는 그들을 위해 만들어진 것이나 다름없다. 그들에게 동의하지 않고, 굽신거리며 굴복하지 않는 사람은 용의자이자, 쏟아지는 모함과 비난의 대상이 된다. 일부 대중은 선동가에게 반대하는 사람의 말은 아무것도 믿지 않고, 진짜 목적을 숨긴 선동가의 협박에 굴복하거나 선동가에게 동조하는 사람들의 말을 무비판적으로 삼키는 경향이 있다.

심리 측면에서 중요한 것은, 면담과 조사 자체가 강압적 영향을 줄 수 있음을 이해하는 것이다. 교차 검증을 받게 되면 그 절차로 인해 마비되어, 한 적도 없는 일을 자백하는 자신을 발견하게 될 수도 있다. 조사의 욕구가 확산되는 나라에서는 의심과 불안도 커진다. 모두가 심문자에게서 느껴지는 전능함에 감염된다. 예를 들어 도청도 같은 효과가 있다. 다른 사람의 비밀을 캐는 것이기 때문이다.

심리학계에서는 면담과 심문이 사람들에게 주는 영향에 큰 관심을 갖고 있다. 면담을 하는 사람은 그러한 소통 과정에서 일어나는 다양한 사람 사이의 상호작용에 주의를 기울여야 한다. 그렇지 않으면 진실을 찾아내기 어려울 것이다. 대신 그는 그의 의문에 내재된 답, 진실과는 별 상관이 없는 답을 듣게 된다. 이는 비단 인터뷰하는 사람이 답하는 사람과 신뢰 관계가 좋지 않을 때만 일어나는 일이 아니다. 최선을 의도할 때도 이런 일이 있을 수 있다. 면담에서는 모든 사람의 이전 대인 관계가 모두 소환된다. 탐색 단계라고 할 수 있는 시작할 때의 '시행착오' 과정에서, 각 정당은 상대 당의 기대와 약점을 찾아내는 동시에, 자신의 약점은 숨기고 강점은 강조하기 위해 움직인다. 길을 걷던 사람을 갑자기 인터뷰하면, 질문하는 사람이 기대한다고 여겨지는 답을 주게 마련이다.

모든 대화, 모든 언어적 관계는 적어도 어느 정도는 아동과 부모의 초기 관계를 반영한다. 조사를 받는 사람에게 조사하는 사람은 좋은 부모이든 나쁜 부모이든 부모, 즉 의심이나 복종의 대상이 된다. 조사하는 사람은 이러한 무의식의 과정을 모를 때가 많기 때문에, 결과는 무의식적인 또는 반쯤 의식적인 경향의 혼란스러운 다툼이 될 수 있다. 이때 하는 말은 두 사람 성격의 더 깊은 지층 사이에서 일어나는, 의심을 숨긴 대화라고 할 수 있다.

법정에서든, 의회에서든, 심지어 면접을 보거나 건강 검진을 받든, 체계적 질의를 받는 사람들은 자신이 노출되었다고 느낀다. 이 사실 자체가 이상한 정신적 방어를 일으킨다. 이러한 태도는 자신을 보호하는 데 유용하겠지만, 자신에게 해를 끼칠 수도 있다. 예를 들어 누군가 직업을 찾고 있다면 열의가 지나치거나, '좋은 인상을 남기는 것', '최선의 모습을 보여주는 것' 때문에 오히려 좋지 못한 인상을 남기고 의심을 불러일으킬 수 있다. 우리가 말하는 내용뿐만 아니라 말하는 방식도 정직성과 균형감을 보여줄 수 있기 때문이다. 초조한 목소리, 손짓, 침묵, 말을 더듬는 행동 때문에 속마음을 들킬 수 있다. 적극적으로 자신을 드러내려다 말을 너무 많이 하게 되거나, 자제하려다 말을 충분히 하지 않게 될 수도 있다.

법정의 피고인이나 조사에서 자신을 방어해야 하는 사람은 자신의 혐의나 질문 내용에 대해서만 방어하는 것이 아니라 자신의 무의식적 죄책감, 자기 능력에 대한 의심을 더 강하게 방어해야 한다. 나의 동료 의사들 중 상당수가 법정에 전문가 증인으로 출석했는데, 교차 검증을 할 때는 마치 자신이 재판과 판결을 받는 것같이 느껴졌다고 했다. 교차 검증이 진실을 밝히는 데 전혀 도움이 되지 않는 정서적 압력보다 나을 게 없다는 것이다. 이것이 심문하는 권력이 예외 없이 그토록 쉽게 강압적인 권력이 될 수 있는 이유이다. 증인과 피고인을 일시적인 무대 공포증 상태로 만드는 것은 전체주의의 나쁜 무기가 될 수 있다.

심리학자와 정신과 의사들은 이를 알고 있기 때문에, 이제는 수동적 면담 기법을 주로 사용하게 되었다. 질문하는 사람이 특정한 대답을 유도하지 않으면, 질문받는 사람은 자신의 생각과 의지에 따라 답할 수 있다. "그다음엔 무엇을 하셨나요?"와 같은 중립적인 질문이, "그다음엔 집으로 가셨나요?"와 같은 질문보다 자유롭고 정직한 답을 이끌어낼 수 있다.

증인과 그의 주관적 증언

요즘 우리는 공산주의자들이 줄 지어 자발적으로 과거를 자백하고 전향하는 모습을 목격하고 있다. 비슷한 일은 또 있다. 바로 전향한 사람들이 다시 전향하는 것이다. 이 얽히고설킨 증언 사이에서 어떻게 진실과 거짓을 가려낼 수 있을까? 우리 국가 정책에 영향을 미칠 수 있는 사람들이 상반되는 증언을 할 때, 혼란에 빠지지 않으려면 어떻게 해야 할까? 어떻게 그들의 말을 평가하는 방법을 배울 수 있을까? 심리 측면에서 그들의 증언이 우호적인지 비우호적인지를 떠나 얼마나 신빙성이 있을까?

일반적으로 진술할 때 가장 과격한 사람이 가장 신뢰성이 낮다고 할 수 있다. 이들 중에는 자신 내면의 깊은 불안 때문에 전체주의 이념을 받아들인 사람이 많다. 이들은 나중에 어느 순간 자신이 선택한 이념이 자기를 버렸다고 느끼게 된다. 비록 이러한 생각은 오랫동안 마음속에 강하게 억눌려 있게 되지만, 가능한 시점이 오면 체제를 완전히 부정한다. 이는 오랜 관찰의 결과와 믿음을 마음속에서 재배열하는 과정을 통해 이루어진다. 하지만 그들이 버린 것은 단지 이념과 관련해 확립된 규칙일 뿐이다. 대부분은 거기에 따른 숨은 증오와 불안은 떨쳐내지 못한다. 그들을 지켜주고 정당화해주던 정치 이념은 포기했을지 몰라도, 분노는 그대로 가지고 있는 것이다.

이런 사람들이 고도로 조직화된 다른 체제를 통해 바로 안식처를 구하는 것은 매우 흔한 일이다. 이제 그들은 세상을 다른 각도에서 보기 때문에, 예전에 사실과 관념도 그 의미가 달라진다. 그러나 이때도 자기를 정당화하고 결백을 증명하려는 욕구는 남아 있다. 이는 모두에게 있는 욕구이며, 이들의 경우에는 과거에 공산주의를 지지하게끔 이끈 욕구이기도

하다. 이제 그들은 자신의 무고함과 새로운 이념에 대한 충성심을 증명해야 한다. 그들의 정서는 새 옷을 입었지만, 전과 같이 자기정당화라는 목표를 향해 있는 것이다.

전향한 사람이 보기에, 새로운 관점(내면의 요구와 이를 충족시키는 방법)은 이전의 기대와 만족만큼이나 논리적이고 합리적이다. 이제 그는 오래전부터 해온 경험을 재발견한다. 과거의 친구가 현재의 적이 된다. 그들 중 몇몇은 사실과는 상관없이 공모자가 된다. 그는 진실과 환상, 사실과 주관적 욕구를 자기 힘으로 구분할 수 없다. 그 결과 지각과 기억이 완전히 뒤틀리게 된다. 그는 자기 기억을 사실과 다르게 이야기하지만, 자기 자신은 이 과정 대부분을 인식하지 못한다. 나는 이러한 행동이 제2차 세계대전 중 나타났던 예를 분명히 기억하고 있다. 이전의 나치가 용감한 지하의 반나치 활동가가 되었다. 그는 나치와 싸우는 것뿐만 아니라, 이전 친구들에 대한 소문, 불안을 일으키는 온갖 소문을 퍼뜨리는 것을 통해서도 자신의 과거를 바로잡으려 했다. 그는 이전 친구들을 더 잔인하게 만듦으로써 자신이 더 충성심 있어 보이리라 생각했다.

비슷하게, 전향한 사람이 법원이나 의회에서 하는 부정과 허위 진술은 의식적 거짓말이기보다 내면 재배치의 산물이다. 그의 과거에 대한 고발은 모두 자기정당화 과정을 위한 새로운 도구가 된다. 이들 중 일부만이 과거에 진짜로 실수를 했음을 인정할 도덕적 용기가 있다. 선의의 거짓말과 선택적 망각 및 억압 사이의 거리는 보통 매우 가깝다. 나는 이러한 사실을 나치에게 붙잡혔던 레지스탕스들을 조사하면서 알았다. 그들에게서 적에게 고문받은 뒤 무엇을 알려주었는지에 대한 객관적 정보를 얻는 것은 거의 불가능했다. 그들은 배신을 강요당했다고 진술하면서, 동시에 자신의 이야기를 선의의 거짓말과 이차적 왜곡으로 색칠한다. 죄책감 때문에 자신을 지나치게 탓하거나, 자신의 행동에서 잘못된 점을 전혀 찾지 못한다.

침묵할 권리

최근 의회의 조사위원회 활동이 증인의 양심에 반하는 정보를 요구해 법으로 보장한 침묵할 권리를 심각하게 침해한다는 주장이 있었다. 이는 인간의 사생활과 내적 권리를 크게 침해할 수 있다. 인격 및 개인의 양심의 가치를 훼손하는 것은 전체주의의 공격 위협만큼이나 민주주의에 위협이 된다.

우리는 증인들이 의회를 저버릴 것인지, 아니면 인간성을 저버릴 것인지 선택해야 하는 어려운 입장에 처한다는 것을 이해해야 한다. 조사관들은 증인들에게 예전 친구들을 배신하라고 강요하면서 몇몇 '배신자'를 가려낼 수 있겠지만, 동시에 그들은 우정을 배신할 것을 종용하고 있는 것이다. 우정은 인간의 가장 소중한 자산이다. '국회 모욕죄' 뒤에서 어떤 정부나 기관이라도 자백을 강요할 수 있으며, 정보를 이용해 이전에 충성하던 사람들에 대한 배신을 강요할 수도 있다. 이는 결국 전체주의자들의 강요와 같은 것이 아닌가? 이는 무엇을 위한 것인가? 우리는 희생자 성격의 약한 부분과 불안에서 기인하는 유사 숙청을 행하는 것이다. 또한 민주주의의 기본 원리 중 하나인 인간의 강점에 대한 존중을 침해하는 것이기도 하다. 우리는 무고한 사람 1명이 죽임을 당하는 것보다 10명의 죄인이 풀려나는 것이 낫다고 언제나 믿어왔다. 이는 1명의 죄인을 풀어주느니 무고한 사람 10명을 사형에 처하는 것이 낫다는 전체주의의 개념과 완전히 반대이다. 우리는 증인의 양심이 그를 침묵하게 할 때 그에게 자백을 강요함으로써 죄인을 처벌할 수는 있겠지만, 같은 전략으로 양심을 따르는 무고한 사람들을 무너뜨릴 수도 있다. 대법관 윌리엄 더글러스(William O. Douglas)와 휴고 블랙(Hugo Black)은 1954년 면제법(Immunity Act)의 헌법 합치성(constitutionality)에 대한 반대 의견*에서, 침묵할 권리는 미국 수정헌법 제5조에 따라 보장된 권리이며, 개인의 양심 및 존엄, 표현의 자유를 보호한다고 강조했다. 책임이 면제되는 때라 해도 누군가에게 범죄를 자백하라고 강제하는 것은 의회의 권한을 벗어나는 일이다.

(비록 정치와 관련한 판단력이 더 미숙했던 나이에 실수를 했더라도) 이전 동료들을 배신하지 않으려는 개인의 욕구는, 도덕의 측면에서 볼 때 반역자를 찾아내려는 정부를 돕는 욕구만큼이나 중요하다. 공동체에 대한 배반은 자기 배반에 뿌리를 두고 있음을 잊지 말도록 하자.** 자신의 감정과 스스로를 배신하도록 강요하는 것은, 언젠가 그가 더 쉽게 공동체를 배신하게끔 하는 것이다. 만약 법이 사람들로 하여금 우정이라는 내면의 감정을 배신하게끔 만든다면(이 감정이 청소년기의 미숙한 충성심에 기반한다 할지라도), 바로 그 법이 개인의 통합성을 저해하고, 강압과 정신적 살해가 시작되는 것이다. 선택해야만 하는 상황에서 충심 어린 반대와 수동적 동조를 가르는 것은 개인의 양심이다. 법은 개인의 도덕 기준도 보호해야 한다. 그렇지 않으면 개인의 양심은 법적 권력과의 싸움에서 지게 될 것이다. 도덕적 평가는 개인에게서 비롯되는 것이지 국가에서 비롯되는 것이 아니다.

---

* *The New York Times*, March 27, 1956.

** 14장 참조.

정신적 협박

세뇌라는 개념에 대한 법적 논의는 이미 시작되었고, 가상의 범죄와도 연결되고 있다. 신문에서 한국과 중국에 있던 전쟁 포로들에 대한 공산주의자들의 세뇌를 널리 보도했고, 이는 보통 사람들에게 불안을 불러일으켰다. 3장에서 이야기했듯이, 일부 조현병, 경계선 성격 장애 환자들은 세뇌라는 새로운 개념에 사로잡혀, 그들을 괴롭히는 망상이 세뇌 때문이라고 생각한다. 어떤 이들은 누군가 자신의 마음속 감정을 전파나 어떤 신비한 수단을 이용해 알아내고, 특정한 생각을 하게끔 지시했다고 믿는다.

요새 이러한 환자들이 **계속해서 세뇌당하는 느낌**을 호소하는 편지를 나에게 몇 통 보냈다. 정치적 정신 강압이라는 새로운 개념이 그들의 망상 체계에 들어맞은 것이다. 변호사들이 상상 속의 세뇌 가해자를 고소하고 싶어 하는 환자들에 대해 상담을 청해오기도 했다.

이렇게 병적 의심으로 이어진 세뇌 개념은, 사람들에게 충고해주거나 영향을 주는 직업을 가진 사람에게 악의적으로 죄를 씌우고 고소하는 데 이용될 수도 있다. 지금도(1955년 가을) 피고인들이 제3자에 의해 세뇌 혐의로 고소당한 재판이 몇 건 진행되고 있다. 그들은 전문가로서 원고의 이익에 반하는 조언을 했다는 혐의를 받은 것이다. 기만적인 변호사는 미묘한 인간관계를 공격하고 그 관계를 변질시킨다. 이는 공감 능력을 연민이 아닌 반감을 일으키고 공격하는 데 사용하는 오랜 악이다. 관계를 공개하길 주저하는 인간의 특성을 악용하는 것이다. 또한 미국의 이상한 상황, 즉 법원에서 무죄 판결을 받았어도 법적 도움에 대한 대가를 지불해야 하는 상황을 이용하는 것이기도 하다. 현실적으로 이야기하면, 어려운 사법적 문제에 처했을 때 최고의 정의 수호 기관인 대법원의 판결을 받으려면 적어도 3만 달러를 써야 한다는 뜻이다.

　이와 같이 요 몇 년 동안 새로운 국면으로 발전한 세뇌 관련 상황으로 인해, 정신의학계는 비합리적인 공격에 더 취약해졌다. 한 사건에서는, 이전에 경제적으로 불편한 상황에서 순종적이던 환자가 심리 치료 이후 더 독립적으로 행동하자 제3자가 상처받은 일이 있었다. 다른 사건에서는 의사가 자신의 환자를 순종적인 연애와 막연한 결혼 약속에서 벗어나게 해주었다는 이유로 고소당했다. 세 번째 사건에서는, 부당한 대우를 받던 환자가 치료를 받으면서 상업 거래처를 바꾸었다. 이 모든 사건에서 손해를 보았다고 생각한 제3자는 소위 세뇌 및 악의적 영향을 이유로 의사를 고소했다. 이러한 형태의 협박 중 일부 사건에서는, 재판을 진행하는 데 비용이 훨씬 많이 들기 때문에 비싼 합의금을 지불하기도 했다.

　현직 정신과 의사가 이러한 일을 당하면, 불만을 품은 당사자와 악의적인 변호사로 인해 재정적 압박만 겪게 되는 것이 아니다. 몇몇 주에서는 법원이 의사들의 비밀 엄수 선서조차 인정하지 않는다. 히포크라테스 선서에는 다음과 같은 내용이 있다.

　나는 나의 전문적인 업무와 관련된 것이든 혹은 관련이 없는 것이든, 일생 동안 결코 밖에서 말해서는 안 되는 것을 보거나 들을 것이다. 나는 그와 같은 모든 것을 비밀로 지켜야 한다고 생각하기에, 결코 누설하지 않겠노라.

　어떤 법정에서는 신체적 검진이나 치료만을 누설하지 말아야 할 의학적 절차로 보고, (정신과 치료의 핵심인) 개인적 대화는 예외로 놓기도 한다. 전문가로서 비밀을 지키려고 하면 법정 모욕죄가 된다. 또 다른 어려움은 (환자 본인이 아닌) 제3자가 의료 과실로 고발한 경우 보험 적용이 되지 않는 것이다.

심리적 관계에 대한 이러한 거짓된 공격은 (현재 드물다 해도) 다양한 형태의 정신적 협박이 일어날 수 있는 길을 연다. 미묘한 개인적 관계를 공격하거나, 제3자가 배제되었거나, 무시당하거나 경제적 손해를 보았다고 느끼면 고소할 수 있다는 뜻이기 때문이다. 나는 자산 관리에 대한 조언을 잘못했다는 이유로 주식 중개인을 고소할 수는 없지만, 나의 환자를 '세뇌'시켰다는 이유로 심리 상담사를 고소할 수는 있다.

정신적 협박과 교활한 고소의 새로운 가능성이 열린 것이다! 우리는 조금씩 잘못된 의도와 예측, 비순응적인 조언과 안내, 마침내는 인간 사이에 주고받은 자연스러운 영향까지 처벌할 수 있게 되었다. 전체주의 국가에서는 이미 이러한 것들을 범죄로 취급하고 있다.

'협박(blackmail)'이라는 말은 원래 영국과 스코틀랜드 사이의 국경 분쟁에서 나왔다. 'blackmail'은 돈이나 가축을 받는 대신 농부들을 약탈하거나 괴롭히지 않겠다는 약탈자들의 합의였다. 이 말은 중세 영어에서 말, 임대료, 세금을 의미했던 단어 'maille'에서 나왔다.

프랑스어에서 같은 의미로 사용하는 단어인 'chantage'는 정신적 강요 개념에 더 가깝다. 이 말은 다른 사람이 '노래 부르도록', 즉 신체적 처벌이나 비밀을 밝히라는 위협 때문에 자기 의지와 상관없이 자백하도록 한다는 뜻이다.

정신적 위협은 인간의 내적 권리와 존엄을 짓밟는, 점점 확산되고 있는 경향이라고 할 수 있다. 이는 영혼의 틈새에서 어떤 일이 일어나고 있는지에 대한 내밀한 지식을 이용해, 다른 사람을 상처입히고 상처주고자 하는 경향이다. **정신적 협박은 언제든지 무죄 대신 유죄를 추정하는 순간 시작된다.** 우리는 황색언론이 희생자에게 수치를 주기 위해 뒤를 캐는 것을 매우 자주 본다. 이는 비윤리적일 뿐만 아니라 인간의 판단력을 흐리게 한다. 그리고 법정에서는 정신적 위협이 그 선정성을 통해 정의를 예단하고 선입견을 만든다.

약한 아기가 눈물과 심술로 얻어내는 것을, 악의적 영향과 세뇌를 상상하며 투덜대고 불평하는 고발자도 얻어낼 수 있다. 자살 시도 환자 역시 같은 종류의 압력을 가할 수 있다.

나는 미래에 대법원에서 이러한 새로운 종류의 기소를 통제하는 규칙을 만들어야 한다고 생각한다. 그렇지만 문제의 핵심은 이 변화의 시대에 인간의 마음속에서 자라나는 의심이다. 우리는 너무 많은 비밀 수단, 비밀 서류로 인간 정신을 협박한다. 소문, 정치적 압력 단체들 내부의 미묘한 압력, 로비 안의 로비, 심지어는 우정에 대한 배반을 통해서이다.

재판관과 배심원

그렇다면 거짓 속에서 진실을 가려내어, 정의롭고 공정한 판결을 내리는 임무를 부여받은 사람들은 어떨까? 판사와 배심원들도 외부의 사실, 사건 주요 인물들의 행동 기저에 있는 내부의 욕구에 영향을 받는다. 하지만 그들은 자신의 배경, 욕구를 넘어 편견이나 주관적 바람에 좌우되지 않고 증거에만 기반해 판단해야 한다. 또 하나 잊지 말아야 할 것은 사건과 관련한 사람뿐만 아니라 그 사건을 아는 사람 모두가 결정을 내린다는 것이다. 독자와 나, 대중, 판사와 배심원 전부 마찬가지다.

판사와 배심원들은 사실만을 기반으로 질문하는 어려운 과업을 해야 하고, 그때도 강한 집단 정서, 기억하는 사실의 정서적 재배치에 영향을 받는다.

판사와 배심원들은 논쟁적 주제를 둘러싼 집단 정서와 분위기에 영향을 받으며, 꼭 필요한 객관성을 유지하기 어려워진다. 인종 박해 재판을 통해 증명된 것처럼, 배심원들이 재판 시작 전에 이미 대중의 정서적 요구를 받아들이는 경우도 있다.

최근 두 명의 사법 권위자가 배심원 제도를 공격했는데, 한 명은 정의를 실현하는 과정이 지연된다는 이유에서였고(Peck), 다른 한 명은 정의를 집행하기에는 구태의연한 수단이라는 이유에서였다.(Newman) 배심원 제도는 13세기의 유산으로, 원래 마법을 통한 (신들과 우연이 죄를 결정하는) 재판, 전투를 통한 (신체의 기술과 힘이 두 집단 중 누가 유죄인지를 결정하는) 재판을 대체하기 위한 의도였다. 간단하게 조직화된 공동체에서 피고와 범죄가 벌어진 여건을 모두 아는 사람들이 배심원을 맡았을 때, 이 제도는 오랫동안 자기 역할을 다했다. 하지만 우리의 복잡한 사회, 사람들이 서로에 대해 잘 모르고 수천 겹의 소통이 마음을 파고드는 사회에서는 달라졌다. "보통 배심원은 자신이 물려받은 편견과 습관화된 정서에 흔들린다." (Newman) 배심원들이 늘 장단점을 비교하고 사실 해석을 따를 수는 없다. 그리고 재판에 나서는 변호사들은 어떻게 배심원을 현혹하고 마음을 사로잡으며, 판단에 영향을 미칠 수 있는지 알고 있다. 이를 넘어 배심원 선택도 정의를 실행하는 절차를 더욱더 지연시킨다.

개인과 사회에 대한 조건화가 배심원의 반응에 미치는 영향에 대한 간단한 예로, '반역자'라는 말이 일으키는 내면의 혼란을 살펴보자. 이 말은 정서적 폭발력이 있다. 만약 누군가 부정할 수 없는 사실에 기초해 반역자나 체제 전복을 꾀한 사람으로 기소되면, 그 사람의 행동을 과학적·심리학적으로 설명하려는 시도는 그 자체로 이미 기만적인 주지주의(intellectualism)가 된다. 반역자를 처벌해야 한다는 데는 모두가 동의한다. 그는 사회의 불순물 같은 존재로, 차라리 죽는 것이 낫다. 법정에서 그를 변호하는 변호사조차도 반역에 협력한 죄로 고발당할 수 있다.

우리는 모두 해결되지 않은 무의식 속의 감정을 건드려, 객관적 지각과 판단에 바로 혼란의 방아쇠를 당기는 단어를 알고 있다. 예를 들어 '공산주의자(communist)', '동성애(homosexual)' 같은 말은 어두운 감정의 저장고를 열어 행동으로 이어지게끔 할 수 있다. 선동가들은 이러한 단어를 대중의 감정을 휘저어놓기 위해 이용할 수 있다. 그들은 대중의 감정을 통제할 수 없음에도 불구하고 당시에는 그것이 매우 적절한 전략이라고 믿는다. 하지만 이는 시한폭탄 돌리기가 될 수 있다. 우리는 예외 없이 '아니 땐 굴뚝에 연기 나랴', '바늘 도둑이 소 도둑 된다' 같은 말에 솔깃하게 마련이다. 나는 언젠가 어떤 사람이 '더러운 일부일처제 옹호자'라고 비난받은 일에 대해 뜨거운 논쟁이 일어나는 것을 보고 큰 흥미를 느꼈다. 일단 한번 기소당하면, 여론은 그에게서 등을 돌린다.

판사조차도 자신의 정서적 어려움 때문에 흔들릴 수 있다. 이는 특히 증인이 의도적으로 편향된 증언을 할 때 그렇다. 영국 법원에서는 배심원들의 편견 어린 태도가 미치는 영향을 인식하고 있다. 따라서 피고가 유명한 사람인지 아닌지와 상관없이 재판 과정을 광범위하게 보호한다. 이는 주로 재판 전에 재판에 대한 논의가 이루어지지 않게끔 하는 방식으로 이루어진다.

심문의 중계

공개적인 공식 심문을 보는 사람들은 거기에 영향을 받으며, 그들이 영향을 받는다는 사실이 심문 결과에도 영향을 미친다. 예를 들어 미국인들은 범죄 청문회를 여러 차례 텔레비전으로 지켜보았다. 시민들은 집에 편히 앉아 피고의 변호사들이 유리한 입장에 서기 위해 어떤 식으로 사실을 조작했거나, (잘 알려진 범죄 조직의 우두머리일 때도 있는) 고객에게 조언을 했는지 볼 수 있다. 이들의 행동이 결과를 정해놓은 레슬링 게임처럼 훤히 들여다보이는 속임수라 해도, 결과적으로 별로 유쾌해 보이지 않는 희생자들은 우스워지고, 침착하며 확신에 차 있는 범죄자가 더 그럴듯해 보일 수 있다. 희생자들은 대중의 관심을 받는 것을 힘겨워하는 경우가 많다. 걱정되고 긴장되고 수치심을 느끼기 때문이다. 반대로 범죄자들은 의분에 찬 목소리로 모든 혐의를 부인하거나, 동정심을 얻으려는 목적으로 자백을 한다. 이름 없는 시청자들이 주는 효과는 (증인이나 피고가 그들의 판단을 상상하기 때문에) 심문 결과에 영향을 미친다. 그들을 본 우리는 모두 주관적인 기대를 가지게 된다.

텔레비전은 이와 같은 심문을 공개 재판으로 만들며, 의도치 않게 정의가 아닌 대중의 다양한 감정을 법정 분위기의 일부로 끌어들이게 된다. 이러한 심문에서 제시하는 증거는 모두 소문과 정서로 덧칠되고, 시청자들은 충격을 받은 채 의심·심문이 진실을 다 밝히지 못했다는 깊은 걱정을 남기게 된다.

객관성의 추구

인간의 정의감은 매우 옅은 함의를 가지고 있다. **정의의 제국**(Justitia)이 권력 있는 친구들에게 추파를 던지거나 완전히 복종하면, 사람들은 점점 불안을 느끼게 된다. 그러나 인간의 정의감을 만족시키기 위해서는 단순히 안정감만 필요한 것이 아니다. 정의의 감각은 법의 이상적 법칙을 실현함으로써 공동체에 영감을 주고 도덕 수준을 더 높이고자 하는 내적 태도이다. 정의에는 최소한의 준법 행동이 필요한 것이 아니라, 개인의 실천과 상호간의 공정한 행동이 필요하다. 정의에는 개인의 정의와 사회의 정의가 모두 요구된다. 사람들 사이의 관계, 사람들과 정부 사이의 관계 중 하나만 고려해서는 부족하기 때문이다. 이상적인 정의라고 느껴지는 것은 늘 희생과 자기절제를 요구한다. 감정에 치우치는 것은 정의의 적이다. 이와 같은 정의의 이상은 개인뿐만 아니라 공동체와 국가 사이에도 적용해야 한다. 이렇게 정의를 위해 서로 권력을 양보할 수 있는 분위기에서만 민주주의는 성장할 수 있다.

인간이 개인의 감정을 떠나 세상을 객관적으로 보는 방법을 배울 수 있는가? 그렇다. 배울 수 있다. 보고 증언하는 방법은 바뀔 수 있다. 집단의 고조된 감정과 편견을 받아들일 때 자신과 타인에게 해를 끼칠 수 있다는 것을 많은 사람들이 깨닫게 되었다. 그러면 통찰력 있는 조사와 관찰을 통해 편견을 걷어내고, 진실을 찾기 위해 정신과 눈을 계속해서 재조정하면서 사건을 보는 방법을 배울 수 있다.

강제수용소나 포로수용소 수감자들은 끊임없는 소문과 암시의 폭격을 맞으며, 필요한 자기방어를 하느라 올바른 관찰이 불가능해지기 때문에, 다른 사람들의 행동에 대해 객관적으로 이야기하기 어렵다. 그날그날 군중의 태도가 그들의 의견을 좌우한다. 수감자들이 분노를 풀기 위해 희생양으로 만드는 사람은, 자신에 대한 보고를 객관적으로 바로잡을 수가 없다. 자신은 객관적이라고 주장하는 수많은 증인이 그와 대척점에 서 있기 때문이다. 사실과 소문을 구분하고 중립적 관점을 유지하는 것은 파고드는 발톱을 고치는 것처럼 어렵다. 다수의 편에 서고, 강한 자의 의견을 따르는 것은 인간의 본능적 욕구이다. 이 욕구는 안전에 대한 생물학적 욕구에 뿌리박고 있다. 이것이 포로수용소에서 군인들 사이에 무조건적으로 협조해야 한다는 분위기가 형성되는 이유이다. 그 결과 완전히 무의식적인 상태에서 진실을 왜곡하게 된다. 개인이 관찰한 것은 집단 의견이 미치는 강한 영향 속에서 방향을 잃는다.

미래의 심리학에서 인간의 행동에 대한 통찰이 보다 넓어지면, 우리는 믿음직한 증인의 중요성을 더 알게 될 것이다. 모든 진술과 증언에 대해 강점과 약점을 분석하고, 심리적·역사적 배경을 고려하게 될 것이다. 미래 시민들은 한쪽 편에는 분명한 사실인 것이 다른 편에는 그렇지 않아 재판에 어려움을 겪었던 때가 있었다고 추억하며 웃게 될 것이다. 이들은 우리가 했던 행동이 서로에 대한 적대감·두려움·불안의 표현일 뿐이었다는 것, 이러한 감정으로 인해 우리가 자신도 모르는 사이 충동적으로 기억과 인상을 자의적으로 재배열했다는 것을 이해할 것이다. 그리고 당시에는 객관적 사고가 걸음마 단계였다고 지적할 것이다.

09

공포 전략과 공포 반응

삶에 대한 두려움

우리 시대에는 인간관계로 인해 생기는 두려움이 너무 강해, 무기력과 정신적 죽음이 정신적 각성과 삶보다 더 낫게 느껴질 때가 많다. 전부터 심리학에서는 죽음에 대한 두려움과 수많은 미지의 것이 다양한 불안을 일으킨다고 했지만, 현대 심리학 연구를 보면 삶에 대한 두려움이 훨씬 크고 깊고, 더 무서운 불안을 일으킨다.

삶이 우리의 통제 범위를 벗어나는 것처럼 보일 때가 자주 있다. 상대적으로 안전한 아동기의 의존에서 벗어나 자유와 책임감으로 이행하는 것은 위험하다. 살아가는 데는 활동과 대처 능력, 시행착오, 잠과 깨어남, 경쟁과 협동, 적응과 방향 재설정이 필요하다. 또한 삶에는 다양한 관계가 있으며, 각각에 수천 가지의 함의와 복잡성이 있다. 삶은 우리에게서 보호받는 꿈을 빼앗아가고, 대신 다른 사람들에게 자신의 약점과 강점을 내보이고 그들의 적대성과 애정을 맞닥뜨리게끔 한다. 어떨 때는 방어가 유용하다가도, 목표와 관계를 바꾸면서 다른 방어를 취해야 할 때도 있다. 자유롭게 협력하기 위해 고독을 택해야 하는 경우도 있다. 받아들이고 쟁취하고 적응하고 저항해야 한다. 삶은 어린 시절의 꿈꾸는 듯한 만족감, 마법 같은 전능함의 환상을 빼앗아간다. 살아가려면 주고받는 것의 균형이 맞아야 한다. 무엇보다도 산다는 것은 사랑하는 것이다. 그리고 많은 사람들이 사랑하는 일, 다른 사람에게 정서적 투자를 하는 일의 책임을 지기 두려워한다. 그들은 사랑과 보호를 받기만을 원한다. 거부당하고 상처받는 것이 두려운 것이다.

우리는 그토록 많은 사람들이 삶의 한계와 좌절을 바로 받아들인다는데서 이를 분명히 볼 수 있다. 여기서 한계란 일반적인 편견으로 인한 신경증적 한계나, 권력을 가진 정치인들이 규정하는 전체주의의 한계를 뜻한다. 에리히 프롬(Erich Fromm)은 자신의 책 《자유로부터의 도피(Escape from Freedom)》에서 책임감과 이해로 균형을 맞추어주지 않으면 자유의 압력이 인간으로 하여금 어렵게 얻어낸 자유를 포기하고 전체주의의 사고방식으로 향하게 할 수 있음을 분명히 했다. 이러한 항복은 느린 정신적 죽음에 다름 아니다.

좌파든 우파든 전체주의 지도자들은 이러한 삶에 대한 두려움을 어떻게 이용할지 누구보다 잘 알고 있다. 그들은 혼돈과 혼란 속에 번성한다. 국제 정치는 쉴 틈이 없지만, 그들은 대부분 편안하다. 공포는 그들에게 가장 가치 있는 전략 중 하나이다. 우리의 문명과 그 행정기관이 복잡해질수록, 정치 권력자들의 영향은 어느 때보다 크게 느껴진다. 전체주의자들이 우리가 앞에서 살펴본 파블로프식 조건화, 계속되는 암시, 지루함과 신체적 괴롭힘을 통한 탈조건화를 사용하면, 그들은 인간의 마음을 통제하려는 전투에서 이길 수 있다.

우리는 이 책의 앞부분에서 인간이 전체주의로 인해, 혹은 자유 국가에서도 인간 정신의 통합성을 도둑질하려는 일부 경향으로 인해 로봇으로 변할 수 있음을 살펴보았다. 중요한 것은 순응을 강조하는 것, 그리고 스스로 살아가는 것에 대한 두려움이 전체주의자들의 의도적인 정신 공격만큼이나 파괴적일 수 있음을 깨닫는 것이다. 순응과 삶에 대한 두려움은 전체주의와 싸우는 데 가장 효과적인 무기인 자유로운 삶의 방식을 앗아간다.

우리 인간의 강점은 다양성, 사고의 독립성, 불복종의 수용, 그리고 충돌하는 다양한 관점에 대해 논의하고 평가하고자 하는 의지에 있다. 삶의 다양함, 인간 정신의 복잡성과 개별성을 부정하고, 경직된 교의와 자기가 옳다는 믿음을 설파하기 시작하면, 점차 우리가 나쁘게 생각하는 전체주의적 태도를 보이게 된다. 망상은 단 한 번도 한 나라와 계급, 집단의 전유물인 적이 없으며, 그 자체로 정신적 살해를 조장하는 전체주의의 망상은 우파든 좌파든, 부자든 하위 계층이든, 보수주의자든 진보주의자든 상관없이 어디서나 우리에게 침투할 수 있다.

두려움과 협박은 정신적 강요의 결과일 뿐만 아니라 도구이기도 하다. 아직 두려움이나 불안에 대한 통합적 이론은 없지만, 그래서 이러한 감정이 왜, 어떻게 심각한 결과를 초래하는지 모르지만, 이 버거운 감정이 얼마나 유용한 도구이고, 사람들을 어떻게 변화시킬 수 있는지를 이해하는 것은 중요한 일이다.

사람들 대다수는 공포 반응이 절망의 신경증적 표현이라고 생각한다. 그러나 이 장에서 분명히 밝히겠지만, 공포와 공황은 역설적으로 무심함과 무관심으로 나타나기도 한다. 일반적으로 이러한 반응이 공포로 인한 것이라고 생각하지 않지만, 사실 신경질적인 울음보다 훨씬 위험할 수 있다. 우리의 사회적·정치적 행동에 영향을 주는 것은 감춰진 조용한 두려움이다.

공포와 공황은 드러나는 위험과 위협에 대한 반응일 뿐만 아니라 우리 모두가 노출되어 있는, 불안을 자아내는 선전의 은밀한 침투, 끊임없이 밀려오는 암시의 물결에 대한 반응이기도 하다. 공포는 언제나 우리 곁에서 작동하고 있으며, 우리가 가장 예측하지 못했던 곳에 그 그림자를 던진다. 자기도 모르는 사이에 공포에 떠밀려 행동할 수 있다. 자신의 행동이 완벽하게 정상적이고 합리적이라고 생각할지 모르지만, 심리학의 눈으로 볼 때는 이미 공포가 서서히 우리에게 작용하고 있을 수 있다.

공포와 재앙은 강한 지도자와 동일시하고자 하는 욕구를 강화한다. 사람들은 더 이상 개인으로 남아 있으려고 하지 않고 무리를 짓는다. 그들은 지도자와 하나가 되어 거대하고 신비한 사회적 조직을 이룸으로써 위협과 스트레스로부터 벗어나고 싶어 한다. 또한 이렇게 보호를 구하는 본능적 반응은 소수 의견, 개인주의, 개인의 자아에 반한다. 우리는 이러한 퇴행을 보다 원초적인 상태가 되는 군중에게서 볼 수 있다. 이러한 자아 축소 과정은 군중으로 돌아가는 반응의 부정적 측면임에 분명하다. 하지만 이러한 반응이 일어나면, 서로 돕는 협동의 필요성을 더 크게 인식하게 된다. 지난 전쟁 동안 많은 사람들은 비상시를 예사로 경험하며 처음으로 이웃들과의 정서적 유대 관계를 인식하게 되었다. 동시에 불안이 의심, 희생양을 찾고자 하는 욕구를 일으키기도 했다. 미성숙한 유대의 따뜻한 느낌과 차가운 의심을 동시에 퍼뜨린다는 것이 두려움의 역설이다.

두려움과 불안을 극복하려는 것이 세계적인 추세이지만, 동시에 의식하지 못하는 사이 새로운 두려움과 불안을 만들어내려는 반대 경향도 작용한다. 의식하든 않든 현대의 인간은 두려움(전쟁에 대한 두려움, 수소폭탄에 대한 두려움, 전체주의에 대한 두려움, 비순응주의에 대한 두려움, 반대에 대한 두려움)의 공기 속에 살고 있다. 우리가 두려움을 의식할 때쯤이면 두려움은 이미 우리의 행동에 영향을 미치고 있다. 일단 두려움이 마음속에 들어오고 환상을 자극하면, 우리가 원치 않아도 행동을 좌우하기 시작한다. 우리는 현대 사회에서 스트레스와 공포를 일으키는 그 수많은 상황을 모두 피할 수 없지만, 공포 반응의 가장 일반적인 형태를 알아차리고 이해하도록 배울 수는 있다. 이런 방식으로 그런 상황들이 만들어내는 긴장에서 부분적으로 벗어날 수 있고, 더 효과적으로 대처하는 방법을 학습할 수 있다.

위험에 대한 우리의 환상

나는 아직 네덜란드에 머무르던 제2차 세계대전 중의 어느 날 맑은 오후를 분명히 기억한다. 나는 친구들과 테니스를 치고 있었다. 우리는 모두 기분 좋은 피로감을 즐기고 있었는데, 그 즐거움은 옆쪽 테니스 코트의 선수들을 보고 한풀 꺾였다. 그들은 우리가 증오하는 점령자들의 언어로 말하고 있었고, 우리와 같이 하얀 테니스복을 갖춰 입었지만, 분명 세계 지배의 망상을 잠시 잊고 다른 정상적인 사람들처럼 긴장을 풀려고 하는 나치 군인이었다. 갑자기 우리는 먼 곳에서 나는 비행기의 저음과 방공용 무기 소리를 들었다. 그러더니 영국 전투기 여러 대가 빠르게 날아왔다. 나와 친구들은 게임을 멈추고 반갑게 라켓을 흔들며 비행하는 전투기를 바라보았다. 옆 코트에 있던 사람들은 아주 다르게 반응했다. 그들은 겁에 질렸다. 한 명은 라켓을 집어던지고 달아났고, 다른 사람들은 코트 가장자리 배수로에 엎드려 숨었다. 객관적으로 보았을 때 우리는 모두 영국 비행기의 공습에 노출되어 있었지만, 독일인들에게 그 비행기는 적기였던 반면 우리에게는 친구였다.

이 일이 일어난 뒤 네덜란드인은 그곳에서 테니스를 칠 수 없게 되었다는 것은 말할 필요가 없을 것이다.

1년 뒤 나는 운 좋게 런던에 도착했는데, 밤에 독일 비행기가 올 때마다 테니스 코트의 독일 군인들이 가졌을 의심 어린 감정을 느꼈다. 모든 총알과 폭탄이 나를 향하는 것 같았다. 두려움에 작용하는 환상의 역할이 너무나 컸기에, 적의 폭탄이 아군의 폭탄과 다르다고 느낀 것이다.

공포는 위험에 대한 내적 반응이라고 매우 쉽게 정의할 수 있다. 이는 언뜻 보면 단순해 보이지만 우리는 바로 새로운 문제를 마주하게 된다. 그렇다면 위험은 뭐라고 정의해야 할까? 폭탄·불·지진·전염병이 위험이라는 것은 쉽게 알 수 있다. 신체적 고문, 전체주의의 직접적인 공격, 갑작스러운 경제 붕괴도 마찬가지다. 하지만 미묘한 정서적 위험도 많다. 공포스러운 환상과 예측이 떠오르면 재앙을 상상하게 될 때가 많다. 뒤에서 사례를 제시하겠지만 이러한 위험을 대하는 방식은 사람마다 다르다. 상황을 환영할 만한 도전으로 받아들이는지, 극복할 수 없는 위험으로 받아들이는지는 삶과 인류에 대한 우리의 개인적 태도에 달려 있다. 어떤 사람들은 엄격한 통제와 기계적 조건화를 좋아한다. 그들에게는 책임을 배제한, 일종의 영원한 낮잠과 같은 상태를 가져다주는 전체주의와 사고 통제가 위험이 아니다. 이들에게는 자유가 위험이고, 의존이 안락이다. 그런가 하면 어떤 사람들은 개인적 자유와 통합을 침해하는 모든 것을 혐오하며, 실제이든 상상이든 늘 모든 외적 압력에 대항할 태세를 갖추고 있다.

역설적인 공포

사람들이 투옥·세뇌와 같은 불행에 대비해 잘 준비하고 훈련했을 때도 위험의 실제 영향은 아주 다양한 방어 행동을 일으킨다. 훈련이 과도하면 위험을 예측하는 시간이 길어져 숨겨진 온갖 환상이 떠오르기 시작하기 때문에 약해질 수도 있다. 일부는 완전한 신경 쇠약이나 심한 마비 같은 병적인 공포 반응을 나타내는 경우도 있다. 사람마다 위험에 대한 저항의 정신적 역치는 다 다르다. 또한 이 역치는 우리의 신체적·정신적 용기에 따라 매일 변할 수 있다. 대부분의 경우 경험이 없는 군인들은 전투에서 바로 병적인 두려움을 나타내지 않는다. 이런 행동이 나타나기까지는 시간이 걸린다. 모순적이게도 공포 반응과 취약함의 순간은 진짜 위험이 지나간 뒤에 발달한다. 전투의 긴장감이나 포로수용소의 일상적 스트레스가 끝나고 더 이상 공포를 숨기거나 행동을 통제할 필요가 없어지면, 많은 사람들은 완전히 내려놓고 불안을 모두 배출하게 된다.

1944년 영국 도버(Dover) 사람들은 독일의 폭격이 이어진 긴장의 4년을 보낸 뒤 정적이 찾아오자 일종의 집단 신경 쇠약으로 고통받았다. 폭격은 연합군이 벨기에 연안에서 대승을 거둔 뒤 갑자기 멈추었다. 많은 도버 시민들이 무너진 것도 그때였다. 갑작스러운 고요가 그들에게 충격을 준 것 같았다.

이렇게 위험이 지나간 뒤 나타나는 역설적인 공포 반응을 이해하는 것이 중요하다. 전체주의 전략가들은 일시적으로 조용하고 긴장이 풀어지는 시기에 사람들이 주의력을 잃기 때문에 전체주의의 손아귀에 더 쉽게 들어올 수 있다는 것을 안다. 그들은 공포 전략을 사용할 때 주문을 속삭이는 심리적 전술을 이용한다. 우리가 위험에 대한 방어 태세를 낮추면 어떤 강한 암시라도 받아들이게 되기 때문이다. 또한 전체주의자들은 '공포 문서'에서 이렇게 안심 상태를 이용하는 방법을 '분할된 공포 전략 (strategy of fractionalized fear)'이라고 명명했다. 극심한 긴장 사이의 조용한 시기에 희생자를 쉽게 정신적으로 조건화할 수 있는 것이다. 히틀러는 뮌헨협정(1938년 나치 독일, 이탈리아, 영국, 프랑스가 체결한 평화 협정. 그러나 이 협정의 대가로 체코 영토 일부를 합병한 독일은 곧 제2차 세계대전을 일으켰다—옮긴이)을 이런 식으로 이용했다. 이 시기에 그의 선전 포화는 두 배의 효과가 있었다.

공포 반응이 나타나는지, 그리고 위험이 바로 나타나는지 아니면 지연되는지에 따라, 사람들 대다수가 스트레스를 받을 때 하는 행동은 아래 네 가지로 나눌 수 있다.

1. **퇴행**: 학습한 행동이 사라짐
2. **위장과 변장**: 이른바 '거짓말 혹은 기절' 반응
3. **폭발성 공황**: '투쟁 혹은 도피'를 통한 방어
4. **정신신체적 조건화**: 몸의 통제

퇴행

대부분의 사람들은 퇴행 또는 사회화의 시계를 뒤로 돌리는 개념을 자세히든 간략하든 알고 있지만, 그런데도 재난과 공황의 시기에 그들은 놀랍게도 문명인의 학습된 습관을 잃어버리게 된다.

나는 외국에서 지진 희생자가 된 엔지니어를 치료한 적이 있다. 지진 이후 그는 완전히 아기처럼 행동했다. 모든 치료법을 시도해보았지만 아

무엇도 성공하지 못했다. 우리는 그의 아이 같은 행동을 바꿀 수 없었다. 그는 정상적이고 적절한 행동으로 돌아올 길을 찾지 못했다. 그 운명의 날 이후 그는 계속 도피처에 숨은 채 입구를 막고 있었다. 마치 한 번의 폭발로 그동안 배운 것 모두를 잊은 것 같았다. 그는 더 이상 성인도 전문 과학자도 아니었다. 그는 영아였다. 그는 영아처럼 옹알이를 했고 밥도 먹여주어야 했다. 내가 아는 또 다른 지진 피해자는 수학 교수였는데, 그는 지진이 끝났을 때 정원에서 반쯤 벗은 채 어린 시절 장난감을 가지고 놀고 있었다. 그는 실제 비상상황임을 받아들이기를 완강하게 거부하며 책임감이라는 것이 없는 영아기로 퇴행했다.

방어의 일환인 이러한 퇴행 행동은 동물의 왕국 어디에서나 볼 수 있다. 유기체는 위험에 처하면 복잡성을 내려놓고 보다 단순한 존재로 후퇴한다. 삶의 조건이 너무 위험해지면, 쉽게 노출되는 다세포 유기체는 스스로를 보호하기 쉬운 단세포 생물로 변모한다. 포낭 형성(encystication)이라고 하는 이러한 퇴행 과정은 유기체가 비정상적인 온도나 건조함에 노출되었을 때 나타난다.

사람도 마찬가지로 생물의 방어 법칙을 따른다. 삶이 너무 복잡해지면, 문명화의 시계를 거꾸로 돌려 다시 원시인이 된다. 기능의 갑작스러운 해체와 붕괴가 일어날 수 있다. 이러한 퇴행 행동은 아동에게서 일반적으로 나타난다. 아동이 겁을 먹으면, 옹알이를 하거나 침대에 오줌을 싸던 단계로 되돌아가는 경우가 많다. 제2차 세계대전 때 폭격을 당한 지역에서는 많은 십대 후반 소녀들이 다시 인형을 가지고 놀기 시작했다. 성숙해 보이고 매우 세련된 사람조차도 공포가 덮쳐오면 유아로 돌아갈 수 있다. 이러한 증상이 항상 극적인 것은 아니지만 공포로 인한 것은 맞다. 성인들이 더듬거리고 일상의 흐름을 잃어버릴 때, 특별한 보호 부적을 가지고 다닐 때, 자신에게 마법의 힘이 있다는 이야기를 만들어낼 때, 자기 자랑을 더 하고 뽐낼 때, 달콤한 군것질을 더 할 때, 휘파람을 더 불고 말을 더 많이 하고 더 많이 울고 평소의 안정적인 행동 방식을 잃어버릴 때, 그들은 공포 때문에 그렇게 행동하는 것이다.

제2차 세계대전 당시 포로수용소와 공습 대피소에 있던 사람들은, 놀이터의 아이들이 누구를 믿어야 할지를 본능적으로 아는 것처럼 믿을 수 있는 사람을 정해야 했다. 우리가 살고 있는 불안의 시대에, 우리는 한때 석기시대의 인간을 사로잡았던 무서운 그림자에 사로잡혔다고 느끼며, 더 단순했던 우리 조상들이 했던 것과 같이 반응할 수 있다.

위장과 변장

다른 방식은 운명과 숨바꼭질을 하는 위장과 변장이다. 자기 보호에 유용한 이 속임수는 환경에 맞춰 일시적으로 형태나 색을 바꾸는 하등 동물들에게서 자주 볼 수 있다. 이는 군인들이 하는 위장과 같다. 모두가 아는 카멜레온의 색깔 변화처럼, 다른 동물들도 위험이 닥치면 피부나 몸 형태를 변화시키는 경우가 많다. 하지만 인간의 피부에서도 위장의 신호가 나타난다는 사실을 아는 사람은 많지 않다. 닭살이 돋는 것은 고양이가 겁에 질려 털을 세우는 모습을 연상시킨다. 갑자기 머리가 세거나 핏기가 없어지는 것은 공포 멜라닌증(fear melanosis)이라고 하는데, 인체의 색이 바뀌는 것이다.

제2차 세계대전 때 나는 심한 폭격을 당한 로테르담(Rotterdam)에 응급 구조를 하러 갔었다. 거기 있었던 사람들에 대한 우리의 첫인상은 모두

가면을 쓰고 있다는 것이었다. 그들은 얼굴을 찌푸리며 전형적인 위장 반응을 보였다. 모두 여전히 심하게 두려워하고 있었다. 마치 그들에게 다가온 거대한 불지옥을 피해 숨어 있는 사람들 같았다.

이러한 신체적 반응에 대응하는 심리적 반응도 있다. 이를 '거짓말 혹은 기절(feign or faint)' 반응이라고 한다. 심리학에서는 두 반응 모두를 소극적인 현실 도피로 본다. 이러한 반응은 셸 쇼크(shell-shock: 제1차 세계대전 때 병사들이 경험한 외상후 스트레스 장애―옮긴이)나 전투 신경증(battle neurosis)에 비교할 수 있는데, 의학에서 가장 흡인력 있는 연구 영역이기도 하다. 군인도 민간인도 정신 마비 상태가 될 수 있다. 이러한 상태에서 희생자는 무관심해진다. 그는 말하거나 움직일 수 없게 된다. 더 이상 그에게는 위험한 현실이 존재하지 않는다. 그는 죽은 것처럼 보인다. 그의 겁먹은 눈동자만 불타오르며 살아 있는 것처럼 보인다. 이처럼 죽은 것 같은 태도, 강직증과 같은 반응은 지켜보는 사람들에게도 두려움을 불러일으키는 효과를 낸다. 군중이 모인 곳에서 기절하는 것만큼 전염성이 강한 것도 없다.

수동적이고 마비되고 무관심하고 복종하는 사람들이 최대의 활동이 필요한 환경에서 어떻게 행동하는지 아는 것은 아주 중요하다. 전체주의자들은 공포에 대한 인간의 수동적 반응을 이용해, 거대한 포로수용소에 간수는 소수만 둔다. 희생자가 저항하거나 탈출 시도를 하지 않고 수동적으로 반응하리라는 데 도박을 거는 것이다. 뱀이 다가오면 새가 꼼짝도 하지 못하는 것처럼, 인간은 예측의 긴장을 피하기 위해 두려워하는 것에 수동적으로 항복한다. 언제 들킬지 모른다는 긴장과 불안을 견딜 수 없어 경찰에 투항하는 도둑이 한 예가 될 수 있다.

심리적 위장 반응 뒤에는 정서적 충격과 조용한 공황이 있다. 다시 말해 어떤 사람들은 자신이 처한 상황에 더 이상 대처할 수 없을 때 정신적 마비를 경험한다. 두려워하는 것에 대한 수동적 항복은 갑작스러운 위험에 대한 가장 일반적인 반응 중 하나이다. 이는 병적인 성격에만 국한되지 않는다. 오히려 수많은 미묘한 행동 기제에서 격하게 드러나는 공황보다 훨씬 자주 나타난다. 사람들은 신체 질병에 대한 불평으로 도피할 것이다. 그들은 '매우 중요한' 가짜 과업과 취미로 도망칠 수도 있다. 자신을 안전하게 지켜줄 것 같은 만족감 속에서 진짜 위험을 부정한다. 그들은 완고해지며, 아무것도 그들을 움직일 수 없다. 그들은 정치에 관심이 없다고 말한다. 누군가는 희망이 없고 파국을 피할 수 없다는 이론을 자신과 타인에게 설득하려 한다. 하지만 원자폭탄에 대해서는 말하지 말라! 다른 사람들은 망각을 위해 과도한 음주에 빠지거나 길고 요점 없는 회의를 이어간다.

모든 인간에게는 자신의 심리적 마지노선이 있다. 이는 침해할 수 없는 정신적 요새이다. 우리는 이를 타조 전략이라고 한다. 타조 전략은 세계에서 가장 위험한 전략 중 하나이다. 평화를 설교하는 전체주의자를 조심하라. 그가 의도하는 바는 세계가 두려워하는 것에 수동적으로 항복하도록 떠미는 것일 수도 있다.

수동성과 소위 휴식에 대한 맹신은 우리 시대의 가장 위험한 경향 중 하나이다. 이 또한 위장의 한 형태일 수 있다는 것이 중요하다. 그 밑에는 삶의 위험과 장애물을 보지 않고, 눈에 띄지도 않으려는 이중의 소망이 있다. 우리는 우리를 둘러싼 긴장에서 벗어날 수 없다. 이러한 긴장은 삶의 일부이며, 우리는 거기에 적절히 대처하고 여가 시간을 더 창조적이고 만족스러운 활동에 쓰는 방법을 배워야 한다. 알코올, 달콤한 간식, 텔레비전. 살인 추리물과 함께하는 조용한 자신만의 휴식은 마음을 수동성에 길들여지게끔 하고, 따라서 두려운 적의 유혹적인 이념에 무력해진다. 두려움 때문에 수동적으로 전체주의의 위험을 부정한다면, 점차 전체주의의 꼬임에 넘어가게 될 것이다.

폭발성 공황

사람들 대다수는 어떤 다른 공포 반응보다도 공황과 도주라고 하는 폭발성 운동 반응에 더 익숙할 것이다. 이것이 바로 군중 신경증(mass hysteria), **저마다 자신을 위하는**(chacun pour soi) 반응이다. 아기들은 생떼를 쓰며 발버둥을 치고, 어른들은 통제되지 않는 분노를 드러내며 '투쟁 혹은 도피' 반응을 한다. 우리는 '공황'이란 말을 들으면 불타는 극장이나 비행기에서 겁에 질린 채 뛰쳐나오는 군중을 상상하지만, 우리 모두가 느끼는 불안의 첫 징조에서 심한 공황으로 인해 울부짖고 달리고 싸우게 될 때까지는 많은 미묘한 단계가 있다. 인간은 공황에 빠졌을 때 다양한 행동을 한다. (어려운 상황이나 전쟁에서의) 간질 발작, 분노, 자기파괴, 공격적인 범죄, 혼비백산함, 탈영, 폭동, 걷잡을 수 없는 충동에 따라 행동하는 것, 목이 뒤로 꺾어질 정도로 빠르게 운전하는 것 등이다. 공황 상태에 빠진 병사는 화가 난 아이처럼 행동한다. 그는 친구를 공격하거나 아군을 쏠 수 있다. 민간인들은 공황이 오면 울고 소리치고 손을 비틀며 목적 없이 떠돌기 시작할 것이다. 또는 꾸짖거나 도움을 청하며 울부짖을 수도 있다. 공황에 빠진 사람은 공황을 퍼뜨린다. 그가 소리칠 때마다 다른 사람들은 달아난다. 공황은 거친 힘이나 갈 곳 없는 에너지의 문제가 결코 아니다. 그보다는 내면의 구조, 조직화의 능력이 부족한 것이다. 공황에 빠진 지도자는 사람들이 위임한 권력을 쓰기를 망설인다.

우리 모두의 마음속에는 생떼를 쓰는 아이가 있다. 위험이 알 수 없고 접근이 어려울수록 우리의 반응은 원시적이다.

폭동, 분노에 찬 군중의 시위, 범죄의 발생은 두려움과 공황을 키우기 때문에, 인간의 불안감을 깊게 하고 전체주의에 수동적으로 굴복하게 할 수 있다. 공포를 이용하는 체제는 희생자들에게 저항과 분노 반응을 억압하게끔 한다. 이러한 반응을 억압하면 할수록 희생자 내면의 분노는 점점 커지며, 표현이 사회적으로 허용될 때가 오기만을 기다리게 된다. 전쟁은 그러한 보편적 공황, 누적된 내적 분노의 표출일 때가 많다. 이 경우에도 인류의 내밀한 두려움은 집단적 파괴로 나타난다.

몸이 주도권을 쥐다

정신적 요인으로 인한 대규모 집단 반응은 이해할 수 없는 일은 아니지만 설명하기가 더 어렵다. 이 현상을 보다 분명하게 이해할 수 있는 예시를 보자. 제2차 세계대전 당시 네덜란드의 내 고향에 폭격이 몇 차례 있은 뒤, 방광 전염병이 유행하기 시작했다. 적어도 처음에는 그렇게 설명했다. 사람들은 소변 보고 싶은 욕구로 고통받았고, 밤잠을 설치는 경우가 많았다. 밤에 깨지 않고 자는 사람은 드물었다. 잠시 동안 비뇨기과가 성황을 이루었다. 그러고는 정신과 의사들이 이러한 현상은 공포에 대해 우선 나타나는 반응이라고 설명할 수 있었다. 이러한 병에 걸린 사람들은 어린 시절을 돌아보고 학교에서 시험을 보기 전의 신체 반응을 생각하면 상황을 이해할 수 있었다. 소변을 자주 보고 싶은 것은 몸이 긴장을 낮추는 수단이었다.

몸은 위험과 공황에 다양한 신체 증상으로 반응한다. 땀을 흘리고, 소변을 자주 보고, 심장이 빠르게 뛰고, 설사하고, 혈압이 높아지는 것은 약과이다. 우리는 이러한 반응 중 상당수가 위협적인 위험을 방어하기 위한 몸의 대처라는 것을 알고 있다. 공포와 불안과 관련된 몸의 병이 발달하는 방식은 개인의 인생사, 특히 아동기 발달로 인해 상당 부분 조건화된다. 아기 때 긴장과 갈망이 우유와 음식에 한정지어진 사람은 위협이 나타나면 입에 무언가를 넣어야 하는 어른이 된다. 과식이 그에게는 공포를 다루는 수단이 된다. 부모가 아이를 기르는 과정에서 무심코 아이의 소화기관이 삶의 긴장에 반응하도록 길들일 수 있다.

인간의 몸에는 여러 기관이 있기 때문에, 안팎의 위험에 대한 신체적·정서적 반응도 매우 다양하게 나타난다. 심인성 신체 반응에 대해 의학에서는 외부 스트레스나 위험에 반응하는 기관에 따라 성격 유형을 구분한다. 즉 궤양형·천식형·대장염형·심장마비형이 있다. 각 유형은 공포와의 대결에서 다른 반응을 보인다. 사회적 긴장감은 다양한 질병으로 표현된다. 하지만 급격한 공포를 느끼면 일반적으로 다른 기관에 비해 더 반응하는 기관이 있다. 앞선 예에서 볼 수 있듯이, 자꾸 소변을 보고 싶은 욕구는 두려움에 대한 거의 보편적인 반응이다. 또 하나는 '배탈'이다.

제2차 세계대전 때 의료팀은 적의 영토인 태평양 섬에 상륙하려는 미국 병사들에게 알 수 없는 위장 질환을 유발하는 병균을 찾으려 했으나 실패했다. 의사와 생물학자들이 찾고 또 찾았으나 아무것도 찾을 수 없었다. 갑자기 나타났던 이 의문의 질병은, 공격이 시작되고 기다림의 긴장을 행동으로 해소할 수 있게 되자 갑자기 사라졌다. 병사들은 이상한 것도 비정상도 아니었다. 비록 누군가 의식적으로는 위험을 인정하고 직면하려 준비해도, 거기에 대항하는 몸의 반응이 그러한 정신적 노력을 이 길 수도 있다. 마음은 용감해지려 하지만, 몸이 질병으로 도망친다. 아동 양육의 일관성, 가정에서의 정서적 안정, 삶의 다양한 어려움을 허용하는 데 대한 평생에 걸친 조건화, 이 모든 요인이 우리가 시험에 들었을 때 어떻게 반응할지를 결정한다.

전쟁 때 공황에 빠진 병사들을 치료하던 정신과 의사들은 이렇게 다양한 위험에 대한 반응을 설명하고자 했다. 환자들이 자신의 반응을 이해하고 얼마나 일반적인 것인지를 알고 나자, 그들은 치유를 향한 가장 중요한 첫걸음을 뗄 수 있었다. 그들은 더 이상 자신의 두려움을 두려워하지 않았고, 스스로를 겁쟁이로 생각하며 우울해하지도 않았다. 그들에게는 무력한 아동기 수준으로 되돌아가야만 했던 이유가 방어 행동의 보편적 방식 중 일부임을 깨닫는 것이 중요했다. 그들은 이를 이해하면서 자신의 두려움을 덜 겁내고, 덜 부끄러워하게 되었다. 자신들의 몸이 다른 사람들과 마찬가지로 반응한다는 것을 의식하자, 임무를 조용히 받아들이고 자신을 더 잘 통제할 수 있었다. 체력과 지혜는 우리가 타인들에게서 얻는 도움과 지지만큼이나 자기에 대한 지식에도 달려 있었다.

스트레스와 불행의 시기에 사람들은 친구와 적 모두의 취약한 부분과 약점을 알게 된다. 이러한 시험은 열전(hot war) 내내 계속되지만, 냉전 (cold war)시에도 이어진다. 냉전은 인간의 상상과 정신적 방어 능력에 끊임없는 압력을 가하며, 많은 이상한 도피 반응 또는 신체 반응의 원인이기도 하다.

사람은 공포와 위험을 맞닥뜨리면 선택을 해야 한다. 알 수 없는 분노에 빠져야 할까? 자기보호에 집중해야 할까? 아니면 자기의 책임을 받아들여야 할까? 우리가 알아본 공포 반응은, (아마 잘못되었을) 자기방어에 대한 원초적 충동이 문명화된 우리의 방어를 무너뜨릴 수 있음을 보여준다. 내적·외적으로 위험에 대비해 의식적으로 훈련하고 준비하는 것만이 이러한 반응을 인식할 수 있는 힘을 준다. 이 훈련은 가족에서 시작하며, 평화롭고 자유로운 공동체가 지지할 수 있다. 가족과 공동체가 내면의 두려움과 외부의 위험 사이의 끊임없는 싸움에서 첫 번째 스승이다.

세뇌의 위험에 처한 사람들에게는 그 사실에 친숙해지는 것만으로도 도움이 될 수 있다. 예비 지식에는 부분적으로 보호 기능이 있으며, 이것이 우리가 그들에게 줄 수 있는 최선의 안전책이다. 불안과 알 수 없는 미래가 사람을 약화시키지 못하게 하기 때문이다. 이러한 방식으로 정신의 취약성을 내면의 힘, 좋은 양육, 사회가 주는 도전과 기회로 보강할 수 있다.

3부
보이지 않는 강요

사고 통제, 정신적 살해, 세뇌에 대해 알아보는 과정에서 정신적 복종의 영향
에 대비하는 일이 중요하다는 점이 더욱 분명해졌다. 은연중에 개인의 발달 과
정, 문화의 다양한 영향으로 인간은 암시와 이념의 공격에 보다 취약해질 수
있다. 3부에서는 우리의 정신에 비밀스럽게 침투하는 기술과 관료제, 그리고
알아채기도 전에 우리 마음을 사로잡을 수 있는 특수한 형태의 편견과 대중 망
상으로 관심을 돌릴 것이다. 마지막 부분에서는 반역과 충성에 대한 질문, 우리
가 갖고 있는 충성의 개념에 대중의 사고가 미치는 영향에 대해 알아볼 것이다.

10

아이는 어른의 아버지

우리의 성장과 발달 과정에서 정신적 침투, 궁극적으로는 세뇌에 더 취약하게끔 하는 요소가 있는지, 우리 자신에게 물어볼 시간이 왔다. 예를 들어 우리 안에 특별히 강압적인 욕구가 있을까? 아동에게 무언가를 소통하고 가르침으로써 아이를 환경의 영적 포로로 만드는 것이 가능할까?

이는 중요한 질문이고, 답하려면 철저한 철학적·교육적 고찰이 필요하다. 하지만 실제적 목적을 위해 우리는 발달의 두 가지 영역, 즉 부모의 영향과 사회적 관습의 영향에 주의를 집중할 것이다. 후자는 이미 이책 2부에서 다루었다. 내가 경험한 바로는, 지나치게 경직된 복종과 순응의 규칙 아래서 교육받은 사람이 압력을 받으면 더 쉽게 무너진다는 것을한 번 더 짚고 넘어가야겠다. 제2차 세계대전 당시 소위 **강인하다**는 나치친위대 장교들이 포로가 되어 조사를 받을 때, 그들은 쉽게 굴복해 군사기밀을 털어놓았다. 전체주의의 명령 아래 수년 동안 살아온 그들은 새롭게 명령하는 목소리에도 똑같이 복종적이었다. 어떨 때 우리는 그들의 주인이 외치는 목소리를 흉내낼 수밖에 없었고, 그러면 그들은 예전 상관의 자리에 새로운 상관을 두었다. 그들에게는 모든 명령이 새로운 순응과 복종을 자동적으로 촉발했다.

우리는 미국의 공산당원들과 마주하면서도 비슷한 경험을 했다. 이들은 정치적으로 복종적이었고, 모스크바의 명령이 떨어지자 자신들의 방해 전략을 그 반대 전술로 바꾸었다.

전체주의자는 어떻게 발달하는가

민주적인 분위기에서 자랐지만 스스로 전체주의 이념을 따르기로 결정한 사람들의 다양한 심리적 동기, 즉 정치적 극단주의와 전체주의 사상으로 이끄는 동기에 대한 관심이 커지고 있다. 전체주의 관련 태도를 접하고, 거기에 쉽게 영향을 받는 사람들을 연구해본 심리학자들은 대부분 자유로운 민주국가에서 전체주의를 선택하는 데는 내면의 성격 요인, 말하자면 좌절이 항상 영향을 미친다는 데 동의할 것이다. 보통 인간을 전체주의자로 만드는 것은 가난도 사회적 이상주의도 아닌 내적 요인, 즉 극단적인 복종이나 피학성, 그리고 권력에 대한 욕망의 공존이다. 형제자매 사이의 풀리지 않은 경쟁심도 어떤 역할을 한다. 나는 나치 부역자들을 몇 번 치료했는데, 이들이 정치적 행동을 한 것은 어느 정도 형의 입장에서 남동생들과의 경쟁을 견딜 수 없었기 때문이었다. 이러한 여러 요인 모두가 어떻게 전체주의자들이 폭력의 선전을 통해 분노, 증오, 인종주의, 정치적 격분을 이용할 수 있는지 설명하는 데 도움이 된다. 그들은 결핍과 불만족의 미성숙한 느낌을 이용하기만 하면 사람들에게 마법을 걸

수 있다는 것을 알고 있다.

나는 정치적 선택의 기반이 얼마나 비현실적인지에 대해 놀란 적이 많다. 민주 정당이든 전체주의 정당이든, 정강을 연구하고 비교해 정당을 선택하는 사람은 드물었다. 정치적 선호를 무관심, 가족의 전통, 경제적 이득에 대한 희망을 비롯해 상관없는 요인으로 결정하는 사람이 너무 많다. 민주적 공동체에서도 합리적 동기가 부족하면 인간은 전체주의의 사탕발림에 보다 취약해질 수 있다. 한 가지 예로, 나는 의대를 같이 다녔던 네덜란드 의사를 아주 분명하게 기억하고 있다. 그는 공산주의자의 딸과 사랑에 빠져 결국 그녀와 결혼했다. 처음에 그는 그의 신념과 사랑 사이에서 갈등했지만, 점차 신념이 약해지고 공산당의 정강을 정당화하기 시작했다. 나중에도 나는 그를 종종 만났다. 그는 탁월한 의사이자 좋은 친구였으며, 그의 정치색에 대한 우리의 반쯤은 진담인 농담도 좋게 받아들였다. 하지만 우리가 정말 심각하게 이야기하기 시작하면 그는 방어적으로 웅크리면서 기계적으로 틀에 박힌 주장을 반복했다. 전쟁 중 함께 지하 활동을 하면서 그를 자주 만났다. 그는 스탈린이 나치와 협정을 맺고 나서 완전히 혼란에 빠졌지만, 러시아가 침략당하고 동맹이 되자 공격적인 주장을 다시 로봇처럼 되풀이하기 시작했다. 그는 나치에 대항하는 충실한 전사였지만, 자신의 방식만이 옳다고 주장했다. 그는 위험한 비밀 임무를 수행하다가 목숨을 잃었다. 나는 그가 자살 충동을 품고 있었고 어느 정도는 죽음을 반겼을 것이라는 느낌을 늘 가지고 있다.

나는 다른 나치 당원과 공산주의자들을 보면서, 진짜 불의로 인한 고통이 아닌 개인적 분노가 인간을 저항으로 이끌 수 있다는 것을 알았다. 이들 중 일부는 단순히 자신보다 강한 흐름에 수동적으로 복종하는 유형, 즉 그들을 먼저 사로잡은 이념을 따르는 유형이었다. 그런가 하면 개인적 분노를 어떤 방향으로 분출하고자 하는 욕구로 동기화되고, 정치 행동을 통해 이 욕구를 표출하는 사람들도 있었다.

하지만 인간이 전체주의 이념을 받아들이게 하는 내적 요인을 제대로 이해하려면, 이보다 조금 더 깊게 들어가 이 문제의 근본 뿌리에 주의를 기울여야 한다.

틀을 형성하는 양육

현대 심리학에서 우리가 배운 중요한 사실 하나는 성인의 태도와 문제의 뿌리 상당 부분은 보살핌을 받던 유년기에서 비롯되는 것으로 보인다는 점이다. 영아의 삶은 평온하고 아무 사건도 일어나는 것 같지 않지만, 사실 태어나는 순간부터 자기 안의 마음과 바깥 세계에서 수많은 웅성거림을 듣는다. 어머니의 자궁 속에서는 따뜻함과 차가움을 몰랐지만, 이제 아기의 피부는 이러한 자극을 전달한다. 엄마의 몸속에 누워 보호받고 있을 때는 숨쉬고 먹고 배변할 필요가 없었지만, 이제 이러한 일을 스스로 해야 한다. 이렇게 하려면 도움과 보호가 필요하므로, 거대한 성인인 어머니와 아버지에게 의지해야 한다. 아기는 완전히 의존적이고, 혼자서는 필요를 적절히 충족시킬 수 없다. 적응할 수 있는 수단은 딱할 만큼 제한되어 있고, 행동은 충분히 습관화되어 있지 않다. 삶을 유지하기 위해 필요한 온기·영양·사랑은 '옳은' 행동을 했을 때만 주어지며, 이 옳은 행동은 본능적이고 원초적인 것이 아닌 학습하고 문명화된 것이다. 거인 부모는 아기에게 이를 요구한다. 부모는 아기를 자신들의 습관에 맞추려 하고, 아기는 자신이 원하고 필요로 하는 것을 얻으려면 이러한 외부의 요구를 받아들여야 한다. 전적으로 의존적인 아기가 애정과 보호를 받으려면 미묘하고 이해하기 힘든 수백 가지 규칙을 따라야 한다. 이 모든 것이 아기를 많든 적든 순응하는 존재로 만든다. 아기가 흡수하는 부모의 도덕관은 아기 안에서 언제나 살아 있는 힘이 된다. 아기는 부모와 사회가 바람직하다고 생각하는 형태의 습관을 형성하도록 조건화된다. 성인이 되어서의 행동은 부모가 취한 행동의 그림자 아래 있다. 인내심 있는 어머니는 자녀에게도 인내심을 남긴다. 불안하고 충동적인 어머니는 자녀에게 긴장감을 남긴다.

사랑으로 가득한 환경에서 자란 아이는 사랑과 애정에 대한 내면의 상을 발달시킬 것이고, 부모가 자유를 제한하고 규칙을 정하는 것을 더 잘 받아들일 것이다. 시간표, 배변 훈련, 부모가 겪는 혼란도 받아들일 것이다. 아이의 욕구가 그런 사회적 요구와 반대되더라도 지나친 내적 저항은 없을 것이다. 아이는 시간표에 따르면 배고프지 않아야 할 시간에 먹고 싶어 할 수 있다. 그리고 부모가 깨어 있었으면 하는 시간에 아이는 자고 싶을 수 있다. 사회는 아이가 자신의 만족을 지연시키는 방법을 배우기를 요구하는데, 여기에 아이는 부모의 애정에 대해 느끼는 안정감에 비례해 반응할 것이다. 음식을 먹으려면 기다려야 하고, 더 이상 젖을 빨도록 허락되지 않고, 변을 보고 싶은 욕구를 통제해야 하는 것 모두가 아동에게는 새롭고 어려운 적응이다. 욕구를 즉시, 조건 없이 만족시키고자 하는 충동을 더 복잡한 것, 즉 학습된 반응의 연속으로 변화시켜야 한다.

인생 초기의 문화적 의무를 아동이 해내는 다양한 방식을 설명하는 것은 우리에게 중요치 않다. 하지만 비사회적이고 원초적인 아동을 성인의 틀에 맞추기 위해 요람과 유아원에서 자연스러운 반응을 변화시키고 재조건화한다는 점을 이해하는 것은 중요하다. 아마 아동은 이 과정에서 싹튼 좌절을 안고 아동기를 마칠 것이다. 개인의 문제는 자신이 양육된 방식에서 비롯된다. 이 방식은 어느 정도 문화 전통과 아동이 태어난 공동체 관습의 산물이다. 우리 사회는 아동이 생물학적으로도 정서적으로도 준비되지 않았을 때 좌절과 제한을 가르치며, 우리 문화는 그런 식으로 성인의 행동 문제, 복종이나 공격성의 신경증적 태도로 이어지는 길을 닦는다. 이러한 태도는 전체주의 집단에 대한 충성과 지지로 표출될 수 있다.

예를 들어 아동에게 비굴하고 복종적인 태도가 조건화되는 것은 부모가 영아에게 경직된 규칙을 자동적으로 적용할 때부터 시작될 수 있다. 부모는 아이를 시간이나 청소에 집착하는 사람으로 만들 수 있다. 또는 아이에게 너무 빨리 말을 하라고 강요하거나, 목을 가다듬을 때 조용히 하라고 하거나, 몸에 기운이 넘칠 때 자라고 할 수도 있다. 이러한 부모는 자녀에게 계속해서 죄책감을 심어준다. 부모의 요구에 복종하지 못할 때마다 불편하고 불행하다고 느끼기 때문이다. 그리고 동시에 부모가 마뜩잖더라도 부모를 사랑하라고 자녀에게 강요한다. 부모는 자녀가 보기에 완벽하게 허용 가능한 행동에 대해 사과하라고 요구한다. 자녀의 나이에는 죄가 아닌 죄를 자백하라고 요구한다. 세뇌의 기술 중 일부는 요람에서 찾아볼 수 있다. 부모는 자녀를 번갈아 심문하고, 앞치마 끈으로 묶고, 계속해서 감시할 수 있다. 그들은 자녀에게 끊임없이 주의를 기울이며 스스로 안전하다는 느낌을 즐기도록 가만히 내버려두지 않는다. 이런 환경에서 무력한 아이는 정서적으로 불안정해진다. 아이는 안정감을 얻기 위해 더 순응하고 복종한다. 이러한 행동이 내면의 큰 저항심과 적대감을 가린다.

자녀가 본능적 욕구를 개방적이고 직접적으로 표현하도록 부모가 허락하지 않으면, 아이로 하여금 욕구를 표현할 다른 방식을 찾도록 강요하는 것과 마찬가지다. 만약 (태어나서부터 시작되는) 초기 훈련에서 영아의 욕구를 직접 표현하는 것을 끊임없이 제한한다면 아기는 긴장, 안절부절못함, 울음과 같은 간접적인 방법으로 이를 소통하려고 할 것이다. 아이는 본능적 충동을 자연스럽게 배출하는 대신 충동을 억누르고 통제하도록 조건화된다. 부모를 기쁘게 하려고 충동을 통제하기 위해 애를 쓰면서, 아이의 자연스러운 표현 수단은 거꾸로 된다. 표현하는 대신 억압하는 것이다. 이것이 바로 극단적인 복종·순종의 욕구와 같은 성인기 행동의 뿌리이다. 이렇게 피학적 체념의 행동 패턴은 영아기에서 시작되는 것이다. 복종과 자백은 아이가 세상이 너무 강압적이라고 느낄 때만 가능한 전략이다. 내면의 저항·적대감·증오는 역설적인 방식으로만 표현된다. 아이의 완고한 침묵은 아이가 울고 소리치고 싶어 한다는 증거이다. 아이는 마법을 부리는 듯한 동작, 우스꽝스러운 행동, 심지어 간질 발작을 통해 잔인한 세계를 간접적으로 비판하고 공격한다. 본능적 욕구와 만족을 얻을 수 있는 수단을 억누르도록 강요당한 사람은, 자기 자신에게조차 스스로의 존재를 감추게 된다. 표면적인 순응이 그의 유일한 소통 수단이 되고, 이렇게 되면 말과 동작은 은폐의 기능을 하게 된다. 이런 사람은 절대 진심을 말하지 않고, 차츰 자신이 무슨 말을 하고 싶은지조차 모르게 된다.

이러한 양육이 성인기에 어떻게 나타나는지는 명확하다. 순응하도록 훈련받은 아이는 전체주의 지도자의 권위주의적 요구가 주는 안도감을 반기는 어른으로 자라난다. 이는 새롭게 정서적 에너지를 투자하지 않고도 따를 수 있는 오랜 습관의 반복이다. 그는 자신의 공격성을 희생양에게 돌리도록 미리 훈련받았기 때문에, 이제 부모의 규칙과 통제에 대한 숨겨진 분노를 전체 사회로 돌린다. 또는 폭력적인 군중이나 히틀러의 나치 돌격대(Sturmtruppen)에서 볼 수 있듯이 이러한 분노를 거칠게 폭발시킬 수도 있다.

다른 양육 형태도 아동에게 영향을 미칠 수 있다. 만약 나중에 자연스럽게 발달할 습관을 미리 훈련시키면, 자연스러운 행동에 큰 혼란이 일어날 것이다. 너무 이른 배변 훈련의 영향은 자주 나타나는데, 부모의 다른 명령도 같은 영향을 줄 수 있다. 아동의 옷 입는 방식이 어때야 한다는, 또는 언제나 조용히 해야 하고 잠들어야 하고 움직이지 않아야 한다는 부모의 끊임없는 요구도 마찬가지로 적절한 예이다. 아동이 충분히 자라지 않았을 때 너무 엄격하게 적용하는 명령은 모두 좌절을 불러올 수 있다. 외부의 권력이 아동에게 강요하는 바는 내적이고 자동적인 규칙, 즉 강박이 된다. 배변 훈련은 전체 훈련의 한 부분일 뿐이지만, 잠시 그 예로 다시 돌아가보자. 너무 어린 나이에 배변 욕구를 통제하도록 훈련받은 아이는 깨끗해야 하고 언제든지 배변을 참아야 한다고 배운다. 아이의 몸은 자동적으로 스스로를 통제하는 법을 배우지만, 마음속 어딘가에서는 이렇게 하도록 강요하는 사람들에게 증오를 느낀다. 아이는 늘 적대적인 어른으로 성장하고, 적대적인 이념에 매력을 느끼게 된다. 심각성이 덜한 경우에는 외부의 통제와 내부의 긴장을 풀고 싶은 욕구 사이의 갈등이 내면에서 계속 불안감을 만들어내게 된다. 아니면 끊임없이 분노를 표출할 수도 있는데, 이는 독재자가 쉽게 이용할 수 있는 특성이다.

우리가 강조해야 하는 것은 바로 이 점이다. 부모와 자녀 사이 소통의 망은 심리학에서 언어 이전의 무의식 수준이라고 하는 곳에서 가장 먼저 생겨난다. 말이 필요 없는 접촉이 있다. 어머니는 아이에게 자신의 기분을 전달하게 된다. 아이는 엄마의 감정을 느끼고 포착한다. 아이 또한 자기 기분을 엄마에게 옮긴다. 엄마는 아이의 고통과 기쁨을 바로 느낀다. 아이는 이러한 민감성으로 인해 크게 반응하게 된다. 아이는 부모의 감정을 본능적으로 안다. 불안, 불안정함, 유아적임, 부조화, 신경증적 사랑, 가난, 실존을 위한 투쟁, 강박적 독재와 같은 부정적 부모 요인은 아동에게 막대한 영향을 미친다. 얼마 전 나는 어머니의 손길이나 수유를 거부하는 영아를 치료한 적이 있었다. 영아는 엄마가 마음속 깊은 곳에 자신에 대한 적대감을 숨기고 있음을 '알았다'. 그리고 엄마의 혐오와 거부를 느꼈다. 하지만 아기는 다른 사람이 주는 음식과 애정은 모두 받았다. 부모의 태도와 아동 발달의 상호작용은 태어나면서부터 시작된다.

아마 왜곡된 성장의 가장 명확한 예시는 내가 제2차 세계대전 때 치료한 환자일 것이다. 그때 나는 나치 부역 혐의자들에 대한 심리 연구를 요청받았다. 내가 처음 보았을 때 그 환자는 영국에 있었는데, 나치가 네덜란드를 점령했을 때 독일 점령군과 더 이상 뜻을 같이하지 않기 때문에 네덜란드를 떠났다고 말했다. 그는 영국에 도착해 조심스러운 계획에 따라 첩보 혐의로 조사받는 사람들을 위한 시설로 옮겨졌다. 그러나 곧 이상한 행동으로 인해 정신병원으로 가게 되었다. 그는 정신병 증상을 보이지는 않았지만, 다른 사람들과 관계를 맺는 데 큰 어려움을 겪었다. 내가 면담하러 갔을 때, 그는 완전히 혼란에 빠진 것이 확실해 보였다. 웅얼거림이 너무 심해서 그의 말을 이해하기가 거의 불가능했다. 나는 그에게 어린 시절에 대해 물어보았다. 그에게 이 이야기를 하는 것은 쉽지 않은 일이었지만, 결국 자신의 성장 배경에 대해 조금 말해주었다. 그는 외아들이었다. 과학 연구를 활발하게 하던 그의 어머니가 가족 중에서 지배적인 구성원이었다. 그의 아버지는 약하고 흐릿한 사람이었는데, 집에 있을 때가 거의 없었다. 큰 회사의 관리자로 일하면서 출장을 다닐 때가 많았기 때문이다. 환자는 드물게 아버지가 집에 있을 때면 부모 사이에 긴 침묵이 흘렀고, 종종 아버지가 어머니의 끊임없는 지시에 저항할 뿐이었다.

소년은 어떨 때는 어머니 편에 서서 아버지의 무관심과 의욕 없음을 비판했고, 어떨 때는 아버지에게 가서 어머니의 숨 막히는 행동에 대한 도움과 사랑을 받고자 했다. 하지만 소년은 대개 어떻게 해야 할지 모른 채 집에 혼자 남겨졌다. 십대 후반에 소년은 동성애에 대한 애착을 느꼈는데, 이 관계에서 그는 수동적이고 복종적인 역할을 했다. 그러나 그가 살아 있다고 느낀 것은 친구 중 한 명으로 인해 파시스트 대회에 간 이후였다. 소년은 힘과 공격성의 과시에 크게 흥분했고 심지어 성적 자극을 느꼈다. 그는 부모의 심한 반대를 무릅쓰고 파시스트 집단에 가입했지만, 정당의 일을 적극적으로 한 적은 없었다. 당은 그가 갈망하던 지도와 사랑을 주지 않았기 때문이다.

나치의 침공과 점령 이후 당은 그에게 독일에 더 적극적으로 협력할 것을 요구했다. 이제 양심의 가책이 그를 괴롭혔고 몸이 아팠으며 온갖 위장병에 시달렸다. 정신과 의사가 보기엔 분명 정서적인 데에서 기인한 증상이었다. 그렇지만 그는 당에 완전히 등을 돌릴 정도로 강하지 못했다. 그는 두 가지 상반된 위험, 즉 당과 반역 사이에 갇혔다고 느꼈다. 아동기의 갈등이 다시 시작되었다. 그는 아버지와 있어도 어머니와 있어도 안전하다고 느끼지 못했다. 그래서 그는 갈등에서 벗어날 수 있을 거라는 막연한 느낌을 따라 모국에서 도망치기로 했다.

영국 정신병원에서 그는 완전한 만족감을 느꼈다. 그는 자신이 심각한 혐의로 기소되었음을 이해하지 못했다. 나는 세계 동향과 그의 정치 활동에 대해 이야기해보려 했지만, 그는 침묵에 빠졌다. 그는 자신이 했던 정치적 행동을 자세히 기억하지 못했다. 마치 네덜란드에서 도망친 순간부터 꿈속에 살고 있는 것 같았다. 적이 그를 도구로 이용했을 가능성은 충분했지만, 동시에 그는 정신병자에 가까우며 두려움에 지배당하는 젊은

이이기도 했다. 그는 전쟁 기간 내내 병원에 남아 있었다.

(병리학적 현상의 복잡성을 떠나 생각할 때) 이 사례에서 두드러지는 것은 청년이 끊임없이 남성의 권위를 찾아 헤맸다는 것이다. 이렇게 정신적 버팀목을 찾는 일은 전체주의에 애착을 갖는 사람들에게는 아주 일반적이다.

탯줄을 끊는 아버지

부모의 권위에 대한 아동의 태도가 그 내면의 미묘한 복잡성과 함께, 자신의 적대감을 어떻게 통제하는지(거기에 대처하는 방법을 배우는지, 파괴적인 목표를 위해 사용하는지)를 결정하는 데 일차적 역할을 한다는 것은 심리학 연구를 통해 계속해서 검증되어왔다. 우리가 전에 이야기했듯이 아이의 인생 초기에는 부모와 가족이 환경의 거의 전부이다. 그들이 아이 미래 성격의 기초를 형성한다. 그리고 가족 안에서 아이가 어머니와의 본능적 유대, 의존성과 안전에 대한 욕구에 머물 것인지, 아니면 이러한 어머니의 영역에서 벗어나 새로운 사람들과 새로운 유대를 형성할 것인지를 결정하는 것은 아버지의 영향력이다. 아버지는 어머니와 아이 사이의 생물학적 연결을 끊고 들어오는 첫 번째 인물이다. 그는 정신분석가가 첫 번째 전이 대상, 아동이 만족에 대한 기대, 연결되어 있다는 느낌, 만족감, 두려움을 옮겨놓을 수 있는 첫 번째 원형으로 보는 사람이다. 이 아버지라는 거인과의 새로운 관계는 이후 모든 사회관계에 영향을 주는 원형이된다.

아이와 어머니의 첫 관계는 순수하게 생물학적이고 공생적인 것이다. 자궁은 요람으로 대체된다. 어머니는 모든 것을 알고 모든 것을 하는 존재이다. 정신분석에서는 아동과 어머니의 관계가 구강기 의존의 하나라고 본다. 왜냐하면 무력한 아기는 어머니가 주는 음식, 돌봄, 따뜻함에 전적으로 의지하기 때문이다. 이 작은 인간은 의존하는 기간이 다른 동물들에 비해 길다. 이 사실로 인해 인간은 다른 종보다 더 사회적이고 협동에 의존하게 된다.

아버지는 이 생물학적 의존의 관계와 상관없는 제3자로 아이의 삶에 들어온다. 아이가 엄마와 맺은 관계를 아버지가 끊고 들어올 때, 이는 아이가 태어날 때 의사가 탯줄을 끊듯이 심리적 탯줄을 끊는 것이다. 먼저 아버지는 아이에게 감정과 기대를 자신에게 옮겨놓을 수 있는 기회를 준다. 그러고 나서 보다 적극적으로 아이를 어머니의 영역 밖으로 데리고 가서 사회관계에 대해 점점 더 많이 가르쳐준다. 전이 원형이라는 아버지의 역할은 많은 아버지들이 생각하는 것처럼 그렇게 간단하지 않다. 아버지는 아이가 가끔 갖고 노는 장난감이 아니다. 아이는 자기 자신 및 어머니와 함께 사는 이 거인과 자신을 동일시할 필요를 느낀다. 그는 거인과 친밀해지고, 거인이 자기 세계의 일부가 되었으면 한다. 또 아이는 그 이상도 원한다. 즉 아버지로부터 만족을 얻어 어머니만큼 아버지를 사랑할 수 있기를 바란다. 하지만 아이는 아버지에게서 어머니와 비슷한 무언가를 볼 때만 아버지에게 사랑과 정서적 투자를 줄 것이다. 아버지도 어머니와 같은 일을 할 수 있다. 아이를 먹이고 달래고 돌봐줄 수 있다. 이렇게 되면 아이는 이 제3자에 대한 감사와 애정을 유지할 수 있다. 그러나 이러한 감정의 전이는 부모 관계가 편안할 때만 가능하다. 부모가 계속해서 서로 갈등한다면 아이가 어떻게 부모와 동일시하고 그들을 사랑할 수 있겠는가?

물론 이 그림은 지나치게 단순화한 것이다. 차갑고 거리를 두는 아버지처럼 행동하는 어머니도 있고, 따뜻하게 품어주는 어머니처럼 행동하는 아버지도 있다. 조부모나 양부모가 부모 역할을 대신할 수도 있다. 어머니와 아버지를 대신하는 역할은 많다. 하지만 이것이 내가 말하고자 하는 바는 아니다. 내가 말하려 하는 것은, 어떤 상황이든 아동이 새로운 존재와 관계를 맺으려면 관계의 원형이 되어줄 사람이 있어야 한다는 것이다. 이 첫 번째 사람은 아버지가 될 가능성이 가장 높으며, 아동의 생물학적 의존을 심리적 관계로 바꾸는 사람도 아버지다. 아버지의 상이 없거나, 아버지가 너무 약하거나, 너무 바쁘거나, 아이를 부정하고 독단적으로 행동한다면, 그 결과로 아동과 어머니의 의존 관계는 강하게, 너무 오래 이어지게 된다. 결국 아이는 사회에 참여하고 누군가와 관계맺고 싶어 하는 욕구로 인해 지치게 된다. 이 아이는 성인이 되면 지지와 확신을 주는 사회집단이라면 어디든 들어가려고 할 것이다. 아니면 자신이 성장하고 독립할 수 있게 도와주지 않은 아버지에 대한 무의식적 분노가 다른 권위의 상징, 예를 들면 사회 자체에 대한 분노로 나타날 수 있다. 어느 쪽이든 아이는 부적응과 여러 장애로 이끌려 미성숙한 성인이 될 수 있다.

나는 대리 인생에 대한 연구에서 아버지가 자기 역할을 하지 못하거나 아버지가 부재할 경우 정서 발달이 제한받는다고 설명했다. 이렇게 정서적으로 결손이 있는 분위기에서 자란 아이는 끊임없이 자신이 맺을 수도 있었을 정상적인 관계를 대신해줄 강한 존재를 찾는다. 나는 남성과 여성 모두의 동성애와 발달 장애를 몇 번 치료했는데, 위와 같은 환경 때문에 어머니와 너무 강하게 연결된 공생 관계의 삶을 산 것이 직접적인 원인이나 마찬가지였다.

인간이 독립적인 자기를 인식하고 타인과 쉽고 편안한 관계를 맺을 수 있는 능력을 키우려면, 가장이자 보호자인 아버지가 중요한 역할을 한다.

탯줄을 끊는 것은 아버지이다. 그는 이후의 의존성과 독립성을 결정한다. 그의 심리적 지배는 약이 될 수도 독이 될 수도 있다. 아버지에 대한 아동의 정서적 태도는 지도자와 사회에 대한 태도의 원형이 되기 때문이다.

우리는 이를 한 번도 강한 남성의 지도를 받지 못한 '첩자'의 예에서 분명히 볼 수 있다. 내가 조사한 많은 사람들, 공격적인 전체주의 집단과 자신을 동일시하기로 선택한 사람들에게도 같은 문제가 있었다. 이 사람들에게 전체주의 정당은 그들을 받아준 좋은 아버지이자, 그들이 숨기고 있던 좌절된 증오를 표현해주는 대리자였다. 정당이 그들 내면의 문제를 해결해주는 듯 보였을 것이다.

어린 시절 부모의 갈등, 비일관성, 아이에 대한 위협적이고 사랑 없는 태도는 저항과 복종으로 향하는 길을 닦으며, 이러한 행동 패턴은 나중에도 반복된다. 가족을 벗어나고 싶은 소망은 저항으로 이끄는데, 이러한 저항은 개인의 분노를 수용 가능한 형태로 표현할 수 있는 정치 운동의 형태로 나타난다.

이는 물론 열성적으로 전체주의 사고방식을 따르는 사람들, 다른 세계를 모르기 때문에 전체주의 정당이 부여한 과업을 따르는 부모의 교의를 요람에서부터 섭취한 사람들이 없다는 뜻은 아니다. 아몬드(G. A. Almond)에 따르면, 서구 세계에서 이러한 유형은 상류층 극단주의자들에게서 특히 많이 나타난다. 그들은 전체주의 형태의 사회주의를 어머니의 젖과 함께 받아들이며, 늘어나고 있는 선천적 전체주의 순응주의자 집단의 일원이 된다. 이러한 경우 극단적인 혁명주의자가 되는 데 아버지에 대한 저항은 필요 없다.

하지만 민주사회에서 전체주의 사고방식을 따르는 수많은 사람들은, 자신이 모르는 내면의 정서적 이유로 인해 이 파괴적인 삶의 방식에 끌리는 것이다. 제2차 세계대전 때 공산주의자들과 나치 모두를 경험하며 나는 이 진실을 계속해서 확인했다. 네덜란드에서도 다른 나치 점령 국가와 마찬가지로 공산주의자들이 우리와 함께 일시적 동맹을 맺고 지하에서 용감하게 싸웠다. 국가적 위기와 공포 속에서도 그들은 우리에 대한 쓰디쓴 비판과 분노를 절대 놓지 않았다. 그들은 자신들의 이념이 유일하게 옳은 것이라고 주장했으며, 어떨 때는 드러내놓고, 어떨 때는 에둘러서 나치가 패망하면 사회 질서에 대한 투쟁을 다시 시작하겠다고 했다. 이를 설명하기 위해 한 가지만 예를 들어보자. 공산주의자들 중 매우 용기 있는 의사가 한 명 있었다. (내가 앞서 이야기한 사람과는 다른 사람이다.) 그는 나치 지도자를 살해했는데, 나중에 자신도 끔찍한 죽음을 맞이했다. 그는 성인이었지만 청소년기의 독선과 공격성을 극복할 수 없었다. 절체절명의 위기에 빠진 밤 그는 우리 집에 피신했는데, 그는 정치 이론에 대한 길고 씁쓸한 대화에 나를 끌어들여야겠다고 느낀 모양이었다. 그는 자신과 정치관이 다른 레지스탕스 집단을 날카롭게 비판했다. 그의 관점과 이상은 진실해 보였지만, 그는 조국 정부에 대한 풀지 못한 적개심으로 가득했고, 언제든지 정부를 전복할 준비가 되어 있었다. 나는 사회 정의를 위한 투쟁의 목적과 수단을 혼동한 것이 그의 잘못된 생각의 핵심이라고 생각했다. 그에게는 지구에서 인간이 평화롭게 공존한다는 최종 목표보다 전략과 전술이 더 중요했다. 그는 나치 친위대 장교를 죽이고 난 뒤 잔인하게 살해당했는데, 이는 부분적으로 그때의 전략적 필요보다 그가 선호한 전술을 우선시했기 때문이었다. 그는 자신의 이상과 조국을 위해 삶을 바쳤으나, 그렇게 하는 과정에서 그가 생각하고 느끼는 것에 완전히 동의하지 않는 사람에게는 모두 강한 반감을 느꼈다. 이러한 개인적 반감과 적대감이 그로 하여금 실패한 계획을 세우게 만들었고, 결국 그의 운명을 결정했다.

우리는 대부분 잘 적응한 좋은 시민이 되고 싶은 소망과 함께, 우리가 속한 사회에 대한 충성을 깨고 싶은 숨겨진 소망도 품고 있다는 것을 명확하고 완전하게 알지 못한다. 이러한 소망은 이성과 지성에 기초하지 않으며 순수하게 정서적이다. 이는 우리가 자라난 방식, 부모와의 관계, 교육 체계, 자기 자신과 권위에 대한 태도에 기반한다. 하지만 어떤 종류이든 정치적 신념을 고집하는 사람들, 특히 전체주의 이념을 받아들이는 사람들은 자신의 태도가 이성적이며 정상적인 지적 발달의 결과라고 생각한다. 그들은 자신에게 찬성하지 않는 사람은 답답하고 고루한 사고방식을 취한다고 주장한다. 그들은 자신의 복수심에 차고 비열한 태도, 비사회적이고 비정상적인 태도를 깨닫지 못한다.

심리학자에게는 이러한 태도의 뿌리가 지적 신념이 아니라 마음속 깊은 곳의 정서적 욕구에 있다는 것이 자명해 보인다. 나는 전체주의에 대한 이런 맹목적이고 경직된 충성심이 사실 성장하고 변화하고 성숙해지고자 하는 내면의 갈망에 대한 반항이자 저항인 사례를 자주 보았다. 이런 사람들에게 정당 선택은 의존 욕구에서 비롯된 것일 뿐이었다. 편협한 이념이 비극적인 이유는 자기파괴로 이어지는 기본적인 신경증적 반응을 덮기 때문이다. 나의 환자 중 한 명은 젊은 여성이었는데, 그녀의 극좌향 신념은 보수적인 아버지에 대해 숨기고 있던 이성으로서의 애정 때문에 나타난 방어 기제였다. 오랜 치료 끝에 그녀는 자신이 겪는 어려움의 본질을 이해하고, 정치 행동을 통해 감추려고 했던 영아기의 사랑과 분노는 부끄러운 것도 역겨운 것도 아니라는 것을 이해하게 되었다.

스스로 이해하지 못한 권위에 대한 욕구, 그리고 권위에 대한 혼란스러운 저항은 전체주의 태도가 자라나는 뿌리일 수 있다. 아버지-지도자가 실패하면 이는 나중에 권위와 관련한 문제가 일어날 씨앗을 심은 것과 마찬가지다. 아이는 다른 사람들과 성숙한 관계를 맺는 대신, 자기 내면의 긴장을 다스리기 위해 독재적 전체주의를 택하는 어른이 된다.

부모 사이의 갈등으로 인해 아동은 갈등에 부담을 느끼고 전체주의가 제공하는 단순한 해법을 받아들이기를 갈망하는 성인으로 성장할 수도 있다. 부모의 강박으로 인해 아동이 자신만의 태도와 가치 평가를 발달시키지 못하면 순응하는 어른으로 성장하고, 아동은 일생 동안 자신이 무엇을 해야 할지 지시해줄 외부의 권위를 찾으며 살게 될 수도 있다.

11

정신적 전염과 집단 망상

이렇게 혼란스러운 시기에는 모두의 생각이 여러 정치 회의에서 계속되는 외교적 곡예를 따라간다. 국가 지도자들이 말과 생각의 교환, 조약에 대한 협의를 통해 공통의 이해에 도달할 수 있을지 생각해보는 일은 가치 있을 것이다. 하지만 세계의 다양한 문화와 이념은 사용하는 언어뿐만 아니라 사고방식도 다르다. 개인사와 문화적 환경이 우리도 모르는 사이 사고 습관에 끼어든다. 우리의 감정과 생각은 여러 사회적 영향으로 조건화되고 강요받는다.

서로에 대한 사람들의 환상과 편견 중 일부는 표면에서 이미 관찰할 수 있다. 사람들이 발달하고 습관을 형성하는 특정한 환경이 미묘한 환상과 망상을 부추기는데, 이러한 환경은 대체로 인지하기 어렵다고 말할 수 있겠다. 문화인류학과 심리학 연구를 통해 아동, 집단, 부족, 마지막으로 국가에 이르기까지 좋은 부분과 나쁜 부분의 발달 과정을 관찰함으로써 여러 이념을 비교할 수 있었다. 이러한 발견 뒤에 우리는 소통과 이해의 공통 기반이 거의 없는 상황에 대한 어려운 논의에 관심을 갖게 되었다.

우리는 정신적 강요에 대한 연구를 통해 우리의 태도를 조건화하는 군중 심리의 영향을 추적해보아야 한다.

스스로 실수를 인정하는 것

내가 열 번 한 거짓말은, 나에게는 반쯤 사실이 된다. 그리고 이 절반의 사실을 다른 사람들에게 계속 이야기하면, 나에게 소중한 망상이 된다.

우리는 이 현상을 심리 상담 및 치료라고 하는 인간관계의 거대한 실험실에서 매일같이 재발견한다. 하나의 간단한 사례를 보자. 아주 건강한 여자아이가 어느 날 학교 수업이 너무 어려워서 학교에 가고 싶지 않았다. 그래서 아이는 어머니에게 머리가 아프다고 했고, 어머니는 아이를 집에 있게 해주었다. 그래서 아이는 싫어하는 학교 수업을 듣지 않아도 되었고, 어머니의 애정 어린 간호를 받으며 만족감도 느낄 수 있었다.

다음에 이 소녀가 집에 있고 싶을 때는 두통이 있는 척하기가 더 쉬워지고, 그다음에는 더더욱 쉬워진다. 소녀는 점차 자기 머리가 계속 아프다고 믿게 된다. 처음에는 거짓말할 때 양심의 가책을 느꼈지만, 이제는 처음에 한 거짓말이 자신에게는 진실이 된다. 우리의 여주인공은 어른이 되어 끊임없는 두통 때문에 의사와 상담하게 된다. 의사와 환자는 오랜 시간 동안 거짓말, 빈정거림, 자기연민이 어린 불평으로 얽힌 그물을 풀어보고, 환자는 자신의 두통이 학교에 가기 싫었던 어느 날부터 시작되었다는 것을 깨닫게 된다.

망상적 두통은 세계 자체에 영향을 미친다. 정치적 선동은 어느 정도는 미국의 문제라고 할 수 있다. 이러한 선동이 일시적으로 취하는 형태는 지나가는 단계일 뿐이고, 우리 안에 용과 유령이 잠들어 있는 한 선동은 언제든지 새롭게 나타날 수 있다. 선동가는 자신의 중요성을 증명하기 위해 타인에 대한 음모론을 제기할 것이다. 그는 자신처럼 냉혹하거나 성격이 불같지 않은 사람을 협박하려고 할 것이다. 가끔은 사람들을 망상의 거미줄 속으로 끌어들일 것이다. 어쩌면 마음이 약한 사람들의 눈물을 끌어내려고 순교자의 껍질을 뒤집어쓸 수도 있다. 지나치게 감정에 치우치고 의심이 많기 때문에 시민 서로간의 신뢰를 산산조각낼 수도 있다. 자신이 위대하다는 망상은 독재자의 매력이 자신들에게 묻어오길 바라는 불안정한 영혼들에게 전염될 수 있다.

불행히도 망상 문제는 거의 질병으로만 연구돼왔다. 과거에 과대망상 환자를 연구했던 정신과 의사는, 환자들의 망상 체계와 세계의 집단 망상을 비교해보는 데 필요한 철학적·사회학적 배경을 빼놓았다. 과대망상이나 박해망상으로 고통받는 환자들을 볼 때 개인 뇌의 해부학적 변화에 따른 병적 망상을 설명하는 가설에만 너무 의지하는 경향이 있었다. 몸이 건강한 사람의 생각이 비정상적이어서 이러한 현상이 일어나는 건 아닌지에 대해서는 충분한 관심을 기울이지 않았던 것이다.

지난 몇십 년 동안 문화인류학과 사회과학이 성장하면서, 집단의 감정과 망상이라는 주제를 새로운 관점에서 볼 수 있게 되었다. 분명 이는 병리학자가 현미경으로 검증할 수 있는 주제는 아니다. 역사, 사회심리학, 그리고 사람 사이의 관계와 인간의 집단 사고를 다루는 모든 연구에 대한 지식이 필요하기 때문이다.

이 주제에 대한 임상 연구 단계로 들어가려면, 아리스토텔레스 이래 과학적 사고를 지배하며 다양하게 고착된 철학 사상을 내려놓을 필요가 있다. 예를 들면 정체성이나 이해력의 보편성 같은 것이다. 이러한 생각은 모든 인류가 같은 방식으로 사고한다는 신념에 기초한다. 하지만 철학자들 자신이 공통의 이해에 다다르는 데 큰 어려움을 겪고 있는 것부터가 이 가설에 대한 반증이다. 이는 상당 부분 서로 다른 사람들은 사고방식과 기준도 다르다는 사실에 기인할 것이다. 여러 세기 동안 과학에서는 자연법칙과 같은 논리법칙에 따라 사고한다는 아리스토텔레스의 말을 따랐다. 프랜시스 베이컨(Francis Bacon)은 자신의 우상 이론에서 논리와 명확한 사고의 법칙은 분명 존재하지만 인간이 이를 따르지 않을 수도 있음을 처음으로 지적했다. 정서적 환경에 의존할 경우 "사고는 개인의 열정과 반응을 감추는 장막이 될 수 있다". 이 진술에 따르면 셰익스피어의 시대에 살았던 이 철학자도 현대의 선동 논리를 공격하는 것과 마찬가지다. 즉 르네상스 이후부터 인간의 감정과 개인적 선호가 생각을 형성하고 이끈다는 것을 알고 있었던 것인데, 이러한 관점을 가장 설득력 있게 표현한 것은 스피노자와 파스칼이었다.

우리가 집단적 열정과 군중의 망상 현상을 다룰 때 철학적 관점을 취하든 정치적 관점을 취하든 현대 심리학을 빼놓기란 불가능하다. 이 문제를 검증할 때 우리는 이러한 질문에 부딪히게 된다. 집단생활에서 끊임없이 걱정을 일으키는 이 현상, 서로에게 그토록 많은 오해를 일으키는 이 현상은 특정 집단의 심리적·정치적 발달이 미성숙한 청소년과 같은 단계에 머물러 있기 때문에 일어나는 것일까?

우리가 영아기에서 시작해 성숙에 이르기까지 개인의 인식과 의식이 성장하는 연속적인 단계를 간단히 살펴본다면 유익할 것이며, 위 질문에 대답하는 데 도움이 될 수 있다. 사실 이러한 개인의 성장 단계와 집단의 성장 단계 사이에서 유사점을 찾을 수 있기 때문이다.

사고의 단계와 망상[*]

정신은 끊임없이 외부 세계와 대립하고 소통하며, 개인의 발달 단계마다 세계와 그 속에서 일어나는 일을 다르게 경험한다. 비록 여러 과학자들이 발달 단계와 그 의미에 대해 다른 결론을 내렸지만, 개인적 전망의 변화 및 성장에 대한 인식 자체가 과학으로서의 심리학에서 가장 중요한 발견이며, 심리학자들이 모두 동의하는 바이기도 하다. 여기서는 심리학에서 이야기하는 발달에 대해 간단히 설명하겠다. 이것이 유일한 설명은 아니지만, 우리의 의견에 미치는 미성숙하고 망상적인 사고의 막대한 영향을 이해하는 데 도움이 될 것이다.

(아동과 발달 초기에 대한 연구에서 보듯이) 발달심리학은 개인과 종(種) 모두에 대해 사고의 기원은 정신의 환각 단계에 있다고 본다. 이 단계에서는 내부와 외부 세계 사이의 차이를 경험하지 못한다. 자기와 세계 사이의 정신적 분리와 거리 두기는 아직 이루어지지 않았다. 마음은 자신이 전능하다고 느낀다. 자기의 모든 경험을 우주에도 적용하며, 그것이 우주의 일부라고 생각한다. 발달심리학에 따르면 영아는 이런 식으로 세상을 경험하며, 성인도 정신 이상이 있는 경우 이러한 환각 단계로 되돌아간다. 그러나 성숙한 성인도 내적 환상과 외부 현실을 완전히 분리하지 못할 때가 있어, 그의 사적이고 주관적인 기분이 어떤 외부 현실로 인한 것이라고 생각하곤 한다.

다음 단계인 물활론적(animistic) 사고에서도 자아와 세계가 하나라는 느

---

[*] 이 절에서 나는 일정 부분 페렌치(S. Ferenczi)의 분류와 망상에 대한 나의 책에서 나온 분류를 따른다.

낌은 일부 남아 있다. 개인의 내면적 경험, 두려움, 감정을 바깥세상의 관련 있어 보이는 대상에 투사하는 것이다. 외부 세계는 계속 악하고 위협적으로 보인다. 탁자에 부딪혀 넘어진 아이는 탁자에 나쁜 힘이 있다고 생각하고 탁자를 때린다. 맹수의 사냥감이 되는 원시 부족은 자신이 두려워하는 동물에게 무서운 신의 힘이 깃들었다고 생각한다. 인간의 두려움으로 인해 외부 세계 전체가 인간화된다. 공황과 공포의 시기에 우리 모두는 이웃이 존재하지도 않는 배신자나 적의 내통자라고 생각한다. 우리의 물활론적 사고는, 사실 우리 마음속에서 일어나는 일에 대해 계속해서 다른 사람을 탓한다. 오늘날 악마와 귀신은 숲이나 야생 동물 안에 있지 않다. 그들은 독재자와 선동가가 만들어낸 여러 희생양 속에서 보금자리를 찾았다.

세 번째 단계는 여전히 인간과 외부 세계 사이에 밀접한 관련이 있다고 생각하는 마술적 사고이다. 하지만 인간은 세계와 자신이 결합되어 있다기보다 대척점에 서 있다고 본다. 인간은 자신을 둘러싼 신비한 힘과 협상을 하고자 한다. 사실 마술은 인간의 가장 간단한 전략이다. 인간은 기호, 동작, 어떨 때는 진짜 행동이나 변화를 통해 세계를 바꿀 수 있음을 발견해왔다. 토템 기둥과 제단을 세우기도 하고, 부적과 이상한 약도 만든다. 인간은 세계를 바꿀 수 있는 강력한 기호로 말을 사용한다. 인간은 외부 세계를 받아들이고자 하는 욕구를 만족시키기 위해 의식을 만들어낸다. 우리 중 갑자기 보도블록을 세고 싶어지거나, 질투로 부적을 쓰거나, 다른 사람이 알면 마법의 힘이 사라지는 비밀의 징표를 가져보지 않은 사람이 있을까?

이러한 징표는 미성숙함을 보여주지만, 동시에 행복과 좋은 인생을 쌓아올리는 기능을 한다. 우리는 여전히 마법의 세계에 살고 있으며, 자연을 행복하게 조작하는 망상에 사로잡혀 있다. 현대인이라는 부족은 자동차를 타고 달리며 과대망상증이 걸린 바퀴의 마법사가 되었다. 수백만 명이 속도라는 신의 제단에서 제물이 된다. 미친 듯이 속도를 내면 삶이 연장된다는 우리의 숨겨진 망상 때문이다. 엔진과 기계장치가 이전의 더 신비했던 부적을 대체하게 되었다. 지식은 여전히 이해 대신 권력을 위해 이용된다.

정신 발달의 마지막 단계에서 인간은 자신과 외부 세계를 완전히 구분짓는다. 인간은 사물과 함께 살며 사물을 조작하려 할 뿐만 아니라, 사물의 반대편에 서서 살 수도 있게 된다. 성숙하게 현실을 직면하는 이 시기에, 인간은 자기 인생의 관찰자가 된다. 인간은 자기 존재의 심연을 인식한다. 그리고 자신의 몸과 마음이 세계와 분리되어 있다고 본다. 손과 귀와 눈과 스스로를 통제하는 마음을 통해 인간은 현실을 마주한다. 한 발 물러나 세계를 관찰한다. 사실 인간은 똑바로 서서 세계를 마주보는 유일한 동물이다. 자신의 손과 감각을 이용해 도구를 다루는 유일한 동물이기도 하다. 점차 인간의 정신과 신체는 자신이 받아들이거나 거부하는 충동의 도구가 된다. 오직 인간만이 자신의 충동과 본능을 위험하다거나 유용하다고 판단할 수 있다. 인간은 외부에서 강요하는 두려움을 인식할 뿐만 아니라 내면의 두려움, 그토록 값비싼 대가를 지불한 내적 통제를 잃는 것에 대한 두려움도 인식한다. 인간은 한때 아기처럼 마술적인 동작으로 정복하고자 했던 외부뿐만 아니라 내면 세계에도 손을 뻗는다. 성숙한 인간은 내부 세계와 외부 세계 사이에 산다.

내부와 외부의 현실이 분리되어 있다는 것을 깨닫게 되는 힘든 과정에는 어딘가 비극적인 부분이 있다. 성숙해지는 과정에서 인간은 자신이 개별적 전체의 일부이자, 극락 같은 평정의 세계의 일부라는 처음의 달콤한 꿈에서 깨어난다. 우주와의 합일을 잃어버렸다는 느낌은 계속 남게 되며, 집단적 긴장이 있거나 위기가 왔을 때 비개인적이고 책임감 없는 축복의 경험에 다시 다다르게 된다. 심한 수동성이나 자기파괴, 약물을 통해 얻는 인공적 황홀감, 영원히 잠자고 싶은 자살 회구, 이 모든 것은 인간이 그 영원한 갈망을 채우려 취하는 수단이다.

우리가 이야기하는 망상은 인간 경험의 어떤 발달 단계와 관계있는 것일까? 우리는 원시 부족원이 미지의 적대적인 세상에 대처하기 위해 자신의 토템인 동물에게 기도하는 것을 망상이라고 하지 않는다. 그러나 더 높은 발달 단계에 도달한 사람이 그런 원시적 사고에 다시 빠진다면 이러한 퇴보(역행)는 망상이라고 할 수 있다.

검증 가능한 현실을 잃어버리다

따라서 우리는 망상을 독립적이고 검증 가능한 현실 감각을 잃어버리고 의식의 보다 초기 단계로 돌아가는 것이라고 정의해볼 수 있다. 앞에서 이야기했던 젊은 여성이 두통이 있다고 믿고 고통받았던 것처럼, 자신만의 환상을 처음에는 소문으로, 나중에는 사실적 진실로 파는 사람은 점차 자신이 처음에 거짓말을 했다는 사실을 잊어버리게 된다. 그리고 그의 망상은 원래의 원초적 희망사항으로 영원히 화석화된다.

망상적 사고를 부추기는 몇 가지 요인이 있다. 역행과 원시화(primitivization)는 신체적 질병의 결과로 나타날 수 있다. 특히 뇌질환에서 많이 나타나며, 정신과 의사들은 이러한 종류의 망상을 많이 본다. 많은 뇌질환은 뇌 피질에서 일어나는데, 이는 진화 과정에서 마지막으로 발달했으며 사고를 인식하고 통제하는 영역이다. 그러므로 이곳의 기능이 저하되면 (진화적으로) 보다 오래된 뇌 기능으로 이를 대체해야 한다.

하지만 망상의 원인이 순수하게 생물학적인 것만은 아니다. 집단 최면을 비롯한 최면으로 인해 같은 퇴행 효과가 나타날 수 있다. 이는 대상자로 하여금 의식의 더 높은 단계에 도달하지 못하게 하고, 집단에 참여하여 하나가 되는 경험과 같은 원초적 단계로 끌어내림으로써 이루어진다.

인식과 현실의 대면이 경직되고 자동화되면, 인간이 세계를 계속해서 분명하게 검증하려 하지 않는다면, 인간은 현실 상황에 맞지 않는 망상-관념을 키우게 될 것이다. 분명 인간이 계속해서 맑은 정신으로 살아 있으려면, 현실의 다양한 측면을 마주하고 검증해야 한다. 경험이 교의로 굳어지면, 그 자체가 새로운 사실을 새롭게 검증하는 데 방해가 된다. 어떤 국가가 스스로 '선택된' 나라라는 망상을 한다면 다른 국가와 협력하는 것이 어려워진다.

다음의 경험을 통해 우리 시대에 사고 통제의 과정이 일반적인 생각의 형성에 얼마나 깊이 관여하고 있는지를 알 수 있다. 제1차 세계대전이 끝난 뒤, 나는 독일의 관념론 철학에 헌신해온 한 독일 철학자를 알게 되었다. 독일은 창조적인 시기를 지나며 우애와 세계 평화라는 새로운 관념에 다다랐다. 전쟁에서 패배한 독일이 영적인 힘을 보여주려 한 것이었다. 우리는 휴가를 함께 보내며 스위스 티치노의 햇살 좋은 산을 나란히 걸었고, 조화와 우정을 향한 인류의 영원한 갈망에 대한 철학적 대화를 나누었다. 우리는 친구가 되었고, 우리의 작업에 대해 편지를 주고받았다. 그러다 전체주의의 그림자가 그의 나라에 드리웠다. 처음에 그는 나치즘에 회의적이었고 심지어 비판적이기까지 했다. 우리의 소통은 뜸해졌고, 그가 점점 나치 독일의 '관제화'에 기울고 나치 당원이 되면서 마지막 정신적 단절이 이루어졌다. 나는 이후 그의 소식을 듣지 못했다.

너무나 많은 철학자들이 강력한 대중 정서의 영향 아래에서 자신의 이론적 숙고를 그만두었다. 그 이유는 불안과 복종 때문만이 아니었다. 그보다 훨씬 깊은 정서 과정이 있었다. 사람들은 자기 조국의 언어를 쓰기를 바란다. 그들이 숨쉬기 위해서는 주변 환경의 이념적 전형과 자신을 동일시해야 한다. 그들은 정신적으로 홀로 설 수 없다. 슈테판 츠바이크 (Stefan Zweig)는 제1차 세계대전 동안 주위에 맴도는 쇼비니즘의 목소리를 따라하는 내적 과정이 자신에게 깊은 내면의 갈등을 일으켰다고 썼다. "나는 더 이상 다른 사람들을 공정하게 대할 의지를 갖지 못했다(Ich hatte den Willen nicht mehr gerecht zu sein)."

집단 망상

지금까지 제도화된 집단 망상 현상에 대한 과학적 분석이 거의 이루어지지 않은 것은 흥미로운 일이다. 정치적 선전과 함께 늘 이 용어를 논의하는데도 그렇다. 그런데도 과학 분야에서는 현재 사회와 연관될 경우, 우리가 집단 망상이라고 하는 집단의 정신적 변화를 분석하기를 꺼려왔다. 자세히 분석한 것은 마녀나 집단 신경증과 같은 역사 속의 사례였다.

이념 전쟁의 시대, 인간의 정신을 차지하기 위해 싸우는 시기에, 이 질문에 주의를 기울일 필요가 있다. 집단 망상이란 무엇인가? 어떻게 나타나는가? 집단 망상에 대항하려면 무엇을 해야 하는가?

내가 전체주의 사고의 틀을 정신적 철수가 나타나는 조현병에 비유한 것은, 내가 전체주의 이념을 망상적이라고 보고 전체주의 사고의 틀을 누구에게나 일어날 수 있는 병적 혼란이라고 보았기 때문이다. 우리가 망상을 독립적이고 검증 가능한 현실 감각의 상실, 그에 따라 더 원초적인 의식 상태로 퇴행하는 것으로 정의할 때, 전체주의 현상 자체를 망상적으로 보는 것을 이해할 수 있게 된다.

인간을 복종하는 기계로 생각하는 것은 (현실과 동떨어진) 망상이다. 인간의 역동적 본성을 부정하고, 인간의 생각과 행동을 권위에 복종하는 유아의 단계에 붙잡아놓겠다는 것이 망상이다. 삶이 우리에게 주는 많은 문제에 한 가지 간단한 대답이 있다고 믿는 것, 인간은 구조적으로 너무나 딱딱하게 굳어 있기에 양가감정도 의심도 갈등도 상충하는 충동도 없다고 믿는 것이 망상이다.

생각이 고립되어 다른 사람과 자유롭게 교환할 수 없고 확장시킬 수 없을 때 망상이 일어날 것이다. 생각이 커튼 뒤에서, 그리고 커튼들 사이에서 분리될 때, 언제고 사실과 현실에 똑바로 직면하는 과정은 어려워질 것이다. 체계는 얼어붙고 경직되어 망상으로 인해 죽어갈 것이다.

이러한 예는 세계에서 동떨어진 매우 작은 공동체에서 찾아볼 수 있다. 오랫동안 바다에 나가 있던 고깃배에서, 종교에 대한 전염성 있는 광신이 살인 의식으로 이어질 수 있음이 드러났다. 작은 마을 공동체에서 한 사람의 집착으로 인해 집단 망상이 나타난 사례도 있다. 나머지 세계와 단절된, 더 거대한 전체주의 공동체에서도 같은 일이 일어난다. 이것이 자유로운 검증과 자기교정이 금지된 히틀러의 독일에서 벌어진 일 아닌가? 물론 우리는 역사를 되짚어볼 때 모든 고립된 문명이 그러하다는 것을 알 수 있다. 다른 사람들과 교류하지 않으면, 문명은 쇠퇴하며 스스로의 망상에 희생되어 멸망하게 된다.

우리는 망상이라는 개념을 다른 식으로 정의할 수도 있다. 망상은 제한된 관점에서만 세상을 보는 개인이나 집단에서 나타나는, 보다 원초적이고 왜곡된 형태의 사고이다. 망상적 사고를 하는 사람은 망상적 사고라는 개념을 모른다. 못 침대에 누워 고행하는 파키르(fakir: 이슬람 고행자—옮긴이)는 뉴욕 5번가에서는 광인으로 보이겠지만, 무슬림들에게 그런 고행은 정상적이고 성스러운 행동이다. 원시 부족 구성원은 퇴마 의식이나 부흥회(revival meeting)를 집단 망상의 사례로 보지 않을 것이다. 하지만 정신 발달이 이 단계를 넘어 더 폭넓은 관점과 인식에 이르게 된 사람은 이러한 의식 뒤에 망상이 있음을 알 수 있을 것이다.

망상이 드러났을 때 이를 감지할 수 있느냐는 전적으로 환경, 우리가 살고 있는 문명의 상태, 우리가 속한 집단과 사회계층에 달려 있다. 망상과 퇴보라는 용어가 특수한 사회적·지적 인식 수준을 가리키는 것이기 때문이다. 그래서 우리 가운데 있는 망상, 원시적 의식을 감지하기가 그렇게 어려운 것이다. 우리의 현대 문명은 집단 망상, 편견, 집단의 오류로 가득 차 있는데, 이는 바깥에서 보면 쉽게 알 수 있지만 안에서 보면 알 수 없다. 마법에 대한 망상은 사라졌지만, 우리는 문화적, 또는 인종적 열등함이나 우월함에 대한 망상에서는 자유로워지지 못했다. 무도병과 성 비투스(St. Vitus)의 춤에 대한 중세의 집단 망상은 지금은 서구 국가에 거의 알려져 있지 않다. 우리는 그 자리에 망상적 황홀감 속에서 소리치며 정치적 망상에 대한 애호를 표하는 대중 집회를 채웠다. 광적인 춤 대신 자동차에 열광하거나, 텔레비전 화면을 통해 바라보는 관음증에 빠진다.

우리가 전체주의 제국에 대한 장에서 본 것처럼, 집단 망상은 유도될 수 있다. 집단적 감정을 제대로 조직하고 조작하는 것에 달린 문제일 뿐이다. 만약 누군가 대중을 고립시키고 자유로운 생각, 교류, 외부의 교정을 허용하지 않으며, 매일 소음·언론·라디오·텔레비전을 통해 두려움, 거짓 열의로 대중에게 최면을 걸 수 있다면, 어떤 망상이라도 심을 수 있다. 사람들은 가장 원시적이고 부적절한 행동도 받아들이기 시작할 것이다. 사람들에게 감춰진 신경증적·망상적 콤플렉스의 방아쇠를 당기는 것은 보통 외부에서 일어나는 일이다. 집단적 광기는 사람들 각자가 억압하고 있던 개인적 광기를 정당화한다. 그래서 구호를 통해 사람들을 전쟁의 광기 속으로 끌어들이는 것이 그토록 쉬워질 수 있는 것이다. 구호를 통해 공격받는 외부의 적은 그저 희생양, 괴롭힘당하는 사람들 안의 분노와 불안을 대리하는 역할일 뿐이다.

주의 깊게 심어놓은 망상은 바로잡기 어렵다. 추론은 더 이상 가치가 없다. 더 수준 낮고 동물적인 생각을 하다보면 더 수준 높은 생각이 들리지 않게 되기 때문이다. 만약 누군가 공식적 관용어들에 젖어버린 전체주의자에게 동의하게 되면, 언제든지 집단적 전체주의 사고의 요새 안으로 철수할 수 있다. 그에게는 소속감·위대함·전능함의 느낌을 주는 집단 망상이 개인적 인식과 이해보다 더 소중하기 때문이다.

전체주의 포로수용소에 혼자 있는 수용자는 간수들의 집단 사고에 서서히 넘어가기가 더 쉽다. 그 자신의 유아적 사고가 강력한 암시의 힘 앞에서 포기하도록 조건화되어 있기 때문이다. 그는 자신만의 망상에 빠지지 않으려면 간수들과 소통해야 한다. 극히 일부만이 영웅적 투쟁을 통해 진정한 자기 자신으로 남을 수 있다.

한국전쟁 때 포로수용소에 몇 달, 몇 년씩 있었던 포로들의 상황을 연구하려면, 집단 망상의 분위기를 고려하지 않을 수 없다. 사실을 검증할 기회 없이 소문으로 가득 찬 분위기에서는 정신을 가다듬어도 관찰은 왜

곡될 수밖에 없다. 집단 세뇌 과정에서 선전은 계속되고, 개인이 자신의 동지들을 객관적으로 관찰하기는 매우 어렵다. 이러한 조건에서는 무고한 희생양이 집단의 모든 고통을 짊어지게 만드는 일이 너무나 쉽다. 이러한 집단 전염의 분위기에서 사실이 환각이 되는 것 또한 너무 쉽다.

어느 포로수용소에서 나는 야만적인 동성애 행위 때문에 다른 사람들에게 따돌림당하고 공격까지 받은 사람에 대해 보고해야 할 일이 있었다. 조사 결과 어떤 사실도 희생자도 찾을 수 없었다. 외롭고 냉소적이며 비사회적인 존재, 다른 포로들의 잠재된 동성애 감정을 일깨워 그들의 남성성을 공격한 존재에 대한 증오를 표출하는 소문만 무성했다.

수용소에 떠도는 소문을 연구해보지 않고는 어떤 전쟁 포로도 적에게 협력했다는 혐의를 받아서는 안 된다.

전체주의의 환경에서는 생각의 전염을 피하기 어렵고, 거의 모두가 일시적으로라도 망상의 희생자가 된다.

정신적 전염의 위험

확실히 정신적 전염의 위험은 이어진다. 사람들은 서로 계속해서 정신적 교환을 한다. 우리는 국가의 일원으로서 위험한 정신적 공해가 국경을 넘어 우리에게 오고 있지 않은지 물어야 한다.

우선 내가 우리가 직면해 있는 전체주의의 전복과 공격성의 위험에 둔감하지 않다는 점을 아주 분명히 하고 싶다. 나치에 대한 나의 경험을 돌아보면 이러한 위험을 과소평가해서는 안 된다는 것이 고통스러울 만큼 자명하다. 심리학자로서도 전체주의 선전의 전염성, 그리고 자유 국가의 자유 시민들이 스스로를 보호해야 한다는 사실을 마음 깊이 느끼고 있다. 하지만 우리는 이러한 위험과 민주적으로 싸우는 방법을 배워야 한다. 그리고 유감스럽게도 우리는 이러한 싸움에서 전체주의라는 책의 한 쪽을 빌려올 때가 너무 많다. 한 가지 예를 살펴보자.

뉴욕 주의 파인버그 법(The Feinberg Law)은 위험한 정치 선전으로부터 아동들을 보호하기 위해 발효되었는데, 부분적으로 정신적 전염 개념에 기초하고 있다. 이 법은 체제 전복적 사상의 교묘한 학교 침투를 막는 것을 목표로 한다. 언뜻 보기에 이는 간단한 해결책 같다. 영향받기 쉬운 아동들의 마음에 전복적 사상이 작용하기 전에 멈추자는 것이다.

하지만 온갖 종류의 심리적 어려움은 여전한 것이 사실이다. 우리는 오염에 대한 두려움 때문에 비관습적인 생각을 어느 정도 허용할 것인지 판단하는 규준과 도식을 만들고, 수용하든 안 하든 소수 의견의 존재가 다수 의견에 대한 순응주의가 자라나는 데서 우리 자신을 지킬 수 있는 한 방법이라는 점을 잊어버린다. 미국 대법관 휴고 블랙은 파인버그 법에 반대하면서 이 점을 지적했다.*

이는 절대 다수가 현재 지지하는 바와 다르게 생각하거나 말하는 것을 …… 위험하게 만드는 법 중 하나이며, 이런 법이 급격히 늘어나고 있다.

기본적으로 이러한 법은 정부가 인간의 마음속에서 일어나는 생각의 흐름을 감독하고 제한해야 한다는 믿음을 전제한다. 이러한 정부 정책은 사람들을 일반적인 사고방식에 끼워맞추는 경향이 있다. 이와 상반된 정부 정책은 인간의

---

* *The New York Times*, March 4, 1952.

정신과 영혼을 완전히 자유롭게 놔두어야 한다는 믿음에 기초하고 있다.

이러한 정부 정책은 최선의 관점이 승리하리라는 신념 아래 다양한 지적 전망을 장려한다. 내 판단으로는 이러한 자유의 정책이 미국 수정헌법 제1조(종교·언론·출판·집회의 자유를 보장하는 미국 헌법 수정 조항—옮긴이)에 나타나 있으며, 제14조(평등한 시민권을 보장하는 미국 헌법 수정 조항—옮긴이)를 통해 각 주에 적용할 수 있게 되었다.

이러한 정책에 따라 공무원이 사람들이 생각할 수 있는 범위를 정하고, 대중이 표현할 수 있는 관점을 검열하고, 사람들이 접촉할 수 있는 개인이나 집단을 선별하는 행위를 헌법에 근거해 제약하게 되었다. 그런 권력을 가진 공무원은 시민을 위한 봉사자가 아니라 시민의 지배자이다.

우리가 정신적 제약을 통해 다른 정신적 제약을 예방할 수는 없다. 인간이 정신적 전염에 맞설 힘을 가질 유일한 방법은, 생각을 교환할 자유가 완전히 보장되는 것이다. 사람들은 바로 대답을 요구하지 않고 질문하는 방법을 배워야 한다. 자유로운 인간은 자기 세대에든 다음 세대에든 문제가 언젠가는 풀릴 것이라는 희망을 가지고 사는 법을 배운 사람이다. 인간의 호기심을 격려해야 한다. 스스로 생각하고 개성을 드러내고 자신이 믿는 것을 위해 싸우기를 두려워하지 말아야 한다. 또 한편으로는 생각에 저항하는 방법을 배워야 한다. 정부는 물리적 폭력뿐만 아니라 정신적 폭력, 젊은 정신들에 대한 암시와 정신적 살해를 통한 침투, 경직된 조건화, 극단적 통제, 반대자에 대한 억압을 통해 무너질 수 있다.

설명의 망상

가장 강력한 망상 중 하나는 설명의 망상으로, 자기 주머니 속에 든 단순한 이념으로 모든 것을 설명하고 해석하는 것이다. 이러한 망상의 희생자는 자기도 모르는 사이 전지적 마법의 망토를 두르며, 이는 이해할 수 없는 현상에 대한 합리적 설명을 갈망하는 사람들에게 찬탄과 복종을 불러일으킨다. 예를 들어 돌팔이 의사는 자신이 모든 것을 알고 있다는 태도로 희생자를 어떤 무(無)의 느낌, 세계라는 거대한 불가사의 앞에 자기 자신이 점점 작아지는 느낌으로 몰아넣는다. 이렇게 현자, 모든 대답을 아는 마법사가 되고 싶은 충동과 욕망을 우리는 전체주의 세계에서 자주 볼 수 있으며, 당신이 읽고 있는 글을 쓴 사람을 포함해 누구도 이러한 성급한 대답을 하는 데서 완전히 자유로울 수 없다.

이는 지식인들, 특히 생각과 개념을 가지고 놀기 좋아하지만 당대의 문화적 노력에 기여하는 바는 없는 이들에게서 많이 나타나며, 우리는 모든 것을 설명하지만 아무것도 이해하지 못하는 경솔한 충동을 자주 본다. 그들의 지적 고립, 상아탑 속 철학으로의 도피는 이해의 빵 대신 주지주의의 돌을 받은 사람들이 큰 적대감과 의심을 느끼는 원인이 된다. 지식인들은 우리의 민주주의 세계에서 생각을 가르치는 교사라는 특별한 역할을 하지만, 모든 가르침은 정서적 관계, 즉 학생을 사랑하는 일이기도 하다. 그들 사이로 들어가 그들의 의심에 참여하는 것이다. 이는 미지를 탐구하는 모험을 함께하기 위해서이다.

역설적으로, 우리가 전체주의자들의 경직성을 발견하려면 민주적 체제 안에서 그들을 경험해보아야 한다고 할 수 있다.

마술적 사고로부터의 자유

우리 서구 문명에서는 대중매체의 성장으로 우리의 편견과 공평한 사고 양쪽 모두에 대한 집단의 압력이 높아졌다. 우리는 의식하지 못할 때도 마음을 사로잡는 끊임없는 소음의 세계에 살고 있다.

우리 사회에는 이미 들리지 않는 외로운 목소리의 문제가 있다. 나는 우리의 사고 중 망상적 부분을 바로잡을 수 있도록 도와줄 가르침의 목소리가 우리 가운데 많이 있다고 생각한다. 하지만 그들의 지혜로운 말은 다른 곳에서 들려오는 큰 소음에 묻힌다. 우리 사회에서는 더 이상 지혜와 통찰을 간단히 소통할 수 없다. 누군가 자신의 말을 듣게 하려면, 막대한 권력과 공식적인 명칭으로 이를 광고하고 강화해야 한다. 기관이 그의 뒤에 있어야 하고, 그의 말을 듣는 사람들이 있다고 확신할 수 있는 시간에 말한다는 것을 확인해야 한다. 그에게는 인정받는 꼬리표와 공식적인 학위가 있어야 한다. 그렇지 않으면 그의 목소리는 사라질 것이다.

집단 망상을 교정하는 것은 민주주의에서 가장 어려운 과제 중 하나이다. 민주주의는 사상의 자유를 필요로 하며, 이는 모든 사람에게 모든 형태의 집단 정서와 사고를 시험해볼 권리가 있어야 함을 뜻한다. 이러한 시험은 꾸준한 개인적·집단적 자기비판을 격려할 때만 가능하다. 민주주의가 눈먼 공포와 마술로부터 자유로워지려면, 사상의 자유를 보존하는 이 과업을 직면해야 한다. 다양한 의견이 충돌하고 서로 영향을 주는 것은 민주주의의 특성이며, 바로 진리로 이끌지는 않더라도 그 길을 닦는다.

지금 이 순간 온 세계가, 물질과 군사력이 우리를 진리와 안전으로 안내할 것이라는 망상을 둘러싸고 춤을 추고 있다. 하지만 누군가 핵미사일 버튼을 누르는 순간 우리는 모두 자멸로 향할 것이다.

사유와 망상이 싸우고 반목하는 세계에서 해결책은 선구자들이 지었던 구분, 서로의 한계를 인식하는 데 있다. 우리가 동의하지 않는 것에 대한 이 합의가 이해의 첫걸음이다.

12

마음속에 침투하는 기술

기술적 사고의 침투로 인해 우리의 정신에 가해지는 강력한 공격을 설명하기는 어려운 일이다. 기술에는 상반되는 영향들이 공존하기 때문이다. 기술의 영향은 우리를 위협적인 자연의 힘으로부터 보다 독립적으로 만들어주는 축복이 될 수도 있지만, 동시에 도구와 기계가 우리를 지배할 수도 있다. 우리는 이러한 기술화의 내적 이율배반을 파악해야 한다. 그렇지 않으면 최후의 핵 파국이 일어날 때까지 끊임없이 계속되는 기술 발전의 소용돌이 속으로 끌려들어갈 것이다! 기술의 이상한 역설은 여기에 있다. 점차 기계(자동차, 공장)의 안녕이 인간과 인류의 안녕보다 더 큰 중요성과 가치를 점하게 되는 것이다.

기술의 성장, 우리의 환상을 채워주는 다양한 기계의 발전은 인류를 무한정의 힘이라는 유아적인 꿈으로 다시 돌아가게 만들었다. 작은 인간이 다양한 도구에 둘러싸여 자기 방에 앉아 있다. 버튼을 누르는 것만으로 세계가 바뀐다. 얼마나 큰 힘인가! 그리고 아직도 얼마나 더 큰 힘을 마음속에 그리는가! 그러나 정신적 위험도 그만큼 크다.

기술의 성장은 정신의 성숙을 위한 인간의 투쟁에 혼란을 줄 수 있다. 원래 과학과 도구의 실질적 적용은 인간에게 외부의 물리적 힘에 맞서 더 큰 안전을 보장하기 위한 것이었다. 이는 인간의 내면 세계를 지켜주었다. 그리고 명상, 놀이, 창조적 사고를 위한 시간과 에너지를 주었다. 점점 인간이 만든 도구가 인간을 소유하게 되고, 자유 대신 다시 농노제로 인간을 떠밀었다. 인간은 기술에 취하고, 기술 중독자가 된다. 기술은 인간에게서 자신도 모르던 유아적이고 비굴한 태도를 이끌어낸다. 우리는 거의 모두가 자동차의 노예가 되었다. 기술로 인한 안전이 역설적으로 두려움을 커지게 했다. 우리 밖에 있는 자연의 힘, 우리 안에 있는 본능의 힘을 마주하는 도전은 더 이상 없다시피 하다. 원래 자연이 우리에게 주던 마술적 도전은 이제 기술 세계의 몫이 되었다.

기술에 대한 종속 자체가 사고에 대한 공격이다. 아주 어려서부터 현대의 온갖 기계장치(라디오·자동차·텔레비전·영화)와 함께 성장한 아동은 **자기도 모르는 사이에** 자신과는 관련이 없는 수백만 가지 연상·소리·그림·움직임에 조건화된다. 그는 그러한 것들에 대해 생각할 필요가 없다. 자신의 감각과 너무 직접적으로 연결되어 있기 때문이다. 현대의 기술은 사람이 바라보는 세상을 당연시하도록 가르친다. 이제 인간은 물러나 성찰하지 않는다. 기술이 인간을 유혹하고, 자신의 바퀴와 움직임 속으로 인간을 떨어뜨려놓는다. 휴식도 명상도 성찰도 대화도 없다. 감각은 끊임없이 자극으로 넘쳐난다. 아이는 더 이상 세계에 대해 질문하는 방법을 배우지 못한다. 화면이 아이에게 이미 만들어놓은 대답을 제공한다. 책마저도 인간과의 교류를 제공하지 못한다. 아무도 책을 읽어주지 않기 때문이다. 화면 속 사람들이 아이에게 자신들의 방식으로 이야기를 들려준다. 이런 식으로 기술이 제공하는 지식은 아이가 보고 듣는 것에 대해 생각할 필요를 없앤다. 대화는 잃어버린 기술이 되고 있다. 조용한 독서, 창조적 예술을 접할 시간을 남겨두지 않는 기계의 시대가 덮쳐오고 있다. 하지만 우리는 분명 반작용, 즉 스스로 하자는 운동을 목격하고 있다. 여기서 우리는 창조적 정신의 부활, 로봇을 만드는 공학자에 대한 도전을 볼 수 있다.

기술이 압도한 세계에서 몸과 마음은 더 이상 존재하지 않는다. 삶은 더 큰 기술적·화학적 사고 과정의 일부로 축소된다. 인간관계 속으로 수학 공식이 침투한다. 예를 들어 우리는 연상에 따른 죄의 교의를 통해 적의 적은 친구이고, 적의 친구는 적이라는 간단한 공식을 학습한다. 마치 덧셈 기호와 뺄셈 기호를 조합하는 것만으로 인간 존재를 평가할 수 있다는 듯이 말이다.

기술의 교묘한 강요

라디오와 텔레비전은 정신을 직접 사로잡기에, 아이들이 책과 차분하고 변증법적인 대화를 할 시간을 남겨주지 않는다. 화면 속 영상은 동등한 대화와 논의를 통해 느낄 수 있는 자유를 허락하지 않는다. 이러한 발명은 시간과 자의식을 훔쳐간다. 기술은 한 손으로는 편리함과 신체의 안전을 주지만, 반대 손으로는 애정 어린 인간관계를 빼앗아간다. 개성 없는 크리스마스 카드에 인쇄한 서명, 문구, 그리고 타자기 자체가 기계 대리인의 예시다. 기술의 침공은 마치 사람들이 더 이상 서로에게 관심과 사랑을 줄 필요가 없다는 듯이 인간관계를 대체한다. 젖병이 어머니의 가슴을, 자판기에 넣는 동전이 어머니가 만들어주는 샌드위치를 대체한다. 비인간적인 기계가 인간의 몸짓과 상호작용을 대신한다. 이렇게 교육받은 아이들은 환상이라는 탈출구와 기계장치라는 장난감을 가지고 혼자 노는 편을 좋아한다. 기계화가 그들을 정신적 철수로 떠민다.

기술은 한 손으로는 인간이 전능하다는 느낌을, 반대 손으로는 기계의 힘에 비해 인간이 왜소하고 약하며 열등하다는 느낌을 암시하고 만들어낸다. 창조적인 인간 정신의 힘은 사회적 기계, 세계의 기계화의 꿈에 가려 보이지 않게 된다. 정치적 조작의 역학은 과대평가를 받고 필요 이상의 힘을 갖는다. 우리는 지성과 반지성, 속임수와 정치적 기계를 이용하면서, 인간의 영민함과 어리석음의 기저에 있는 '정서적 이유'를 잊어버린다. 기술에 대한 순진한 믿음과, 19세기에 유효했던 낙관적 자유주의, 즉 인간 지능·논리·순수성에 대한 순진한 믿음 사이에는 관련성이 있다. 우리는 두 가지 믿음 모두 파악하기 어려운 정신의 깊이에 대한 부정임을 알 수 있다.

기술 발전의 궁극적 결과는 무엇일까? 기술 발전이 사람들을 점점 버튼만 남은 사랑 없는 세상, 두려움과 절망으로 이끌어가는 것일까? 다른 사람들을 원격 조종한다는 과대망상에서 비롯된 행복을 만들어내는 걸까? 지루한 여가 시간의 채워지지 않는 허전함으로 데려가는 걸까? **대리로**(by proxy) **사는 것**, 스스로 살고 노동하고 창조하는 대신 영화나 텔레비전 화면으로 세계를 경험하는 것의 궁극적인 결과가 이런 것일까?

텔레비전 중독의 경우, 나는 다음과 같은 점을 관찰했다.

1. 텔레비전 중독은 진짜 중독이다. 다시 말해 텔레비전은 습관이 될 수 있고, 능동적인 치료 개입이 없으면 멈출 수 없다.

2. 성적·정서적 조숙으로 인한 혼란을 일으킨다. 아이들은 텔레비전을 자꾸 보고 싶은 유혹을 느끼는 동시에, 자신이 무엇을 보고 있는지 이해하지 못한다.

3. 공격적 환상(서부 영화, 범죄)을 계속해서 만족시킨다. 그러나 아동은 무의식적으로 영웅적인 복수자들보다 범죄자와 동일시하기 때문에 죄책감을 느끼게 된다.

4. 시간을 낭비하게 된다.

5. 텔레비전에 사로잡히면 아동들 내면의 창조성이 발현되지 못하고, 성인들은 자신의 문제를 직면하는 대신 그저 앉아서 화면 속의 가짜 세계를 바라보기만 한다. 만약 자녀를 돌볼 시간이 없는 부모들과 갈등을 겪는 아이들이라면, 더욱더 화면에 몰입할 것이다. 화면은 아이들에게 말을 걸고 놀아주고 마법의 환상 세계로 데려간다. 아이들에게 텔레비전은 어른을 대신하며 영원히 인내하는 존재이다. 아동은 이를 사랑으로 해석한다.

우리는 모든 대중매체와 같이 유혹적이고 최면을 거는, 침투하는 형태의 소통에 주의를 기울여야 한다. 사람들은 그들이 원치 않을 때조차 현혹된다. 개인의 성장의 모든 발걸음에는 고독, 내면의 대화, 숙고, 자기 성찰이 필요함을 기억해야 한다. 텔레비전은 이 과정을 방해하며, 정신의 집단화와 틀에 박힌 생각을 부추긴다. 또한 시청자들에게 집단의 가치에 맞추어 생각할 것을 설득한다. 가정생활에 침범해 들어오는 한편 가족들 사이의 보다 미묘한 소통을 단절시킨다.

내일의 세계는 기술과 심리학의 격렬한 전투를 지켜보게 될 것이다. 이는 기술과 자연의 싸움, 체계적 조건화와 창조적 자연스러움의 싸움이 될 것이다. 기계 숭배는 기계에 대한 지식이 권력으로, 버튼을 누르는 권력으로 전환된다고 가정하는 것이다. 수소폭탄과 같이 파괴적인 기계적 수단은 파괴에 대한 인간의 원초적 충동을 과학적 학살로 바꾸어놓았다. 이제 이 파괴의 가능성은 권력에 미친 지배자라면 누구나 쉽게 사용할 수 있는 도구가 되었다. 기술로 돌아가는 우리의 세계는 보다 상호 의존적이 되었고, 기술 관련 지식과 도구에 기대면서 우리는 보다 야만적인 전체주의자가 될 수도 있는 위험에 처했다. 이것이 우리 문명에 닥쳐온 고뇌이다. 인간 조직화의 도구가 되고, 자연을 정복할 수 있게 해준 기계가 독재할 수 있는 자리를 차지한 것이다. 기계는 사람들에게 자동적 반응, 경직된 행동양식, 파괴적 습관을 강요해왔다.

기계는 속도에 대한, 열광적 성취에 대한 점증하는 욕망을 일으켰다. **속도광**(광적인 빠름)과 무자비함 사이에는 심리적 관계가 있다. 빠른 차의 운전대 앞에 앉은 사람은 권력에 취하게 된다. 여기서 우리는 자연스럽고 점진적인 성장 개념에 대한 부정을 다시 한번 보게 된다. 사상과 수단은 성숙해질 시간을 필요로 한다. 기계는 결과를 성급하게 밀어붙인다. 진화는 바퀴의 혁명으로 바뀌었다. 기계는, 진보는 우리 밖에서 인식되기 이전에 우리 안에서 자라나야 한다는 데 대한 부정이다. 기계화는 정신적 분투에 대한 믿음, 문제 해결에는 시간과 계속되는 도전이 필요하다는 믿음을 앗아간다. 이러한 믿음이 없으면 진부함, 요약본과 경솔한 계약이 그 자리를 대신할 것이다. 기계화한 세계는 문제의 단순화를 신뢰할 뿐, 인간과 그가 제기하는 질문 사이의 끊임없는 변증법적 투쟁은 신뢰하지 않는다.

현대 기술의 오류 중 하나는 더 큰 **효율성**이라는 방향성이다. 적은 에너지로 더 많은 것을 생산해내야만 한다. 이 원리는 기계에는 맞을지 모르지만, 인간이라는 유기체에게는 맞지 않는다. 인간이 더 강해지고 강하게 남아 있으려면, 저항을 극복하고 도전을 직면하며 자신을 시험하고 또 시험하는 방법을 배워야 한다. 사치는 정신과 신체의 위축을 불러온다.

　개인의 뇌를 평가절하하고 컴퓨터로 대체하려는 것은 시민들을 점차 도구화하려는 전체주의 체제를 시사하기도 한다. 비인간적인 '체제', 조직적인 야만성과 개인의 도덕성을 짓밟는 기술 지배와 비인간화가 목적이 된다. 기계의 사회에서는 파블로프가 개를 조건화했듯이 일련의 가치를 무의식에 강제로 새겨넣는다. 이렇게 되면 우리의 뇌는 우리의 의지를 따르거나 사고 과정을 개발할 필요가 없다. 기계가 이를 대신해줄 것이다. 기술 지배 사회에서는 정서와 창조성을 배제한 행동을 강조한다. 우리는 '전자 두뇌'에 대해 이야기하면서, 전자 두뇌와 그 취약함 뒤에는 창의적 정신이 있다는 사실을 잊어버린다. 어떤 공학자들에게 마음이란 그저 전체주의의 실험실 안에 있는 전등에 지나지 않는 것이 되었다. 사람과 다른 사람 사이에 차가운 서류의 힘, 규칙과 도구의 이름 없는 거대한 관료제가 끼어들었다. 기계화는 인간관계에서 불가사의한 '중매쟁이', 사이에 끼어든 사람, 기계적 관료제, 강력하지만 비인간적인 요소가 되었다. 그것은 마술적 두려움의 새로운 원천이 되었다.

　기술 지배의 세계에서는 도덕에 관한 문제가 모두 억압되고, 기술적 또는 통계적 평가로 치환된다. 안정적이고 빠른 산수를 통해 도덕을 넘어서려는 것이다. 예를 들어 강제수용소 간수들의 내면 세계, 그들의 문제와 어려움을 연구해보면, 왜 그들이 가스실에서 살해된 희생자들의 시체를 최대한 빨리 처리하는 기술적 문제에 그토록 골몰했는지 이해할 수 있다. 그들은 '깨끗하다', '실용적이다', '순수하다'와 같은 말을 보통 때와 다른 차원으로 받아들였다. 그들은 화학적·통계적 용어로 생각하고, 거기에 매달렸다. 깊은 도덕적 죄책감을 의식하지 않기 위해서였다.

마음을 계산하는 기계처럼 여기게 된 것은 세계를 강박적으로 합리화하고 일반화한 결과이다. 이는 그리스 초기 사상가들부터 그러했다. 이러한 개념은 정서적 삶이나 애매한 경험의 가치를 부정하거나 최소화한다는 의미를 담고 있다. 이러한 철학에서는 자발성뿐 아니라 창조성도 역사적 우연도 텔레파시 같은 인간 소통에서의 기적도 이해하지 못한다. 이러한 개념에 기초한 기술은 차갑고, 삶의 도덕 기준이나 믿음, 우리의 세계에서 '집에 있는 것 같은 느낌'이 없다. 이러한 기술은 이유를 모르는 채 새로운 불만족을 자극하고 새로운 사치를 만들어낸다. 절제와 삶의 기술을 강조하는 대신 탐욕과 게으름을 조장한다. 기술이 수단이 아닌 목적이 되면 자유, 다양성, 인간의 존엄을 계속해서 추구하는 대신 단순한 평등이라는 허구를 안겨준다. 기술은 우리의 과학적 세계관이 과학 이전, 신화적 세계관의 점진적 수정일 뿐이라는 사실을 감춘다. 한때 용감한 환상과 비전의 산물이던 기술이, 바로 그 비전을 죽이겠다고 위협하고 있다. 그런 비전 없이 인류의 진보는 불가능하다. 우상이 된 기술은 다시 도구가 되어야 하고, 지금처럼 우리를 심연으로 끌어들이는 전능한 마법사가 되어서는 안 된다.

우리 서구 문화의 산업 발달은 인간을 자연의 리듬과 더 멀어지게 하는 새로운 문제를 만들어냈다. 처음으로 산업화를 경험한 인간은 공장과 엔진에 얽매였고, 다음으로 기술 진보로 여가 시간이 늘어났지만 새로운 질문이 생겨났다. 무엇을 위한 여가인가?

시간, 시공간, 그리고 지역의 범위가 더 넓어지고, 교통수단의 발달로 서로의 거리가 줄어들면서, 우리의 소속감과 안정감의 뿌리에 깊은 영향을 미쳤다. (사회의 핵인) 가족은 혼란에 빠졌고, 심지어 무너지기도 했다. 일요일이면 가족이 모여 앉아 애정과 지혜를 나누는 대신, 가족이 탄 자동차의 미친 행렬이 이어진다.

인간이 정신적으로 기술로부터 독립해야만, 즉 기술 없이도 살아가는 방법을 배워야만 기술에 압도되거나 휩쓸리지 않는 방법을 배울 수 있다. 사람들이 기술의 혜택을 제대로 활용할 수 있으려면, 먼저 외로운 로빈슨 크루소가 되어보아야 한다.

우리는 사람을 마비시키고 게으르게 만드는 기술 시대의 경향을 벗어나, 아이들에게 단순하고 자연스러운 도전 과제와 필요를 제시하는 교육 방법을 만들어야 한다.

기술의 역설

역설적이게도 기술이 주는 안전이 비겁함을 키울 수 있다. 우리 자신이 만든 기술 세계가 인간의 상상력을 동원해 해결하던 자연의 진짜 도전을 대신하게 되었고, 인간은 자기 바깥에 있는 자연의 힘과 자기 안에 있는 본능의 힘을 마주할 필요가 없어졌다. 우리의 사치스러운 습관과 복잡한 문명은 영적 각성보다 정신적 수동성을 불러온다. 정신이 수동적인 사람들은, 기본 도덕과 철학이 없어 자유로운 민주사회의 윤리와 부딪치는 정치적 모험의 꾐에 쉽게 빠진다.

조립 라인은 인간을 그의 일로부터, 또 그 노동의 결과물로부터 소외시킨다. 더 이상 인간이 필요로 하는 것을 스스로 생산하는 것이 아니라 기계가 생산을 대신한다. 공학자와 과학자들은 가까운 미래에 인간의 도움 없이 돌아가는 자동화 공장이 현실이 되고, 인간의 노동력과 그 자신은 거의 완전히 필요 없어질 것이라고 말한다. 자기 자신이 세계에서 가장 쓸모없는 부분이라면, 어떻게 자존감을 가질 수 있겠는가? 민주사회의 기반이 되는 윤리적·도덕적 가치는 인간의 삶과 복지가 지상의 최고선이라는 관점에 기초한다. 하지만 기계가 완전히 지배하는 사회에서는 우리의 모든 전통적 가치가 무너질 수 있다. 기계를 숭배하면서 우리는 스스로를 경시하게 된다. 그러면 우리는 힘이 정의이고, 인간은 내재적 가치가 없으며, 삶 자체가 더 큰 기술적·화학적 사고 과정의 일부일 뿐이라고 생각하게 된다.

버튼을 누르기만 하면 되는 기계화된 세계를 향한 인간의 진보적 후퇴는, 자동차를 비롯한 기계에 대한 사랑에서 가장 잘 나타난다. 자동차 좌석으로 물러나 세계를 원격 조종할 수 있을 때, 인간은 오랫동안 잊고 있었던 유아기의 꿈, 전지전능함에 대한 꿈을 꾼다. 인간이 자동차를 비롯한 기계에 굴복하면 자기 개성의 일부를 빼앗기게 된다. 우리는 원격 조종이라는 생각으로 최면에 빠진다. 바퀴와 버튼은 우리에게 거짓된 자유의 느낌을 준다. 하지만 동시에 인간의 창조적인 부분은, 자기 내면의 자유에 대한 기계의 차가운 침투에 저항한다.

나는 운전하면서 근사한 경치, 미술관, 강, 키 큰 나무 같은 아름다운 것들을 지나칠 때마다 순간적으로 심한 갈등을 느낀다. 차를 멈추고 내 곁의 아름다움을 음미해야 할까, 아니면 포기하고 계속 기계를 움직여 달려야 할까?

이러한 행동은 심리학자·생물학자에게 중요한 질문을 제기한다. 이는 어떻게 끝나게 될까? 인간이 점차 움직이지 않는 기술의 태아가 되어가는 경향이, 결국 인간과 문명을 넘어서게 될까? 오래전 내 스승 중 한 분인 네덜란드 해부학자 볼크는 성장이 더딘 인간의 특성을 영장류의 빠른 발달과 비교했다. 인간은 태아기를 거치고 해부학적으로 늦게 발달하기 때문에 직립 보행을 하고, 손으로 쥐고 탐구하며, 말을 할 수 있게 되었다. 이렇게 긴 어린 시절 덕분에 학습하고 자기 생각의 세계를 구축할 수 있었다는 것이다.

과학자는 르네상스와 현대 과학의 출현 이후 기술의 자궁, 즉 그의 실험실·연구실·안락의자로 물러나도록 강요당했다. 이는 최대한의 지적 집중을 위해서이지만, 결과적으로는 자신도 모르는 사이 살아 있는 사람들로부터 점점 고립된다. 불과 몇십 년 전에야 과학자들은 사회적 문제를 점차 더 많이 다루기 시작했는데, 이는 부분적으로 사회과학의 성장으로 인한 것이었다.

과학자는 자기 마법의 방에서 발명과 정신적 독재를 통해 세계를 통제하는 방법을 배운다. 사람들은 점점 원격 조종이라는 생각에 현혹된다. 버튼과 장비의 무기고는 우리를 전능한 힘이라는 마술과 꿈의 세계로 이끈다. 우리의 기술 문명은 생활을 훨씬 편리하게 만들었지만, 성품과 내면의 힘을 개발하는 것은 불편한 도전이 되었다.

일을 통한 반복된 발산은 공격성을 승화할 뿐만 아니라 우리의 원초적 목표를 다듬고 재조건화할 수 있는데, 이것이 기술 자동화로 크게 위협받고 있다. 일의 리듬과 창조의 리듬 사이에는 밀접한 관계가 있다. 노동의 규율이 없고 여가만이 있는 세계에서는, 고삐 풀린 본능이 다시 주도권을 잡을 것이다. 우리가 여가를 즐길 수 있으려면, 일의 리듬과 여가 시간이 조화를 이루어야 한다.

응용인류학회가 뉴헤이븐(New Haven)에서 연, 자동화가 노동자에 미치는 영향에 대한 회의에서 노동자들의 주된 불만은 신체의 피로 대신 정신적 긴장이 높아진다는 것이었다. 기계를 통제하고 지켜보는 데서 오는 긴장감 때문에 안절부절못하게 되고, 점차 자신이 기계를 통제하는 대신 기계가 자신을 통제한다고 느끼게 된다.* 내 환자 몇 명은 기계를 살아 있는 위험한 존재로 보았는데, 그 이유는 기계가 사용자에 대해 사랑이나 다른 감정을 느끼지 않기 때문이었다.

생활 수준 향상의 위험한 역설은, 편리함을 늘리는 동시에 무위와 게으름도 늘린다는 것이다. 여가 시간을 새로운 도전과 노력, 새로운 계획과 활동으로 채울 마음의 준비가 되어 있지 않다면, 마음은 잠에 빠지고 자동기계가 될 것이다. 자동화라는 신은 자신의 자녀들을 먹어치운다. 그는 우리를 고도로 전문화한 원시인으로 만들 수 있다.

우리가 인간의 노동을 기계로 점점 대체하고 있는 것처럼, 인간의 뇌도 컴퓨터로 대체하고 있으며, 따라서 자신이 무가치하다는 인간의 느낌도 점점 커진다. 우리는 정신을 계산하는 기계, 전기화학적 자극과 작용으로 생각하기 시작했다. 뇌는 신체 기관으로, 그 구조와 활동을 연구하고 분석할 수 있다. 그러나 정신은 완전히 다른 것이다. 정신은 뇌의 신경생리학적 과정의 단순한 합이 아니다. 인간 성격의 독특하고 창조적인 측면이다.

우리가 스스로를 지켜보지 않으면, 기술이 가져온 심각한 문제를 깨닫지 않으면, 우리 사회 전체가 초자동화 상태가 될 수 있다. 도덕적 의식과 자기가 가치 있다는 개인의 느낌이 무너지면 우리 모두는 정신적 강요에 더욱 취약해질 수 있다. 나치 독일은 모든 도덕 평가가 무너지는 무서운 예를 보여주었다. 나치 친위대에게는 인종에 따른 박해와 살인이 일종의 도덕 규칙이 되었다.

---

* *The New York Times*, December 29, 1955.

이 모든 것이 극단적으로 들릴 수 있다. 그러나 (드러나든 드러나지 않든, 좋은 의도이든 나쁜 의도이든) 우리의 경계심, 현실을 마주하는 능력, 능동적으로 행동하는 개인으로 살며, 책임감을 가지고 위험에 직면하는 개인으로 살고자 하는 소망을 흐리게 하는 영향력은 우리에게 꼭 필요한 인간성의 일부인, 자유와 민주적 성숙을 위해 분투하는 특성을 앗아간다. 전체주의자들의 정신적 개입은 의도적이었고 정치적 목적이 있었지만, 정신적 위협은 그 목적이 정치적이지 않아도 심각한 위험이다. 인간의 자유로운 정신을 훔치려는 영향은 무엇이든 인간을 로봇으로 만들 수 있다. 개인을 파괴하는 영향은 무엇이든 전체 사회를 파괴할 수 있다.

13

관료제의 침공

사회생활이 점점 복잡해지면서, 인간과 그의 목표 사이에 새로운 중재자들이 등장하기 시작했다. 인간과 신, 인간과 그를 넘어서는 힘을 중재하는 고대의 주술사는 이제 없고, 관리들이 사람들과 정부 사이를 중재하는 일을 맡게 되었다. 오늘날에는 직원과 그의 상급자 사이에도, 예술가와 대중 사이에도, 농부와 시장 사이에도, 어디에나 중재자가 있다. 이렇게 태어난 관리자 정신은 인간의 사회적 행동과 다양한 접촉을 지배하면서, 자발적인 행동과는 거리가 먼 복잡한 조치와 강요로 이어질 때가 많다.

경직된 관료제와 유용한 관리자 정신은 모두 인간의 행동에 영향을 미치며, 인간의 자유로운 사고를 흐리게 하곤 한다. 정신에 대한 강간을 다루는 이 책에서 이 주제를 논의해야 할 특별한 이유가 있다. 그것은 인간과 그의 행동 및 생각을 중재하는 데 관련한 문제가, 우리의 민주국가와 마찬가지로 전체주의 국가에도 있기 때문이다. 세계의 양 진영 모두가 스스로를 어떻게 관리할 것인가 하는 문제를 놓고 씨름하고 있다. 우리 자신과 세계를 관리하는 기술 자체가, 자유로운 인간 발달에 위협이 될 수 있다. 또한 이는 정부 이념과는 상관없을 수 있다. 우리는 정부 관리를 선택할 때, 가장 좋아하는 가게나 의사를 고를 때처럼 자유롭지 않다. 관료에게 책임이 주어지는 한, 우리는 그가 가진 관료제의 힘 안에 있게 된다.

관리자 정신

오늘날의 관리들은 이전에 정부 일을 했던 사람들의 단순한 지식만 가지고는 일을 제대로 할 수 없다. 만약 우리의 지도자들이 자기 자신과 타인, 국가 안에 있는 비합리적 힘을 이해하지 못한다면 집단 정서의 폭풍에 휩쓸리기 쉬울 것이다. 만약 그들이 자신의 사적 또는 공적 행동이 편견과 비합리성을 반영할 때가 많다는 것을 깨닫지 못하면, 예상치 못했던 타인의 편견에 대처할 수 없을 것이다. 예를 들어 그들이 전체주의자들의 이솝 언어(Aesopian language: 암호의 일종—옮긴이) 아래 숨은 역설적 전략을 알아차리지 못한다면, 냉전 상황에 대응할 수 없을 것이다. 인간관계가 혼란스러운 우리 시대에는 심리학 지식이 꼭 필요하다.

예를 들어 우리 정부 관리들이, 중상모략하고 혐의를 덮어씌우는 전체주의 전략을 충분히 이해하고 적절히 대응할 수 있을까? 단순히 공식적으로 부정하는 것만으로는 처음 혐의가 남긴 강한 인상과 영향을 뒤엎을 수 없으며, 사실 혐의를 씌운 사람의 전략에 말려드는 경우가 많다는 것을 알고 있을까? 지금도 전체주의의 비난 전략을 간단히 공식적 부정으로 방어하는 경우가 많은 것을 보면 그런 것 같지 않다. 사실 이러한 전략은 그 기술적 근간을 반복해서 노출시켜 웃음거리로 삼아야만 물리칠 수 있다.

관리들은 가짜 문제를 제기하는 전략의 속뜻을 알고 있을까? 전체주의자와 선동가들은 이렇게 혼란을 일으키는 기술을 자주 이용한다. 감정적인 질문과 조사를 하고, 가짜 문제로 이목을 끌면서, 목적으로부터 관심을 돌리려고 하는 것이다.

예를 들어 관리들은 대중의 예의와 관대함, 세계인들의 연민을 착취하는 전략 아래 무엇이 도사리고 있는지 이해할까? 불만을 제기하고 정의를 요구하는 전술은, 신경중적인 사람들이 타인에게 죄책감을 느끼게 하고 자신의 공격성을 감추기 위해 사용하는, 잘 알려진 정신적 방어 기제이다. 연민을 억지로 끌어내고, 자신의 순수함과 무고함을 드러내놓고 주장하는 것은 개인이 사용할 때는 익숙한 속임수이지만, 국제 외교에서 정치인이 사용할 때는 알아차리기가 더 어렵다.

우리의 관리들이 형제애와 세계 평화라는 낭만적 이상조차 공격적 계획을 감추는 데 이용될 수 있다는 것을 알까? 우리는 제1차 세계대전이 끝난 뒤, 유럽 중부의 여러 패전국에서 마음을 고쳐시키는 이상주의적 구호를 많이 들었다. 패전국의 언론과 지도자들은 패배한 국민의 소위 "고통을 통한 내면의 정화"를 온 세계에 자세히 설명했다. 그렇게 이들 국가는 전 세계의 양심과 연민에 호소했다. 그러나 이러한 전향에는 의문의 여지가 있었다. 치료사라면 누구나, 자신의 내면의 변화와 치유에 대해 긴 이야기를 늘어놓는 사람은 대개 전혀 변화하지 않기 마련이라는 것을 안다. 그럴듯한 구호는 행동으로 증명되지 않을 때가 많다. 정치인들은 개인과 마찬가지로 국가에 대해서도 이것이 사실임을 알아야 한다. 국가는 말하지 않는다는 것을 잊지 않도록 하자. 국가를 대표하는 사람들의 공식 언어는 비공식적인, 대부분 알 수 없는 내면의 동기에서 나온다.

공무원·외교관·정치인은 국민과 국가 간 소통의 중추부이자 통로이다. 국지적인 외교 상대국 간의 갈등은 세계의 정치적 갈등을 대변한다. 하지만 동시에 다른 것들을 대변하기도 한다. 정치라는 직업에는 특수한 종류의 긴장이 따른다. 정부 관리가 최고의 지위에 다다르는 순간, 내면에는 변화가 일어날 것이다. 그때부터 그 사람은 전에 자신에게 지시를 내리던 사람과 자신을 동일시할 수 있게 된다. 사무실에 있으면서 우두머리 역할을 한다는 사실 자체가 인간의 마음을 많이 바꿔놓는다. 그는 점점 인간의 문제로부터, 자신이 대표하는 사람들로부터 멀어지며, 국가 정책, 공식 이념, 권력 정치의 목적에 대해서만 생각하게 된다. 또는 오랫동안 좌절되어왔던 아동기의 야망이 다시 고개를 들 수도 있다. 그가 자신의 부풀려진 개인적 야심과 책임감의 희생자가 된다면, 스스로의 성격을 통제하지 못하는 결과를 초래할 수 있다.

무거운 책임을 짊어진 정치인들은 더 조심해야 한다. 분명 그들은 자신의 의견이나 선택을 돌려 말해야 될 때가 많다. 그렇지만 이러한 방식이 그들의 사고방식을 차츰 바꿀 수도 있다는 것을 알지 못한다. 결국 그렇게 애매모호하게 말할 수 있는 특권이 있다고 생각하게 될 수도 있다.

또 다른 어려움은 성공에서 오는 보다 일반적인 두려움과 관련이 있다. 높은 야망을 이뤄내면 오랫동안 감춰져 있던 아동기의 숨겨진 두려움이 깨어난다. 이 두려움은 인생 초기 아버지나 형제자매들과의 경쟁과 연관되어 있다. 지나쳐왔던 질투와 적대감이 이때부터 정치가의 삶에 상처를 내기 시작한다.

지도력을 발휘하는 일(심지어 자기주장의 형식이라도)의 위험은 저항과 적대감, 보복과 처벌을 부추긴다는 것이다. 정부 관리는 대중이 자신을 보고 있음을 안다. 따라서 비판과 정치적 공격에 노출되었다고 느끼게 된다. 만약에 이전부터 그러지 않았다면, 지금부터는 대중과 유권자들이 좋아할 만한 그럴듯한 치장으로 방어해야 한다. 그 결과 전에는 온건한 민주주의자이자 국민에 의한 정부라는 신념이 있던 사람이, 갑자기 권위주의적 성격을 드러내는 경우도 있다. 그는 유아기의 좌절된 리더십에 대한 환상에 좌우되고 있는 것이다.

이렇게 자기 내면의 문제가 있는, '뇌에 좌우되는' 관리들이 우리의 역사를 만들고 있다. 우리의 마음은 그들의 마음에 깊은 영향을 받는다. 동시에 우리(위대한 대중)도 그들에게 영향을 주며, 우리의 원초적 충동이나 영향과 마찬가지로, 좋은 길을 찾게 하려는 우리의 문명화된 충동도 그들로 하여금 우리 모두를 파국으로 밀어넣게끔 할 수 있다. 관리자 정신의 침공은 권력자들이 법원과 법을 따르지 않을 때 더더욱 위험해진다. 이러한 경우 우리가 보안법 관련 사례를 통해 많이 경험했듯이, 편견과 자의성이 쉽게 개입할 수 있다. 공식 기밀이라는 말에는 마법의 힘이 있다. 세계에 비밀이 많을수록 민주적 통제는 줄어들고 배반의 두려움은 커진다.

기술 면에서는 어떤 집단이나 국가, 심지어 전 세계를 관리하는 것도 아주 쉬워야 한다. 인류는 분명히 이 일을 하는 방법을 충분히 알고 있다. 우리는 역사, 사회학, 인간관계 및 통치에 관한 과학을 많이 안다. 적어도 이전 역사의 실수를 반복하지 않을 만큼은 알고 있다. 우리는 기술적·경제적 잉여의 세계에 살고 있다. 그러나 우리는 아직 우리의 지식을 적용하거나, 세계의 자원을 조직하는 방법은 배우지 못했다. 어디선가 무언가가 잘못되었고 통제가 불가능해졌다. 서로를 이해하려는 국가와 국민의 의지는 마비된 듯 보이고, 서로 전쟁을 벌이는 신화적 이념의 환상으로 인해 서로에 대한 두려움과 의심이 쌓였다. 내일은 투견들이 서로 싸우다 꼬리만 남겨놓을 것처럼 보인다.

나는 제2차 세계대전 때, 복지와 피해 지원에 대한 국제회의에 네덜란드 정부 공식 대표로 참석했다. 여기서 나는 개인의 열정이 공공의 문제를 다루는 방식을 결정할 수 있음을 더 확실히 알게 되었다. 회의에 참석한 우리는 모두 예리하고 편향 없는 생각을 보여주려는 차갑고 무표정한 얼굴을 하고 있었지만, 우리의 무의식은 다른 문제의 영향을 받고 있었다. 복지는 사랑과 동정보다 증오의 문제일 때가 훨씬 많다. 불행한 피해자에 대한 연민보다 개인의 자존심과 특권이 더욱 큰 역할을 한다. 나라를 잃은 사람들, 절망적 상황인 저개발 국가 사람들은 이를 아주 잘 알고 있다. 그들은 운명이 그들에게 준 배역을 좋아하지 않는다. 그들은 정치와 전쟁의 희생자라는 역할뿐만 아니라, 거만한 자선의 희생자라는 역할까지 해야 한다. 사실 도움을 받는 나라의 대표는 이를 전혀 원치 않았다. 누구나 관대한 '미국에서 온 삼촌'이 되고자 한다.

관공서에 퍼진 병

나중에 우리의 심리학적 이해가 성장하게 되면, 정치 지도자들은 현대 심리학의 원리를 더 알아야 할 것이다. 군인이 무기를 다룰 줄 알아야 하는 것처럼, 정치인은 인간관계와 외교에 대한 정신적 전략을 마주하고 통제하는 방법을 알아야 한다. 정치인은 모든 인간 소통에 도사린 함정과 자기 정신의 취약성을 명심할 필요가 있다.

신체의 질병과 신경증의 발달은 공직자들에게 다양한 영향을 줄 수 있다. 이러한 영향 아래서 일부는 분노가 끊임없이 이어지는 삶으로 빠질 수 있다. 그들의 정치 및 공적 활동이 악마, 불안, 내면의 죄책감에 대한 유아기의 투쟁으로 변질되는 것이다. 다른 사람들은 고통으로 정화되어 전보다 더 현명하고 인간적으로 행동하게 된다.

현대의 심신의학에서는 많은 요인 가운데서도 끊임없는 걱정과 경쟁, 억압된 공격성, 타인에 대한 지배욕, 책임감에 대한 두려움, 선택한 직무에 대한 부담이 몸과 마음에 영향을 미쳐 신체 반응의 양상을 결정함을 분명히 했다. 이런 반응은 신체 능력을 떨어뜨림으로써 문제 해결 능력을 저하시킨다. 경쟁과 유권자 집단에 대한 의존이 심화된 우리 시대에, 당선된 정치인은 거의 사이코패스에 가까운 특성을 발달시킨다. 우리는 가장 건강하고 안정된 지도자들을 필요로 하지만, 이들의 몸이나 마음, 또는 둘 다에 결함이 생길 수 있다. 잠재된 정신병 또는 성격장애가 **지도자의** 성격에 미치는 영향은 아무리 강조해도 지나치지 않다. 얼마 전에 나는 큰 인본주의 단체 지도자를 치료했는데, 그는 시민들의 존경을 받았지만 가정에서는 정신병적 독재자였다. 그의 자녀들은 그를 보면 떨었고, (당연히) 모든 종류의 이상주의와 인본주의에 대해 냉소적인 태도를 보였다.

나는 이러한 종류의 병이 우리가 지도자를 선택하는 방식에 영향을 받는다고 생각한다. 대중은 공공 영역에서 눈에 잘 띄는, 강하고 방어적이며 과잉 보상하는 성격을 선호한다. 외면은 지나치게 눈에 띄지만, 우리는 내면의 핵심을 판단할 수 없다.

1949년 버넷 허시(Burnett Hershey)의 기사는, 우리의 운명이 병자들의 손에 달려 있는가 하는 질문을 던졌다. 그는 미국 국방부 장관이었던 제임스 포레스털(James Forrestal)이 절망과 박해의 망상 속에서 자살을 기도해 비극적 죽음을 맞은 뒤 이 기사를 썼다. 이 기사에서는 많은 정치인들의 심인성 증상을 자세히 다루었다. 허시는 조지 마셜(George C. Marshall) 장군이 미국 특파원협회(Overseas Press Club)에서 한 말을 인용했다. "위궤양이 우리 시대 역사에 이상한 영향을 미치고 있다. 워싱턴에서 나는 무엇보다도 모스크바의 베델 스미스(Bedell Smith), 워싱턴의 밥 러빗(Bob Lovett)·딘 애치슨(Dean Acheson)의 궤양과 씨름해야 했다."(장군 출신인 조지 마셜은 1947~1949년 미국 국무장관을 지냈고, 그 무렵 베델 스미스는 소련 주재 미국 대사, 러빗과 애치슨은 국무부 고위 관료였다—옮긴이) 또한 허시는 스탈린, 스태퍼드 크립스 경(Sir Stafford Cripps), 워런 오스틴(Warren Austin), 비신스키(Vishinsky), 클레멘트 애틀리(Clement Attlee)도 심인성 증상으로 고통받았음을 지적했다.(크립스는 영국에서 장관을 지냈고, 오스틴은 미국 외교관, 비신스키는 소련 외교관, 애틀리는 영국 총리를 지낸 인물—옮긴이) 우리는 모두 중동의 권력 균형을 바꾼 이란의 전 총리 모하마드 모사데크(Mohammad Mossadegh)에게 계속해서 기절하는 증상이 있었음을 들어본 적이 있다. 많은 논란을 불러일으키고 기사에도 등장한 미국 상원의원 조지프 매카시(Joseph R. McCarthy)에게는 다른 증상이 있었다. 머리기사에 그의 이름이 가장 많이 오르내릴 때, 그는 수술이 필요한 위 질환, 점액낭염(bursitis), 잦은 부비동 두통이 있었고 탈진의 징후도 나타났다. 이는 모두 극심한 긴장으로 인한 심인성 증상으로 알려져 있다.*

우리는 신체 장애와 신경증 발달이 성격을 성숙시키고 강화할 수 있다는 반길 만한 예시도 많이 알고 있다. 신체와 직무의 관계에 대한 가장 빛나는 예는 아마 프랭클린 루스벨트(Franklin D. Roosevelt)일 것이다. 그의 정치 이력은 척수성 소아마비가 오기 전까지 특별할 것이 없었다. 그가 신체적 고통을 겪은 기간이 정신적 성숙의 기간이 되었다. 그는 고통과

---

* *Newsweek*, April 12, 1954.

질병을 극복하면서 자신의 문제, 나아가 세계의 문제에 대한 태도를 바꾸었다. 공감과 겸손이 커졌고, 전략적 직관이 발달했으며, 모국 내 힘의 균형에 대한 월등한 지식은 부분적으로는 투병할 때의 정신적 성장에 기인할 것이다.

　루스벨트는 앞으로도 언제나 정신이 어떻게 신체적 한계를 극복할 수 있는지, 인간이 자기 안을 들여다보고 갈등과 싸워나갈 때 정신적 한계를 어떻게 극복할 수 있는지에 대한 대표적 예시가 될 것이다.

무의식들의 회의

내가 앞서 언급한 복지에 관한 전시 회의로 돌아가보자.

　회의 의장은 기분이 좋지 않았다. 그에게는 모든 결정이 궤양만큼 고통스러웠다. 그는 헛기침을 하고 한숨을 쉬며 자신에게 맡겨진 책임을 받아들이기를 거부했다. 한 동유럽 국가의 여성 대표는 매력적이었지만 사람을 싫어하는 성향이었다. 그녀가 하는 모든 말은 의심으로 물들어 있었고, 어느 라틴 국가 대표가 가벼운 추파를 던지자 그의 건설적 제안에도 전부 강하게 반박하는 혼란스러운 모습을 보였다.

　또한 우리 중엔 구식의 우유부단한 직업 정치인도 있었다. 그는 부드럽고 예의 바른 표현을 썼지만, 내용은 자기 정파의 의견과 다른 제안을 무너뜨리는 것뿐이었다. 다른 사람의 말을 들어야 할 때(그가 전혀 좋아하지 않는 때)는 언제나 넥타이를 고쳐 매거나 안경을 고쳐 쓰며 매무새를 가다듬기 바빴다.

　사람으로 붐비는 구석에는 뭔가 중요한 일을 하기를 갈망하는 한 열정적인 젊은이가 앉아 있었다. 그는 행동하고 무언가 이루어지는 모습을 보고 싶어 했지만, 다른 참여자들은 그의 흥분을 세련되게 무시했다. 그는 회의라는 연극의 규칙을 알지 못했다.

회의는 지루했다. 대표들은 요점 없는 말을 끝없이 늘어놓았다. 그러던 어느 날 회의 전체가 통제할 수 없는 분노에 휩싸였다. 모든 참여자가 서로를 쓰러뜨리려고 했다. 누군가 유럽에서 싸우고 있는 어떤 게릴라 집단을 예상치 못했을 때 '배신자'라 부르자, 원만한 논의는 갑자기 오랫동안 점잖은 가면 뒤에 숨어 있던 반항적인 열정의 충돌로 변했다.

엄청난 격론이 벌어졌다! 그 분노란! 하지만 이는 잠깐이었다. 분노는 사그라들었다. 세련된 회의 예절이 제자리로 돌아왔고, 우리는 일을 그만두기로 했다. 의장이 예의를 차린 마무리 연설을 했고, 우리는 해산했다. 우리가 그토록 주의 깊게 계획했던 자선 사업은 많은 시간이 흘렀지만 아직도 실행되지 않았다.

정치 지도자들은 낙관주의를 굽히지 않고 새로운 세계 평화 건설을 위해 모이고 있다. 우리는 그들이 다시금 위궤양으로 고통받으리라는 것을 알고 있지만, 그들이 깊이 숨기고 있는 소망과 분노에 대해서는 얼마만큼 알고 있을까?

유감스럽게도 우리의 공식 대표자들과 정부 관리들을 대상으로 심리학을 교육하고, 심리학을 바탕으로 선출할 날은 아직 멀었지만, 그들과 우리에게 영향을 미치는 많은 무의식적 요인에 대해서는 더 알아야 한다.

정치 지도자들은 서로와 자신들이 대표하는 여러 집단을 이해하려고 하는 것일까, 아니면 그들의 정치적 기계, 말, 표를 재고 있는 것일 뿐일까? 사적인 분노나 야망으로 행동하는 것일까, 아니면 공동체와 그 이상을 위하는 진심으로 행동하는 것일까?

우리 관리들은 자신의 과업을 수행하기 위한 준비가 잘 되어 있을까? 그렇지 않다면 어떤 심리학적 통찰을 통해 그 준비를 해나갈 수 있을까?

그들 중 얼마나 많은 사람이 개인적 좌절의 영향을 의식하고 있을까? 그들의 파괴적 충동을 정치적 충성이라는 위장 아래 합리화해버리고 있을까? 논의 중에 질병이나 신경증은 어떻게 충돌할까? 어떤 토론에서나 예의 있는 발언이 갑자기 맹렬한 비난으로 방해받는 모습을 보라.

어린 시절의 양육, 머릿속에 박혀 있는 생각, 관리들의 병적 야망이 지역이나 국가의 운명에 얼마나 영향을 미치는 걸까?

우리는 이상적 수사(修辭)가 부적절한 제안을 덮을 수 있음을 알고 있으며, 정치 전략과 외교에서 이 닳고 닳은 연극을 받아들일 때가 많다. 그러나 이 공공연한 회피 정책보다 훨씬 나쁜 것은 정치인들의 무의식과 감정 사이에서 일어나는, 우리가 볼 수 없는 회의와 논의이다.

정치인과 그 추종자들은 몰래 도사리고 있는 이 흐름이, 드러나는 행동보다 강한 영향력을 휘두를 때가 많다는 것을 얼마나 알고 있을까? 정부 관리들 사이의 개인적 요소가 우리 정신의 자유를 어떻게 파괴하며, 우리 지도자들 중 일부의 정신병적 요소는 어떤 역할을 할까?

이러한 질문은 중요하다. 우리는 과학이 발전하면서 만족스러운 해답을 바로 찾을 수 없더라도, 맞는 질문을 하면 나중에 명확성을 확보하는 데 도움이 된다는 것을 알게 되었다. 해답을 찾는 길을 준비해주기 때문이다.

관료제 정신

사람들을 통제하기 위해 공포를 이용하는 국가에서, 행정 기구는 독재자가 독점하는 재산이자 도구가 된다. 그러나 이러한 일종의 관료제 절대주의는 전체주의 국가에만 국한되지 않는다. 어떤 나라에서나 사람들과 지배자 사이에 다리를 놓는 시민의 종복들에게는 약한 형태의 절대주의가 분명히 나타난다. 이러한 관료제는 그들이 봉사해야 하는 시민들에게 도움을 주는 데 이용될 수도, 해를 끼치는 데 이용될 수도 있다.

이상하고 조용한 전투가 세계 모든 국가, 모든 형태의 정부에서 벌어지고 있음을 깨닫는 것이 중요하다. 이는 일반 시민과 그들이 만든 정부 기구 사이의 싸움이다. 원래 인간을 돕고 보조하기 위해 만든 이 통치 수단이, 많은 곳에서 의도한 것보다 더 큰 권력을 얻고 있다. 이 관료제라는 성인(聖人)은 정부를 책임지게 되면 곧바로 인간을 지배하려 하는 악마인 걸까? 관리들은 책상 앞에 앉아 거짓 질서를 만들어내고, 다른 사람들을 조종하려 하는 걸까? 행정의 기술도 다른 심리 전략과 다를 바 없다. 주의하지 않으면 극단적 통제는 거기에 헌신하는 사람들도 정신적으로 지배할 수 있다. 이것이 바로 일반 시민과 정부 사이를 중재하는 다양한 기구에 내재한 위험이다. 인간이 자신의 가장 높은 이상을 이루기 위해 다른 불완전한 인간의 힘을 빌려야만 한다는 것은 삶의 비극적 측면이다.

행정 기구에서 가장 나타나기 쉬운 실패는 무엇일까? 권력욕, 자동화, 정신의 경직성, 이 모두가 의심과 음모를 키운다. 고위직 공무원이 되면, 정부 조직의 일부라는 이유만으로 위험한 유혹을 마주하게 된다. 그는 자신이 복잡한 전략 속에 갇혔음을 깨닫게 된다. 관리자이자 전략가가 되었다는 마법이 오랫동안 억눌려 있던 전능감을 일깨운다. 전략가는 체스 놀이를 하는 것같이 느끼게 된다. 그는 리모컨으로 세계를 조작하고 싶어 한다. 이제 그는 그 자신이 선택권이 없을 때 기다려야만 했듯이 다른 사람들을 기다리게 만들 수 있다. 그래서 자신이 우월하다고 느끼게 된다. 그는 공식적 통제와 책임 뒤에 숨을 수 있다. 동시에 그는 자리를 떠나기를 원치 않기 때문에, 끊임없이 자신은 대체 불가능한 사람임을 타인들에게 주지시켜야 한다. 그는 자신이 상대적으로 중요하지 않다는 것을 방어하기 위해, 부하 관료 수를 늘려 관료제 조직을 확대시켜야 한다. 중요 인물이 되려면 큰 사무실이 필요하다. 새로운 관료들 각각에게 새로운 비서와 새로운 타자기가 필요하다. 모든 것이 통제를 벗어나기 시작하는데, 모든 것을 통제해야만 한다. 더 새롭고 나은 기록을 보관하고, 새로운 회의를 개최하고, 새로운 위원회를 만들어야 한다. 소통을 위한 위원회는 며칠이고 이어진다. 이전 감독자들을 감독하고 집단 전체를 유아기적 복종 상태로 유지하는 새로운 감독자들이 생겨난다. 그리고 예전에 한 사람이 했던 일을 이제는 팀원 전체가 하게 된다. 결국 관료제의 긴장은 너무나 커지고, 독재적 관리자는 휴식을 원하다 신경증으로 무너지게 된다.

책상과 서류의 이 은밀한 전체주의는 세계의 거의 모든 곳에서 계속되고 있다. 공무원들이 더 이상 인간적이고 친절하게 말할 수 없고 모든 것을 흑백으로 적어야 하고 넘치는 서류 속에서 긴 시간을 보내게 되면, 곧바로 행정 권력을 쥐기 위한 싸움이 시작된다. 강박적 질서, 불필요한 요식 절차, 통제가 자유와 정의보다 점점 중요해지며, 그러는 동안 관리자·관료·시민들 사이의 의심은 커져간다.

인쇄한 서류와 보고서가 위험한 물건이 되었다. 대화를 하면 심한 말이 오갔더라도 바보같이 행동했던 것이 곧 잊혀진다. 하지만 서류에는 이런 말이 남아 있으며, 점점 커지는 의심의 체계 일부가 된다.

많은 사람들은 봉사에 대한 이상적 감정으로 공직자가 된다. 한편 다른 사람들은 공무원 조직의 일부가 됨으로써 삶의 모험을 벗어나고자 한다. 그렇게 되면 고정 수입, 정기적 승진을 보장하고 안정된 직업을 가졌다는 느낌이 생기기 때문이다. 이는 아주 유혹적인 것이다. 관료제 세계의 매끄러운 자동화, 잘 다듬어진 경직성은 이런 사람들에게는 매우 매력적이지만, 도전과 자발성을 믿는 사람들에게서는 기운을 빼앗는다.

여기서 화급한 심리학적 질문은, 인간이 조직에 지배당하는 대신 결국 자신에게 도움이 되도록 조직을 활용할 수 있을 것인가이다. 전체주의 국가에서는 자신의 단점을 농담으로 웃어넘길 수 없다. 거대한 책상 뒤 의자에서 길을 잃은 불쌍한 존재에게는 체제, 관료제, 수많은 서류가 훨씬 더 중요해지기 때문이다.

앞서가는 행정가가 되는 것, 국민의 진정한 대리인이 되는 것은 어려운 일이다. 다른 사람들 및 그들의 다양한 동기에 공감하고, 거기에 동일시할 수 있어야 하기 때문이다.

외교관과 정치인들은 아직도 말로 하는 설득과 논쟁 전략을 믿고 있다. 정당의 이익을 위해 교묘하게 진실을 지나치는, 공식 구호와 광고를 통한 정치적 조작, 개인의 선동 목적이나 정당의 목적을 위해 특정 논의 주변에서만 춤추는 거짓된 강조의 전략은 아주 오래되고 유혹적인 놀이이다. 언제고 모든 정치인들이 이 병에 감염된다. 그들은 책임감의 무게 때문에 외교의 줄타기를 하고픈 유혹에 빠진다. 자신보다 고위직에 있는 이들로부터 비판을 받더라도 타협적으로 생각하고, 뒤로 물러나며 몸을 사리기 시작한다. 아니면 마술적 전능감이라는 유아적 감정으로 퇴행한다. 모든 음식을 다 찔러보려고 하는 것이다.

이 모든 것은 인간의 위험한 정신적 경향으로, 정치인과 행정 관료에게서 쉽게 나타날 수 있다. 현대 통치 기법의 영향력이 커지며 표현의 자유를 위협하고 있기 때문이다. 인간이 전략적이고 정치적인 담화에 얽혀들었을 때, 그의 태도는 어딘가 바뀐다. 그는 더 이상 솔직하지 않다. 그는 생각하는 바를 표현하고 소통하는 대신, 다른 사람들이 가면 뒤에서 그를 어떻게 생각하는지 걱정한다. 그는 지나치게 조심스러워지고 온갖 정신적 방어와 정당화를 갑옷처럼 두르기 시작한다. 간단히 말해 전략적 태도를 배우는 것이다. 자발성을 잊고, 열정을 부정하자. 자기 자신이나 타인이 솔직하길 기대하지 말자. 자신을 절대 드러내지 말고, 전략가의 가면을 쓰자. 조심하면서 '하지만', '그러나' 같은 말을 더 자주 쓰자. 절대 헌신하지 말자.

나는 오랫동안 공직에서 떠나 있던 야당 지도자가 그의 당이 선거에 승리해 국정을 책임지게 되었을 때, 완전히 혼란에 빠져 거의 무너질 뻔했던 것을 기억하고 있다. 공격적이고 자기표현에 적극적인 비평가였던 그는 망설이고 암시하는 신경증자, 교묘한 전략가가 되었으며, 진짜 계획은 없었다.

일부 정치인은 꼭두각시, 윗사람의 대변인이다. 일부는 인간의 공격성을 구호로 바꿔놓는 말재주를 부린다. 또 논의를 공황에 빠트리려고 멸망의 나팔을 부는 사람도 있다. 현대 정치는 대화·소통·논의에 대한 철 지난 규칙으로 운영된다. 그리고 극소수 정치인만이 타인을 설득하기 위해 자신들이 써야 하는, 언어라는 도구에 도사린 의미론적 함정과 정서적 부정직성을 인식하고 있다.

그러나 상호 이해는 정치적 전략의 기초가 될 수 있다. 여기에 필요한 것은 속임수의 언어를 사용하는 정치 권력이 아니라, 상이한 의견과 동기를 지닌 사람들의 저항을 뚫을 수 있는 제안과 권유를 탐색하는 것이다.

정치인들은 권력을 쥐기 위한 그들의 싸움이, 듣기를 강요당하는 사람들의 정신적 통합성에 대한 일종의 심리적 전쟁이 될 수 있다는 것을 너무 자주 잊는다. 선거 때 그렇게도 자주 이용하는 반복적 중상모략은 민주주의 체제를 서서히 약화시키며, 전체주의의 통제를 원하게끔 한다. 정치인들이 뿌린 전략적 소문과 의심의 씨앗은 인간의 통합성에 대한 공격이다.

시민들이 더 이상 지도자들을 신뢰하지 못할 때 야만적인 힘을 가진 지도자를 찾게 된다. 자신의 적수가 적어도 자신만큼 능력 있다고, 어쩌면 자신보다 더 유능할 수 있다고 스스로 인정하는 정치인은 어디 있는가? 자신의 의지로 능력과 지혜가 평등함을 인정할 때, 정치인들이 협력할 수 있는 기회가 있다. 진정한 협동은 오직 상호 공감과 연민, 인간적 결함에 대한 이해를 통해서만 이루어질 수 있다.

1951년 4월, 국제연합(UN), 세계정신건강연맹(World Federation of Mental Health), 유네스코, 세계보건기구(WHO)와 관련된 심리학자, 정신분석학자, 사회과학자들이 조시아 메이시 주니어 재단(Josiah Macy Jr. Foundation)의 초대로 뉴욕에 왔다. 이 회의에서는 정부의 문제점과 정부 체제가 미치는 영향을 탐색하고 논의했으며, 나중에 보고서로 출간했다. 이 전문가들은 정부 관료들을 선발할 때 심리학의 활용, 관료들에 대한 심리학 교육의 중요성을 점점 더 크게 깨닫게 되었다.

우리의 행정 관료들이 정신분석을 받을 수 있게 될까? 거의 이상적이라고 할 수 있을 이 질문으로 지금 당장 정치인과 관료들이 심리학 훈련을 받게 되지는 않겠지만, 인간 삶의 모든 측면을 실용적 지성과 확실한 심리학적 지식을 통해 안내할 수 있는 미래를 지향하고 있는 것은 사실이다. 믿을 수 있는 심리학 지식이 있으면 교육은 더욱 효율적일 것이다. 심리학과 정신분석은 아직 젊은 과학이지만, 지금도 정치인들은 그 혜택을 누릴 수 있다. 자신에 대한 통찰을 얻음으로써 세계를 이끄는 전략을 더 안정적으로 세울 수 있기 때문이다. 그들은 자신의 성공뿐만 아니라 실패에 대해서도 더욱 책임감을 가질 것이다. 그리고 내면의 갈등은 줄어든 채, 모든 사람의 이익과 복지에 대해서도 더 큰 책임감을 가질 것이다.

지금 정부의 비효율성, 인간 행동에 침범해 들어오는 관료제의 문제를 해결하는 데 있어 우리가 경험한 실패는 시민들의 정신이 발전하는 데 방해가 될 수 있다. 인간의 순응하고자 하는 욕구와 혼자 힘으로 해내려는 욕구는 끊임없이 갈등하고 있다. 우리의 자발적이고 자유로운 사고가 모험적이지 못한 관료제 정신과 묶이는 현상에 대한 연구가 필요하며, 미래의 심리학은 이러한 현상이 드러내는 문제를 풀어야 한다.

14

우리 안의 변절자: 반역과 충성의 복잡한 영향

반역이라는 말을 듣는 순간 인간의 영혼은 흔들린다. 분노와 멸시, 의심과 불안이 일어나고, 사람들은 주제를 바꾸고 싶어 한다. (혐의가 합당한지 알기도 전에) 사회는 반역자에 대해 극적으로 반응한다. '배신자'로 몰린 사람의 이전 친구들도 이 악한을 멀리한다. 반역자에 대한 모든 재판에서 우리는 마음속으로 본인이 피의자이자 죄인인 것처럼 느낀다.

이것이 반역자에 대한 재판이 그렇게 깊은 인상을 남기고, 혼란스러운 논의가 일어나는 이유이다. 독재자들은 대중에게 주문을 걸기 위해 이러한 재판을 이용할 수 있다. 정신적 강요와 정신에 대한 강간을 다루는 이 책에서, 반역과 충성 문제에 대한 고찰은 필요하다.

의지와 상관없는 반역

인간의 모든 땀구멍에서
자기 자신에 대한 배신이 쏟아진다.

-지그문트 프로이트

네덜란드의 내 고향에서는 정부 청사 바로 옆에 작은 이발소가 있었다. 회색 턱수염을 기른 작은 프랑스인이 주인이었다. 그는 오랫동안 나라에서 가장 중요한 사람들을 상대했다. 외교관과 장관들, 자부심에 찬 장군들과 공격적인 야당 지도자들 모두가 그의 손님이었다. 작은 이발사는 항상 매우 친절하고 친근했으며, 손님들을 기쁘게 해주고 싶어 했다. 그는 손님들의 머리를 단장하고 콧수염을 정돈하며 바삐 공손한 몸짓을 했다. 또한 일하면서 지체 높은 고객들에게 예의 바르게 질문했다. "귀하신 분께 이 가격이 괜찮을까요?" "국무부 장관님께서는 이게 어떠실까요?" 그는 정치에는 전혀 관심이 없었지만, 손님들이 이런 질문에 만족한다는 것을 알고 있었다.

그러던 어느 날 견장을 단 뚱뚱한 독일 장군이 이발소로 들어와 의자에 앉았다. 그때는 나치가 네덜란드를 침공해 점령했을 때였다. 물론 우리의 이발사는 이를 알고 있었고, 며칠 동안은 그들을 싫어하려고 노력하기까지 했다. 하지만 그는 원래 부드러운 사람이었고, 손수 장군의 얼굴에 비누 거품을 칠하고 그의 제복을 더럽히지 않도록 주의를 기울였다. 다음날부터 이상한 제복을 입은 사람들이 이발소에 더 나타났고 작은 이발사는 그들을 잘 응대했다. 군인들 뒤에는 갈색과 녹색 셔츠를 입은 비밀경찰이 뒤따랐다. 이발소의 가죽의자에 큼직한 검은 부츠 자국이 남았다. 하지만 이발사는 불평하지 않았고, 곧 정복자들은 그의 이발 솜씨가 도시에서 최고라고 생각하게 되었다.

우리의 이발사는 자신이 점점 중요해지는 것에 대해 크게 신경쓰지 않았다. 그는 전에 외교관들에게 했던 것처럼 새로운 손님들에게도 춤추듯 시중을 들었다. 그는 오랜 단골들이 점점 뜸해지는 것을 아쉬워했다. 하지만 이전에 그의 일은 계절을 탔다. 의회가 열리지 않으면 가게는 비어 있었다. 이제 그 가게는 항상 사람들로 붐볐다. 독일인들과 그 부역자들은 작은 이발소, 향수 냄새, 이발사의 솜씨를 좋아했다. 분명 제복을 입은 정복자들은 우리의 친절한 친구를 매우 좋아했다. 그도 그럴 것이 그들은 친절한 대우에 전혀 익숙지 않았다. 이발사의 행동은 (어리석고 고집스럽게 저항하는) 네덜란드인 대부분의 경멸하는 시선과는 다른 반가운 변화였다.

어느 날 이발사는 부역자들이 새로 만든 조직의 회원증을 사라는 권유를 받았다. 우리의 친구는 이 요청에 자선단체에 기부하라는 부탁을 받았을 때와 마찬가지로 반응했다. 그는 내키지는 않았지만 복지를 사업에 붙는 특별 세금처럼 생각했기 때문에, 사소한 골칫거리를 해결하고자 돈을 냈다. 오랜 지인 몇 명이 부역죄나 반역죄로 기소될 수 있다고 경고했다. 하지만 이발사는 그들을 진정시키며 말했다. "저는 이발사고 이발사로 삽니다. 정치에는 전혀 관심이 없어요. 그저 손님들만 모시면 됩니다."

투쟁과 억압의 쓰디쓴 세월이 지난 뒤 해방이 찾아오자, 우리의 친구는 공식적으로 반역자·부역자가 되었다. 검은 부츠를 신고 제복을 입은 초인들이 쫓겨나자, 그들에게 협력했던 친구들은 수감되었고 그중에 이발사도 있었다. 그가 선고받은 형을 일부 산 뒤, 현명하고 이해심 많은 판사가 그를 이발소로 돌려보내주었다. 해방의 흥분이 가시자, 사람들은 마음이 약한 탓에 부역자가 된 이들을 용서하고자 했다.

우리의 이야기는 아직 끝나지 않았다. 이발사는 감옥에서 상처입고 돌아왔다. 그는 세 달 동안 수감되어 있었다. 여전히 그는 자신에게 무슨 일이 일어난 것인지 이해할 수 없었다. 그는 수치스러운 감옥 생활에 대해 끊임없이 이야기했다. 그는 부당하게 대우받았다. 그는 예의 바른 선한 시민으로서 다른 시민들을 대했는데 범죄자 취급을 받았다. 그는 자신이 옳은데도 오해를 받고 모욕당했으며 잘못된 대우를 받았다고 느꼈다. 그는 친절하게 도움이 되고자 했을 뿐이었다. 그는 그저 이발사일 뿐이었다.

이발사는 분노를 떨쳐내지 못했다. 이전 친구들은 아무도 그를 격려하거나 공감해주러 오지 않았다. 단골손님들은 돌아오지 않았다. 그의 슬픔과 우울은 날마다 커졌고, 몇 달 지나지 않아 그는 스스로 목숨을 거두었다. 그렇게 자신의 부역과 배신을 전혀 인식하지 못했던 작은 이발사의 모험은 끝이 났다.

나는 그를 알았다. 나는 전혀 그를 싫어하지 않았다. 나는 이처럼 불쌍한 부역자들이 많았을 것이라고 확신한다. 하지만 작은 이발사가 어떻게 그리 모를 수 있었는지는 의문이다. 어리석음이었을까? 그는 친절한 얼굴 뒤에 다른 사람에 대한 분노를 감추고 있었던 것일까? 그가 감당할 수 있는 것보다 더 강한 암시의 파도에 휩쓸린 것일까? 우리는 이제 알 수 없다.

아마도 인식하지 못해서, 아마도 상충하는 충성의 대상들 중에서 선택하지 못해서 일어났을 이 비극이 나로 하여금 반역자 문제를 연구하게 했다. 나에게는 이 연구를 위한 기회가 두 번 있었다. 네덜란드에서 나치 점령기에 지하 활동을 할 때, 그리고 프랑스 비시 정권의 강제수용소에 있을 때였다. 내가 처음으로 공식적인 분석을 한 것은 1943년 네덜란드 정부가 만(Man) 섬에 수감된 네덜란드 군인과 시민 부역자들의 심리에 대한 보고서를 요청했을 때였다.

나는 폭풍우가 치는 날씨에 작은 비행기로 위험한 비행을 한 끝에 수용소에 도착했다. 수감자들은 유감이 많았다. 나는 적대감은 예상했지만, 그렇게 많은 사람이 분노로 힘이 빠져 약해져 있을 것이라고는 상상하지 못했다. 그들 중 일부는 수동적이고 자기중심적이며 정신병적인 성격의 전형을 보였다. 그들의 좌우명은 이래 보였다. "세상 따위 지옥에나 가버려! 나는 절대 순종하지 않을 거야." 다른 사람들은 감당할 수 없는 내적 갈등의 희생자로 보였다. 이 갈등은 더 강한 집단에 속하고 싶다는 욕망과 그 욕망에 대한 저항 사이에서 일어나는 것이었다. 이러한 저항은 그들의 분노와 혼란을 더욱 키웠다.

이러한 상황은 논리와 논의가 전혀 도움이 되지 않는 상황이 있다는 것을 다시금 증명해주었다. 우리는 부역 혐의를 받는 사람들에게 나치와의 싸움에 함께해야 한다고 설득하기 위해 계속 시도했지만, 그들은 사적인 복수심으로 더 퇴행할 뿐이었다. 그들은 내가 권한 담배조차 거부했다.

감옥으로 가는 여정이 험했던 것만큼 돌아오는 여정도 험했다. 작은 비행기는 센 바람에 자꾸 항로를 벗어났다. 나는 섬에서 경험한 일 때문에 우울하고 비위가 상해 있었고, 영국에 도착하고 난 뒤 조종사와 나는 모두 아팠다.

그뒤로 나에게는 첩자, 반역자, 체제 전복을 꾀하는 사람들을 연구할 기회가 많았다. 전쟁 중 나는 수리남의 강제수용소에서 마지막 조사를 했고, 모든 수용자에 대한 집단 보고서를 썼다. 그들 중 상당수에게서 신경증적, 심지어 정신병적 특질까지 볼 수 있었다.

그렇지만 나는 반역 문제에 대해 가장 잘 이해할 수 있는 방법은 일상적인 작은 배신, 자기 자신에 대한 배신, 자신이 사랑해야 하는 대상에 대한 양가감정과 싸우는 신경증 환자들에 대한 정신의학적 연구라고 생각한다.

반역의 개념

이 주제를 더 들여다보기 전에, '반역(treason)'이라는 말의 뜻을 생각해보자. 이 말은 다양한 의미로 사용되고 있어 혼란을 준다. 이 말에는 많은 사회적·정치적 함의가 있고, 이 말을 사용하는 집단의 관습과 습관이 그 뜻에 영향을 미치고 채색한다.

이 단어는 라틴어 tradere 또는 transdare에서 유래하며, '잘못 전달하다', '배신하다', '넘겨주다', '충성심과 비밀을 팔아넘기다'는 뜻이 있다. 그러나 이러한 뿌리에서 다양한 의미가 파생되었다.

처음에는 이 말에 결핍과 불의의 느낌과 관련한 순수하게 정서적이고 개인적인 의미가 있었다. 영아는 축복받은 의존 상태에서 자신을 끌어내려는 것(성장 자체)을 배신으로 경험하며, 반역이란 부모가 자신을 거부하는 것이다. 성인기에도 유아적 감정을 가지고 있는 사람은 별 근거도 없는 무시나 거절을 모두 반역이나 배신이라고 생각할 것이다.

가족이나 부족과 같은 내집단(in-group)과의 연대가 부족하여 의식과 금기에 동참하지 않는 사람은 반역자로 받아들여지고 분노를 사기 쉽다. 이렇게 보면 반역이라는 말에는 원초적인 도덕적 평가가 들어 있다. 즉 역겨움과 분노가 관련되어 있다. 반역은 깊이 정서적인 무언가, 금기시 되는 무언가, 다르거나 이상한 무언가, 낯선 이념을 받아들이는 것, 또는 단순히 외부자라는 사실을 가리킨다. 공동체의 규준과 규칙을 거부하고,

자신의 도덕성과 윤리를 스스로 판단하는 것도 반역으로 받아들일 때가 많다.

조국의 전통을 강하게 거부하는 것은 극단적인 경우이다. 단순한 비순응도 반역으로 간주할 수 있다. 전체주의 제국에서 비순응과 의견 불일치는 체제에 대항하는 가장 심각한 범죄이다. 또한 전체주의 사고방식에는 의도치 않은 실수나 의견 차이도 의도적 반역으로 보는 경향이 있다.

정서를 깊이 건드리는 반역이라는 말의 특성 때문에, 그 말 자체를 사람들을 조종하기 위한 정치적 도구로 사용할 수 있다. 전체주의 제국에서 이 말은 파블로프의 신호가 되어 불신과 증오의 반응을 이끌어낸다. 군사적 패배나 외교적 실망 이후, 또는 사람들 사이에서 수치심이나 부적절하다는 느낌이 클 때, 그들의 열등감을 다른 사람들에게 투사하도록 하는 것은 유용한 전략이다. '배신자'는 비난을 투사하고 무의식적 불안을 완화하기 위한 너무나 쉬운 희생양이다. 예의에 대한 서구의 관점에서는, 전체주의 사회에서 모든 국민은 배신자가 되라고 강요받는 것과 마찬가지다. 모든 반대 의견과 저항의 표현을 당국에 보고하는 것이 의무이기 때문이다. 자녀는 아버지를 고발해야 하고, 아버지는 자녀를 고발해야 한다. 고발하지 않는 순간 전체주의의 시각으로는 배신자가 된다.

일반적인 정치적 해석으로는 반역이란 저항, 체제 전복 교사, 대립, 이단, 음모론과 관련한 행동이다. 사법적 의미는 모두가 잘 아는 대로, 적과 내통하고 적을 돕는 것이다. 보다 현대적인 의미는 조국을 상대로 한 국제적인 이념적 음모에 동참하는 것이다.

나는 정신과 의사로서 반역과 일반적 자기배반의 관계가, 반역이라는 말을 이해하는 데 핵심이라고 본다. 반역이라는 세균은 자기 자신의 행동 원리와 신념을 타협하는 데서 가장 먼저 시작된다. 이 첫 번째 타협이 이루어지고 나면 다음 타협은 점점 더 쉬워지고, 결국 자기 스스로를 가장 고액의 응찰자에게 팔게 된다. 우리는 나치의 지배 기간에 적에게 작은 봉사를 하라는 유혹을 받은 사람들에게서 이를 보았다. 첫걸음은 두 번째 걸음이 되고, 최후의 부역까지 이어진다. 이는 우리 모두가 가끔은 자신을 의심하고, 시험에 들게 되면 어떻게 해야 할지 모르며, 자기 자신을 잠재적인 반역자로 볼 수 있기 때문이다. 그렇기 때문에 '반역'이라는 말이 그토록 강력한 정서적 호소력이 있는 것이다.

하지만 자기의심은 실제 반역과는 거리가 멀며, 반역이라는 말의 의미를 병적인 것으로 볼 때 진짜 배신자는 단순히 자기를 의심하는 사람이 아니다. 그는 자신의 권리가 초월적이라고 믿을 뿐만 아니라 공동체의 권리와 소망을 무시한다. 그는 심지어 자신이 속한 조직에도 충성하지 않는다. 예를 들어 히틀러는 자신의 생각을 권력 획득과 유지를 위해 바꿀 수 있는 도구처럼 다루었을 뿐만 아니라, 가장 가까운 친구와 협력자들에게도 배신자였다. 그들 중 상당수는 1934년 소위 장검의 밤(night of the long knives: 히틀러가 나치 돌격대 사령관 에른스트 룀과 그 세력을 숙청한 사건—옮긴이) 사건 때 히틀러에게 배신당하고 살해당했다. 진짜 배신자는 자기중심적 망상, 자기만 옳다는 의식적 확신이 있는 사람이다. 그는 우리의 작은 이발사처럼 비자발적이고 불쌍하고 의식 없는 배신자와는 아주 다른 유형이다.

상대편을 위한 선택을 하는 반역자

나는 정치적 반역자와 부역자들을 연구하면서 그들 중 대부분이 공유하는 두 가지 특성을 발견했다. 첫째로 그들은 자신보다 정신적으로 강한 사람에게 쉽게 영향을 받고, 둘째로 아무도 자신의 불충한 행동을 반역으로 인정하지 않았다. 내가 면담한 반역자들은 언제나 자신의 행동에 셀 수 없이 많은 이유를 대며 정당화했고, 궤변과 합리화의 복잡한 그물을 짰다. 사실 그들은 자신의 행동에 대한 객관적 그림을 감당할 수 없었다. 그렇게 하면 스스로를 도덕적으로 비난하는 것이 되기 때문이었다. 그들 대부분이 무의식 수준에서는 자기 죄의 본질을 알았고, 죄책감으로 고통받고 있었다. 만약 그들이 자기가 얼마나 큰 죄를 저질렀는지를 자기 자신에게라도 인정했다면, 이러한 죄책감을 견딜 수 없었을 것이다.

나치가 저지대 국가(Low Countries: 대체로 지대가 낮은 유럽 서부의 벨기에·룩셈부르크·네덜란드를 가리키는 말—옮긴이)를 점령했을 때, 나는 이러한 특성을 계속해서 보았다. 네덜란드의 많은 반역자들은 지조가 없는 사람들로, 새로운 생각이나 발전한 이론이라면 거의 무엇이든 받아들일 준비가 되어 있었다. 피암시성은 그들의 가장 큰 책무였다. 이 예비 나치들은 한 번도 강한 마음을 먹은 적이 없었다. 그들은 야망을 이루지 못했고 삶에 실망했으며, 좌절된 개인적 갈망을 정치적 허수아비에게 옮겨놓을 준비가 되어 있었다. 이들은 독일의 침공과 점령 이후 승리감에 취해, 패배한 동포들에게 '내가 뭐라고 했어' 하는 식의 태도를 보였다. 그들은 이기는 편에 선 자신의 혜안을 자랑했다. 그들은 자신이 중요하다는 느낌을 엄청나게 받았으며, 새롭게 얻은 이 부풀려진 자기확신으로 인해 적의 무력을 등에 업고 애국자들을 가혹하게 대하고 경멸했다.

이들은 자신들의 행동과 권력욕을 정당화하기 위해, 다른 사람들을 새로운 삶의 방식으로 끌어들이고자 했다. 그들은 침략자들을 옹호하고자 하는 강박관념에 사로잡혔다. 변절자들은 항상 다른 사람에게 자신과 범죄를 공모하자고 설득함으로써 양심의 가책을 지우려고 하기 마련이다.

물론 그들에게도 양심의 가책이 있다. 모두에게 있다. 하지만 이 반역자들은 그럴듯한 불의보다 양심의 가책에 영향을 덜 받는다. 그들은 반역을 통해 자신의 개인적 실패로 인한 고통을 사회에 복수했다. 그들이 하는 모든 말에서 그들의 분노를 느낄 수 있었다.

나치 전략가들은 이러한 불만족의 느낌을 착취하는 데 전문가들이었다. 그들은 어떤 사람이 나치의 선전에 넘어갈지 아닐지를 직관적으로 알았다. 내가 아는 한 사례에서는 윤리적 문제 때문에 중요한 사안의 관리직에서 물러난 네덜란드 사람이 있었다. 점령 초기 그는 나치 임원이 되라는 권유를 받았고, 놀랄 만큼 짧은 기간에 나치의 주요 사업 지도자가 되었다. 나치는 그에게 아무 잘못 없다는 느낌을 주었던 것이다.

점령지의 나치 경찰 중에는 온갖 종류의 변절자가 있었고, 심지어 정신병원 폐쇄병동에 있던 위험한 환자도 있었다. 이들이 사회에 대해 병적 복수심을 갖고 있었기 때문에 나치가 그들을 반역자로 만들 수 있었던 것이다. 독일인들도 이들을 혐오했지만, 교활하게 적재적소에 이용했다.

나치는 주목받지 못한 작가와 예술가들과도 이상한 게임을 했다. 그들의 작품을 칭찬하고 구매하면서 그들을 우쭐하게 만들었다. 처음에는 예술가들에게 방해받을 염려 없이 원하는 대로 작품을 만들 수 있다고 말했다. 그러다 점점 작은 정치적 봉사, 즉 어떤 회합에 대한 우호적인 보고서나 그들이 찬성하지 않는 생각을 변호하는 글을 요청했다.

이 작은 타협의 영향으로 자기합리화의 내적 눈사태가 시작되어 결국 자기배반으로 이어지게 된다. 첫 번째 타협과 자기합리화가 이루어지면 두 번째가 이어진다. 그러면 영리한 자기면죄가 이루어진다. 어쨌든 이 사람은 이미 합리화를 경험했기 때문이다. 타협이 계속되면 복종과 자발적 부역으로 넘어간다. 전에 이야기했듯이 인간이 작은 이념적 타협의 유혹에 넘어가면 멈추기란 매우 어렵다. 이제는 그의 상상력이 자기존중을 유지하기 위해 합리화를 계속하게 된다.

내면이 불안정한 반역자는 적대적 침략자와 자신을 동일시해야 한다는 압력을 항상 느낀다. 그는 한 번도 '소속된' 적이 없고, 자신과 집단을 동일시하는 느낌을 받아본 적도 없고, 그러한 결속의 보상을 느껴본 적도, 동료들의 사랑·연민·존중을 받아본 적도 없다. 따라서 그는 '다른 사람들'과 함께하고 싶어 한다. 이것이 지나치면 이전 친구들을 반역자라고 부르는 일마저 생긴다. 영국에서 처형당한 반역자 하하 경〔Lord Haw-Haw: 제2차 세계대전 때 독일로 건너가 나치 선전을 담당했던 영국인 윌리엄 조이스(William Joyce)의 별명—옮긴이〕은 자신이 진짜 '독일 아리아인'이라고 생각했고, 그렇게 모국인 영국과의 싸움을 정당화했다.

나치가 네덜란드를 침공한 직후 정신없는 나날에 다름 아닌 나 자신도 종종 적, 강력한 조직으로 개인을 지지하고 뒤를 받쳐줄 준비가 된 정당에 넘어가고 싶은 내적 유혹을 느꼈다. 심지어는 히틀러를 찾아가 우리의 명분을 유치하고 친근한 방식으로 설득시키는 꿈까지 꾸었다. 이 꿈의 유혹에 넘어가지는 않았지만, 그러한 유아적인 그림에 굴복하고, 복종하고자 하는 욕구에 저항할 수 없었던 사람들도 있었다. 순응하고, 인정받고 싶어 하고, 안전과 존중을 얻고자 하는 욕구는 인간 깊숙이 내재되어 있다. 인간이 감옥이나 강제수용소에서 압력을 받을 때 정신적 통합성을 포기하게끔 하는 내적인 힘에 대해 분석하면서, 이 기제가 얼마나 중요하게 작용하는지 볼 수 있었다. 적이 점령한 나라에서 사는 것을 포로수용소나 강제수용소에서 사는 것의 공포와 비교할 수는 없지만 이것도 무서운 일이고, 이러한 상황에서 순응하고자 하는 욕구는 적의 이념에 항복하는 모습으로 나타날 수 있다. 이러한 욕구를 느끼지만 여기에 저항한 사람들은, 배반하고자 하는 충동에 대한 죄책감 때문에 더욱 강고한 반나치가 된다.

전쟁의 경험은 우리에게 또 다른 진실도 가르쳐주었다. 압도적인 집단적 암시로 인해 반역자가 생겨날 수도 있다는 것이다. 여러 이념이 소리치고 가치가 계속 변화하는 모호한 혼돈 속에서 정신은 완고해지고, 미성숙하고 내적 통제가 부족한 경우 어디에 충성해야 할지 혼란스러워져 가장 강력한 집단에 굴복해버릴 수도 있다.

나치는 약한 사람, 야망 있는 사람, 불만이 있는 사람, 좌절한 사람에게 뒤틀린 정치적 수단을 통해 이미 만들어놓은 거짓 이상을 제공하고자 했고, 이는 그들이 나치에 굴복하는 것을 합리화하도록 하기 위해서였다. 히틀러는 《나의 투쟁》에서, 실망감을 느끼던 사람들은 자신이 중요하다는 느낌을 받게 되면 어떤 회유든 집어삼키게 될 것이라고 했다. 그는 인간의 약점(심지어 친절)이 체계적인 전향 전략의 시작이 될 수 있다는 것을 알고 있었다. 또한 히틀러는 끝없는 정치적 두려움이 거의 모든 사람을 반역자로 만들 수 있다는 것도 알고 있었다. 공포, 두려움, 굶주림, 고통스러운 경험, 그리고 정신적 강요와 커지는 혼란 때문에, 많은 사람이 결국 굴복하고 자기 가족을 배신하기까지 한다. 많은 강제수용소에서 가스실 학살을 담당했던 희생자들은 결국 자기 차례가 올 때까지 그 무서운 일을 계속했다. 공포와 두려움이 그들을 의지가 없는 노예로 만들었다.

인간을 반역과 배신으로 이끄는 두 번째 특성도 있다. 어떤 사람들은 자신이 어디에 충성해야 하는지 알지 못한다. 러시아에 핵 관련 기밀을 넘긴 클라우스 푹스(Klaus Fuchs)가 극적인 예이다. 그는 매우 지적인 사람이자 가장 어려운 이론적 문제의 전문가였고, 서로 충돌하는 충성심의 바다에서 길을 잃은 사람이기도 했다. 나치가 퀘이커교도였던 그의 가족을 박해했기 때문에 그는 영국을 새로운 조국으로 삼았다. 그는 신비롭고 보편적인 세상을 꿈꾸었고, 전체주의 이념에서 이를 찾았다고 생각했다. 세계의 문제에 대한 그의 혼란 속을 들여다보면, 그는 그저 어디에 충성해야 할지를 알지 못했던 것이다.

이는 신문에서 보도한 것처럼 조현병이나 '지킬과 하이드' 같은 경우가 아니고, 고도의 지성을 갖춘 정신이 충성심과 관련한 혼란을 겪은 경우이다. 푹스는 자신이 정서적으로 어디에 속해 있는지 알지 못했다.

주변에서 아무도 그들을 믿지 않았기 때문에, 말 그대로 반역과 부역으로 떠밀린 사람들도 있다. 예를 들면 제1차 세계대전 때 벨기에 플랑드르 지역의 부역자들이 그렇다. 그들 중 일부는 다시금 부역자가 되지 않을 수 없었다.

인간을 반역으로 이끄는 요인에 대한 이러한 분석은, 물론 모든 사람이 처음으로 도덕과 이상을 형성한 집단에 충성해야 한다는 뜻은 아니다. 어린 시절의 충성심은 더 나은 통찰과 더 높은 도덕을 향해 옮겨갈 수 있다. 교사를 넘어서고, 가능하다면 학교에서 배운 전통적 규칙을 개선하고자 하는 것이 인간의 운명이자 욕구이다. 위대한 철학자 소크라테스는 '아테네 젊은이들의 정신을 혼란시켰다'는 명목으로 '반역자'가 되었다. 하지만 오늘날 우리는 소크라테스가 혼란을 일으키는 사람과는 거리가 멀다는 것을 알고 있다.

우리 정신의 배신

아마도 조용한 반역과 자기배반의 가장 비극적인 형태는 인간 지성의 타성으로 인한 것으로 보인다. 우리는 자신의 마음에 배신당하곤 한다. 우리는 우리가 무엇을 잊고 싶은 것인지를 완전히 잊는다. 우리는 희망하는 바를 믿기 위해 진짜 문제가 있다는 것을 부정한다. 어떤 문제나 논쟁의 함의를 이해하고 느끼지 못할 경우 우리는 곧바로, 지나치게 친절했던 이 발사처럼 가장 강한 편에 수동적으로 복종하는 경향이 있다. 인간이 너무나 쉽게 부패할 수 있다는 것은 가장 심각한 심리적·도덕적 문제 중 하나이다. 우리는 내면의 혼란 때문에 얼마나 어리석거나 거짓된지와 상관없이 강한 암시에 복종하게 될 수 있다.

> 우리의 의심이 바로 반역자이니,
>
> 시도를 두려워하게 만들어
>
> 우리가 성취할 수도 있는 선을 잃어버리게 만든다.

자기배반으로 이끄는 지성의 더 복잡한 술책은 더 있다. 무지한 사람이 열등감을 느끼면 매우 어려운 생각을 이해하고자 하는 욕구가 크게 일어나는 경우가 많다. 이러한 사람들은 거짓된 사고방식과 자신을 동일시하고자 한다. 히틀러와 그의 난해한 글은, 많은 독일인들을 일시적으로 가짜 철학자이자 미술사로 만들었다. 모든 전체주의 독재자들은 가짜 철학을 바탕으로 자신을 정당화해줄 수 있는 학자들을 매수한다.

불행히도 어떤 학자들은 쉽게 매수할 수 있다. 예를 들어 네덜란드에는 나치가 막강한 힘을 과시한 뒤 그들의 편으로 전향한 그리 지적이지 않은 철학자가 있었다. 그뒤 그는 제3제국의 친구들과 그들의 세계 정복 신화를 위해 가장 난해한 철학의 주제에 대해 쓰고, 가장 복잡한 이론을 설명하기를 주저하지 않았다. 동시에 자신의 깊은 죄책감 둘레에 감정 없는 언어의 체계를 쌓아올렸다. 그는 세계로부터 자신을 점점 더 고립시켰다. 어떤 말도 자기 자신에 대한 반역을 정당화하기에는 모자랐기 때문이다. 결국 그는 현실과의 접촉을 모두 잃어버렸다. 그러자 자연히 나치에게도 그는 필요 없어졌다.

자기배반

우리가 살펴보았듯이, 불충이나 반역의 죄로 이끄는 내적 동기는 다양하다. 가끔은 이런 동기가 아주 은밀하게, 본인도 모르는 방식으로 작동한다. 가끔은 반역이 그저 가장 좋은 대가를 치르는 사람과의 거래일 뿐이기도 하다. 이러한 동기 중 몇 가지를, 무의식적인 것부터 시작해 의도적 반역까지 분류해보자.

처음에 자기를 배반하는 행동은 길을 잃고 거부당했다는 느낌에 대한 방어로 시작될 수 있다. 개인이 집단의 인정을 쟁취해내려면, 내적 신념이 공격당할 때 이를 감추고 방어하지 않아야 한다. 심리학에서는 (이러한 수동적 행동이 무의식적 습관이 되는 경우) 이를 강한 사람에 대한 수동적 복종, 동일시라고 한다. 적을 이길 수 없다면 그의 편이 되라!(A. Freud)

내면의 반역자라는 개념을 받아들이기는 쉽지 않지만, 인간을 이끄는 상반되는 여러 내적 충동을 연구해보면 그럴 수 있다는 가능성을 더 이해할 수 있다. 인간 내면의 양가성에 대한 임상 개념은 수없이 많은 심리적 경험에 기초하고 있다. 반역자의 더 내밀한 많은 동기를 연구하다보면, 내면의 혼란으로 무너질 것 같은 위협, 통제할 수 없는 불안정한 상태를 경험하고 나서 반역의 행동이 나타나는 경우가 많음을 알 수 있다. 이는 마치 미래의 정신질환자가 질병과 신경쇠약이라는 내면의 적 대신 외부의 적에 항복하는 것처럼 보인다. 루돌프 헤스가 히틀러의 규칙을 깨고 영국으로 날아갔을 때 그는 조현병의 경계에 있었다.

영국 외무부의 첩자였던 도널드 맥클린(Donald Maclean)과 가이 버지스(Guy Burgess)에 대해 생각해보자.* 두 사람 다 정신적 붕괴가 임박했을 때의 증상을 몇 가지 보였다. 두 사람이 1951년 5월에 프랑스를 거쳐 러시아로 가려고 영국을 떠났다는 것은 이미 알려진 사실이다. 둘 다 조국에서 도망치고자 했다. 둘 다 케임브리지 학생 시절 공산주의에 경도되었다가, 나중에 생각이 바뀌었다고 밝혔다. 둘 다 근무 중 비정상적인 증상을 보였다. 맥클린은 1950년 5월 과로와 지나친 음주로 인한 신경쇠약 증상을 보였다. 버지스는 근무 중의 위험한 운전과 직무 소홀로 질책받았다. 보고서를 읽다보면 이토록 정신적으로 불안정한 사람이 어떻게 그런 정부의 요직을 감당할 수 있었는지 놀라게 된다. 둘 다 동성애 경향이 있었고, 이는 어머니(그리고 모국)에 대한 억압된 적대감과 관련 있을 수 있다.

가끔 반역이란 정의에 대한 기울어진 호소일 수도 있다. 권리와 의무의 미묘한 관계를 인식하기를 거부하는 사람이 자신을 보호해주는 정의를 요구하는 것이다. 이러한 사람은 계속 결핍과 배신감을 느낀다. 버글러(E. Bergler)는 이들을 '불의 수집가들(injustice collectors)'이라고 불렀다. 그들의 불충한 행동 속에는, 스스로 재판관 역할을 하고자 하는 욕구가 있는 것이다. 불평을 늘어놓는, 심지어 편집증적이기까지 한 사람들 중에 이런 성격 구조가 많다.

---

* 영국의 '심문 보고서(Report on Inquiry)', *The New York Times*, September 24, 1955; Time, October 3, 1955.

그리고 실망한 가짜 이상주의자도 있다. 그는 점차 자신의 공허함을 수많은 자기합리화와 변명으로 덮으며 냉소주의자가 되어간다. 이러한 사람들은 이상을 폄하하면서 자신의 지적 실망을 배반한다.

부모 사이에 갈등이 있으면 자녀에게는 한쪽 또는 양쪽 모두를 배반하고자 하는 욕구가 생기고, 이 욕구는 나중에 조국을 배반하고자 하는 욕구가 된다. 나는 부모에 대한 뒤섞인, 해결되지 않은 애증이 변절자의 성격을 형성하는 데 있어 중요한 역할을 하는 경우를 많이 보았다. 우리가 앞에서 보았듯이 전체주의 성격 구조의 뿌리에 이 문제가 있는 경우가 많다. 전체주의적 정신이 반역자가 되는 것으로 나타난다고 하지는 않지만, 그들 중에는 자유·민주주의에 대한 이상을 쉽게 배신할 수 있는 사람들이 있다. 이는 외부의 이념에 대한 강박적 충성일 수도 있고, 반복되는 비순응주의일 수도 있다.

정치 집단의 특성을 살펴볼 때 모든 사람의 마음속에 기본적으로 대치가 일어난다는 것을 염두에 두어야 한다. 절반만 이성적인 채, 세계를 마르크스식으로 해석하는 것은 사회생활을 명확한 논리를 통해 합리적으로 조직화하고 싶은 욕구를 만족시키지만, 비합리적인 내면의 힘에서 생기는 불안을 덮는 것이기도 하다. 전체주의자들은 이를 너무나 잘 포착해낸다. '대중' 숭배는 외로움에 대한 방어책이 될 때가 많다. 진보에 대한 신념은 막연한 절망과 불안에서 비롯될 수도 있다. 일탈에 대한 두려움은 집단의 단합이 깨질 것이라는 두려움이다. 의심과 자기비판은 무엇보다도 내집단을 하나로 뭉치는 기능을 한다.

반역자로 만들 수 있는 내면의 자만에는 몇 가지 형태가 있다. 앞에서 언급했던 네덜란드 철학자가 한 예시로, 그런 자들은 전체주의 이념을 말로 끊임없이 옹호한다.

자신이 속한 사회에서 지표 역할을 하는 전통과 목표에 대한 자신감 또는 신념이 부족할 때도 적대감, 나아가 배반이 나타날 수 있다. 전통에 대해 신념이 없으면, 상반되는 이념을 받아들이고자 하는 경향이 커진다. 클라우스 푹스의 경우가 그런 예이다.

고통받고자 하는 무의식의 욕구에 사로잡혀 개척자나 순교자가 되고자 하는 경우도 많은데, 이렇게 되면 자신이 구세주라는 망상에 사로잡히거나 집단의 전통적 가치를 공격하게 될 수도 있다. 많은 집단에서 이러한 극단주의는 반란 행동으로 받아들인다.

자기배반의 또 다른 형태는 현실 세계의 복잡성을 이해할 수 없기 때문에 나타날 수 있다. 많은 사람들이 이러한 복잡성을 해석하지 않으려 하기 때문에, 그리고 인생의 모든 문제에 대한 하나의 쉬운 해답을 찾고 싶다는 욕구로 불안정한 행동, 심지어는 불충한 행동의 유혹에 넘어간다. 그들이 믿을 단순한 신화를 제공하는 자는 누구인가? 나치는 이런 식으로 거의 모든 독일인을 일종의 이념적 반역으로 끌어들였다!

반역은 마음속 깊은 곳의 신경증적 죄책감에 대한 역설적 반응일 수도 있다. 처벌받고자 하는 내면의 끊임없는 욕구와 죄책감을 더 쌓는 신경증적 전략이 합해지는 것이 범죄 행동의 기본적 원인일 때가 많다. 반역은 처벌을 받기 위한 것이다.(Reik)

또는 반역이 국제 첩자들에게서 보듯 누군가에게는 대가가 따르는 모험일 수도 있다. 정신이 미성숙한, 신비한 이야기와 동화의 세계에 사는 사람들에게 이런 삶은 매력적인 것이다. 여성이나 돈을 뇌물로 제공하는 것이 이러한 배신을 더욱더 매력적인 것으로 만든다. 적은 경제적·성적 욕구를 만족시키며, 반역자는 가장 높은 값을 부르는 사람에게 자신의 통합성을 기꺼이 팔고자 한다.

공공연한 두려움과 공황도 반역으로 이어질 수 있다. 전체주의자들의 면담과 취조 전체가 이러한 심리적 원리에 기초한다. 사람들은 겁에 질리고 세뇌당해 반역에 가담하게 된다.

충성심의 발달

앞의 논의를 종합해볼 때, 우리는 반역이 지적 영역보다는 정서적 영역에서 일어나는 것임을 알 수 있다. 인간 발달 과정에서는 모두가 한 사람을 향한 사랑과 충성을 다른 사람에게로 확장시켜야 하는 내적 갈등의 시기를 지나야 한다. 이는 어머니에서 아버지로, 부모에서 가족 전체로, 가족에서 국가로, 국가에서 인류로 향하는 확장이다. 반역과 자기배반의 핵심 문제는 이전의 충성심을 억압하고, 그 충성의 대상을 새로운 충성의 대상으로 대체할 때 생기는 어려움이다.

많은 사람들은 청소년기에 처음으로 가정의 정서적 보호를 떠나 새로운 충성심, 새로운 도덕 기준을 세워야 할 때 깊은 혼란을 느낀다. 중요한 능력이 발달하는 것도 이때이다. 부모로부터 물려받은 전통적 진리를 의심할 때, 어찌 보면 청소년들은 각자가 반역자라고도 할 수 있을 것이다. 하지만 청소년은 스스로 만들어가고 있는 자기에게 솔직하다. 청소년기의 위기를 겪고 미지의 행복을 향한 갈망이 커지면서, 많은 젊은이들은 부모의 가정과 그들의 기준을 '배반하고' 싶어 한다. 동시에 그들은 가정이 주는 보호를 포기하지 않으려 한다.

그러나 심리학의 시각으로는 이러한 일시적 배반은 정상적인 정신 발달의 일부이다. 개인이 발달하는 과정에는 처음에 복종하다가 드러내놓고 저항하고 비순응적으로 행동하는 단계가 있다. 정신의 성숙과 독립을 향한 모든 발걸음에는 과거의 유대를 벗어나는 과정이 있다. 이러한 과정은 다양한 방식으로 나타날 수 있다. 노골적인 적의와 과거와의 결별로도, 자기배반과 수동적 복종으로도, 죄책감을 덜기 위한 새로운 유형의 복종으로도, 강한 보수주의나 열린 저항으로도 나타날 수 있다. 청소년기의 이 단계에서는 전체주의 선전에 특히 취약하다.

청소년에게는 내적 성장의 갈등에서 오는 외로움과 죄책감이 있다. 만약 이를 생산적으로 활용한다면, 창조적 혁명가라고 할 만한 사람이 된다. 전통을 깰 수 있는 내면의 힘이 있는 선구자를 그 예로 들 수 있다. 인류의 위대한 도덕적·영적 지도자들 중 많은 수가 이러한 유형이다. 그들이 지도자가 된 것은 과거의 경직된 유물이나 현재의 구태의연하고 부도덕한 요소를 부수었기 때문이다. 나는 이러한 사람을 한 명 알고 있었다. 그는 독일 정신과 의사로, 이상주의와 도덕성으로 인해 나치가 인간의 가치를 유린하는 것을 지켜보고만 있을 수 없었다. 그는 1944년 히틀러에게 저항하다가 실패해 반역죄로 교수형을 당했다.

바람직한 비순응

반역·불충·자기배반에 맞서기 위해 무엇을 할 수 있을까? 부모와 교육자는 처음부터 아동이 보이는, 권위에 대해 방어적인 태도와 거기서 벗어나고자 하는 욕구가 정상임을 인식하고 아주 주의 깊게 지켜보아야 한다. 아동이 자기를 부정하게끔 강요하는 것은 너무나 쉽다. 불충은 어린 시절의 문제를 잘못 다루어서 나타나는 반응일 때가 많다. 대부분의 반역자들은 태어나는 것이 아니라 만들어진다. 불행히도 자기 자신의 공격성을 억압하고 있는 교육자들은 이를 잊을 때가 많다. 교육자들은 우리가 청소년들에게서 보듯이, 같은 연령대 집단에 대한 강력한 충성심으로 인해 무너진다.

누군가를 믿을 수 있을지 없을지 결정하는 일이 가능할까? 우리에게 그의 숨겨진 동기와 충동, 무의식이 움직이는 방식에 대한 통찰이 있을 때만 그러하다. 이러한 통찰을 얻기 위해서는 정신분석이 필요하다. 무의식이 성격 특징과 방어 기제를 통해 드러나는 방식을 보면 아주 중요한 것을 알 수 있다. 의존성 욕구가 매우 높거나 자아가 약한 사람, 회유에 넘어가기 쉬운 사람은 불충의 유혹에 넘어가기 쉽다. 불만·자만·허영에 차고 불안정한 사람도 마찬가지다. 물질적인 자기중심성, 권력욕, 끊임없는 적개심이 있는 사람도 충성심을 포함해 도덕적 가치를 부정하곤 한다.

심리학에서 자주 그렇듯이, 믿음직한 사람의 긍정적인 특징이나 그가 어때야 하는지보다, 어떤 성격 특성이 없어야 하는지를 설명하는 일이 더 쉽다. 보통 자기 자신에게 정직하고 자기기만이 아주 적은 사람, 성격 구조가 안정적인 사람, 진정 성숙한 사람이 자신에게 가장 진실하고, 따라서 타인에게도 가장 충성스럽다.

그렇지만 반역의 씨앗은 우리 각자에게 있고 환경의 영향으로 자라날 수 있다. 예를 들어 전체주의의 세계에서는 모두가 자기부정과 자기배신을 배운다. 누군가 비순응주의자가 되면, 그에게는 '반역자'라는 딱지가 붙을 것이다. 교조와 전통으로 숨막히는 세계에서 모든 형태의 창조적인 생각은 선동이나 반역이 될 것이다. 이러한 경우 혼란스러운 내면의 과정이 아닌 환경·사회·정치 관련 요인이 무엇이 반역인지를 결정짓는다. 하지만 이 장에서는 반역을 만들어내는 개인적 요인, 즉 가족과 집단의 편견, 주어진 환경의 복잡성 때문에 생기는 내면의 불안정을 강조했다. 모든 사람의 마음속에는 자기배반의 환상과 비밀스러운 공격성이 있고, 감추었던 분노를 되갚아주고자 하는 욕구가 있다. 어떤 정부이든 이 건강하지 못한 신경증적 감정을 국가를 휘젓는 데 이용할 수 있다.

충성 강박

요즘 미국인들은 충성과 전복의 개념을 보다 비판적으로 바라보기 시작했다. 우리는 전복을 통한 전체주의의 공격이 본질적으로 냉소적이고 무정하다는 점을 깊이 우려하며, 전복이 민주적 자유를 마비시킬 것이라는 두려움을 드러내기 시작했다.

우리는 미국에서 나타나는 제5열의 유령, 우리가 지나치게 조심하고 지나치게 의심하며 키운 이 유령을 매우 걱정하게 되었다.* 우리는 이웃과 동료 시민들의 의도가 허용할 만하고 충성스럽다는 것을 끊임없이 확인해야 한다. 이런 광적인 안전 추구에는 정치적·심리적 위험이 모두 따른다. 정치적으로는, 전체주의 사상이 퍼지지 못하게 공고한 장벽을 세우려 하면서, 민주주의와 전체주의를 가르는 특성인 자유와 다양성을 스스로 포기하게 될 수도 있다. 심리적으로는, (임상에서는 편집증이라고 하는) 병적인 의심의 희생자가 되어 우리가 인간으로서 가질 수 있는 가장 가치

---

* 네덜란드 역사학자인 루이 더용(Louis De Jong) 박사는 독일의 제5열에 대해 잘 정리한 연구를 통해, 히틀러의 반역과 배신의 그물이 가능했던 것은 사람들의 공황과 두려움이 만들어낸 상상 속의 괴물 때문임을 증명할 수 있었다.

있는 특성인 관용과 타인에 대한 존중을 잃어버릴 수 있다.

미국 사회의 책임감 있는 지도자들은 이 상황의 정치적 위험성을 계속해서 지적해왔다. 나는 정신과 의사로서 이 문제의 심리적 측면, 자유로운 정신에 끼치는 위협에 집중하고자 한다. 우리가 이미 살펴보았듯이 모든 정치 행동은 기본적으로 개인 행동의 연장이며, 정치 집단을 구성하는 개인의 심리에 뿌리박고 있다.

우리의 집단적 의심은 개인의 불안이 기하급수적으로 늘어나는 데서 비롯한다. 공포와 재난의 시기에 공격적인 반역자에 대한 신화가 생겨나는데, 전체주의자들은 이 신화를 어떻게 이용해야 하는지 아주 잘 알고 있다. 우리 내면의 불안함이 이웃과 환경에 전치되고 투사된다. 우리는 모두를 의심하고 불신하기 시작한다. 우리는 자기 자신을 두려워하기 때문에 타인을 비난하는 것이다. 우리는 자신이 약하다고 느끼며, 계속해서 의심하고 반역자와 반대자를 찾으면서 자기 약점을 덮는다.

이미 살펴보았듯이 충성심에 대한 질문 자체가 복잡한 것이다. 우리는 신뢰를 보장받고 싶은 열망 때문에 문제를 너무 단순화하기 쉬우며, 따라서 과녁을 넘는 화살을 쏘고 습관적으로 문제를 과도하게 단순화하는 전체주의자들과 비슷해지기 쉽다. 사람들에게 충성 맹세를 요구하는 것은 과거와 미래의 모든 정치적 죄에서 손을 떼겠다는 마법의 의식을 요구하는 것이다. 이는 역설적 효과를 낸다. 나중에 판사가 위증죄로 처벌하는 데는 도움이 될지 몰라도, 사람은 단순히 다짐만으로 충성스러워지지 않는다. 충성을 맹세하라고 종용하는 것은 사실은 공동체와 자발적으로 동일시한다는 느낌을 갉아먹는 것이다. 이는 분명 충성심을 일으키거나 보장하지 않는다. 충성 맹세는 공허한 다짐으로 전락하기 쉽고, 이런 맹세를 한 사람은 그 의미를 완전히 잊어버릴 것이다. 많은 사람들은 이를 그저 골치 아프게 채워넣어야 하는 끝없는 서식 중 하나로 생각한다.

강박적 맹세는 유아적이고 미술적인 전략, 정신적 공갈, 협박의 형태로 격하될 수 있다. 동양의 종교 중에는 기도문이 적힌 통을 돌리는 것으로 기도를 대신하는 종교가 있다. 손으로 기도문 통을 한 번 돌리면 기도는 끝난 것이다. 기도문을 암송할 필요가 없다. 헌신에 대해 생각할 필요도 없다. 기도하는 사람은 더 이상 그 내용을 인식하지 않게 된다. 그들은 오래전에 의미를 잊은 의식을 따르고 있다. 충성 맹세에 서명하는 것은 생각 없이 기도통을 돌리는 것과 같은 공허한 요식 행위가 될 수 있다.

진정한 충성심이란 멈춰 있는 것이 아니다. 이미 우리가 보았듯이, 충성심은 성격과 함께 성장하고 발달하는 것이다. 개인이 내면의 갈등을 통해 찾아낸 자신만의 가치와 충성심은 언제나 재발견하고 재경험해야 하는 것이다. 인간이 강제로 충성을 맹세해야 하는 상황에 처하면, 이미 충성심을 마음속 깊이 느끼고 있다고 해도 진실한 자기 신념의 가치를 스스로 가늠해보는 권리를 빼앗기는 것이다. 맹세가 그의 진술한 감정의 표현인지는 중요치 않다. 이렇게 충성 맹세 밑에 깔린 강요의 요소가 맹세의 심리적 효과를 약화시킨다. 이는 언뜻 보기에는 이상해 보일 수 있는데, 간단한 비유를 통해 쉽게 이해할 수 있다. 아내를 정말 사랑하는 남자가 있다고 하자. 그는 사랑을 계속 맹세할 필요가 없다. 행동으로 보여주기 때문이다. 하지만 만약 아내가 계속해서 사랑을 맹세하기를 요구한다면, 그 자체로 그녀가 그를 의심한다는 뜻이 되고, 남편의 마음속에도 의문이 생길 것이다. 그러면 그는 자신이 진짜 어떻게 생각하는지 헷갈리기 시작할 것이다.

맹세를 요구할 때나 맹세할 때나 적은 기도통과 같은 이러한 체제에서 배제될 수 있다는 웃지 못할 환상을 키운다. 실상 의도적으로 반역이나 체제 전복을 꾀하는 사람들은 동기와 의도를 숨기고 꾸미기를 주저하지 않는다. 그들은 위증죄를 두려워하지도 않는다. 그들은 자신에게 도움이 된다면 주저 없이 서약서에 서명할 것이다. 그들에게 말과 맹세는 도구일 뿐, 도덕적 가치와는 전혀 무관하다. 성격의 안정성, 무르익은 목표와 동기를 위해서 충성심에 대한 요구보다 중요한 것은 통합성에 대한 요구이다.

자유로운 인간은 무엇보다도 자기 자신에 대해 충실한 필요가 있으며, 이는 자기정당성을 의미한다. 자신이 아무것도 아니라고 느끼는 사람, 스스로를 포함해 모든 사람이 자기를 의심한다고 느끼는 내적으로 연약한 사람은 모든 종류의 전체주의 정치의 영향에 제물이 되기 쉽다. 충성 사냥과 충성 맹세는 개인의 통합성과 자유에 대한 불충이 된다. 자기와 타인에 대한 의심을 불러일으키기 때문이다. 자유는 그 반대의 존재가 있기 때문에 바로 설 수 있다. 비순응주의와 좌절된 체제 전복의 위험이 있다고 해도 그렇다.

충성은 상호 신뢰의 결과에서 나온다. 강요로는 생길 수 없다. 강요는 본래 일방적인 것이다. **충성심은 지도자와 시민들의 상호작용과 접촉을 통해 매일같이 평가받고 얻어야 하는 것이다.** 충성심은 신뢰에 기반을 두기 때문에 자유의지에 따라 자발적으로 주는 것이다. 진정한 충성심은 사들이거나 요구할 수 없다.

한국전쟁에서 세뇌당해 자신들이 어디에 충성해야 하는지 너무나 쉽게 잊은 젊은 미국 군인들의 사례를 조사하면서, 우리는 그들의 부모가 그들을 배신하는 행동을 한 경우를 많이 보았다. 소위 친공산주의자 사례의 경우 거의 모두 매우 불안정한 청년들이었다. 이들 젊은이에게 사회 공동체가 먼저 충성심을 보여주는 것이 중요하다.

민주국가에서 우리는 저마다의 삶의 방식을 지지하면서 설득력 있는 사실들을 제시하고, 전복적 체계의 약점을 밝혀줄 새로운 접근방식을 개발할 준비를 해야 한다. 이는 미리 정해둔 공식대로 반대 의견을 고발하거나 충성을 강요하는 경우 불가능하다. 또한 논쟁과 설득을 원치 않게 되는 시작이 될 수도 있다. 심지어 새로운 형태의 배신, 지적 후퇴라는 교묘한 반역, 책임을 지지 않으려는 성향, 행동하지 않게 만드는 의심 어린 상대주의라는 반역으로 이끌 수 있다. 헌신 없는 삶이나 전체주의에 대한 복종으로 쉽게 이어질 수 있는 위험한 형태의 정신적 게으름으로 퇴행할 수도 있다. 진실에 다가가는 방법은 다양한 것이고, 의견 충돌이 있을 때만 이를 발견하고 진실로 향하는 바른 길을 찾을 수 있다.

그렇다면 충성 강박의 위험성은 경직된 형식 아래 정신적 무관심을 숨길 수 있다는 것, 심리적 각성에 대한 부단한 욕구, 충성과 자유로운 삶의 진정한 의미에 대한 통찰을 잃어버린다는 것이다. 충성 맹세의 기계적 공식은 도덕적 각성과 윤리적 명확성을 향한 탐색을 그만두게끔 하기 때문에 우리가 모두 두려워하는 사고 통제의 시작일 수 있다. 진정한 충성심은 살아 있는 역동적인 특성이다.

입법자가 사람에 대한 충성심과 (보통 훨씬 모호한 감정인) 원리에 대한 충성심 중 선택해야 한다면, 개인을 최대한 자유롭게 해주어야 한다. 후자의 충성심은 전자에 기초하기 때문이다. 개인적 충성심 없이는 국민적 충성심도 없다!

이 문제에는 또 다른 측면도 있다. 우리는 불충한 행동을 불충한 감정 및 생각과 구분할 줄 알아야 한다. 체제 전복 의견은 절대 죄가 아니다. 반대할 수 있는 권리는 민주주의의 핵심이다. 자유 국가에서는 체제 전복에 대한 생각을 더 나은 논의를 통해 교정해야 한다. 반대 의견을 단죄하는 것은 일종의 정신적 게으름이다. 심리학의 관점에서 보면 정부는 사람들의 의식적 동기(그리고 그로부터 떼려야 뗄 수 없는 무의식적 동기)를 알 수 없다. 모든 사람의 내면에는 상반되는 여러 동기가 있기 때문이다. 정부가 겪는 이런 곤란은 1954년 그레이 위원회(Grey board)에 의한 오펜하이머 청문회(Oppenheimer hearing: 미국의 이론물리학자로 원자폭탄 개발을 주도했던 로버트 오펜하이머에 대한 청문회. 그는 제2차 세계대전 이후 수소폭탄 개발에 반대했고, 이 청문회 결과로 국가 기밀 정보에 대한 접근을 금지당했다—옮긴이)에서 나온 다음과 같은 언급에 잘 나타나 있다.

우리는 정부가 그 자신의 영혼, 그리고 정부와의 관계가 의문스러운 개인의 영혼을 서로의 권리와 이익을 보호하면서 탐색할 수 있다고 믿습니다. 우리는 미국에서 전통적이고 침해할 수 없는 정의의 원리를 통해 충성심과 안전을 검증할 수 있다고 믿습니다.

이 아름다운 말 속에는 전체주의적 사고 통제의 불길한 전조가 숨어 있다. 생각하는 개인의 영혼을 탐색하는 정부는 언제나 그에게 불리한 정황을 찾아낼 수 있다. 의심, 양가감정, 헤매임은 모든 인간의 공통 특질이기 때문이다. 겉으로 드러난 누군가의 생각과 감정에 기초해 우리는 그를 믿을 수 있을지 어림할 수 없다. 첫 번째 이유는 충성스러워 보이는 겉모습 뒤에 무엇이 있는지 알 길이 없기 때문이다. 두 번째 이유는 진실을 찾아 다양한 이단적 관점을 탐색해본 사람이 가장 충성스러운 행동을 할 수도 있기 때문이다. 그의 탐색 자체가 진정한 충성심 아래 무엇이 있는지를 깊이 생각해 판단하도록 할 수 있다. 누구에게나 중요한 것은 공식적 교의에 대한 순응이 아니라 자기 행동의 일관성과 통합성, 자기 입장을 밝힐 줄 아는 용기이다.

그리고 정부가 그 자신의 영혼을 탐색할 수 있다는 말에는 아무런 의미가 없다. 결국 정부란 개인들의 집합일 뿐이다. 충성 강박의 압력, 자라나는 의심 아래서 개인들은 스스로 덜 정신없을 때나, 정부의 공식 대표가 아닌 한 개인일 때만큼 정직하게 자신의 영혼을 들여다보지 않을 것이다. 공식적인 안전 규칙에 갇힌 인간은 불안의 포로이며, 확실성과 안전의 망상을 세우고자 하는 사람의 마음속에서는 불안이 커진다. 가치의 위반이 일어나는 것이다!

정부가 시민들의 영혼을 탐색하기 시작하면, 그들의 권리와 이익도 침해하기 시작한다. 이는 국내에서는 민주주의를 공격하고 국외에서는 국가의 입지를 약화시킨다. 우리가 교의에 기대 타협 없는 자세를 취하고, 우리의 통념을 타인에게 강요하면, 평화 및 나머지 세계와의 우호로 나아가는 길을 찾을 수 없다. 전체주의의 표식은 자신의 방식만이 옳다는 주장이다. 만약 미국이 자유세계의 지도자 위치를 유지하고자 한다면, 언제나 열린 마음을 지켜야 한다. 그럴 때만 평화에 이르는 새로운 길을 찾을 수 있다.

우리는 반역의 문제가 우리 내면의 정신적 과정을 이해하지 못한 데서 비롯되었음을 알아보았다. 모든 배반은 일단 자기배반이며, 자기의 기준에 대한 불충이다. 자신의 양심을 침묵시키고 편의를 위해 타협하는 순간, 사람들은 자신에게 불충해지기 시작한다. (우리의 양심이 우리를 행동하게끔 한다고 가정하면) 수동성은 자기배반의 가장 일반적인 형태이다. 인간이 불의를 목격하면 속으로는 분노하겠지만, 겉으로는 아무것도 하지 않을 수 있다. 그는 마음속으로 이 행동이 자기에 대한 반역임을 알고 있으며,

이는 종종 다른 사람들의 결점에 대해 그토록 예민하게 만든다. 수동성의 양식이 반복될 때, 개인은 계속해서 불의의 감정을 쌓아올리게 되고 사회에 대한 분노를 점점 키우게 된다. 원론적인 문제를 회피하며 솜씨 있게 빠져나가는 것은 우리 시대에 자기배반의 가장 위험한 형태에 속한다. 자신도 모르는 사이 권력을 도덕 가치 너머에 놓는 위선으로 이어지기 때문이다.

개인의 불만족을 사회 전체에 대한 영속적 분노로 굳어지게 하는 것은 위험하다. 부모와 교육자들은 개인이 속한 사회를 (문명화되고 비파괴적인 방식으로) 비판하고 공격할 자유를 허용하는 심리적 통찰을 통해 이러한 어려움을 방지할 수 있다. 아이들이 자신들의 관점에 책임이 따른다는 감각을 키우도록 도와줌으로써, 아이들이 일시적으로 반항하는 것처럼 보이더라도 부모는 외로움, 양가감정, 자신에게 영향을 미치는 사람에게 폭력을 행사하고자 하는 욕구를 넘어설 수 있는 기회를 아이들에게 줄 수 있다. 이번에도 충성심이란 관계이다. 가족·친구·국가에 대한 충성심은 **받아 마땅한** 경우에만 주어져야 한다.

충성은 서로의 정신적 공격성과 적대성을 인정하고, 법의 테두리 안에서 인내할 때 가능하다. 이렇게 언어화되고 승화되고 문명화된 형태의 공격성은 공정함과 정정당당함의 기반이 된다. 이는 반역과 전복의 통합이자 정복이다. 아무리 역설적으로 들린다 해도, 민주주의는 정치적으로 대립하는 집단들의 상호 충성에 기초한다. 반대파의 선한 동기와 의도를 의심하는 것은 정부의 성공과 협력이라는 기반을 훼손하는 것이다. 상대 당의 불충함을 탓하는 것은 가장 비민주적인 행동이다. 역사는 상충하는 생각들을 직면하고 통합할 수 있는 기회가 있을 때만, 자기 자신과 공동체에 대한 불충으로 점차 변해가는 심리적 불균형을 근절할 수 있음을 보여준다. 전복과 반대에 대한 두려움은 생각에 대한 두려움, 허용할 수 없는 생각과 자신을 동일시하는 데 대한 두려움, 자신의 숨겨진 부분을 배반하는 데 대한 두려움인 경우가 많다. 충심에서 나온 반대가 범죄로 규정되는 한, 반역에 대한 두려움은 계속될 것이다.

민주주의는 순응하지 않는 것이다. 민주주의는 서로의 생각을 공격해야 할 때도 서로에게 충직한 것이다. 인간의 생각이란 언제나 불완전하기 때문이다.

4부

방어책의 탐색

특수한 정치 현상이 우리의 존재를 위협하는 것을 알게 되는 순간, 거기에 반응해 자동적으로 내적 방어 기제가 작동한다. 우리는 문제를 직면할 방법을 찾으면 안심하게 된다. 이 책의 마지막 부분에서는, 역사에서 비교적 최근에 나타난 위험인 세뇌에 대처하는 정부의 태도, 관련 규정에 대해 살펴볼 것이다. 끝맺는 장에서는 자유와 민주주의의 특성이라고 할 수 있을 가치를 더 깊게 탐구할 것이다. 현대 문명은 인간에게 막대한 정신적 압력을 가하기 때문에, 군대와 시민 사회에서 어떻게 규율을 정하는 것이 최선인지에 대한 질문은 더욱 중요해졌다.

15

정신적 고문에 대비한 훈련

미국의 세뇌 저항 규칙

1955년 8월 17일, 아이젠하워 대통령의 행정명령으로 미국 군인들이 전투 및 포로 생포 때 지켜야 할 규칙이 새로 생겼다.* 전투원들의 여섯 가지 행동 규칙은 다음과 같다.

1. 나는 미국의 군인이다. 나는 나의 조국과 그 삶의 방식을 수호하기 위해 봉사한다. 나는 이를 위해 목숨을 바칠 준비가 되어 있다.
2. 나는 나의 자유의지를 포기하지 않을 것이다. 명령을 수행할 때, 전우들에게 저항할 수단이 남아 있는 한 그들을 포기하지 않을 것이다.

---

* *The New York Times*, August 18, 1955의 전체 기사.

3. 만약 내가 적에게 잡힌다면, 가능한 모든 수단을 동원해 계속 저항할 것이다. 나는 스스로 탈출하고, 다른 사람들의 탈출을 돕기 위해 최선을 다할 것이다. 나는 적의 조건부 사면도 특별한 호의도 받아들이지 않을 것이다.

4. 만약 내가 전쟁 포로가 된다면, 동료 수감자들을 믿을 것이다. 나의 동지들에게 해를 끼칠 수 있는 정보를 주거나 그러한 행동을 하지 않을 것이다. 내가 상관일 경우, 나는 지휘를 할 것이다. 그렇지 않을 경우, 나는 상관의 합법적인 명령을 따를 것이고 최선을 다해 상관을 도울 것이다.

5. 전쟁 포로가 되어 심문을 받는다면, 이름·지위·군번·생년월일만을 말할 수 있다. 할 수 있는 한 그 이상의 질문에는 답하기를 피할 것이다. 나의 조국과 연합국, 그리고 그들의 대의에 해가 되는 진술을 말로도 글로도 하지 않을 것이다.

6. 나는 내 자신의 행동에 책임을 지고, 조국의 자유를 지키는 데 헌신하는 미국 군인임을 절대 잊지 않을 것이다. 나는 신과 미합중국에 대한 믿음을 가질 것이다.

미 국방부의 권고 사항이 실린 보고서에는 현대전의 도전은 모든 시민의 문 앞까지 다다랐으며, 냉전의 최전선은 모든 시민의 마음속이라는 내용이 있다.

동시에 미국 전쟁 포로들에게 생포된 뒤 어떻게 해야 하는지에 대한 명확한 지침도 주고 있다. 전에는 이런 지침이 부족했으나, 보고서에서는 다음과 같이 진술하고 있다. "미국 군인들은 모든 전쟁에서 쉽게 굴복하지 않는다는 것을 보여주었다. 또한 그들은 집단으로 항복한 적이 한 번도 없으며, 일반적으로 포로로서 국가의 대의를 위해 존중받을 만한 행동을 했다."

이어서 보고서에서는 포로들에 대한 신체적 공격(죽음의 행진, 굶주림, 더러움, 추위, 고문, 질병, 온갖 수모)을 설명한 뒤, 군인들로부터 거짓 자백이나 군사 기밀을 짜내고, 그들에게 전체주의 사고방식을 감염시키기 위한 다양한 정신적 강요를 집중적으로 다루고 있다. 적은 우선 병사들에게 아주 쉽게 영향을 줄 수 있는 지휘관들에게 혼란을 주어 무너뜨리고자 한다. 그러고 나면 모두가 점차 세뇌의 저주에 빠져들게 된다. 적의 선전 포화는 전속력으로 시작된다. 이 암시 공격은 고도로 특수화된 논설에 익숙하지 않고, 공산주의와 그 전략에 대해 혼란스러워 하는 정신에 파고든다. 인간의 사고에 내적 비일관성이 생기면 쉽게 공격당하고 복종하게 될 수 있다.

보고서에서는 군인(그리고 시민)을 대상으로, 우리의 기본적 신념과 책임, 그리고 미래에 일어날 '사상'과 '의지'의 충돌에 대비하는 정신 교육을 더 확장하고 심화해야 한다고 주장한다.

보고서 초안을 쓴 국방부 자문위원회에서는, 엄격한 스파르타식 입장과 보다 온건한 입장 사이에 상당한 갈등이 있었다. 전자는 모든 군인이 끝까지 저항해야 한다는 입장을 고수했다. 후자는 누구든 결국에는 굴복할 수 있다고 보았다.

그럼에도 모든 군인은 조국·군대·전우에 대해 불충하지 않고 저항하기 위해 특별한 훈련을 받아야 한다. 그것이 저항할 수 없을 정도의 강요가 이루어질 수 있다는 것을 알고 있음에도 불구하고, 최종 규칙을 높은 기준으로 정한 이유였다. 그렇지만 심리학자들은 질문을 던졌다. 저항할 수 없을 정도의 강요가 무엇인지를 누가 판단할 것인가?

보고서는 인간 정신에 대한 전면전이 계속되고 있다는 사실을 강조하면서 끝난다. 후방도 전방의 연장인 것이다!

이 규칙에서 중요한 핵심은 정신적 전쟁의 전선에 대해 지금보다 훨씬 큰 주의를 기울일 것을 촉구한 것이다. 공산주의자들의 강요 기법을 잘 이해하면, 그들의 냉전 전략의 효과와 의미는 일부 감소할 것이다. 전체 주의자들은 자국 안에서 선전 기법을 계속 이용할 수도 있겠지만, 외부인들은 결국 아무도 그들을 믿지 않게 될 것이다. 그렇지만 우리는 세뇌에 맞서 단순히 역(逆)세뇌로만 싸울 수는 없다.

병사들이 세뇌에 절대 넘어가지 않겠다는 서약서에 서명하는 것은, 적어도 무엇을 기대해야 하는지를 알려준다는 장점이 있다. 하지만 이렇게 알게 된다고 해서, 정신적 장애물을 어떻게 피해갈 수 있는지 아는 심문자의 교묘한 조건화로부터 자신을 보호할 수 있는 것은 아니다. 시간과 교묘한 암시의 힘은 인간의 저항을 깨뜨릴 수 있다.

심리학적으로 보면 충성 맹세 강요와 서약서 서명은 그 자체로는 아무 의미도 없다. 정신적 자유와 민주적 인식에 대한 근본적 교육만이 해독제 기능을 할 수 있다. 충성 서약서 서명을 요구하는 상급자들은, 선전과 설득을 통한 세뇌를 비롯해 지금 우리 사회에서 나타나고 있는 정신적 유혹의 여러 형태를 충분히 인식하고 있지 못하다. 그들은 사회와 국가의 책임을 개인의 것으로 돌리고 있다. 경계에 선 인간에게 정신적 힘을 주는 것은 도덕적·정치적 분위기이다. 국가는 냉전 상황에서 훈련받고 발령받는 자국 군인들에게 군건한 정신적 버팀목을 세워줄 책임이 있다!

전쟁 포로 중에는 자신의 정부에게 속았다고 느끼는 사람도 일부 있다. 그들은 적에 대한 정보를 흑백과 같은 수준으로만 너무 단순하게 얻었다. 포로를 사로잡은 사람은 자신의 좋은 면을 내보임으로써, 포로가 자기 지도자에게 금방 의심을 품게 할 수 있다.

정신의학의 관점에서는 얼마나 정보를 잘 알고 있고 방어 훈련을 받았는지와 상관없이 모두가 한계에 도달할 수 있다는 것을 다시 한번 강조해야 한다. 적이 우리를 약화시키는 전략을 계속 사용하고자 한다면, 그들에게는 그렇게 할 수 있는 수단이 있다. 통탄스럽게도 보고서에서는 많은 군인들이 각자 마주하게 되는 어려운 변증법적 갈등에 대해 충분히 강조하지 않았다. 개별 군인은 몇 년 동안이나 사회나 군대에서 법에 대한 복종, 공동체 습성에 대한 순응을 마음속에 아로새기게 된다. 그러다 갑자기 자신의 개인성과 비판적 방어를 선택하고 시험해야 하는 상황에 놓이는 것이다. 냉전은 높은 수준의 정치 인식을 요구한다.

따라서 우리는 개인의 정신적 취약함, 일반적인 자신감의 문제로 다시 돌아가게 된다. 정신적 용기는 신체적 훈련만으로 자라나지 않는다. 정신적인 힘, 기본적 신념의 이해, 비순응적 사고에 대한 훈련이 필요하다. 우리는 우리가 싸우는 이유에 대한 깊은 믿음을 가져야 한다. 적의 관점에 저항하기 위해서이다. 도덕적 힘은 신념의 힘에서 나온다!

세뇌에 대항하는 세뇌?

신체적 고문을 병사들에게 조건화해야만 세뇌에 더 면역되는 효과가 있다는 교육 개념이 있다. 한 공군 기지에서 조종사들은 '고문 학교'를 거쳐야만 했는데, 완곡하게 생존 학교라고 부르기도 했던 이곳에서는 공산주의자들이 죄수를 다루는 야만적이고 잔인한 방법에 대비해 미리 직접 경험해보게 했다.* 훈련생들은 끔찍한 훈련을 그런대로 잘 견뎌냈다. 하지

---

* _Time_, September 19, 1955.

만 이런 훈련은 전체주의의 기법에 넘어가도록 자신도 모르는 사이 사람들을 조건화할 수 있다. 우리도 똑같은 기법을 사용할 수 있음을 가정함으로써 적의 전략을 반은 허용하는 것과 마찬가지이기 때문이다. 더구나 이런 기법은 훈련자와 훈련생 모두에게 감춰져 있던 가학적 성향을 자극할 수 있다. 미국 청년들이 진지한 훈련이라는 명분 아래 적과 같은 가학적 시각을 배울 수 있는 것이다.

모든 가혹하고 강박적인 훈련과 세뇌의 중요한 심리적 함의는 전체주의의 방식에 들어맞는다는 것이다. 또한 전체주의 심문자들이 개인적 쾌락을 위해 이러한 수단을 사용할 수는 있지만, 그들은 인간 마음속의 비밀을 알기 위해 신체적 고문을 할 필요가 없다. 반대로 적은 굶주리고 약해진 전쟁 포로를 자백시키려고 친근한 접근과 특권을 이용한다. 심문자가 성공하기 위해 필요한 것은 상대가 약한 성격이라는 것, 순응하고자 하는 욕구로 바보가 되는 것, 불안과 인내심 부족에 휘둘리는 것이다. 세뇌를 이용하는 심문자는 고문이 필요 없다. 신체적 고문은 심문자에 대한 저항을 강화할 때가 많지만, 고립은 그 자체만으로도 목표 달성에 도움이 된다. 고문과 탈출만을 가르치는 학교는 잠재한 불안을 깨울 수도 있고, 그래서 역설적이게도 이미 일어날 일을 예측하며 약해져 있는 병사가 세뇌당하기 더 쉬워질 수도 있다. 학교에서의 영웅이 진짜 도전을 맞이하는 순간 약골이 될 수 있다.

훈련생이 신체 훈련에서 얻는 성과보다도, 그가 정신적으로나 영적으로 자신을 지킬 줄 아는 것이 더 중요하다. 그에게는 정신적 버팀목이 있는가? 이런 정신적 버팀목만이 수감이라는 시련에 처했을 때 그를 잘 지탱해줄 것이다.

세뇌와 정신적 살해에 대한 정신의학 보고서

전쟁 포로의 세뇌에 관한 모든 보고서에서는, 부역 혐의를 받는 사람의 심리적 책임을 결정할 때 '적에 대한 부역' 혐의로 이어질 수 있는 몇 가지 요인을 고려해야 한다고 언급했다.

그는 일종의 최면 상태에서 정신적으로 항복한 것인가? 그는 책임을 질 수 있는 상태인가? 의식적이고 자발적인 부역으로 반역자가 된 것인가? 비겁했던 것인가, 아니면 단지 정신적으로 약했던 것인가?

이러한 질문은 우리의 역사에서 아주 새로운 것이고, 주변 환경과의 관계를 파악하기 어렵기 때문에, 분석해야 할 관심 영역을 나누는 것이 좋겠다.

1. **고발**. 심리학자들은 죄를 물을 수 있는 기반이 되는 사실을 연구해야 한다. 예를 들어 우리는 서명한 자백 진술서를 분석해보면 강요당한 서명인지를 알 수 있다. 적은 틀에 박힌 말로 희생자의 머릿속을 점차 지배할 수 있다. 나는 법정에서 진술서를 보고, 포로가 정신적으로 분투하다가 서서히 포기하는 과정을 읽어낼 수 있었던 적이 있었다.

2. **소문과 대중 심리학**. 한 전쟁 포로에 대한 다른 포로들의 고발이 (다수가 끊임없이 이를 반복한다 해도) 언제나 설득력 있는 것은 아니다. 특별한 사람에 대한 소문은 공포와 두려움의 영향 아래 쉽게 퍼져나간다. 특수한 성격 구조 때문에 쉽게 소문의 중심이 되는 사람이 있다. 예를 들어 회피적인 지식인은 적과 내통했다는 혐의를 자주 받는다. 그가 적의 언어를 할 줄 알아 그들과 소통할 수 있다면, 그의 혐의는 대중의 거대한 환각과 일치하게 될 수 있다. 연구자는 포로수용소의 집단 관계를 조사해보아야 한다. 적은 지도자를 먼

저 세뇌로 공격해서, 나머지 포로들의 사기를 공격하고자 한다. 그러고 나서 정신적 압력과 이념 전향 전략을 실행하기 위해, 특별히 취약한 성격을 고른다.

3. **부역 혐의자의 성격 구조**. 자아가 약하거나 신경증적 불안이 있는 사람은 정신적 압력에 먼저 굴복하기 마련이다. 개인에 대해 잘 예측하기 위해 지능 검사와 로르샤흐(Rorschach) 검사를 실시해야 하며, 가정·종교·이념 배경을 연구해야 한다.

4. **세뇌 피해자는 세뇌를 견디도록 단단히 훈련받았는가?** 전쟁 포로는 훈련받는 동안 어떤 정보를 받았는가? 그는 자신을 향해 이루어질지 모를 이념 전쟁과 언어 포화에 대해 잘 알고 있었을까? 그는 규율과 복종에 대해서만 준비되어 있었을까, 아니면 자유와 비순응에 대한 논의에도 준비되어 있었을까? 그는 신체적 훈련뿐만 아니라 정신적 훈련도 받았을까?

5. **고문 사실**. 포로가 포기할 때까지 얼마나 걸렸는가? 약물을 섭취했는가? 얼마나 고립되었는가? 심문 시간은 얼마나 되었는가? 고통과 신체 질병이 있었는가? 이러한 사실을 확인할 수 있는가?

이는 고려해야 할 관점 중 일부일 뿐이며, 앞으로 법정에서는 체계적 세뇌, 사고 통제와 함께 여기에 나타난 것과 같은 현상도 새롭게 다룰 것이다. 여기에는 개인의 능력과 책임에 대한 전통적인 태도를 똑같이 적용할 수 없다.

세뇌가 성공한 경우, 국가(적의 전체주의 체제)는 개인의 복종 행위에 대한 심리적 책임을 모두 이어받았고, 심지어 떠안았다. 우리의 형사 및 군사 법정에서는 이러한 범죄 체계에 걸려든 사람들에 대해 판단할 새로운 규칙을 찾아내야 할 것이다.

16

규율과 사기를 높이기 위한 교육

교육의 역할

아동은 성격이 형성되는 시기에 처음에는 부모, 다음에는 교사의 영향을
받는다. 이들은 함께 아동의 미래 행동에 영향을 미친다. 교육 체계는 부
모의 실수와 태도를 강화할 수도 있고 바로잡을 수도 있으며, 자유와 성
숙을 향한 아이의 열망을 강화할 수도 있고 발달 욕구를 마비시키고 뒤틀
어 영원히 유아로 남으려는 의존 욕구로 바꾸어놓을 수도 있다.

　르네상스 시대부터 보편적인 학문 교육의 이상은 점차 결실을 거두어왔
다. 하지만 오늘날 우리는 자신도 모르게 미리 정해진 틀에 정신을 끼워맞
추고, 모든 대답을 알거나 알아야 한다는 환상을 학생들에게 심어주고 있
다. 이러한 절반의 교육의 함정은, (문맹과 대비되는) 소위 식자(alphabetics)가
더 나은 추종자이자 생각하는 데 있어서는 더 못한 사람이 될 수 있다는
점이다. 예를 들어 전체주의자들은 학교 교육에 반대하지 않는다. 오히려

정신에 사실의 짐을 지나치게 많이 지울수록 더 수동적이 될 수 있다. 박식함과 책을 통한 배움만으로는 강한 성격이 만들어지지 않으며, 지식 교육과 지필 시험에 대한 우리의 열성 속에는 정신적 압력의 한 형태가 숨어 있다. 우리가 학교에서 쌓는 지식은 마음이 스스로 생각하지 못하게 억제하는 역할을 할 수도 있다. 우리는 교육 체계가 우리에게 가하는 압력과 우리의 민주사회에 미칠 수 있는 위험한 영향을 알아야만 한다. 사람들을 계속해서 감독받는 영원한 학생으로 남겨두는 전략은 전체주의 세뇌에 도움을 줄 수도 있다. 예를 들어 일부 행정가는 반복적이고 상대적인 평가가 그들 조직의 질을 높여줄 것이라 생각한다. 그 대신 시험이라는 이 유아적인 측정 및 평가 도구에 대한 두려움과 관련해 유아적인 불안이 커지기 시작한다. 이제는 현실이 인간의 능력과 인내력을 시험해볼 수 있는 최선의 장이라고 보는 행정가를 찾기가 어렵다.

의존성을 우선으로 하고, 아동을 과도하게 통제하며, 처벌과 죄책감을 통해 도덕을 가르치고, 기계적 기술과 자동적 학습에 지나친 비중을 두는 교육 형태는 두뇌에 순응의 패턴을 주입하며, 이는 전체주의의 통로로 쉽게 변질될 수 있다. 이는 군사 훈련의 경우에 더욱 그렇다. 이렇게 경직된 교육은 좋은 행동을 너무 지나치게 미화한다. 모방과 순응은 자발적 창조성, 스스로 생각하기, 반대 의견의 자유로운 표명과 토론을 대가로 얻어진다. 시험광은 학생들을 자동적 사고를 향한 정신의 길로 끌어간다. 우리의 지적인, 소위 객관적인 교육에서는 합리주의와 기술에 대한 지식을 과대평가하며, 이러한 교육을 통해 정서적 오류를 통제할 수 있으리라고 망상한다. 물론 그 대신 아동에게 자동적 사고와 행동방식을 가르친다. 이는 민주적인 교육이 마땅히 그래야 하는 자유롭고 탐구적이며 창조적인 방식보다는, 파블로프학파가 그렇게 선호하는 조건반사에 더 가깝다.

전체주의는 청소년들에게 파블로프식 조건반사를 어려움 없이 훈련시킬 수 있는 중요한 시기가 있음을 알고 있다. 초기 교육은 아동의 마음속에 거의 깨뜨릴 수 없는 결과를 남기며, 이는 결국 타고난 본능적 직관을 대신하게 된다. 이와 같이 초기에 삶을 파블로프식으로 자동화하는 것은 거의 내재한 본능과 비슷한 힘을 갖게 된다. 이는 분명 전체주의 제국에서 일어나는 일과 비슷하다. 독재자는 특히 청소년들을 조직화하고, 규율을 따르는 청소년 집단에 참여하도록 압박한다.

보편적 문해력의 역설은, (삶에 대한 이 새로운 지적 접근으로 인해) 교사나 지도자의 세뇌를 더 쉽게 받아들이는 인간 종이 만들어질 수 있다는 것이다. 우리에게는 조건화된 숙련자가 필요할까, 자유롭게 사고하는 학생이 필요할까? 덧붙여 우리의 소통 기술은 문해력을 따라잡았다. 광고와 선전이 읽을 줄 아는 눈을 직접 사로잡는다. 이는 우리 시대의 거대한 딜레마이다.

우리의 초등학교 학생들 중 상당수는 억압적인 규율과 분위기 속에서 교육을 받으며, 이때 익힌 의존성의 감각과 권위에 대한 경외심은 평생 남는다. 그들은 진정 스스로 생각하는 방법을 배울 수가 없다. 학문적 사실의 공장이 된 학교는 많은 학생들을 너무 바빠 생각하지 못하게 만든다. 대신 그들에게 점진적인 미성숙함을 가르친다. 사람들은 다른 사람과 '전문가'의 의견을 인용할 수 있으면 아는 것이 많고 지적인 사람이라고 생각한다. 많은 학교에서는 인용광이라 부를 만한 특성, 즉 전형적인 지혜를 인용하는 능력을 강조한다. 그러나 이렇게 배우면 반박할 수 없는 논리, 권위가 있는 진술이나 인용으로 자신의 입장을 뒷받침할 수 있는 사람에게 크게 영향을 받을 수 있다. 즉 정서적으로 매력이 있는 가짜 지성의 흐름에 사로잡히고 조건화될 수 있다는 것이다. 사실 세뇌 과정에서 심문자는 희생자가 자신이 알던 사실이 틀리고 개념에도 결함이 있다는 것을 깨달았을 때 느끼는 혼란을 이용한다. 논쟁의 술책을 모르는 사람은 곧 무너지게 된다.

나는 **양의 지식인**과 **질의 지식인**을 구분하곤 한다. 전자는 지식의 양을 중요시하고, 어떠한 종류의 새로운 조건화라도 쉽게 받아들인다. 반면 질의 지식인에게 지성은 개인적 통합성의 자질이다. 사실을 수동적으로 소비하기보다 경중을 고려한다. 이러한 종류의 지성은 학교 교육과는 별개일 수 있으며, 학교가 이에 해가 되는 경우도 많다.

내가 치료했던 가장 놀라운 사례 중 하나는 전형적인 질의 지식인이었다. 그는 심리공학 관련 주제로 논문을 쓰고 대학 교육을 막 마친 심리학 박사였다. 그는 여성들과의 관계에서 완전히 실패했기 때문에 나에게 왔다. 그는 이 이 '불능'을 의학을 통해 치료하고자 했고, 처음에는 심리 치료를 '다 알고 있다'는 이유로 전부 거부했다. 대화를 하면서 그가 받은 교육이 전부 그를 비켜갔다는 것이 드러났다. 그는 학교에서 계속 A학점을 받았지만, 공부의 정수는 놓쳤다. 심리학에 대해 말 그대로 아무것도 파악하지 못했다. 그는 모든 것을 암기했지만, 아무것도 이해할 수 없었다. 그는 책에서 어떤 부분이라도 인용할 수 있었지만, 아무것도 설명하지 못했다. 실제적인 시험을 통과해야 하거나 조언을 해주어야 할 때면 그는 공황에 빠졌다. 그의 경직되고 강박적인 습관을 깨고, 기계가 아닌 사람으로서 생각하고 느끼게 될 때까지 몇 년의 치료가 필요했다. 치료를 마칠 때쯤 그는 전에 공허한 사실로만 읽었던 것들을, 강한 열망을 가지고 다시 배우기 시작했다.

하지만 내가 만났던 걸어다니는 사전은 그만이 아니었다. 나의 또 다른 환자로, 대학교에서 받을 수 있는 모든 학위를 따려는 욕망에 사로잡힌 청년이 있었다. 나와 만났을 때 그는 나치 조직원이었다. (이는 많은 현학자가 권위주의 정치 체제에 친밀감을 느낀다는 사실의 한 예이다.) 나치 집단에서조차 그는 사실만을 위해 사실만을 찾아헤매는 바람에 적대감을 일으켰다. 그의 강박은 그의 전체주의 동지들에게도 지나쳤던 것이다. 그는 과대망상이 있었고, 정서적 교류가 있는 관계는 전혀 없었다. 이 두 가지는 모두 정신병의 징후였지만, 그의 지적 능력은 정상이었다. 그는 학자인 아버지와의 끊임없는 경쟁 속에 살았다. 어린아이 때부터 백과사전을 읽기 시작했고, 중등학교에서는 놀라운 '지식'을 칭찬받았다. 물론 그는 사실들을 많이 알고 있었지만, 다른 것은 아무것도 몰랐다. 그는 자신과도 남과도 어울리는 방법을 몰랐다.

두 가지 사례 모두 정서적 관계와 소속감에 대한 긴박한 욕구를 알아차리지 못하고 삶 대신 배움을 강조하는 기계화된 교육 체계는, 인생의 문제를 마주할 준비가 전혀 되지 않은, 반쯤만 살아 있으며 현실의 도전에 응할 수 없는 성인을 키워낼 수도 있다는 예시이다. 이런 사람들은 좋은 민주 시민이 될 수 없다.

정신적 자유를 위한 교육에서 가장 중요한 과제 중 하나는, 아동이 무엇이 중요한지 알고 스스로 생각할 줄 아는 성숙한 성인이 될 준비를 할 수 있게 해주는 것이다. 스스로 생각할 수 있는 능력이 어떻게 발달하는지를 연구하는 분야로 의사소통, 추상화의 과학(science of abstraction) 등이 있다. 아동이 자신의 언어, 자신이 쓰는 단어가 단지 문법이 아닌 표현의 도구라는 것을 인식하면, 다른 언어와 사고방식에 대해 호기심을 가질 수 있고, 이는 추상적으로 생각하고 관계를 이해하는 능력으로 이어질 수 있다. 외국어에 대한 아동의 민감성이 가장 클 때는 열 살 무렵으로, 보통 외국어를 가르치는 시기보다 어릴 때이다. 이 나이에는 단어와 자기표현에 대해서도 능동적으로 관심을 갖기 시작한다. 이런 관심은 언어 학습을 단조로운 암기가 아닌 신나는 모험으로 만들 수 있다.

우리의 학교 교육에서는 목공이나 디자인 같은 과목을 통해 독창성, 자발적 활동도 촉진해야 한다. 사물을 가지고 창조적인 놀이를 하는 것 또한 아동의 추상화 및 일반화 능력을 발달시켜, 모든 수학의 기초인 추상화를 보다 쉽게 흡수하게끔 해준다. 산수 문제를 풀면서 추상화의 바다에 빠지게 하는 대신에 주의 깊게 설계한 단계를 통해 추상화 과정을 이해시킨다면, 아동은 단순히 배운 대로 따라하지 않고 흡수하여 자기 것으로 삼을 수 있을 것이다. 예를 들어 우리는 수학적 추상화는 너무 일찍, 언어 표현은 너무 늦게 가르치는 경향이 있다.

역사는 사실과 날짜의 암기가 아니라 상호 토론을 통해 배우는 과목이다. 아이에게 사실을 외우게 하기보다는, 이전 역사에 대한 글을 읽고 생각과 의견을 묻거나, 도서관이나 박물관에 가서 배경 지식을 알아보면서 스스로 생각하도록 격려해주는 편이 낫다. 이렇게 하면 역사 공부는 재미있는 모험이 될 수 있다.

또한 우리는 표준적인 삶의 방식에 끼워맞춰진 사람들을 양산하는 체계도 바꾸어야 한다. 서로 다른 아이들은 서로 다른 방식으로 훈육하고 교육해야 한다. 각자 자신만의 마음속 시간표가 있기에, 자신만의 방식으로 삶에 적응할 것이다. 우리는 왜 정원의 꽃들에게는 절대 하지 않을 일을 아이들에게는 강박적으로 하는 것일까? 식물은 모두 저마다의 자연스러운 크기만큼 자랄 수 있게 해준다. 현재 우리의 학교 교육은 아이들 소수의 야망은 키워주지만, 나머지 아이들의 야망은 꺾고 있다. 엄격한 시험 규칙으로 아이들의 부정행위를 부추기는 대신, 공동의 문제에 대한 해답을 함께 도와가며 찾게끔 하면 어떨까? 아이들은 교사가 가르쳐주지 못하는 것을 서로에게서 배울 때가 매우 많다.

　학교에서 지루함에 특히 취약한 아동에 대해 잠시 생각해보자. 그런 아이는 (성적은 좋은데 자기 생각은 없는) 순응주의자가 되거나 (지금의 아동상담소, 그리고 어쩌면 내일의 전체주의 국가에 어울리는) 반항아가 될 수 있다.

규율과 사기

사기는 내면의 힘과 자기규율을 나타내지만, 정치적·군사적 의미에서 집단 규율이 있음을 뜻하지는 않는다. 전쟁 중 지하 활동에 성공적으로 참여하기 위해 필요한 특질 두 가지는 개인의 사기와 기개였다. 지하 활동가들은 (오늘은 여기, 내일은 저기 식으로) 비밀리에 외로운 전투를 벌이면서, 멀리 있는 지도자와 규율 못지않게, 어쩌면 그보다 더 개인적인 계획과 자신감에 따라 움직였다. 이는 감옥이나 수용소, 또는 공동 참여를 극단적으로 강조하는 부족 사회에서 배우는 종류의 사기, 맹목적 두려움에 떠밀려 거리를 유지한 채 방관하는 사기와는 반대되는 것이다. 지하 활동가들의 경우 규율은 없되 사기가 있었고, 뒤의 방관자들의 경우 규율은 있으되 사기가 없었다. 같은 이유로 사기 없이 규율만 개발하는 장교들도 있다.

　하지만 보통 규율과 사기 사이에는 내재적 관련이 있다. 청소년이나 군인들에게는 기본 규율 훈련이 어느 정도 있어야, 자신감과 집단 전체에 대한 믿음이 당국에 대한 믿음과 어우러져 개인 내면의 힘을 발휘할 준비를 할 수 있다. 비상시의 규율은 보통 시간이 모자라는 경우가 많은 힘든 시기에 세울 수밖에 없기 때문에, 결과적으로 자기통제와 집단에 대한 적응에 필요한 충분한 시간을 갖지 못하게 된다. 스스로 선택하고 서서히 확립된 규율만이 내면의 자유와 사기의 기초가 될 수 있다. 많은 교육자들이 이 규칙을 잊었다. 이런 방식으로 초기에 규율의 기초가 있어야만 우리 스스로 설 수 있다는 자신감이 생긴다.

우리는 처음에 모두 타인, 즉 부모와 교사에게서 사기를 얻는다. 개인적 사기의 기초는 그렇게 내면화한 것이다. 규율과 자유 사이의 미묘한 관계는 부모의 애정과 관심, 꾸준한 보살핌으로 요람에서부터 시작된다. 가장 먼저 사기를 북돋는 이는 부모이다. 집단에서 규율과 사기의 갈등은 보통 구성원들이 강박이나 필요에 의해 묶여 있을 때 일어난다. 이런 경우 내부 응집력은 집단에 자발적으로 충성하는 경우와는 완전히 다르다. 모든 규율의 목적은 집단에 더 잘 적응하게 하는 것이다. 그래서 집단과 동일시할 수 있게 되면 자아는 더욱 강해진다. 자유는 이렇게 시작된다.

다양한 문화 집단 내부의 힘 또는 취약성을 평가하려면, 이러한 사기 형성의 원리를 잘 이해하는 것이 중요하다. 정신분석을 했던 경험에 따르면, 규율이 지나치거나 심지어 노예와도 같은 상태인 집단의 경우, 개인을 존중하는 집단과는 내부 응집력이 매우 다르다. 그렇지만 전체주의 체제의 군인들도 사기가 높았던 사례가 있다. 전쟁이 끝난 뒤에도 (모국과 전혀 연락이 닿지 않는 상태에서) 수년간, 마치 천황과 장군들이 여전히 자신들을 지켜보고 있다는 듯이, 외로이 초소를 지켰던 일본 병사들이 떠오른다. 이는 인생 초기 6년 동안 그들이 받았던 일관된 사랑·안정감·헌신에 대해 무언가를 말해준다.

규율과 세뇌

세뇌에 버틸 수 있게끔 군인을 훈련시키고 싶다면, 그에게 집단 암시에 대한 해독제를 주어야 한다. 또한 대답을 스스로 생각하고, 교사에 대한 비판적 시각을 갖도록 가르쳐야 한다. 부정적 피암시성을 인식시키고 그 속에서 훈련시켜야 하며, 정서적으로는 받아들이고 싶은 생각이라도 진실이 아닌 것으로 보이면 거부하는 용기를 강조해야 한다. 무엇보다도 이러한 교육을 여러 번 반복해 자신감 있는 개인으로 서게 해야 한다. 우리는 일상적인 암시의 폭격에 대항해 개인의 비판적 의식을 키워야 한다. 이는 병사를 세뇌의 개념과 함의에 익숙해지게끔 하는 것과 함께 이루어져야 한다. 이렇게 함으로써 그는 무의식중에 무엇이 선전이고 무엇이 아닌지를 판단하는 방법을 배우게 된다. 우리 모두가 라디오 광고를 들을 때 어느 정도는 그렇듯이 말이다. 우리는 심리에 대한 경험을 통해, 정신적 방어에 주의를 기울여도 선전과 암시가 일부 새어들어올 수 있다는 것을 알고 있다. 세뇌를 이겨내기 위한 훈련은 철저하게, 반복적으로 이루어져야 한다. 이는 굳건한 규율과는 반대되는 것으로 비칠 수 있다. 그러나 교관 장교가 이 주제에 대해 충분히 알고 있으면, 장교와의 동일시를 통해 훈련생의 자기존중감이 향상될 수 있다. 분명 우리는 여기서 규율 관계의 변화를 볼 수 있지만, 이렇게 함으로써 자유롭고 민주적인 공동체에서 규율에 대한 진짜 시험을 해볼 수 있다. 자기존중감과 지식을 익힌 사람은 도전의 시간이 왔을 때 끝까지 버틸 것이다.

전쟁 무기에서 정신적 냉전으로의 변화는 규율의 변화를 요구한다. 군인은 자신의 무기를 잘 **알아야** 하지만, 자기 사명의 **합리성**과 적의 **비합리성**에 대해서는 더 잘 **알아야** 한다.

집단의 질과 지도자의 영향

모든 집단에서 사기는 언제나 구성원들의 응집력, 집단과 그 목표에 대한 충성심에 비례한다. 사기는 목표에 대한 이해를 반영할 수도 있고 그렇지 않을 수도 있다. 미묘한 장단점이 있는 서구 문화에서 목표의 인식·이해·숙고에 대한 욕구는 전체주의 국가에서보다 훨씬 더 깊다.

강한 지도자를 숭배하는 전체주의 국가에서는, 독재자나 지도자 집단이 실패했을 때 응집력이 크게 무너진다. 이러한 실패의 영향은 구성원들의 자기결정 및 통치 기술 수준이 높은 민주사회에서보다 훨씬 크다. 민주주의는 언제나 책임질 준비가 된 지도자를 새로이 찾아낸다.

사기에는 얼마나 많은 사람이 신체적·정신적으로 얼마나 오래 버틸 수 있는지에 대한 질문도 들어간다. 규율의 종류가 다르면 인내의 한계도 다를 것이다. 감옥에서와 같이 두려움에 기반한 가짜 사기는 지도자나 간수의 약점이 조금만 보여도, 혹은 개인의 규율이 충분히 훈련되지 않았다면 곧 무너질 것이다.

자살하도록 교육받은 조종사들인 일본 가미카제는 자국의 이념에 완전히 세뇌되어 있었다. 또한 일본과의 전쟁에서 보여졌듯, 그들의 사기는 동양의 감각으로 볼 때 높았다고 할 수 있다. 이때 규율과 충성은 너무 자동화되어 개인에게도 집단에게도 삶은 중요하지 않았다. 그들은 적을 이기겠다는 생각뿐이었다. 이러한 종류의 사기는 국가의 목표를 위해 광적인 자포자기(일종의 집단 자살 충동)를 끌어내는 데 의존하는 경우가 많다.

우리는 사기 진작에 지도자의 역할이 얼마나 중요한지를 점점 더 절실히 깨닫고 있다. 지도자는 우리가 힘을 쏟고자 하는, 심지어 필요할 때 목숨도 내놓을 수 있다고 여기는 가치 있는 인간관계의 체화이다. 우리는 지도자와 동일시함으로써 그의 의지를 빌린다. 사기를 올리는 것이 언제나 공식 지도자의 몫은 아니다. 하급자나 병사가 이러한 역할을 할 때도 있다.

공식 지도자는 보다 어려운 위치에 있다. 그는 서로 모순되어 보이는 많은 역할을 해야 한다. 그는 우리의 자아·양심·이상뿐만 아니라 아버지의 권위도 대변해야 한다. 그는 우리의 죄책감과 불안감을 풀어주고, 힘·애정·헌신에 대한 욕구, 심리학 용어로 하자면 전이 욕구(transference needs)를 흡수할 수 있어야 한다. 그는 집단의 행동과 동기를 창조하는 동시에 개인의 자기존중감을 높일 수 있어야 한다. 그의 의심은 우리의 의심이 되며, 그가 자신감을 잃으면 우리도 자신감을 잃게 된다. 우리는 종종 그가 독재자가 되어, 우리의 개인적 분노와 책임에서 해방시켜주기를 바란다. 가끔은 우리가 아버지와 경쟁하듯이 그와 경쟁하고자 한다. 어떨 때는 그의 애정을 원한다. 지도자는 희생양이자 거인이 되어야 한다. 지도자가 영감을 주고 이끌어주는 성격이라면 우리 내면의 힘도 자랄 것이다. 우리가 결코 그를 온전히 사랑하는 것이 아니라면, 우리는 우리의 사기를 올리거나 꺾기 위해 그를 이용할 것이다.

하지만 개인은 집단과 그 지도자에게서 힘을 빌릴 뿐만 아니라 자신의 정신도 가져온다. 개인이 집단의 적대감을 표출하는 희생양이 될 때조차, 이를 유머와 철학으로 받아들이면 집단의 사기를 의도치 않게 높일 수 있다. 이는 마치 그가 개인적 관용을 다른 사람들에게 전하는 것과 같다. 한 소대의 골칫거리는 스포츠 영웅만큼이나 필요한 존재이다.

집단도 같은 방식으로 모든 감정을 개인에게 전한다. **사기 전염**의 과정은 계속 진행된다. 그 전염의 질은 상호 수용, 우정, 집단 내에서 두려움이 전염되는 정도, 대인 관계의 질, 소수에게 저항을 일으키는 정도 등에 따라 달라진다.

스스로 사기를 높이는 최선의 방법은 타인이 사기가 오르도록 도와주는 것임을 잊지 말자. 사람 간의 접촉이 허락되지 않으면, 사기는 곧 떨어진다. 예를 들어 우리는 철의 장막 뒤에서 탈출해온 사람들 몇 명으로부터 전체주의 체제에 대한 가장 큰 불만은 정신적으로 고립된 느낌이었다는 이야기를 들었다. 개인은 외로움을 느끼면 계속해서 경계심을 풀지 못한다. 서로에 대한 의심만 남을 뿐이다. 이 도망자들에게는 민주적인 집단에서 경험한 인간적인 수용과 접촉이 새로운 복음 같은 것이었다. 여기에서는 의견이 일치하지 않아도, 자연스러운 열정과 상호 인정이 있었기 때문이다.

집단 사기에 영향을 미치는 요인

다음은 대부분 군대에서의 경험으로 알게 된, 사기를 저하시킬 우려가 있는 요인들이다.

1. 위험을 잘못 예측하는 것, 적에 대한 미신과 헛소문

2. 심한 스트레스, 전투에 대한 피로감

3. 신체적·정신적 건강 악화(감기!)

4. 식량과 수면 부족, 추위와 먼지

5. 형편없는 지도력

6. 훈련 부족, 기술 부족, 과도한 훈련

7. 소통 및 정보 부족

8. 기본 가치의 파괴, 신념 부족

9. 활동에 대한 혼란, 정치적 갈등, 정부를 잘못 선택함

10. 권위주의적이고 비민주적인 행동, 창피함

11. 독재, 지나치게 경직된 규율 또는 규율의 부족

12. 향수병, 소외감

13. 내면의 적대감, 편견, 소수자에 대한 박해

14. 사고 통제, 정신적 살해, 개인으로 존재할 권리가 없음, 정의가 없음, 항의 할 권리가 없음

15. 사회적 상황에서 할 역할이 없음, 임무가 없음

16. 알코올과 진정제

다음 요인들은 사기를 진작시킬 수 있다.

1. 안정적이고 민주적인 지도력

2. 잘 조직되었으나 변동의 자유가 있는 조직, 요식행위 최소화

3. 민주적 자기규율. 우리는 자신이 속한 조직을 신뢰하는가?

4. 정보와 방해받지 않는 소통

5. 종교의 자유, 도덕적 통합성

6. 서로에 대한 충성심과 성숙한 책임감, 협동심

7. 깨어 있는 정신, 우리 시대 문제 인식에 중요한 심리학

8. 소속감, 인정받는다는 느낌

9. 정의감, 자유, 사생활 보호

10. 응급처치 전문가가 준비되어 있다는 믿음(정신건강 전문가, 목사, 적십자, 민방 위, 응급구조대)

결정타와 좌절을 견디는 우리의 능력

결정타가 되는 것은 무엇일까? 이것이 개인 사기의 문제에서 핵심이 되는 질문이다. 제2차 세계대전 동안 나는 한 전투기 조종사를 만났는데, 그는 위험한 일은 두려워하지 않았지만 개인적 인간관계는 불행하다고 느끼고 있었다. 런던에 공습경보가 내린 어느 날, 휴가 중이던 그는 심한 공황에 빠졌다. 그는 평소에는 수줍고 내향적인 청년이었는데, 한 대피소에서 그를 두려워하는 사람들을 마주하게 되었고, 이들의 공포에 전염되었다. 준비되지 않았던 이상한 상황에 맞닥뜨려 무너진 것이다. 이 예는 포로수용소가 얼마나 전염되기 쉬운 분위기인지를 보여준다.

실제로 막대한 위험이 닥치기 전까지는, 아무도 자신이 그때 어떻게 행동할 것인지 알 수 없다. 진짜 시험에 들게 되었을 때 사람들은 각자 다양한 방식으로 이를 풀어간다. 많은 사람들은 도전을 받아들인다. 일부 지나치게 방어적이고 강박적인 사람들은 위험을 환영하기까지 한다. 하지만 (이미 불안정한) 다른 사람들은 새로운 상황을 핑계로 무너지고 자신의 감정을 분출한다. H. A. 시걸은 이들을 좌절한 도매상, 은둔자, 속임수에 넘어간 사람, 겁먹은 아이, 칭찬에 굶주린 이기주의자라고 했다. 이들은 심문자가 칭찬으로 꼬드기면 쉽게 자아가 부풀어오를 수 있는 사람들이다.

심리학에서 정신의 붕괴는 두 가지 이유로 일어난다고 본다. **장기적** 요인은 내면의 방어를 서서히 무너뜨리고, **단기적** 요인은 정신적·신체적 통합성을 갑자기 무너뜨리는 방아쇠 역할을 한다. 장기적 요인에는 만성적 질병이나 삶의 장기적인 어려움이 들어갈 것이다. 단기적 요인은 숨겨져 있던 취약한 부분이 갑작스럽게 상징적인 영향을 받았을 때 작용할 것이다. 교실에 나타난 쥐는 실질적이고 객관적인 위험이기 때문에 공황을 일으키지 않는다. 현대 정신분석 연구에 따르면, 사람들에게 어떤 반응을 촉발할 수 있는 어린 시절의 경험은 매우 다양하다.

하지만 발달 과정에서 성격이 약해지는 요인으로 트라우마와 좌절을 강조하는 경우가 너무 많다. 사실은 반대이다. 달갑지 않은 영향에 대한 도전과 저항이 성격을 만든다. 사람은 내면의 힘과 자아 방어를 강화하기 위해서 트라우마에 직면해야 한다. 사기를 위해 계속해서 훈련하는 것이 '공정한' 스포츠이자 '공정한' 경쟁이 아니면 무엇이란 말인가? 스포츠를 하는 동안 자신도 모르는 사이 자연스럽게 이루어지기도 하는, 시행착오라는 도전에 대한 직면은, 자기규율을 향한 자발적인 노력의 일부이다. 자기 안에서 힘을 찾을 수 없는 사람은 이웃에게 힘을 빌리거나 자기를 대신해줄 힘을 찾는다. 의존이나 지도력을 지나치게 강조하면 이러한 대리 기제가 강화된다. 지도력만이 사기의 유일한 비밀은 아니다. 지도자와 자신을 동일시하면 내면의 힘이 커질 수 있지만, 동시에 자신의 문제를 풀기 위해 스스로 싸우는 능력이 꺾이기도 한다. 좌절감을 주는 지도자는 좌절을 견뎌내는 우리의 능력을 감퇴시킬 수 있다.

지나치게 부드러운 환경에서 생활하는 것은 성격을 약화시키는 요인이 될 수 있다. 리히터(C. P. Richter)는 최근 연구에서 전투 스트레스 경험을 다루었고 쥐를 대상으로 실험도 했는데, 그 결과 사치는 일반적으로 인내력에 부정적인 영향을 미쳤다.

비슷한 맥락에서 좋은 사기란 더 이상 죽음을 두려워하지 않음을 의미하기도 한다. 이는 죽음이 무언가 어둡고 불가사의한 것이라는 미신적인 불안을 넘어, 운명을 받아들이려는 의지를 갖는 것이다. 운명·의무·책임을 받아들이는 것은 다른 삶의 방식을 택하는 것이다. 즉 삶을 통해 배운 도덕 원리를 지키려는 도덕적 용기는 가지되, 살 가치가 없는 삶은 버리는 것이다.

나쁜 일이 일어날 것임을 예측하면 마비될 수 있다. 만약 누군가 사람들이 무너질 것이라 예측하면, 사람들은 이 가짜 예언자 때문에 더 쉽게 포기할 수도 있고, 또는 적대감에 사기가 더 높아질 수도 있다. 언론·라디오·텔레비전은 사기에 영향을 미치는 수단임을 알고 책임감을 가져야 한다.

정신의 예언자들 자신이 불안을 느낄 때 다른 사람들의 공황을 예측하기 더 쉽다는 것을 아는 것이 중요하다. 지난 전쟁에서 됭케르크(Dunkerque)의 경우와 같이 다행히도 실제로 일어나지 않았던 공황에 대한 선정적인 예측이 많았다. 인간은 우리 예상보다 정신적으로 강한 경우가 많다. 모든 동물 중 인간은 가장 고통을 잘 견디고 위험을 잘 받아들일 수 있다. 초자연적 공포에 대한 믿음으로 약해지거나 냉전 속에서 불안해지지만 않는다면 말이다.

17

오래된 용기에서 새로운 용기로

누가, 왜 오래 저항하는가

그렇다면 무엇이 인간에게 정신적 살해 시도에 저항할 힘을 주는가? 나치 강제수용소와 공산주의자들의 포로수용소의 공포에서 수많은 사람들이 어떻게 몸과 마음을 지킬 수 있었을까?

답은 간단하다. 인간이 항복하는 것은 일차적으로 어떤 시점에서 무의식의 갈등에 압도되기 때문이다. 이런 갈등은 평상시에는 통제할 수 있지만, 정신적 살해의 압박이 있는 상황에서는 의식의 표면으로 떠오른다. 내면의 갈등이 강할수록 압력도 강하며, 따라서 항복할 가능성도 높아진다. 인간이 압력을 견뎌내는 것은 이러한 갈등이 쉽게 일어나지 못하거나 이를 내면에서 극복했을 때이다.

이 간단한 대답 속에는 임상 차원의 역설이 담겨 있다. 심한 신경증이나 일부 병적인 성격 구조에서 나타나는 특성 중 하나는, 무의식적 갈등이 너무 강해 아주 깊이 억압되었기 때문에 당사자가 그 존재를 알아차리지조차 못하거나, 더 받아들이거나 다루기 쉬운 태도로 변형되어 드러난다는 것이다. 심각한 신경증 환자가 스스로에게 진짜 갈등을 느끼도록 허락한다면, 이 갈등은 그의 삶을 완전히 지배할 것이다. 따라서 그는 이 폭발성 있는 갈등을 붙들고 있는 데 막대한 힘을 쏟게 된다. 언제나 반항적인 사람, 건강한 저항에서 건강한 성숙으로 자라지 못하는 사람은 기본적·근본적 갈등 일부를 자신의 성격으로 만들 것이고, 모든 형태의 사회적 요구에 계속해서 저항할 것이다. 한국에서 돌아온 전쟁 포로들에 대한 심리검사 결과를 보면, 적의 선전에 가장 강하게 저항한 사람들 중 상당수는 이전에도 부모, 교사부터 군대 상관까지 온갖 권위에 저항했던 전력이 있었다. 그들은 친구들 사이에서나 적들 사이에서나 항상 문제를 일으켰다.(Segal)

그러나 동전의 한쪽 면과도 같은 부정적인 면은 전체 그림의 부분일 뿐이다. 자신을 깊이 있게 알고 있는 사람은 자신 내면의 갈등, 그리고 적이 자신에게 무엇을 하려고 하는지도 알고 있고, 공격에 저항할 준비를 한다. 나는 나치의 감옥과 강제수용소에서 고문당했던 사람을 많이 조사했다. 몇 명은 정치와 상관없는 보통 사람들이었고, 몇 명은 레지스탕스 조직원, 몇 명은 심리학자와 정신분석학자였다. 자신을 이해하고, 위험과 도전을 받아들이고자 하며, 희미하게라도 인간이 얼마나 야만적일 수 있는지를 깨달았던 사람들은 수용소에서의 지독한 경험을 견딜 수 있었다. 그들은 자신의 순수한 당혹감과 자신 및 타인에 대한 통찰 부족에 지지 않았으며, 자신의 지식과 꼬치꼬치 캐묻는 조심성으로 자신을 보호했다.

중요한 역할을 하는 다른 요인도 있다. 나는 이 조사를 통해 저항할 수 있는 사람, 경계에 서 있을 때 자신의 힘을 유지할 수 있는 사람은 자신이 혼자라고 느끼지 않는다는 것을 분명히 알 수 있었다. 그들이 집에 있는 사랑하는 사람들을 떠올리고 다시 볼 수 있다고 기대하는 한, 가족들이 그들을 기다린다고 믿는 한, 그들은 힘을 유지하고 무의식의 충동이 자신을 지배하지 않도록 통제할 수 있었다. 우리가 마음속에 모아 담은 사랑과 애정이 견디게 해주는 가장 큰 힘이다. 이는 우리 삶의 방향타가 되는 목표뿐만 아니라, 내면의 확신과 자신이 가치 있다는 느낌도 준다. 따라서 자기를 파괴하는 갈등도 통제할 수 있게 해준다.

사랑하고 사랑받는다는 생각은 가족이나 친구에게만 국한되는 것이 아니다. 삶에 깊이 뿌리내린 종교적 믿음이나 정치적 신념을 지닌 사람들도 이 같은 소속감, 자신이 필요한 존재이고 사랑받는 존재라는 느낌을 간직하고 있다. 그들의 충성은 개인보다는 집단 전체나 이상을 향한 것이다. 이런 사람들에게 신념이란 사람이나 물체처럼 진짜이고 실제적인 것이다. 이러한 신념은 무의식이 만들어내는 외로움·공포·환상, 그리고 깊은 곳에 자리한 갈등에 대한 보호막이 된다. 이 보호막은 사랑의 기억만큼 강하다. 하지만 이렇게 정신이 강한 사람은 갈등이 가득한 우리 사회에서 소수이다.

한창 때의 운동선수들도 강제수용소나 포로수용소 경험을 신체적으로 약한 다른 형제들보다 더 잘 견디지는 못하는 것으로 나타났다. 또한 지성만으로는 매일 의지를 시험당하는 상황에서 전혀 도움이 되지 않았다. 오히려 지성은 항복하는 데 유용한 합리화를 하기 쉽다. 정신적 인내력과 도덕적 용기는 지성보다 깊다. 굳건함은 신체적이거나 지적인 특성이 아니다. 그것은 우리가 요람에서부터 부모의 일관된 행동, 그들의 신념과 믿음을 통해 얻는 것이다. 그것은 가치가 변하고 믿음이 적은 세상에서 점점 찾아보기 어려워졌다.

용기의 신화

우리 모두에게 혼란을 주는, 힘과 용기에 대한 영광스러운 신화가 있다. 신체적인 힘과 영적인 힘을 혼동하는 경우가 너무 많다. 물론 전투에서 용기와 영웅주의는 필요하다. 하지만 전투병들에 대해 분석해본 결과, 각자 자신의 두려움과 끊임없는 전투를 해야 하는 것으로 나타났다. 용감한 사람은 자신의 두려움을 알고, 그 두려움이 만들어내는 환상에 마비되지 않으며, 유아적인 도피로 퇴행하려는 욕구를 통제할 수 있다. 사람은 강제로 영웅이 될 수도 없고, 영웅이 아니라고 처벌하는 것도 웃지 못할 일이다. 그것은 마치 피를 흘리거나 기절한다고 해서 처벌하는 것과 같다.

다른 사람을 위해 목숨을 바치는 영웅은 현실보다 신화 속에 더 많다. 심리학과 문화인류학에서는 영웅 신화가 영원한 꿈의 이미지와 관련되어 있음을 밝혔다. 영웅은 저항하는 새로운 세대, 아버지보다 강해지는 강한 아들을 상징한다. 또한 그는 성숙해지고 스스로 책임지고자 하는 우리의 소망을 상징하기도 한다.

신화는 우리를 감화시키기 때문에 필요하다. 우리는 역사 속에서 사회나 집단을 위해 자신을 희생했던 소수의 인물들의 영웅적 업적을 그들 사후에 미화하여 기념한다. 그런데 우리는 그들의 진짜 동기에 대해서는 얼마나 알까?

제2차 세계대전 당시 나는 정신과 진료가 필요한 많은 병사들을 치료했다. 나는 그들과 이야기하고 치료하면서 누군가에게 단순한 영웅이나 비겁자라는 꼬리표를 다는 것이 얼마나 위험한지 차츰 깨달았다. 예를 들어 내 환자 중 한 명이었던 소년은, 적이 철수할 때까지 자동 기관총을 들고 외따로 떨어져 있는 역할을 맡았기 때문에 무공훈장을 받았다. 소년은 치료를 받으면서 자신이 영웅처럼 행동한 것은, 공포로 마비되어 퇴각하라는 지휘관의 명령을 따를 수 없었기 때문이라고 고백했다.

위험이 닥쳤을 때 자신이 어떻게 행동할지 아는 사람은 없다. 각자 현실에서 마주한 무서운 시험에 자기 방식대로 대처할 것이다. 일부는 도전을 받아들이고 맞설 것이다. 지나치게 방어적이고 강박적인 사람들은 그들의 힘을 시험하는 이 도전을 반기기까지 할 것이다. 하지만 과거에 깊이 뿌리를 둔 불안정성이 있는 사람은 무의식적으로 위험한 상황을 빌미로 완전히 붕괴되고, 눈물과 감정을 분출할 것이다.

프로이트는 외적인 위험과 내적인 위험, 즉 두려운 현실과 그만큼 두려운 환상의 이상한 상호작용으로 우리의 주의를 돌렸다. 객관적으로 인식 가능한 위험은 정신을 집중시키고 내면을 방어하게끔 한다. 하지만 주관적인 공황과 좌절, 죄책감, 유아적인 공포의 환상도 있으며, 이러한 것들이 너무 커져 문화를 통한 방어를 모조리 무너뜨릴 때도 있다. 용기 있게 현실의 시험에 맞서던 사람들이, 겉보기에는 사소하지만 그들의 취약한 부분을 자극하는 것 때문에 무너질 수도 있다.

내가 이전에 언급했던 전시의 환자 한 명도 비슷한 양상을 나타냈다. 두려움이나 공황의 신호 없이 40번의 공습 임무를 수행했던 젊은 전투기 조종사는 런던의 공습 대피소에서 갑자기 완전히 무너져내렸다. 치료 과정에서 이 젊은이가 개인적인 인간관계에서 큰 불행을 느끼고 있다는 사실이 밝혀졌다. 그는 상관과 잘 지내지 못하고 있었다. 또한 증상이 있기 전날 밤 여자친구와 심각하게 다투었다. 수줍고 내향적인 사람이 갑자기 자신을 두려워하는 사람들에게 둘러싸이자 그 공포스러운 분위기에 전염되었던 것이다. 당시의 불행한 감정으로 약해져 있던 그는 이전에는 공포스러운 상황에서도 잘해왔던 내적 방어를 전혀 할 수 없었던 것이다.

훈장을 받은 기관총 사수에 비하면 그는 영웅이 아니라고 말해야 할까?

우리는 모두 여전히 허세를 부리고, 용기를 연극적으로 과시하며, 거침 없이 파괴하는 것을 보고 감탄한다. 진짜 용기는 그와 다르다는 것을 이 제야 깨닫기 시작하고 있다. 진짜 용기는 삶에 대한 믿음의 표현이자 죽음에 대한 수용이다. 용기는 외부에서 누군가에게 강요할 수 없는 것이다. 용기는 자신의 내면에서 나와야 한다.

(몰인정한 몰록 신을 모시던 번제와 같은) 현대전의 현실 속에서, 인간은 쉽게 무력감과 의존성으로 후퇴할 수 있다. 개인의 용기는 힘을 합할 때 전투의 방향을 바꿀 수 있지만, 폭탄과 기관총을 막아주지는 못한다. 우리가 찬양해왔던 무모한 용기는 이제 개인의 사기, 믿음, 신념, 지식, 적절한 준비보다 중요하지 않게 되었다.

17세의 소년이 군대로 흘러들어왔다. 그는 텍사스의 작은 마을에서 태어나 거기서 줄곧 살아왔다. 그는 통상적인 군대 훈련과 무기 사용 훈련을 받았다. 그는 한국으로 파병되자마자 포로가 되었다. 이제 이 소년은 잘 훈련된 공산주의 이론가들이 매일 던지는 선전의 포화로부터 자신을 지켜야 했다. 그는 교육을 많이 받지 못했고 견문도 좁았으며, 정치적 훈련도 적절하게 받지 못했다. 그는 수용소 탈출까지 시도했지만 곧 잡혔다. 결국 적은 그를 점차 정신적으로 지배하게 되었다. 그는 매우 실망했고 덫에 걸렸다고 느꼈다. 마침내 그는 항복하고 적에게 부역했다. 어떻게 군사 법정에서 그가 마침내 적의 선전에 항복했다고 책임을 묻거나, 심지어 처벌할 수 있겠는가?

이는 상병 클로드 배철러(Claude Bachelor)의 이야기 중 일부이다. 그는 적에게 부역한 죄로 20년 형을 선고받았다. 나는 이 이야기가 배경이 비슷한 미국 소년 누구나의 이야기가 될 수 있다고 감히 짐작한다.

제2차 세계대전이 끝난 뒤, 몇몇 유럽 국가는 나치에게 고문받고 자백하고 동지들을 배신한 지하 조직원들을 어떻게 처분해야 할지 고민하게 되었다. 네덜란드에서는 이 특수한 사건을 판결하기 위한 명예법원(Court of Honor)이 설립되었다. 여기서는 다음과 같은 판결을 내렸다.

어떠한 경우에도 '자백하고', '부역하고', 조국을 '배신하지' 않으리라고 장담할 수 있는 사람은 없다. 공산주의자와 나치가 만든 지옥을 미리 겪어보지도 않은 채 이를 겪어낸 사람의 행동을 판단할 수 있는 사람은 없다.

심리적 고문은 신체적 고문보다 효과적인 경우가 많다. 이는 희생자의 지능이 평균 이상일 때 더욱 그렇다. 지성은 신체 고문을 더 잘 견딜 수 있게 해주지만, 동시에 정신 고문에는 취약하게 하는 것으로 보인다. 자신의 충성심과 애국심, 용기를 증명해낸 뒤에 그러한 환경에서 적에게 '굴복한' 사람은, 어떤 재판관보다도 스스로를 더 엄격히 비난할 것이기에 끔찍한 고통을 겪을 것이다. 그러나 조금도 부끄러워해야 할 이유가 없고, 이런 사람은 지도자에 어울리지 않는다고 단정지어야 할 이유도 전혀 없다. 반대로 그는 다른 사람들에 비해 교묘한 정신 고문 수단을 벗어나려면 초인적인 힘이 필요하다는 것을 잘 알 것이고, 그런 시련에 대비할 수 있게끔 다른 사람들을 힘닿는 데까지 도와줄 수 있을 것이다.[*]

---

[*]   UN 난민부 장관이자 네덜란드 명예법원장 판 회번 훗하르트(G. Van Heuven Goedhart)가 쓴 편지에서 발췌. *The New York Times*, March 15, 1954.

사기를 높이는 방법

압박이 극심한 환경에서 나타나는 다양한 인간 행동을 살펴보면, 인간이
얼마나 쉽게 굴복할 수 있는지와 동시에 절망으로 무너지지 않도록 사기
에 긍정적인 영향을 미치는 요인도 있다는 것을 알 수 있다. 이러한 요인
이 작동하면 정신이 되살아나고, 위험한 상황에서도 통합성을 유지하며
살 수 있게 된다. 이렇게 사기를 높이는 요인은 종교적 신념, 정치적 이념
을 비롯해 다양하다. 가장 효과적인 요인은 어떤 사명과 내적 목표를 갖
는 것으로 보인다. 이렇게 인간이 동일시하는 이상은 조국에 대한 사랑일
수도 있고, 자유나 정의에 대한 사랑일 수도 있고, 어떨 때는 증오와 복수
에 대한 생각일 수도 있다. 그것이 무엇이든 시련의 시기에는 신체적 힘
과 인내력만큼이나 필요하다. 개인이 결핍과 야만의 환경에서 위험을 견
디고 평소의 정신을 조금이라도 유지한 경우에는 예외 없이, 사기를 북돋
우는 요인이 하나 이상 있었다.

나는 이렇게 사기를 진작시키는 **재생적 사고**(regenerative idea)가 정신의
의식적 기능이라고 생각하지 않는다. 이러한 심리적 재생은 몸에서 일어
나는 재생 과정과 비슷하다고 볼 수 있다. 신체는 스스로의 생명력을 포
기하지 않는다. 인간이 암으로 죽어가고 있을 때도 수술의 상처는 치유되
며, 부분적인 재생 능력은 여전히 남아 있다. 같은 일이 정신에서도 일어
난다. 혼란·압력·탈진의 시기에도 인간의 심리적 치유와 재생 능력은 살
아 있다. 이는 개인과 마찬가지로 많은 사람으로 구성된 집단에서도 마찬
가지다. 다만 집단에서는 복잡한 대인관계로 인한 구속력도 작용한다는
차이점이 있다.

매우 위험한 환경에서 살아가는 사람들을 지켜본 경험에 따르면, 첫 혼

란을 경험한 직후부터 사람들은 소위 정신적 예산 배분(mental budgeting)에 대한 내면의 욕구를 발달시키는 것으로 보인다. 그들은 모두 눈에 띄는 임상 증상을 나타내는데, 이는 자기주장과 저항을 되찾는 과정에서 일어나는 것으로 보인다. 예를 들어 강제수용소에 처음 온 사람들에게서는 강한 수동성, 굴종, 비인간화가 나타나지만, 곧 운명을 이해하고 싶은 욕구, 안전한 상호 소통, 공동의 믿음, 자신을 위한 무언가를 쌓아가고 싶은 욕구로 인해 새로운 생각이 시작된다. 이러한 바람직한 감정 변화는 수감자들이 지저분한 목재 침상에도 자신만의 안전한 장소를 만드는 데서 감지할 수 있다. 그들은 몇 개 안 되는 소지품을 정돈해 자신만의 둥지를 만들며, 그렇게 암울한 세계 너머를 보기 시작한다.

강제수용소 수감자들은 신념과 내면의 힘이 자신보다 강한 친구를 찾으면, 삶이 훨씬 견딜 만해진다. 다른 사람들과 어울리는 것만으로도 공포를 더 잘 직면할 수 있다. 서로간의 사랑과 공동의 적은 모두 활력을 주는 요인이다. 새로운 사람과의 접촉은 적어도 한 사람에 대해서만큼은 내면의 두려움을 자신감으로 바꿔놓는다. 이러한 자신감이 능동적 공동체의 일원이라는 정체성으로 발달하면, 잠시 잃어버렸던 내면의 힘이 돌아온다. 만약 이렇게 동일시할 집단이나 타인을 찾지 못하면, 수용소 간수와 그의 낯선 이념이 그 역할을 대신할 것이다.

사기를 높여 활력을 주는 생각은 거의 언제나 도덕관념과 윤리적 평가, 즉 선에 대한 믿음, 정의, 자유, 평화, 미래의 조화로운 공존에 대한 생각이라는 것을 짚고 넘어가야 한다. 아무리 냉소적인 독재자라 할지라도 그의 통치에 복종하는 사람들의 사기를 높이기 위해서는 도덕관념의 도움이 필요하다. 만일 그들에게 최소한의 평화와 자유, 미래의 부에 대한 환상을 줄 수 없다면, 그들은 독재자에게 무관심해질 것이다. 나치 강제수용소 입구에는 '노동이 인간을 자유케 하리라(Arbeit macht frei)'는 냉소적인 구호가 크게 붙어 있었다. 이 말로 수감자들을 속일 수는 없었겠지만, 수용소 바깥의 독일인들에게는 그들의 비인간적인 행동을 정당화할 수 있는 구실이 되었다. 제아무리 무자비한 독재자라 할지라도 이러한 도덕적 정당화의 욕구를 느낀다는 것은, 인간 내부에 도덕성에 대한 생각이 얼마나 깊이 살아 있는지를 보여준다. 인간이 고문과 같은 극도로 괴로운 상황에 있을수록 자신을 지탱해줄 도덕적 가치와 그것이 촉구하는 행동에 대한 욕구도 커진다.

일반적으로 견딜 수 없는 상황을 견딜 수 있게 만들어주는 요인은 세 가지 정도이다. 첫째, 앞에서 이야기했듯이 신념이 있어야 한다. 이는 종교적 혹은 윤리적 가치에 대한 믿음일 수도 있고, 인간성에 대한 믿음일 수도, 자기 사회의 안정성에 대한 믿음일 수도, 자기 목표에 대한 믿음일 수도 있다. 둘째, 희생자는 재앙이 자신을 덮쳐 국외자로 만들었더라도, 지구 어딘가에서는 자신을 원하고 필요로 하는 곳이 있다고 느껴야 한다. 셋째, 이해해야 한다. 책에 나오는 세련된 지식이 아니라 적의 동기와 망상적 충동에 대한 간명하고, 거의 직관적인 이해가 필요하다. 이해하지 못하고 혼란을 겪는 사람이 가장 먼저 무너진다.

세뇌 저항 훈련은 아주 철저하게 이루어져야 한다. 사고 통제와 매일같이 이어지는 암시의 폭격에 맞서는 내적 방어를 구축할 수 있다는 것은 사실이다. 사람들은 좋은 교육을 반복해서 받으면 개념에 익숙해질 수 있다. 그리고 나면 지각의 방어가 생긴다. 우리가 거짓 선전을 감지하는 방법을 배우면 거기에 귀기울이지 않게 된다. 선전을 위한 암시는 일부 우리의 방어를 뚫고 새어들어오거나, 은연중에 우리의 의견에 스며들 수 있으나(모든 광고가 이러한 원리에 기초한다), 적의 방법을 알면 우리에게 저항할 수 있는 힘이 더 생긴다는 것은 아무리 강조해도 지나치지 않다.

몇몇 심리학자는 나에게 나치 강제수용소라는 두려운 환경에서 심리학이 의지가 되었다고 이야기했다. 심리학은 그들에게 자신들의 고통을 거리를 두고 볼 수 있게 해주었다. 탐구하는 정신의 철학적 태도가 그들 내면의 힘을 키워주었던 것이다.

하지만 공산주의자의 세뇌 과정에서 무너지지 않은 사람의 이야기는 적다. 그런 강직한 혁명가 중 한 명이 스파니아르드 엘 캄페시노(Spaniard El Campesino)였다.(Gonzales and Gorkin) 그는 전체주의자들이 쓰는 속임수를 알고 있었다. 그들이 그를 시간과 노력을 낭비할 만큼 중요하지 않은 사람이라고 생각했을 수도 있다. 어쨌든 그들은 언제라도 그를 강제수용소에 보낼 수 있었다.

수용소에서 어떤 나쁜 집단이라도 형성하게 되면 (얼마나 위험한 집단이든) 개인에게 바로 보호받는다는 느낌을 준다는 점을 다시 언급해야겠다. 부역도 거부하고 집단에 들어가기도 거부하면서 홀로 견디는 사람은 절망과 패배감에 무릎꿇는 경우가 많았다. 동지들을 배신하는 사람은 보통 강제는 아니라도 오랜 고립 끝에 그렇게 하며, 자신의 특이한 성격 구조로 인한 경우도 많다.

자유와 소속감의 정신이 살아 있으려면 빵보다 믿을 수 있는 사람과의 접촉이 더 필요하다. 제2차 세계대전 때 반나치 지하 조직원들은 자유 영국에서 매일 들려오는 라디오 뉴스에 의지했다. 지금도 노예와 같은 상태에서 고통받는 사람들은 우리가 전해줄 수 있는 적은 소통 수단에 기대어 살아간다. 미국의 소리(The Voice of America), 자유 유럽 라디오 방송(Radio Free Europe)은 전체주의 방송이 절망을 퍼뜨리는 곳에서 사기를 진작하는 데 큰 역할을 하고 있다.

오늘날 세뇌에 대항하는 우리의 싸움에서 가장 큰 무기는 수감자가 겪을 일에 대한 지적인 대비와 적의 전략에 대한 이해이다. 이는 우선 적의 정치적 전략을 약화시킬 것이다. 아무도 그의 거짓 단죄를 믿지 않을 것이기 때문이다. 또한 세뇌 피해자들은 더 이상 갑자기 닥친 낯선 상황에서 마비된 채 혼란스러워하지 않아도 될 것이다. 우리는 억류당한 우리 군인들에게도 오히려 지나친 자백을 하여 심문자를 혼란시키고, 적의 혼란, 거짓말, 기만 전략을 역이용하여 좌절을 안겨주라고 조언해야 한다. 미국 해군의 갤러리(D. V. Gallery) 장군도 그러한 제안을 했다.* 정신적 살해 피해자들이 이렇게 했을 때, 심문자들은 그들에게 정신을 차리라고 애원하는 경우가 많았다. 고문 가해자는 희생자가 정신이 나간 것처럼 가장하는 것에 불편함을 느끼고 화를 냈다. 가장 중요한 것은 고문당하는 사람이 다른 사람들도 무슨 일이 벌어지는지 알고 이해하고 있으며, 조국에서 그의 외로운 싸움과 고문에 대해 잘 아는 사람들이 있다는 사실을 인식하는 것이다.

만약 그가 무너지더라도 그의 행동에 대해 결코 책임을 묻지는 않으리라는 것을 그가 알아야 한다. 그의 뇌는 저항하고 싶어 하고, 마음은 거부하고 싶어 하지만, 결국 몸은 그를 배신한다. 이는 두렵고 이상한 경험이다. 자신의 의지에 반해 행동의 자유를 잃어버리는 것이다. 대부분의 사람에게 충분한 압박이 될 수 있는 경험이다.

세뇌의 효과는 일시적일 뿐인가? 아직 사고방식이 굳어지지 않은 청소년들은 자유 교육을 통해 사고방식이 형성된 성인들과 차이가 있다. 성

---

* *The Saturday Evening Post*, January 22, 1955.

격이 성숙한 사람들에게 세뇌는 일시적 악몽이고, 그들은 자유의 영역으로 돌아올 수 있다. 그런가 하면 어떤 사람들에게는 세뇌가 오래 가는 우울과 수치의 상처를 남기는데, 그래도 이 상처는 자유가 지배하는 분위기 속에서 차차 흐려진다.

제2차 세계대전 기간과 그 직후, 나치의 공포로 인해 고통을 겪은 레지스탕스 조직원들은 일시적 성격 변화라는 새로운 문제로 정신과 의사를 찾아야 했다. 분명 감옥과 강제수용소에서 경험한 공포는 일부 사람들을 침묵의 부역자로 만들었을 뿐만 아니라, 그 시련에서 빠져나온 이들도 영혼을 잃고 죄의식과 후회로 가득한 채, 시민으로서 스스로를 당당히 마주할 수 없게 했다. 심지어 특별법정에서 공식적으로 그들에게 책임이 없다는 판결을 받고 나서도 자존감을 회복하지 못하곤 했다. 그들은 스스로를 받아들이기 전에, 악몽과도 같았던 정신적 혼란을 해결하는 느리고 어려운 심리적 과정을 거쳐야 했다. 그중 몇 명은 심리치료 과정에서 이전에 겪어야만 했던 공포를 회상하고 다시 경험해야만 했다. 심문자들의 정신적 강요에 저항하려 했던 내적 투쟁, 점차 마비된 의지, 마지막 항복. 이는 그들의 죄책감과 자신감을 되찾고 싶은 소망 사이의 복잡한 싸움이다. 수치심에서 벗어나기 위한 마지막 수단으로 자살을 생각하고 나면 정서적 폭발이 뒤따른다. 그들이 쌓인 감정을 분출하면, 치료자는 누구나 견딜 수 있는 신체적·심리적 한계가 있다고 그들을 설득할 수 있다. 이때부터 그들은 부정적 특성과 긍정적 특성이 혼합된 독립적인 인간 존재로서 자신을 자유롭게 표현할 수 있었다.

한 젊은이의 경우 강제수용소에서 몇 년을 보내며 나치에게 완전히 세뇌당했는데, 재활에는 거의 2년이 걸렸다. 그는 정신적 상처를 남기지 않고 다시 일어섰으며, 그 쓰디쓴 경험을 통해 더 강해졌다.

나는 전체주의 체제의 감옥에서 정치적으로 조건화된 수감자들의 경우, 카타르시스를 주는 심리치료 접근이 옛 자신을 찾는 데 도움이 될 수 있다고 생각한다. 위협과 공격적 논쟁은 그들을 가두었던 사람들이 사용했던 강제적 세뇌 과정의 연장일 뿐이다. 우리가 많은 전체주의 체제의 수감자 사례에서 증명했듯이, 이들에게 최선의 치료는 자유롭고 민주적인 세계와 매일 접촉하고 소통하는 것이다. 그들에게는 자유의 공기가 최선의 치료이다!

요람에서부터 정신적 자동화의 틀에 갇힌 수백만 명의 아이들에게는 이러한 자유의 선택지가 주어지지 않는다. 그 아이들에게는 다른 세계도, 다른 신념도 없다. 온 마음을 빼앗는 전체주의의 몰록이 있을 뿐이다. 그 안에서는 모든 수단과 행동이 정당화된다.

세뇌를 가하는 사람들은 강제적 정신 개조(자본주의 체제에서 온 수감자들을 공산주의 선동가로 바꾸는 것)가 영원하리라 믿는다는 점에서 순진하다. 수감자들은 정상적 환경으로 돌아오고 몇 주 동안은 자신들이 '배운' 언어를 말할 것이다. 외운 바를 암송하다가, 갑자기 놀랍게도 오래된 자기 자신이 돌아온다. 만약 희생자에게 공산주의자의 선전과 혐의를 생각하고 검증해볼 기회가 주어진다면, 악몽은 부서지기 시작할 것이다. 이러한 이유로 세뇌 가해자들은 피해자들을 한 번에 놓아주지 않도록 주의를 기울인다. 몇 명은 인질로 남겨 풀려난 사람들이 모든 것을 털어놓아 감옥에 남은 친구들을 위험하게 만들지 않도록 해야 하기 때문이다. 고국에 돌아와 진실을 말하는 사람들은 인질들이 자신 때문에 더 고문받게 될까 죄책감을 느낀다.

나는 용기·인내심과 관련한 특이한 성격 특질에 매혹되었다. 나는 시간 문제에 대한 내 연구에서 이 특질을 **연속성 감각**(sense of continuity)이라

이름붙였다. 이는 우리의 **현재** 경험이 단지 과거 경험뿐만 아니라 미래의 이미지와 환상과도 연결되어 있다는 인식이다. 우리는 실제 일어난 일은 지나치게 크게 받아들이고, 그 이유나 목적은 묻지 않는 세상에 살고 있다. 미래 계획을 생각하는 사람에 대해서는 코웃음 치며 이상주의자라 부른다. 마치 유토피아가 인간의 갈망에서 비롯된 개념이 아닌 것처럼 말이다. 우리 조상들은 예수와 구세주의 출현, 신의 왕국이 올 것이라는 미래를 믿었다. 그들은 예언을 했고 더 나은 시대를 위해 일했다. 강제수용소에서 미래와 계획을 믿고, 자신들의 고통이 과거와 미래 사이의 작은 고리임을 이해할 수 있었던 사람들은 괴로움을 더 잘 견뎌냈다.

　나는 수동적으로 존재하고 다른 사람에게 힘을 빌리는 것 이상을 할 수 있었던, 특별한 힘이 있는 사람들을 만나는 특권을 누렸다. 그들은 나치 강제수용소에서 극심한 스트레스를 받으면서도 용기 있게 살 수 있었다. 그들은 수용소와 박해를 정신적 도전으로 받아들였다. 신체적 고통은 그들에게 영향을 끼치지 못했다. 비정상적인 환경은 그들의 정신을 더 자극했다. 그들은 환경을 뛰어넘었던 것이다. 이들의 사기는 다른 사람들을 고무시켰다. 그들은 다른 사람들을 강화하고 도와주었다. 그들은 스피노자처럼 운명을 받아들이고 사랑하는 아모르 파티(amor fati)를 실천했다. 그들은 정신이 신체보다 강할 수 있다는 살아 있는 증거이다.

새로운 용기

우리는 철학과 심리학을 통해 새로운 도전과 새로운 용기를 인식하게 되었다. 2000년도 더 전에 소크라테스는 영적 용기가 물리적 전투에서의 용기를 훨씬 넘어선다는 생각을 했다. 병사는 용감하지 않아도 공격적일 수 있고 죽음을 개의치 않을 수 있다. 그의 경솔함은 집단의 기세에 따라 자살 행위에 가까운 무모함이 될 수 있다. 이는 우리 안의 무지한 원초적 유아의, 공황에 사로잡힌 용기일 수 있다.

또한 자신을 넘어서는 영적 용감함, 정신적 용기도 있다. 이는 사상을 위한 것이다. 삶의 대가가 무엇인지뿐만 아니라 왜 그 대가를 치러야 하는지도 묻는다. 생각하는 영적 존재로서의 자기에게 초월적 의식을 요구한다.

영적 용기는 비교적 최근에서야 인정받기 시작했다. 소크라테스의 생각이 우리의 마음에 자리하기까지 오랜 시간이 걸린 셈이었다. 이는 외롭게 싸우는 개인의 영웅적 투쟁이 가치를 인정받은 종교개혁 이후에야 생긴 변화였다. 다수 의견의 압력에도 불구하고 자신의 이견을 용기 있게 변호하기 위해서는 영웅적 면모가 필요하다. 특히 불복종과 이단이 금기인 곳에서는 더욱 그러했다. 이제 간디의 조용하고 굳센 비폭력 저항운동은 전투의 쾌감에 자신을 던진 군인들의 용기보다 더 용감한 것으로 평가받는다. 영적 용기는 순응주의자나 통일성에 대해 설교하는 사람들, 원활한 사회 적응을 요구하는 사람들 사이에서 나타나지 않는다. 영적 용기는 계속해서 깨어 있는 정신을, 순응주의적인 생각에 저항하는 영적인 힘을 필요로 한다. 인간은 자기보호와 자기주장을 향한 단순한 의지보다 더 강해져야 한다. 자기를 넘어 하나의 사상에 기여할 수 있어야 하고, 더 높은 가치를 발견했을 때 자신의 오류를 충실하게 인정할 수 있어야 한다.

모든 자동적 반사 반응을 뛰어넘는 영적 용기는 분명히 있다. 인간은 그저 하나의 무리, 한 덩어리의 밀가루 반죽이 아니다. 인간은 하나의 인격이기도 하다. 인간은 생각하는 존재로서, 세계 전체와 대면하듯이 인간

무리와 대면하고자 한다. 의식, 깨어 있는 인식은 가치에 대한 외로운 탐색이자 여러 가치의 대립으로, 그 자체가 용기의 한 형태이다. 이러한 용기는 감히 오래된 관습, 금기, 편견을 깨고자 하고 교의를 의심하려 한다. 정신의 영웅들은 승리의 나팔소리, 우스꽝스러운 과시, 찬양과 영광의 가짜 용기를 알지 못한다. 이 용감한 영웅들은 경직성과 비겁함에 맞서, 그리고 편안함을 위해 신념을 버리고 싶은 자기 안의 욕구에 맞서 싸운다. 이러한 용기는 다른 사람들이 잠과 망각에 빠져 스스로를 위로하고 싶어 할 때 깨어 있는 것과 비슷하다. 전체주의 이념은 인간 내면의 비겁함을 통해 인간을 협박할 수 있다. 화려함과 수용, 영웅 숭배, 명예와 유명세를 대가로 인간의 가장 깊은 신념을 내놓으라고 위협한다. 하지만 진실한 영웅은 자신의 이상에 대해 진실하다.

많은 개인들의 노력이 더해져 세상에 도움이 되려면, 사람들이 개인의 책임을 받아들이는 법을 배워야 한다. 주인을 모방하지 말고, 단순하게 지도자와 자신을 동일시하지 말라. 하지만 순응하겠다면, 자신의 책임을 온전히 인정하고 그의 지도를 따르라. 정신의 영웅주의는 당신이 자기 감정의 주인이고, 자신의 공격성을 완전히 통제할 수 있을 때만 가능하다.

새로운 영웅은 근육이나 공격적인 힘 때문이 아니라 성격, 지혜, 정신적 균형 때문에 그렇게 인정받을 것이다.

용기에 대한 내밀한 지식은 용기를 고결한 매력으로 여기는 대중의 관념 대부분을 배격한다. 심리학 지식이 가르쳐주는 새로운 형태의 용기에는, 생각 없이 쉽게 일하는 것이 아닌 생각의 노동, 다 쏟아붓는 고된 노동이 필요하다.

이렇게 삶을 견뎌내는 용기, 자살과 쇠락의 마술적 끌림을 더 이상 체화하지 않는 용기 말고 다른 선택지는 생각할 수 없다. 용기에는 삶을 움직이는 모든 것에 대한 분명한 신념, 깨어 있는 의식과 충분한 숙고가 필요하다.

이러한 용기는 삶의 온갖 수수께끼 뒤에 자리한 거대한 두려움을 받아들이고, 함께 살아가기로 하는 것이다.

나치는 희생자들 중 얼굴을 바꿀 수 없고 마음을 강요할 수 없는, 꺾이지 않는 영웅들의 존재를 분명히 알고 있었다. 나치는 그들의 차분함과 강한 의지에서 비롯한 불복종을 관상의 탓으로 돌렸으며, 그런 이들을 발견하는 대로 죽이려고 했다. 다행히도 간수들은 영적인 면의 위대함을 알아보는 데는 많은 맹점이 있었다.

전쟁이 끝나자 이런 영웅들 대다수는 임무를 마친 뒤, 더 교육받은 정치인들에게 지도자 역할을 맡긴 채 군중 속으로 겸손하게 사라졌다.

18

자유 – 우리의 정신적 버팀목

전체주의 국가는 사람들의 개인적 의견과 신념을 계속해서 폄하한다. 경찰국가에서는 생각이 곧 행동이다. 마음속에서 행동을 준비하고 시험해 보는 것(생각)은 허용되지 않는다. 자연스러운 의심, 생각을 현실에 옮겨 보는 과정에서의 우여곡절을 부정한다. 파괴적인 생각의 근친교배는 공동체를 파괴하는 한 가지 방법이다. 사상과 표현의 자유를 믿지 않는 것은 더욱 위험하다. 본능적인 파괴욕을 마음속의 통제할 수 없는 영역으로 억압하면, 더 쉽게 행동으로 터져나오게 된다. 반면 파괴적인 생각을 언어로 표현하면 어느 정도는 그 생각을 지배할 수 있고, 그 강도도 약해지게 된다. 여기에 진짜 역설이 있다! (아직 행동으로 옮기지 않은) 반사회적인 생각을 억누르는 것은, 그 생각을 행동으로 옮기는 지름길이다!

모든 논리에는 위험한 함의가 있다. 높은 이상이라는 명분으로 심문 중 살인이 일어나기도 했다. 우리가 인간 내면의 선을 믿고 도박을 할 수 없다면, 자유롭고 평화로운 사회, 민주주의는 불가능할 것이다. 도덕의 문화는 개인에서 시작해 개인으로 끝난다. 개인의 자유, 사유재산, 창조성에 대한 믿음만이 인간으로 하여금 본능적 욕구와 파괴욕을 억제하도록 할 수 있다. 인간은 단지 사회적 존재가 아니다. 인간은 군중과 소음으로부터 떨어져 자기 자신, 신, 자연과 마주해야 한다. 그가 성장하기 위해서는 휴식과 고독과 침묵이 필요하다. 기계와 전자기기에 더해, 홀로 자연 속에서 보내는 시간이 있어야 한다. 삶의 여러 영역 중 어딘가에서는 제화공·치료자·교사와 같이, 자신의 도구를 스스로 만들어야 한다. 홀로 있으면서 고독을 배우지 못하면 인간은 왜소해지며, 강압의 바다에서 타인의 영향이라는 파도에 휩쓸리게 된다.

심리학을 통한 민주화

심리학을 이해하여 얻는 힘에 대한 나의 신념이 가장 깊어진 것은, 한 전체주의 조직원과 길게 씨름했을 때였다. 그는 나치가 네덜란드를 점령했을 때 심리적 조언을 듣고자 내게 왔는데, 나는 그와 정치를 논하지 않도록 주의해야 한다는 것을 알았다. 당시 의견을 자유롭게 표현하면 심한 처벌을 받을 수 있었고, 내 환자는 내가 '수상한' 말을 하면 나를 신고했을 것이다.

그러나 가만히 듣는 치료가 이어지면서 그는 긴장을 풀고 훨씬 인간적으로 변했다. 개인의 인격에 대한 그의 존중은 커졌고, 가끔은 인간의 존엄성에 대한 나치의 잔인한 처사에 매우 비판적이기도 했다. 시간이 지나면서 그는 전체주의를 지지하는 친구들과 점점 멀어졌다. 이는 부역하다가 불복종으로 돌아서는 것을 중대한 반역 행위로 보던 당시로서는 매우 용감한 행동이었다. 우리 둘 다 그가 치유되었다는 데 동의하기 전 그가 마지막으로 방문했을 때, 우리는 개인의 존엄성에 대한 믿음과, 성숙한 성인으로서 자신이 선택한 길을 가기로 결정한 데 대한 자신감을 서로에게 피력했다.

정말로 심리학이 권위주의적이고 전체주의적인 정신에 민주적인 영향을 주는 효과가 있는가? 내가 언급한 사례를 보면 그런 것 같다. 한편으로 우리는 괴벨스도 독일인들에게 최면을 걸어 복종시키기 위한 선전에서 심리학 원리를 적용했다는 것을 알고 있다. 히틀러도 유럽에 공포를 퍼뜨리기 위해 심리적 포화를 퍼부었다.

나치 독일에서의 정신분석 치료는 전부 심리학의 총통인 괴링의 형제가 통제했다. 분명 암시, 최면, 파블로프식 훈련의 과학은 독재에 비겁하게 복종하는 추종자들을 양산해낼 수 있었다. 심리학 지식을 이렇게 이용하는 것은 심리학의 원리와 목적 모두에 대한 왜곡이다. 심리학의 접근, 그중에서도 정신분석 치료의 핵심 요소는 전체주의와 정반대인 태도를 장려하는 것이다.

심리학, 특히 정신건강 분과의 진정한 목적은 자신의 내적 긴장이 왜 생겨났는지 이해할 수 있도록 도와 그를 자유롭게 하는 것이다. 심리학에서는 인간 정신을 미성숙한 사고에 대한 의존에서 해방시켜, 각자가 자신의 가능성을 깨달을 수 있도록 하고자 한다. 또한 많은 문제가 있는 현실을 있는 그대로 마주하고, 자기 자신의 한계와 성장 가능성을 인식하게끔 한다. 자유롭게 살고 더 큰 선을 위해 **자발적으로** 자신의 자유를 내려놓을 수 있는 성숙한 사람들의 발달을 위한 것이기도 하다. 심리학은 인간이 자신을 이해한다면 자신의 무의식적 충동 또는 독재자의 비뚤어진 권력욕에 꼭두각시가 되는 대신 자기 삶의 주인이 될 수 있다는 가정에 기초한다.

앞에서 이야기했듯이 모든 사람은 발달 단계에서 전체주의에 더 취약한 시기를 거친다. 이 시기는 보통 청소년이 자신의 성격, 즉 자신 안의 권위를 인식하면서 시작된다. 이 책임을 받아들이지 않는다면 바깥에서 강한 지도자를 찾게 될 것이다. 무의식적 강박과 자동적 복종의 행동양식은 더 이른 시기(영아기)부터 생겨난다. 이렇게 자기에 대한 감각이 새롭게 발달하면서, 청소년은 이전에 자기 삶을 좌우하던 성인들의 권위에 저항하기 시작한다.

우리가 자아(ego) 또는 자기(self)라고 부르는 것을 인식하게 되는 것은 고통스러운 과정이다. 이는 전통적으로 청소년기와 연결짓는, 끝없는 갈망이나 염세(Weltschmerz: 세상의 고통)의 문제가 아니다. 자율적이고 스스로 성장하는 개인이 되는 과정은 가족의 보호에서 분리되는 것과 연결된다. 청소년은 **내면의 민주성**을 얻기 위해서 자신을 지켜주는 환경에서 스스로를 떨어뜨려놓아야 한다. 이렇게 하면 그는 성장과 해방의 느낌만이 아니라 두려움과 외로움도 느끼게 된다. 그는 이제 자신의 행동을 성숙하게 책임져야 하는 새로운 세계에 들어선다. 이때가 바로 전체주의 선전의 쉬운 먹잇감이 될 수 있는 시기다. 성장의 고통 때문에 개인적 성숙을 위한 투쟁을 포기할 수 있는 것이다.

이 문제는 특히 서구 사회에서 긴급한데, 이는 우리가 직면한 실제 이념 및 정치 투쟁뿐만 아니라 우리의 양육 방식 때문이기도 하다. 이전에는 아동에게 어느 정도의 사회적 책임을 주고 이를 점점 늘려갔던 것에 비해, 우리의 중산층 문화에서는 아동을 유아원과 교실에 완전히 분리했다가, 성인기가 되어선 헤엄치지 못하면 가라앉도록 갑자기 물속으로 빠뜨린다. 이러한 변곡점에서 많은 청년들이 위축된다. 많은 사람들은 그토록 많은 짐을 지우고 외로움을 주는 자유를 원치 않는다. 그들은 계속해서 부모의 보호를 받거나, 자유를 반납하고 부모의 이미지를 투사한 정치나 경제 이념을 따르고 싶어 한다.

슬프게도 청소년이 개인성을 포기한다고 해서 두려움이나 외로움이 사라진다는 보장은 없다. 실제 바깥 세계는 그가 마음속에서 한 선택으로 변하지 않는다. 따라서 새로운 부모상에 자신의 자유를 양보한 청소년은, 모든 권위에 대해 애증의 양가감정을 느끼게 된다. 그의 내면에는 복종과 저항, 증오가 모두 있다. 그는 어떨 때는 권위나 독재에 완전히 복종하다가, 다른 때는 자신이 선택한 지도자에게 예기치 못하게 반발한다. 이러한 이중성에는 끝이 없다. 그의 본성 한쪽 면이, 복종적인 다른 면이 정해 놓은 한계를 계속해서 넘어가려고 하기 때문이다. 자유를 성취하는 데 실패한 사람은 의문 없는 복종과 충동적 저항이라는 두 가지 극단만을 알고 있다.

반대로 성숙한 성인의 삶을 받아들일 수 있는, 충분히 강한 사람은 새로운 차원의 자유로 들어서게 된다. 이 자유는 모호한 개념인 것이 사실이다. 새로운 결정을 하고 새로운 불확실성에 직면하는 책임과 관련되기 때문이다. 자유의 경계 한쪽 너머에는 무정부 상태와 변화무쌍함이, 반대쪽 너머에는 획일적 통제와 질식할 듯한 규제가 있다.

성숙한 삶의 태도에 대한 명쾌한 공식을 찾을 수만 있다면! 민주적 정신이라고 할 수도 있겠지만, 그렇더라도 민주주의보다 무엇이 민주주의가 아닌지를 설명하기가 더 쉽다. 개인을 중시하는 우리의 민주주의는 눈면 권위의 적이라고 할 수 있다. 더 자세한 심리학적 설명을 원한다면, 이를 전체주의와 대조해보아야 한다. 우리의 민주주의는 개인에 대한 통제와 평준화에 반대되는 것이다. 민주주의는 단일한 통합과 무리 없는 사회

적응을 요구하지 않는다. 반대로 자발성과 개인의 성장에 대한 신뢰를 가정한다. 또한 진보와 악의 교정을 주장할 수 있다. 협박에 의존하지 않고 인간의 오류에서 공동체를 지킨다. 전체주의는 스스로가 완전무결함을 주장하지만, 민주주의는 자신의 오류에 대한 방책을 마련하고자 한다. 전체주의가 충동적으로 통제하고 여론을 조작하는 데 비해, 민주주의는 사회를 법으로 통제하고 인간 본성을 존중하며, 시민들을 한쪽으로는 폭군한 사람의 독재, 다른 한쪽으로는 권력에 미친 다수의 독재로부터 지키고자 한다. **민주주의는 언제나 두 가지 전투를 하고 있다.** 한편으로는 개인의 반사회적 충동을 제한해야 하며, 다른 한편으로는 민주적인 삶의 방식에 적대적인 외부의 힘과 이념으로부터 개인을 보호해야 한다.

전투의 두 전선

사회 적응과 자기주장 사이의 내적 조화는 새로운 환경에서 새롭게 이루어져야 한다. 각 개인은 영아기에 시작된 미묘한 싸움을 계속해나가야만 한다. 자아·자기는 현실을 직면함으로써 스스로를 형성해간다. 순응은 독창성과, 의존은 독립과, 외부의 규율은 내면의 사기와 대결한다. 문화마다 사회마다 가족마다 강조하는 부분은 다르지만, 어떤 문화에서도 인간 내면의 이 대결을 벗어날 수는 없다.

내적·외적 대결, 두 전선에서의 정신적 갈등은 개인화된 민주주의라는 서구의 이상을 매우 취약하게 만든다. 이는 특히 그 지지자들이 이 내적 갈등을 파악하지 못하고 있을 때 그렇다. 민주주의는 본질적으로 외부의 독재, 내부의 파괴성과 싸워야 한다. 민주적 자유는 개인 내면의 권력

의지와 타인에게 복종하고자 하는 욕구 둘 다와 대결하는 동시에, 경계를 넘어 침범해오는 전염력 강한 권력 충동과도 싸워야 한다.

민주주의에서 추구하는 자유는 청소년기에 꿈꾸는 낭만적 자유가 아니다. 이는 성숙의 지표이다. 민주주의는 자유를 유지하는 데 필요한 희생을 요구한다. 제한이 없는 것처럼 보이는 민주주의에서의 자유를 마주했을 때 인간이 느끼는 두려움과 싸우고자 한다. 이렇게 한계 없는 자유는 본능적 충동을 만족시키는 데 오용될 수 있다. 그러나 민주주의는 신화, 원초적 마법, 집단 최면을 비롯한 유혹적인 수단으로 인간을 착취하지 않기 때문에, 미성숙한 사람들에게는 독재적 통제보다 매력이 덜하다. 민주주의는 생존을 위한 투쟁과 관련되지 않으면 지루하고 단조로운 것으로 보일 수 있다. 민주주의는 인간이 스스로 생각하고 판단할 것, 각 개인이 변화하는 세계에 적응하기 위해 의식 능력을 온전히 사용할 것, 대중의 진정성 있는 의견을 공동체의 법 기초로 삼을 것을 요구한다. 중요한 것은 민주주의가 타인의 영향으로 발달하기보다 스스로 발달할 수 있는 권리를 의미한다는 것이다. 하지만 이 권리도 다른 모든 권리와 마찬가지로 의무와 균형이 맞아야 한다. 당신 자신을 발달시킬 수 있는 권리는 타인의 발달을 위해 당신의 에너지와 관심을 주어야 한다는 의무 없이는 불가능하다. 민주주의는 보통 사람의 개인적 **권리**보다도 오히려 보통 사람의 개인적 **관심**과 **책임**에 더 뿌리를 두고 있다. 그가 정치와 정부에 대한 관심을 잃으면, 권력 정치로 나아가는 길을 다지도록 도와주는 것이 된다. 민주주의는 보통 사람에게서 높은 수준의 정신 활동을 요구한다.

이 새로운 대중매체의 시대에 일반 대중이 무엇을 마음으로 소화하고 흡수하는지는 전문가들의 명령만큼이나 중요하다. 후자가 일반인의 이해를 넘어서는 생각을 형성하고 전달한다면, 이는 진공에 대고 말하는 것이나 다름없을 것이다. 다시 말해 더 단순하고 심지어는 진실하지 않은 이념까지 허용하게 될 수 있다. 사상을 만들어내고 인쇄하는 것만으로는 충분치 않다. 우리는 대중이 이 새로운 개념에 참여할 수 있는지에 주의를 기울여야 한다.

자유의 수수께끼는 자유에 대한 그 지대한 사랑의 존재다! 자유를 맛본 사람은 흔들리지 않는다. 인간은 불공정한 압력에 저항한다. 압력이 쌓이고 있을 때는 조용히 저항하지만, 어떤 시점이 되면 폭발한다. 이러한 폭발을 경험한 사람들에게 자유는 삶 그 자체이다. 우리는 특히 박해와 점령의 시기에 지하에서, 막사에서, 선동의 위협 아래서 이를 배웠다. 심지어 전체주의 국가에서 공포에 굴하지 않고 저항이 나타났을 때도 그랬다.

자유와 개인에 대한 존중은, 인간이 자신의 역사를 스스로 세워야 하며, 역사에 대한 책임은 인간에게 있음을 역설한 구약성경에 뿌리를 두고 있다. 이러한 자유는 인간이 타성에 젖거나 관습에 기대지 않고, 지식을 추구하고 도덕적 책임을 받아들인다는 가정에 따른 것이다. 자유에 대한 두려움은 책임감에 대한 두려움이다.

자유는 결코 규칙과 법으로 완전히 지킬 수 없다. 이는 우리의 통치자들만큼이나 우리 각자의 용기·통합성·책임감에도 의존한다. 권력에 수동적으로 복종하는 우리와 우리 지도자들의 모든 특질은 민주적 자유를 배신한다. 미국의 민주적 정부 체제에는 서로를 견제하는 세 권력기관, 즉 행정부·입법부·사법부가 있다. 그렇지만 권력 침해를 방지하고자 하는 의지가 없으면 이 체제도 퇴색할 수 있다.

성숙한 성인이 되기보다 부모의 권위 뒤에 숨으려고 하는 청소년처럼, 민주국가 구성원들은 필요한 정신 활동에서 물러날 수 있다. 그들은 생각이 필요 없는 안전함을 갈망한다. 또한 정부나, 개인의 모습을 한 국가가 자신의 문제를 대신 풀어주는 것을 선호하기도 한다. 전체주의자와 순응주의자를 만드는 것은 이러한 욕구이다. 순응주의자는 아기처럼 모든 걱정을 국가라는 아버지에게 맡기고 조용히 잠들 수 있다. 지식인들이 통제력과 용기를 잃고 두려움을 비롯한 감정에 사로잡히면, 편견과 어리석음의 권력이 승리하게 된다.

우리 안에 민주주의와 전체주의의 씨앗이 모두 있기 때문에, 민주적인 태도와 전체주의적인 태도 사이의 투쟁은 개인의 내면에서 평생 계속된다. 자기 자신과 다른 사람들을 보는 관점이 개인의 정치적 신조를 결정한다. 자유와 성숙을 향한 인간의 소망은 파괴욕, 혐오, 권력욕, 독립에 대한 저항, 무책임한 아동기로 퇴행하고자 하는 욕구와 공존한다. 민주주의는 인간의 성숙한 면에만 설득력이 있다. 파시즘과 전체주의는 유아적 욕구를 자극한다.

전체주의는 좁은 시각으로 인류를 기계와 같이 보는 데 기초한다. 전체주의는 인간의 복잡성을 부정하고, 의식적 동기와 무의식적 동기 사이의 싸움을 부정한다. 의심, 양가감정, 여러 감정의 충돌에 대해서도 마찬가지다. 전체주의는 인간을 단순화하여, 정부에서 기름칠해 움직일 수 있는 기계로 만들고자 한다.

정신분석 치료에서는 언제나 환자가 성장할 것인지, 그렇지 않을 것인지를 결정해야 하는 순간이 온다. 환자는 자신이 얻은 지식과 통찰을 행동으로 옮겨야만 한다. 이때쯤 되면 그는 자신에 대해 더 많이 알고 있다. 마치 그의 삶은 눈앞에 펼쳐진 책과 같다. 그렇게 자신을 더 잘 이해하게 되었지만 환상, 영웅 숭배, 행복한 결말이 있는 어린 시절의 꿈나라를 떠나는 것은 어려운 일이다. 하지만 자기 내면의 동기를 더 잘 이해함으로써 강해지고 나면, 스스로 책임지기를 선택하고 자유를 제한하는 세계로 들어서게 된다. 그의 세계관이 더 이상 미성숙한 갈망으로 흔들리지 않기 때문에, 이제 성숙한 성인으로서 기능할 수 있다.

자유를 향한 체계적 교육은 가능하다. 내면의 파괴적 충동에 대한 통제를 익히고, 부모나 권위자와 같은 외부의 통제에 더 이상 의존하지 않으면 자유는 성장한다.

중요한 것은 우리의 인격과 양심(자아와 초자아)을 형성해가는 것이다. 이러한 발달은 독재자들이 하려는 것처럼 강요하고 강제한다고 해서 이루어질 수 있는 것이 아니다. 우리가 인격과 양심을 발달시키려면, 기존의 도덕 가치를 자유롭게 허용하거나 거부하는 과정을 통해, 그것을 넘어 자기의 독자적인 도덕 기반을 세울 수 있을 만큼 강해져야 한다. 자유를 선택하는 것은 스스로 선택한 한계, 즉 혼돈으로부터의 자유와 무의식적 혼돈이라는 가짜 자유 사이에서의 선택이다. 많은 사람들에게 자유란 마음대로 한다는 개념인데, 이것이 진짜 의미하는 바는 어둡고 본능적인 충동의 독재이다. 또한 현학적인 의미의 자유도 있지만, 이는 사실 예속과 부자유를 의미한다.

자유로워지기 위해서는, 도덕적인 자기통제 발달을 방해하는 외부에서의 조건화를 막아야 한다. 우리는 경솔함·게으름·몰인식과 같은 민주주의 내부의 위험을 인식해야 한다. 또한 기술에는 정신을 자동화하는 경향이 있다는 것, 현대의 대중매체를 비롯한 소통 수단이 우리의 뇌에 암시를 새겨넣을 수 있다는 것을 알아야 한다. 또한 교육이 우리를 사실만 찍어내는 나약한 공장으로 만들 수도 있고, 강한 인격으로 만들 수도 있다는 것을 알아야 한다. 자유로운 민주주의에서는 자동적인 투표 결과에 질식되지 않기 위해 다수결의 원리에 대한 경각심을 가져야 한다. 민주적 자유에는 민주주의 체제에 대한 지적 이해와 평가가 필요하다. 이 사실 자체로 인해 민주주의를 광고하거나 '장려하는' 일이 어려워진다. 또한 민주주의를 주입식으로 교육하는 것은 전체주의를 그렇게 하는 것과 똑같이 위험하다. 스스로 선택하는 것이 민주주의의 정수이다. 민주주의는 강요할 수 없는 것이다.

자유의 역설

자유와 계획은 본질적으로 다른 것이 아니다. 자유가 자라나려면 우리는 자유를 제한하는 힘을 통제할 계획을 세워야 한다. 이를 넘어 우리에게 자유를 남용하는 사람들을 단죄할 열정과 내면의 자유도 있어야 한다. 자유를 남용해 다른 사람들을 물속으로 끌어내리는 정신적 자살, 정신적 살해를 자행하는 사람들을 공격할 수 있는 활력이 있어야 한다. 자신을 죽이는 복종은 일종의 내적인 전복이다. 이는 인격 없는 기계화된 세상에 대한 수동적인 항복이자 인격의 부정이다. 우리에게는 개인의 자유, 서로에 대한 관용과 존엄을 위해 굳게 일어설 수 있는 열정과 신념이 있어야 하고, 이러한 가치의 파괴를 묵인하지 않는 방법을 배워야 한다. 훌륭한 사상과 가치를 이용해 권력을 잡고 나서, 이를 파괴하려 하는 사람들에게 관용을 베풀지 말아야 한다. 정신의 삶과 죽음 사이에서 전투가 벌어지는 한, 이러한 종류의 남용을 허용해서는 안 된다.

　강한 신념과 도덕 기준이 있을 때만 자유가 가능하다는 점은 아무리 강조해도 지나치지 않다. 이는 인간이 자유를 지키기 위해서는 자기를 통제하는 규칙을 고수해야 한다는 뜻이다. 교육이 부족하거나 고정관념이 교육에 영향을 미쳐 이러한 내면의 규율이 부족한 경우, 비사회적 충동을 통제하기 위해 외부의 압력, 심지어 독재가 필요할 수도 있다. 이렇게 되면 자유는 자유롭게 자기를 통제할 수 없는 인간의 무능력에 희생된다.

인류는 심리적 공격, 뒤틀린 대중 선전, 전체주의의 압력, 정신적 고문을 접하지 **않을** 권리, 거기에 순응하지 않을 권리, 거기에 대항해 스스로를 방어할 권리를 보장받아야 한다. 그러한 태도에 대해서는 타협이나 유화가 불가능하다. 우리는 실수로 개인의 자유를 공격하여 전체주의자에게 이용당하지 않도록 주의를 기울여야 한다. 심지어 우리의 비판에도 역설적인 효과가 있다. 우리에게 필요한 것은 이러한 현상에 대한 주의 깊은 분석과 이해이다. 민주주의는 인간이 스스로 생각할 권리, 자기 의견을 가질 권리, 더 나아가 자신의 의견을 **주장하고** 정신적 침범과 강제로부터 자신을 지킬 권리의 체제, 인간 존엄성의 체제이다.

UN이 제정한, 정신적 살해와 심리적 침공을 막는 규칙은 물리적 실재만큼이나 소중한 인간의 권리, 순응하지 않고 소수 의견을 낼 수 있는 자유로운 개인이 될 수 있는 권리를 보장할 것이다. 비판과 이견에 대한 관용은 자유의 조건 중 하나이다.

여기서 우리는 통치 기법과 관련한 또 하나의 중요한 지점을 만나게 된다. 그것은 정부의 과도한 중앙집권화, 대중의 참여, 전체주의 사이의 관계이다.

대중의 통치 참여는 다양성과 개인성의 가치를 강조하고 지도자를 올바른 선거를 통해 선출할 수 없다면 독재자를 만들어낸다. 이렇게 되면 대중은 권력욕을 독재자에게 전이시킨다. 노예가 불가사의한 방식으로 주인의 영광에 참여하는 것이다.

민주적이고 자율적인 통치에는 자기통제, 정정당당함과 공정함, 사회의 규칙에 대한 자발적 승복과 협력이 필요하다. 이러한 특성은 훈련으로 만들어진다. 민주 정부에서 책임 있는 자리에 선출된 사람들은, 허점 없는 사람은 없다는 사실을 알고 스스로를 통제하고 제한해야 한다. 민주주의는 독립을 위한 투쟁이 아니고, 서로 타협하고 교정하는 상호 의존이다. 민주주의는 한계 없는 권력을 갖고자 하는 인간의 경향성에 제동을 걸고, 우리 각자의 약점을 돌아보는 것이다. 즉 인간의 한계가 초래하는 결과를 최소화하는 것이다.

심리학의 미래

이 책을 시작하면서 내가 했던 말을 다시 한번 반복해야겠다. 심리학을 왜곡시켜 만든 현대의 세뇌와 정신적 살해 기법은 거의 모든 사람을 복종과 굴복으로 이끌 수 있다. 우리가 이야기했던 사고 통제, 세뇌, 정신적 살해의 많은 피해자들은 강인한 사람들이었지만, 정신과 의지가 손상되고 폄하되는 일을 겪었다. 그러나 전체주의자들이 정신에 대한 지식을 잔인하고 부정하게 사용한다 해도, 우리의 민주사회에서는 그 지식을 인간의 성장을 돕고 자유를 지키며, 자신을 이해하는 데 써야 한다.

심리학의 지식과 치료 방법은 민주적 태도를 기르는 데 도움이 될 것이다. 심리학은 무엇보다 인간의 개인적·사회적 한계라는 틀 안에서 **공정한 환경**과 자유로운 선택을 다루는 과학이기 때문이다. 인간이 출현해 진화한 몇백만 년의 세월에 비하면, 문명은 여전히 유아기이다. 역사적 퇴보가 있다 하더라도 인간은 성장하고, (지금 불완전하다 해도) 심리학은 자유와 성숙을 향한 투쟁에서 인간의 가장 강력한 도구 중 하나가 될 것이다.

참고문헌

"Admissibility of Results of Lie-Detector and Truth Serum Tests" (Oklahoma Court), *Journal of American Medical Association*, Vol. 133, 1951.

Ahrendt, H., *The Origin of Totalitarianism*. New York, Harper & Brothers, 1950.

Almond, G. A., and others, *The Appeals of Communism*. Princeton, Princeton University Press, 1954.

Asch, S. E., "Opinions and Social Pressure," *Scientific American*, Vol. 193, 1955.

Ashby, W. R., *Design for a Brain*. New York, John Wiley & Sons, Inc., 1952.

Aspaturian, V., "What Do the Communists Mean by 'Peaceful Coexistence'?" *The Reporter*, 1955.

"Automation Is Here," *Democratic Digest*, 1955.

Baschwitz, K., *Du Und Die Masse*. Amsterdam, Elsevier, 1937.

Bauer, R. A., *The New Man in Soviet Psychology*. Cambridge, Harvard University Press, 1952.

Beck, F., and Godin, W., *Russian Purge and the Extraction of Confession*. New York, Viking Press, Inc., 1950.

Beer, M., "The Battle for Man's Rights," *United Nations World*, 1950.

Bergler, E., *The Battle of the Conscience*. Washington, D. C., Washington Institute of Medicine, 1948.

_____ *The Superego—Unconscious Conscience*. New York, Grune & Stratton, Inc., 1952.

Boeree, T. A., *The Sinister History of Christiaan Lindemans, Alias King Kong*. Unpublished manuscript.

Bonhoeffer, W., and Zutt, G., "Uber den Geisteszustand des Reichstagsbrandstifters Marinus Van Der Lubbe," *Monatschrift für Psychiatrie*, Vol. 89, 1934.

Burney, C., *The Dungeon Democracy*. New York, Duell, Sloan and Pearce, 1951.

Byfield, R. S., *Logocide, The Fifth Weapon*. New York, Privately printed, 1954,

Cantril, H., Gaudet, H., and Herzog, H., *The Invasion from Mars*. Princeton, Princeton University Press, 1940.

Commager, H. S., "The Real Danger—Fear of Ideas," *The New York Times Magazine*, June 26, 1949.

The Convention on Genocide. Lake Success, N. Y., United Nations Department of Public Information, 1949.

Dicks, H. V., "Observations on Contemporary Russian Behavior," *Human Relations*, Vol. 5, 1952.

Dobrogaev, S. M., *Speech Reflexes* (translated and digested from the Russian). New York, National Committee for a Free Europe, 1953.

"Document on Terror," *News from Behind the Iron Curtain*, Vol. 1, 1952.

Dooren, L., *Dr. Johannes Wier*. Salten, Holland, De Graafschap, 1940.

Ferenczi, S., "Stages in the Development of the Sense of Reality," in *An Outline of Psychoanalysis*. New York, Modern Library, 1925.

Frazer, J. G., *The Golden Bough*. New York, The Macmillan Company, 1947.

Freud, A., *The Ego and the Mechanisms of Defense*. New York, International Universities Press, Inc., 1946.

Freud, S., *Basic Writings*. New York, Modern Library, 1946.

Fried, J. H. E., *Les Méthodes et les procédés du fascisme*. [Paris], United Nations Educational, Social and Cultural Organization, 1949.

Fromm, E., *Escape from Freedom*. New York, Farrar & Rinehart, Inc., 1941.

Gallery, D. V., "We Can Baffle the Brainwashers!" *Saturday Evening Post*, 1955.

Gilbert, G. M., *The Psychology of Dictatorship*. New York, The Ronald Press

Company, 1950.

Gonzales, V., and Gorkin, J., *El Campesino: Life and Death in Soviet Russia*. New York, G. P. Putnam's Sons, 1952.

Haggerty, J. J., Jr., "Think or Die," *Collier's*, 1955.

Heiden, K., "Why They Confess," *Life Magazine*, 1949.

Heller, E. L., "Thought I'd Never Get Home," *Saturday Evening Post*, 1955.

Herling, G., *A World Apart*. New York, Roy Publishers, 1952.

Heron, W. *Time*, 1954.

Hershey, B., "The Sick Men Who Rule the World," *The Nation*, 1949.

Hill, G., "Brain-Washing: Time for a Policy," *Atlantic Monthly*, 1955.

Hitler, A., *Mein Kampf*. Boston, Houghton Mifflin Company, 1943.

Hook, S., "Why They Switch Loyalties," *The New York Times Magazine*, Nov. 26, 1950.

Horsley, Gantt W., "Bolshevik Principles and Russian Physiology," *Bulletin of the Atomic Scientists*, Vol. VIII, 1952.

Hsu, F. L. K., "Suppression Versus Repression," *Psychiatry*, Vol. XII, 1949.

Hunter, E., *Brain-Washing in Red China: The Calculated Destruction of Men's Minds*. New York, The Vanguard Press, 1951.

____ "Government by the Insane," *The Freeman*, 1953.

Huxley, A., *The Devils of Loudun*. New Y ork, Harper & Brothers, 1952.

____ *The Doors of Perception*. New York, Harper & Brothers, 1954.

Jong, L. de, *The German Fifth Column in the Second World War*. Chicago, The University of Chicago Press, 1956.

Kafka, F., *The Trial*. New York, Alfred A. Knopf, Inc., 1937.

Kalme, A., *Total Terror*. New York, Appleton-Century-Crofts, Inc., 1950.

Karp, D., *One*. New York, The Vanguard Press, 1953.

Kayman, G., "Forensic Psychiatry," *American Journal of Psychotherapy*, Vol. VIII, 1954.

Kisker, G. W., *World Tension: The Psychopathology of International Relations*.

New York, Prentice-Hall, Inc., 1950.

Krugman, H. E., "The Role of Hostility in the Appeals of Communism in the United States," *Psychiatry*, Vol. I, 1953.

Lassio, S., "La Verité sur la condamnation du Cardinal Mindszenty," *Le Figaro*, 1950.

Lasswell, H. D., " The Strategy of Soviet Propaganda," *Proceedings of The Academy of Political Science* (Columbia University), Vol. XXIV, 1951.

Lea, C. H., *The Inquisition of the Middle Ages*. New York, The Citadel Press, 1954.

Lehmann-Haupt, H., *Art Under a Dictatorship*. New York, Oxford University Press, 1954.

Leites, N., and Barnart, E., *Ritual of Liquidation*. Glencoe, Ill., Free Press, 1954.

Little, A. M. G., "Pavlov and Propaganda," *Problems of Communism*, Vol. II, 1953.

London, T. D., "The Scientific Council on Problems of the Physiological Theory of Academician I. P. Pavlov: A Study in Control," *Science*, Vol. 116, 1952.

Luther, R. H., *American Demagogues—Twentieth Century*. Boston, Beacon Press, 1954.

MacDonald, D., "The Lie-Detector Era," *The Reporter*, 1954.

MacDonald, J. M., "Narcoanalysis and Criminal Law," *American Journal of Psychiatry*, Vol. III, 1954.

Malinowski, B., *Magic, Science and Religion*. New York, Doubleday & Company, Inc., 1954.

Mayo, C. W., Speech before the Security Council of the United Nations, Oct. 26, 1953.

"Médecine, quatrième pouvoir?" *Esprit*, 1950.

Meerloo, J. A. M., "Die Abwehrreaktionen des Angstgefühls," *Zeitschrift für die gesammte Neurologie und Psychiatrie*, Vol. 133, 1931.

_____ *Conversation and Communication*. New York, International Universities Press, Inc., 1952.

____ "The Crime of Menticide," *American Journal of Psychiatry*, Vol. 107, 1951.

____ *Delusion and Mass-Delusion*. New York, Nervous and Mental Disease Monographs, 1949.

____ "Democracy and Fascism Within Us," in *Total War and the Human Mind*. New York, International Universities Press, Inc., 1945.

____ "International Law and Morality," *New Europe*, 1945.

____ "Living by Proxy," *American Journal of Psychotherapy*, Vol. II, 1953.

____ "The Monument as a Delusional Token," *American Imago*, 1954.

____ "Morale," *Military Review*, 1954.

____ "The Psychology of Treason and Loyalty," *American Journal of Psychotherapy*, Vol. VIII, 1954.

____ "Television Addiction and Reactive Apathy," *Journal of Nervous and Mental Diseases*, Vol. 120, 1954.

____ "Thought Control and Confession Compulsion," in *Explorations in Psychoanalysis*. New York, Julian Press, Inc., 1953.

____ "Treason and Traitors," in *Aftermath of Peace*. New York, International Universities Press, Inc., 1946.

____ *The Two Faces of Man*. New York, International Universities Press, Inc., 1954.

Miller, W. L., "Can Government be Merchandised?" *The Reporter*, 1953.

Mitscherlich, A., and others, *Doctors of Infamy: The Story of the Nazi Medical Crimes*. New York, Henry Schuman, Inc., 1949.

Moloney, J. C., "Psychic Self-Abandon and Extortion of Confessions," *International Journal of Psychoanalysis*, Vol. 36, 1955.

____ "A Study in Neurotic Conformity: The Japanese," *Complex*, 1951.

____ *Understanding the Japanese Mind*. New York, Philosophical Library, 1954.

Newman, C. L., "Trial by Jury Outmoded," *Science News Letter*, 1955.

"No Bands Playing: Colonel Arnold's Story," *Time*, 1955.

Pavlov, I. P., *Conditioned Reflexes and Psychiatry*. New York, International

Publishers Company, 1941.

Peck, D. W., "Do Juries Delay Justice?" *The New York Times Magazine*, Dec. 25, 1955.

"People v. Leyra," *North Eastern Reporter*, Second Series, 1951.

Piaget, J., *The Language and Thought of the Child*. New York, Noonday Press, 1955.

Prychodke, N., *One of the Fifteen Million*. Boston, Little, Brown and Company, 1952.

Razran, G. *Science News Letter*, 1954.

Reik, T., *Geständniszwang und Strafbedürfnis*. Zurich, Internationaler Psycho-analytischer Verlag, 1925.

____ *The Unknown Murderer*. New York, International Universities Press, Inc., 1949.

"Report on Vogeler," *The New York Times*, April 29, 1951.

Richter, C. P., "Civilized Life Affects Combat Stress," *Science News Letter*, 1954.

Ross, L., "Red China's Dope Peddlers," *The New Leader*, 1954.

Rostow, W. W., and others, *The Dynamics of Soviet Society*. New York, New American Library, 1954.

Rousset, D., *The Other Kingdom*. New York, Reynal & Hitchcock, 1947.

Rud, F., "The Social Psychopathology of Schizophrenic States," *Journal of Clinical and Experimental Psychopathology*, Vol. 12, 1951.

Samuels, G., "American Traitors," *The New York Times Magazine*, May 22, 1949.

Santucci, P. S., and Winokur, G., "Brainwashing as a Factor in Psychiatric Illness: An Heuristic Approach," *Archives of Neurology and Psychiatry*, Vol. 74, 1955.

Schultz, H. H., *Das Autogene Training*. Stuttgart, Georg Thieme Verlag, 1934.

"The Schwable Case," *The New York Times*, March 10-11, 1954.

"The Schwable Case," *The Reporter*, 1954.

Segal, H. A., "Initial Psychiatric Findings of Recently Repatriated Prisoners of War," *American Journal of Psychiatry*, Vol. III, 1954.

Shipkov, M., Bulletin of the State Department [Washington, D.C.], 1950.

Siegel, V., "College Freedoms Being Stifled by Students' Fear of Red Label," *The New York Times*, May 10, 1951.

"Soviet Expunging West's Psychiatry," *The New York Times*, Oct. 16, 1951.

Spence, K. W., and Farber, I. E., "Conditioning and Extinction as a Function of Anxiety," *Journal of Experimental Psychology*, Vol. 45, 1953.

Sperling, G. E., "The Interpretation of the Trauma as a Command," *Psychoanalytic Quarterly*, Vol. 19, 1950.

Strassman, H. D., and others, "A Prisoner of War Syndrome: Apathy as a Reaction to Severe Stress," Paper read at American Psychiatric Association, May 9-13, 1955.

Swift, S. K., *The Cardinal's Story*. The Macmillan Company, 1949.

Taylor, A. J. P., "The Judgment of the Diplomats," *The Saturday Review*, 1954.

Taylor, E., *The Strategy of Terror*. New York, Houghton Mifflin Company, 1942.

Tyler, D. B., "Psychological Changes During Experimental Sleep Deprivation," *Diseases of the Nervous System*, Vol. 16, 1955.

Universal Declaration of Human Rights. Lake Success, N. Y., United Nations Department of Public Information, 1949.

Vogeler, R. A., *I Was Stalin's Prisoner*. New York, Harcourt, Brace & Company, Inc., 1952.

Waelder, R., "Authoritarianism and Totalitarianism," in *Psychoanalysis and Culture*. New York, International Universities Press, Inc., 1951.

Walker, R. L., "Psychological Control" in *China Under Communism*. New Haven, Yale University Press, 1955.

Weissberg, A., *The Accused*. New York, Simon & Schuster, Inc., 1951.

West, R., *The Meaning of Treason*. New York, Viking Press, Inc., 1947.

Weyl, N., *Treason*. Washington, D. C., The Public Affairs Press, 1950.

Wier, Johannes, *De Praestigiis Daemonum*. Basel, Per J Oporinum, 1563.

Winokur, G., "Brainwashing, A Social Phenomenon of Our Time," *Human Organ-*

ization, Vol. 13, 1955.

_____ "The Germ Warfare Statements," *Journal of Nervous and Mental Diseases*, Vol. 122, 1955.

Wortis, J., "Some Recent Developments in Soviet Psychiatry," *American Journal of Psychiatry*, Vol. 109, 1953.

Yen, M., *The Umbrella Garden*. New York, The Macmillan Company, 1954.

Zimmering, P., and others, "Heroin Addiction in Adolescent Boys," *Journal of Nervous and Mental Diseases*, Vol. 114, 1951.

찾아보기